Inclusive FinTech

区块链金融

[新加坡] 李国权　　[新加坡] 罗琳达　著

张梓怡　李玉蓉　熊婉玉　译
宫尔希　校

广东科技出版社
全国优秀出版社

南方传媒

· 广 州 ·

广东省版权局著作权合同登记　图字：19-2020-036号

图书在版编目（CIP）数据

区块链金融 /（新加坡）李国权（David Lee Kuo Chuen），（新加坡）罗琳达（Linda Low）著；张梓怡，李玉蓉，熊婉玉译. — 广州：广东科技出版社，2022.6
书名原文：INCLUSIVE FINTECH: BLOCKCHAIN, CRYPTOCURRENCY AND ICO
ISBN 978-7-5359-7833-2

Ⅰ. ①区…　Ⅱ. ①李…②罗…③张…④李…⑤熊…　Ⅲ. ①区块链技术—应用—金融　Ⅳ. ①F830.49

中国版本图书馆CIP数据核字（2022）第043801号

区块链金融
Qukuailian Jinrong

出 版 人：严奉强
责任编辑：刘锦业　刘晋君
装帧设计：友间文化
责任校对：高锡全　陈　静　李云柯
责任印制：彭海波
出版发行：广东科技出版社
　　　　　（广州市环市东路水荫路11号　邮政编码：510075）
销售热线：020-37607413
http://www.gdstp.com.cn
E-mail：gdkjbw@nfcb.com.cn
经　　销：广东新华发行集团股份有限公司
印　　刷：东莞翔盈印务有限公司
　　　　　（东莞市东城街道莞龙路柏洲边路段129号）
规　　格：787mm×1092mm　1/16　印张27.5　字数550千
版　　次：2022年6月第1版
　　　　　2022年6月第1次印刷
定　　价：88.00元

如发现因印装质量问题影响阅读，请与广东科技出版社印制室联系调换（电话：020-37607272）。

序

FOREWORD

数月前，诺贝尔生理学或医学奖获得者巴里·马歇尔（Barry Marshall）教授联系我，询问我对加密数字货币是否有所了解。不得不承认，我对此知之甚少。于是，我决定邀请我的好友兼前同事李国权（David Lee）教授一起来讨论这一问题。当我们共进晚餐时，我们所谈的话题既不是健康与医疗，也不是经济的好坏，而是有关加密数字货币的问题。席间，李国权教授对马歇尔教授所提出的问题一一做了解答。

在未来的金融市场背景下，新金融工具将不断发展。鉴于年轻一代对数字化经济的熟知，他们或许较前人对此有着更好的理解。

关键的问题是：加密数字货币是否会继续存在？成本与收益并存，这需要投资者、金融机构及监管部门做出思想转变和进行深度理解。比如，监管加密数字货币的困难在于其本身不受任何国家管辖的制约。规则的存在直接削减了货币对投资者的吸引力。加密数字货币的价值在于它本身较大的波动性以及对市场情绪（风向）的高度依赖。然而它也有优点，如那些无法进入正规信贷市场的发展中国家发展微金融因此变成了可能。同时，我们持续观察到，加密数字货币对冲基金正日益成形，由此看来它并不会轻易消失。

本书梳理并整合了李国权和罗琳达（Linda Low）两位教授对加密数字货币这一新兴话题的专业解读。迄今为止，基于这一话题的文献为数寥寥，而本书对

加密数字货币市场及其与大型金融企业的诸多关联给予了系统的阐释。本书是一本具有参考价值的书籍，是对经典的金融教科书的补充。它使用现代手法，从金融科技的商业视角出发，对现代金融、金融科技的趋势、区块链以及加密代币发行的概念进行了清晰的阐述。本书对当今主要的加密数字货币进行了系统且具有条理的展示，并从现实出发，消除了相关迷思及误解。本书涵盖了以中国、美国、澳大利亚、印度、东盟、日本为背景的金融科技应用，是一部颇具深刻见解的实用型专著，阅读本书对专家和普通读者来说都是一种享受。

柯仲佑（Euston Quah）教授

新加坡经济学会会长、新加坡南洋理工大学经济学部主任、

《新加坡经济评论》主编

2017年12月

前 言
PREFACE

"在我们的货币电子存储和交易方面，客户必须信赖银行，然而银行却凭借一小部分的预留，借助信贷泡沫的浪潮将资金借出。但我们又不得不相信银行会保密客户的私人信息，相信它们会保管好客户的开户信息而不会为黑客所盗用。银行巨大的运营成本导致微支出不再现实。"

——中本聪

"据2009年1月3日《泰晤士报》的报道，英国财政大臣即将对银行进行第二轮紧急援助。"

——中本聪

"金融科技"（FinTech）一词出现于2014年。当时的传统金融机构虽掌握着雄厚的资金和科技力量，但依旧未能避免创新失败，"金融科技"应运而生。在全球金融危机（Global Financial Crisis，GFC）到来之际，比特币开始崭露头角。比特币是密码学家通过不断努力创造出的一种新颖的集中式电子现金，由一个匿名团体或个人以中本聪（Satoshi Nakamoto）的名义发明。而在2004年，一款名为"支付宝"的集中式数字现金在线支付软件

就已经在中国诞生并被广泛使用。中国人发明了"互联网金融"（Internet Finance）一词，这比"金融科技"一词的出现早了十年。"金融科技"源于中国，其社会目标主要是致力于服务那些在以国企（state-owned enterprise，SOE）和金融机构为主导的金融体系之外的群体。

中国以外的国家的金融机构在宽松的监管环境下蓬勃发展，它们在全球金融危机到来之前，通过推动金融创新和金融工程的建设提高了各自的收益。自全球金融危机爆发后，监管机构对许多金融活动加强了管控。它们在金融规范方面制定了更加严苛的要求，并对技术层面做出了明确要求，同时不看好那些易受竞租活动影响的创新。传统监管机构不愿意也缺少能力为贫困人口提供服务，这成了决策者主要考量的问题。尽管有世界银行等国际组织做出努力，但还是有太多群体因受制于各种强加的障碍（例如高额的汇款费用）而被排斥在金融体系之外。但是，随着数字设备和去中心化技术的出现，这一切都在发生改变。

中本聪主义的崛起

2008年出现了这样一类群体，或者说是一个名为"密码朋克①"的网络社区，他们本着隐私至上的信念，认为现在是时候运用技术来改变世界了，而不仅是占领华尔街。早在中本聪于2008年发布白皮书《比特币：一种点对点的电子现金系统》之前，尼克·萨博（Nick Szabo）已经就比特币的概念进行过讨论。中本聪认为，基于去中心化的点对点（Peer-to-Peer，P2P）加密电子现金体系能反映出当前金融体系存在的一些问题。比特币现金体系的建立是为了解决由集中式银行体系引起的信贷周期泡沫和金融排斥之类的问题。读者可以通过本部分末尾列出的引述栏目领略中本聪以及那些拥有同样思想的比特币早期使用者们的所思所想，希望比特币发明背后的想法能够引起公众的兴

---

① 密码朋克是未来主义者，他们创作科幻小说，并且精通密码学。

趣，促使公众探寻金融科技究竟意味着什么。

中本聪于2009年2月11日成为P2P基金会的会员，并在同年11月19日于比特币论坛上公开讨论了自己的发明。活动日志显示，这些讨论发生在加利福尼亚州的一个深夜。

Satoshi Nakamoto is now a member of P2P Foundation

Feb 11, 2009

Welcome Them!

中本聪说过的最著名的话是关于中央政府的权力的：

"政府擅长打败像Napster那样的中央控制网络，但这似乎无法撼动像Gnutella和Tor这样纯粹的P2P网络。"

——中本聪

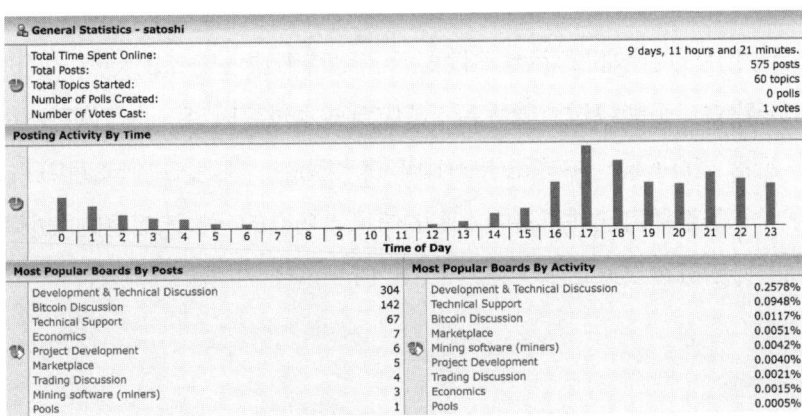

该引言或许揭示了中本聪的强大理念：如果不能凭借一堆软件代码对法人实体进行追责，那么中央监管系统的职能将被削弱。这导致了去中心化自治组织（decentralised autonomous organization，DAO）的产生，该组织基本上以社区为利益相关对象，通过编码进行自我监管。比特币本身是一种程序化的实体，也就是说它是一种程序化的货币与分散自治组织的结合体。

 ∞ Reply by Satoshi Nakamoto on February 15, 2009 at 16:42

Could be. They're talking about the old Chaumian central mint stuff, but maybe only because that was the only thing available. Maybe they would be interested in going in a new direction.

A lot of people automatically dismiss e-currency as a lost cause because of all the companies that failed since the 1990's. I hope it's obvious it was only the centrally controlled nature of those systems that doomed them. I think this is the first time we're trying a decentralized, non-trust-based system.

▶ Reply

中本聪于2009年2月15日16：42时的回复：

"这是有可能的。他们谈论的是旧式的乔姆中央造币之类的东西，可能是因为这是唯一可行的东西。或许他们会有兴趣朝一个新的方向发展。

"许多人自动地无视电子货币，因为自20世纪90年代以来，所有的公司都失败了。我希望大家都能认识到，失败是由于他们的系统本质上还是集中管理的。我认为这是我们第一次尝试使用一种去中心化的、不以信任为基础的系统。"

上述引用的中本聪的回复不仅揭示了比特币独一无二的特点，同时揭示了为何要建立一个能绕过监管体系（或监管成本过高以至于监管体系不得不放弃对其监管）的系统。中本聪于2010年销声匿迹，直到2014年3月7日，其账号发布了一条声称自己并不是中本聪的信息。巧合的是，该信息的发布者就住在著名的计算机科学家哈尔·芬尼（Hal Finney）的居所的附近。

Reply by Satoshi Nakamoto on March 7, 2014 at 1:17

I am not Dorian Nakamoto.

▶ Reply

中本聪于2014年3月7日1∶17时的回复∶

　　"我不是中本聪。"

　　前述内容结合去中心化和分布式发明阐述了中本聪主义兴起的信息与背景。比特币这一发明激发了人们关于金融科技的想法。兴许大家能因此对金融科技有更好的理解：它并不像银行和金融机构认为的那样，通过采用结合资本和技术这种单一的手法来实现高效的成本结构。它更有力的根本动机还是在于探寻一种能为全社会服务的稳定商业模式。这一理解其实早在中本聪于2008年发布白皮书的四年前便在中国出现了，中国本着推动社会进步的目标，使科技金融①公司迈向繁荣。

中国金融的崛起

　　全球十大金融科技公司中，有5家来自中国。2016年，蚂蚁金服融资45亿美元，成为当时筹资最多的私营互联网公司之一。P2P借贷（点对点网络借贷）和线上理财公司陆金所（上海陆家嘴国际金融资产交易市场股份有限公司）融资12亿美元，网上直销商京东集团旗下品牌京东金融融资10亿美元，开展分期业务的电商公司趣店（在此筹资前，名为"趣分期"）融资4.49亿美元。

　　2017年9月，中国首家仅面向互联网开展业务的保险公司——众安在线财产保险股份有限公司宣布，计划在香港有史以来规模最大的金融科技IPO（首次公开募股）中融资15亿美元。众安集团是由阿里巴巴集团董事局主席兼首席执行官马云、腾讯董事会主席马化腾和中国平安保险（集团）股份有限公司

---

① 其定义为这些公司利用技术设计新的商业模式，以此服务未能充分享受金融服务的群体。

（股票代码：2318港股）董事长马明哲于2013年11月共同创立的。

投资界对金融科技的需求一直很大，尤其是普惠金融科技，其缘由并不是毫无根据的。对于以上这些公司，其技术策略无非就是使用ABCD（人工智能、区块链、云计算和大数据）或BASIC（区块链、人工智能、安全、物联网和云计算）。

自全球金融危机爆发以来，我们目睹了一些国家的中央银行的资产负债翻了四倍之多。非常规的宽松货币政策并没有像预期的那样再次引发通货膨胀，银行对中小微企业的贷款也没有增加。关于量化宽松政策（quantitative easing，QE）还存在着许多争议。有人认为，强化货币的流动性并未使货币像经济学理论所说的那样充分地流入产能部门，而是分流到了投机资本或如房产、债券和股票等可投资的资产类别。

自2015年12月以来，美联储（Federal Reserve System，FED）将原来近乎为零的利率进行了四次上调，以此作为正常化货币政策的一部分，此上调利率扭转了早期的负债势头。资产负债表从2007年的9 000亿美元增加到2015年1月45 160亿美元的高位，而截至2017年8月底，美联储的资产负债为44 520亿美元。

与此同时，另有评论称，中国等许多其他国家已通过引入新的借贷工具实行创新的隐蔽性量化宽松手段。

根据国际货币基金组织（International Monetary Fund，IMF）的统计资料，尽管发达经济体的经济增长率从2015年的2.1％放缓至2016年的1.7％，但标准普尔（Standard & Poor's，S&P）的回报率从2015年的-0.73％上涨到了2016年的9.84％。明晟指数（Morgan Stanley Capital International，MSCI）的回报率有相似的表现，即2015年为-0.35％，2016年为8.15％。虽然新兴市场和发展中经济体的经济增长率在2015年和2016年均保持在4.3％的水平，但新兴市场的明晟指数回报率从2015年的-14.60％增长到了2016年的11.60％。彭博巴克莱全球非对冲综合指数（Bloomberg Barclays Global Aggregate Unhedged Index）的回报率呈现近乎相同的趋势，在2015年和2016年分别为-3.15％和2.09％。如果要研究经济活动、股票和债券之间的相关性，那么从基本面分析的角度来看，存在的疑问要多于已有的答案。自全球金融危机爆发以来，经过长期风险调整后的传统资产和可替代资产的收益率遭受打击，这已从可感知到的及实际的期望收益率的下降和波动性的增强中体现出来。

一个充分就业且发展势头趋缓的经济体，通常预示着企业边际收益率的下降。许多国家也确实都出现了这种情况，特别是在商业周期处于成熟状态的美国，根据法国兴业银行（Société Générale S. A.）的数据，美国已近乎完成了这种商业周期的80％。此外，（金融）产品的复杂性也已成为监管者的心腹之忧，加重了监管者的责任，导致产生了更加烦琐的监管规则以及对这些条例的遵从，从而也抬高了投资成本。这些症状恰恰揭示了一个为了谋求高边际利润和复杂的投资产品而过度杠杆化的市场。

更有趣的是，在2016年，有3/4的大型投资者对他们的可替代资产的收益感到失望，尤其是对冲基金（Merle，2017）。2015年，有2/3的投资者认为对冲基金的回报率并不尽如人意，此后他们对该类资产的失落感日益增强。对冲基金在2016年的回报率仅为5.6％，低于标准普尔500指数9.84％的涨强。但奇怪的是，摩根大通对234家机构的调查显示，有90％的机构考虑在2017年维持或增加现有对对冲基金的分配。尽管如此，有观察发现，2015年对冲基金的赎回额仍达到了700亿美元。有证据表明，太多的管理者为了追求相同且有限的商机，导致产能成了一个有待解决的问题。量化宽松政策下的过剩资金流入了市场而非实体经济，这引起了决策者们对资产市场泡沫化的担忧，尤其是房地产市场。由于资产市场的关联性日益增强且它具有潜在的泡沫化风险，人们担心当中央银行政策逆转时，市场可能会发生某种不可知的变化。

实施新型的量化宽松政策产生的一个明显的副作用就是投资组合都集中在为金字塔顶端人群服务的资产类别上。考虑到财富增长和分配的不均衡，资产泡沫只会让那些对相关资产类别进行投资的投资者的财富增加。而处于金字塔底层的人，他们虽然有着更高的边际消费倾向，但在高失业率的背景下，他们很难找到一份长期工作，因此他们的实际消费变得更低。随着人工智能

（artificial intelligence，AI）、机器人和其他技术对某些工作岗位的取代，人们越发对经济失去信心。随着大量群体被排斥在全球的金融、经济和社会系统之外，对于投资者来说，最大的风险可能来自全球可投资资产，因为这些资产很可能从大量的流动资产中获利并获得大部分回报。

任何全球中央银行收缩资产负债表或自然灾害都会对市场造成不利影响。多数大型投资者可能严重地暴露在单一风险因素之下引发了人们的担忧，即股票、债券、大宗商品、替代品投资等资产类投资都在冒着巨大的下行风险为金字塔顶端的人群服务。与此同时，中下层阶级则担忧自己的工作岗位可能会被颠覆性的科技所替代。有迹象表明，投资者们不光是在寻找另类投资，更是在寻找一种全新的且具有反向联动性的投资产品，即"金融科技"，一个在2014年之前还不存在的术语。其实，这种对金融科技的追寻早在金融危机的爆发动摇了人们对美元的信心之后便开始了。所以说，作为一种数字货币，比特币在2008年的问世和2009年的流通绝非偶然。

本书是为新加坡新跃社科大学（Singapore University of Social Sciences，SUSS）的"金融科技与创新"课程编写的，汇总了李国权自2013年在新加坡管理大学教授"另类投资"和经管课程时所有的工作成果。其中许多章节的内容是由研究论文和在斯坦福大学及新加坡管理大学使用的课件改进而来的，书中的幻灯片是为世界银行、国际货币基金组织、CAIA（旧金山、韩国、中国香港、新加坡）、沈基文金融经济研究所、汕头大学、清华大学、新加坡新跃社科大学、新加坡政府部门、金融机构以及许多其他公开演讲、媒体文章、广播和电视节目而准备的。

这些谈话和演讲大多是对未来的一种窥探，同时也有商业和公共政策上的深意。其中很多想法已经被写入了5本编辑出版的书籍中[①]，但还有很多想

[①] 5本编辑出版的书籍指：《数字货币手册：比特币、创新、金融工具和大数据》《区块链、数字金融和普惠手册（第一卷）：加密数字货币、金融科技、保险科技与管理》《区块链、数字金融和普惠手册（第二卷）：中国科技、手机安全和分布式账本》《亚洲金融手册（第一卷）：金融市场和主权财富基金》《亚洲金融手册（第二卷）：REITs、交易和基金绩效》。

法没有被涵盖。新加坡新跃社科大学开设的"金融科技与创新"课程为了解这些想法提供了机会，尽管并未能完全以教学笔记的形式展现。罗瑞元（Lo Swee Won）和其他研究者给予了鼎力支持，罗琳达亦对此项工作的顺利开展给予了帮助，在此对他们表示由衷的感谢。

2013年，大多数人对金融科技抱有很多怀疑，但也有少数人认为演讲内容已经超越了那个时代：

（1）加密数字货币，尤其是比特币，将成为未来重要的资产类别；

（2）区块链作为一种信托机器和关系效率强化剂，将在金融及其他领域得到广泛应用；

（3）规则对市场无意的保护减缓了银行业的创新速度；

（4）由于规模太大而无法合作的银行将在未来消失；

（5）中国金融业的崛起将主导金融科技领域并颠覆金融业；

（6）普惠金融和创效投资将成为未来最受欢迎的资产类别；

（7）仅靠服务的集中式共享经济是一种虚假的共享经济，它将导致财富的集中；

（8）区块链的去中心化技术最强大的特色就是数字资产的部分所有权，这将导向一个更加平等且公正的社会；

（9）利润动机和社会使命的逐渐汇聚创造了新的后资本主义企业类别。

东盟普惠金融的崛起

这些想法的接纳程度并不高，对于新加坡这样一个专注于发展跨国公司（multinational corporation，MNC）和理财的国家来说，它的未来同样难以预料。随着条件的变化，新加坡从十年前推动由新加坡管理的"基金护照计划"，到开始推崇将普惠金融作为金融监管机构的首要活动之一。

有趣的是，普惠金融联盟（Alliance for Financial Inclusion，AFI）总部在吉隆坡落成以后，新加坡却是为数不多的没有加入该组织的东南亚国家联

盟（简称"东盟"，Association of Southeast Asian Nations，ASEAN）
国家之一。但这并不属于个例，因为像纽约、伦敦、苏黎世和香港这样的金融
城市也未加入该组织。归根结底，这是因为缺乏足够的动力吸引这些城市加入
普惠金融联盟或进一步扩大创效投资。

加入诸如普惠金融联盟和全球创效投资网络这样的组织在当时并非为一
种趋势，但这在不久后开始改变。此外，有一部分人则提倡发展仅为金字塔底
层人群服务的业务。商业领域似乎形成了一种对峙，一方面是服务于金字塔顶
端人群，另一方面则服务于金字塔底层人群，也就是说要么只以寻租为目的，
要么以单纯做慈善为目的。而当奉行社会主义理念的中国认为应该做到两者兼
顾而非二择其一时，一切就开始改变了。数字金融为做到两者兼顾提供了解决
方案，通过智能手机降低了为那些被排斥在外的群体提供商业服务的成本。顶
端服务与底层服务的汇集是可能的，尽管它们在市场上如隔天堑。决策者可暂
且不谈弥补这些差距的要素，尽如人意地去缩小差距，从而使市场变得更加高
效。但这对于担心金融与社会动荡的监管者来说并不是完全没有风险的。

然而，数字金融的盈利动机和社会目标已经逐渐结合，并以此创造了一
类大型金融科技公司。典型的例子包括百度、蚂蚁金服、腾讯和京东（合称为
BATJ），以及陆金所、宜信、点融和其他通过互联网及数码通信产品等平台
为普通大众服务的公司。我们很高兴能在一个拥有敬业的决策者团队的金融城
市中开展教学研究，这些人通过更加开放的金融体系推动了普惠性增长。

新加坡金融管理局（Monetary Authority of Singapore）的金融科技与
创新小组针对普惠金融和创效投资做出了不懈努力，推动二者成为一个可行的
全球政策运作的基础部分，并以此重新激活金融系统，他们的这种艰辛付出理
应受到表彰。这里要特别提到索普南杜·莫汉蒂（Sopnendu Mohanty）和
他的团队，他们激励许多人去尝试不可能完成的事，并以此为许多监管部门树
立了一个优秀的学习案例。正如本书所述，下一个经济发展区域将会在东盟国
家——一个拥有6.6亿人口且有待开发的区域，其经济发展成果将会是触手可
及的。

去中心化金融科技（DFinTech）的崛起

在本书中，作者希望能够消除人们对区块链和加密数字货币（尤其是比特币和首次加密代币发售）的诸多误解，同时改变人们的想法——企业的可持续发展无须社会层面进步。本书写给那些考虑选择更有意义和可持续的职业的人们，以及想要深入了解应在何处挖掘商机的人们。但最重要的是，本书希望改变整个新生代人群的思维模式，让他们在熟悉数字经济的同时渴求一个更加公正和平等的世界。

在未来，许多人会意识到一个没有共享资产所有权的共享经济并不是真正的共享经济，也不具有可持续性。去中心化和金融科技的结合将带来一个新的概念，即去中心化金融科技（Decentralised FinTech或DFinTech），这将导向数字资产部分所有权，以及一个更加平等且可持续发展的经济体。去中心化和分布式的创新将成为金融的未来①，如果有第十点的话，那么应该是：

（10）去中心化金融科技的发展前景是一个去中心化自治科技和金融科技的结合体，这值得探究。

一本捕捉思想和事件演变的教科书

金融科技带着其未来经济委员会（Committee on the Future Economy，CFE）的报告，以BAT（百度、支付宝、腾讯）的形式从中国落脚新加坡。设想中的未来以数字化为主导，涵盖了一个没有现金的社会。尽管数字交易在效率方面具有很大的优势，但仍需要衡量使用加密数字货币的劣势。区块链交易所使用的加密数字货币就像优惠券、代金券、代币或其他可以进行交易的等价物一样，只是前者的使用范围更加广泛。法定货币可由中央银行实施货币政策进行监管，而由区块链交易产生的加密数字货币则是不受监管的。

---

① 李国权（Lee, 2017b），"去中心化和分布式创新"，在斯坦福亚太研究中心创新会议上宣讲。

作为一场革命，金融科技仍在不断成长，正如初生儿一般。而以教学为目的编写的本书可以在更多的实验性结论到来之前，作为这一领域的先驱者，抓住其中的精华、影响以及能感知的细微差别。本书尝试结合现有文献，但需要再次强调的是，金融科技的特征及事件仍在演变当中。

本书是一本标准的教科书，包含应有的扩展阅读部分，以便读者在学习过程中不断地扩充和丰富知识面，尤其还涵盖了从业者们和监管者们长期以来做出的贡献。本书的所有使用者和读者或许都会认同，任何修订版或续集都无法取代这本书，正如有关第四次工业革命的文献无法完全取代第一次乃至其后的工业革命的文献（即新的革命完全取代过去的革命）一样。

随着金融科技的演变和成熟，以及作家、讲师、学生和其他行业专家在这个过程中做出的贡献，本书的编写是一个循序渐进的学习过程。作者与学者、从业者以及作为监管者的中央银行之间还需要更多的交流。在去除汇率因素的条件下，我们对全球加密数字货币的消费者和创造者的想法给予同样的重视。因此，作者在编写本书时满怀激动与热情，希望与大家共同学习与进步。

致谢

本书由作者在2013年以来的工作和想法汇编而成，许多研究助手为此做出了贡献，需要特别提到的是来自新加坡管理大学和南洋理工大学的硕士研究生。我在这里表示由衷的感激和赞赏。

在最后，我不得不表示由衷的感恩。但愿本书能够帮助和激励他人，让这个世界变得更加美好。

中本聪名言录

1. 关于发明

"我开发了一种新的开源点对点电子现金系统，叫比特币。它完全实现了去中心化，没有中心服务器，也没有任何信托方，因为它的一切都是建立在加密保护之上的，而不是信任。"

2．关于点对点

"我一直在研究一种新的、完全点对点的且没有可信赖的第三方的电子现金系统。"

3．关于货币政策

"传统货币的根本问题是需要全部的信任才能使其流通。人们必须相信中央银行不会使货币贬值，然而这种信任在法定货币的运行历史中屡遭辜负。"

4．关于去中心化

"真正的点对点的电子现金系统可以使一方直接与另一方进行线上交易，付款无须经过任何金融机构。"

5．关于投资心理学

"现在理应买入一些（比特币），兴许以后它能风行起来。"

6．关于投资激励

"如果它的规模变得极其庞大，最终至多为世界68亿人口提供2 100万枚代币。"

7．关于行为金融学

"对某样预期会增值的物品来说，它的理性市场价格已经蕴含了预期增长的现值。你会在脑海中进行概率估算来衡量它持续增值的可能性。"

8．关于共识和区块链

"这是一个全球的分布式数据库，可以在大多数人的认可下对其进行扩充。"

9．关于矿工应该帮助维护账本、促进交易的经济诱因

"我确信，在20年后，比特币要么交易量巨大，要么彻底销声匿迹。"

10．个人安全和货币诈骗

"损失货币只会让其他人的货币更值钱。把这种损失当作对其他人的捐赠吧。"

11. 关于金融普惠

"比特币对于那些没有信用卡或不想使用信用卡的人来说尤为便利。"

12. 关于众包的智慧

"开放源码意味着任何人都能够单独审核代码。如果是封闭源码，则没有人能够核实其安全性。我认为，比特币必须开源。"

13. 关于大规模电力消耗

"如果你需要给房子供暖，那么计算机的热量就不会被浪费。如果你的住处需要使用电暖，那么计算机散发的热量也不算浪费，因为使用计算机取暖和使用电暖的成本一样。"

14. 关于采矿地点

"比特币时代应该在比特币最廉价的时候结束。或许，那会是一个提供免费电暖的冬天，那时候开采比特币不再消耗资源。"

15. 罕见言论

"如果你不相信或是弄不明白，我可没有时间去试图说服你，抱歉。"

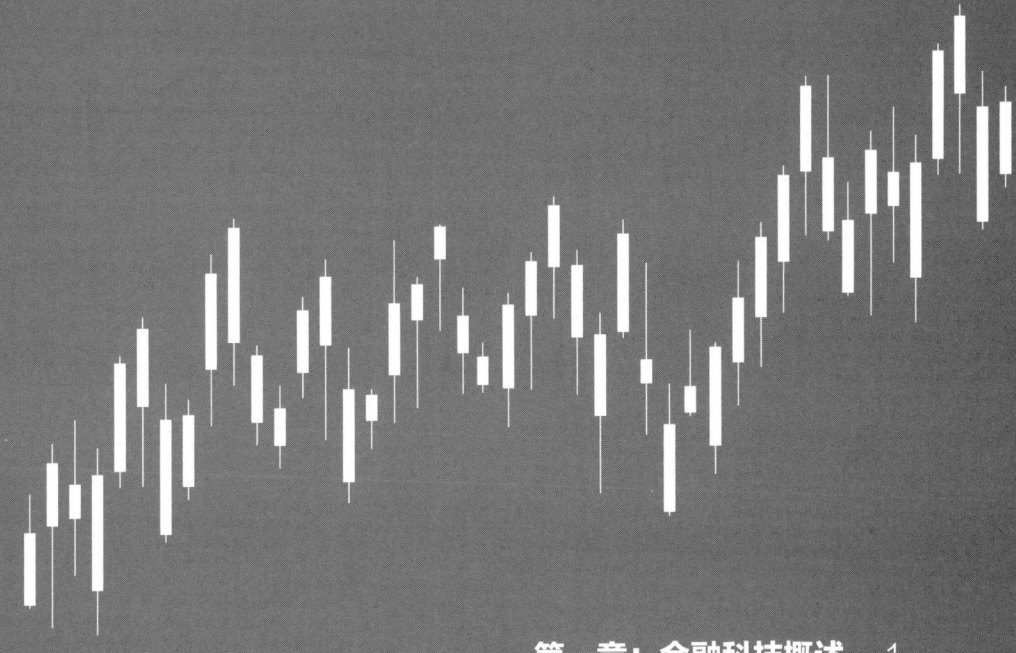

目　录

CONTENTS

第一章
金融科技概述

1.1　什么是金融科技

　　金融科技，即FinTech（financial technology），是指一系列新的解决方案，这些方案利用技术使金融服务行业中的应用程序、进程、产品或商业模型在发展中体现出创新。金融科技应该具备4个特征，即高度创新、敢为人先、破旧立新、客户至上。技术包括人工智能、大数据、计算能力、物联网（Internet of Things，IoT）或其他应用。如表1.1所示，这些解决方案在客户层面至少可以被划分成5个部分，如基于技术的银行保险业金融服务或产品。

表1.1　金融科技的覆盖范围

部门	业务流程	客户细分	互动形式	市场定位
银行	支付	零售银行业务	客户对客户（C2C）	银行/保险公司
保险公司	投资	企业银行业务	企业对客户（B2C）	非银行/保险公司–银行/保险公司合作
	融资（如众筹）	私人银行业务	企业对企业（B2B）	非银行/保险公司–银行/保险公司竞争
	保险（如风险管理）	人寿保险		
	咨询	非人寿保险		
	跨流程（如大数据分析和预测模型）			
	基础设施（如安全）			

　　为了体现金融科技应用的普及，我们早先对其进行过尽可能广泛的定义，其使用范围涵盖了支付、投资、融资、保险、咨询、交叉处理（银行/保险公司/非银行/非保险公司）和基础设施服务，但大家对金融科技的定义莫衷

一是。有些人将金融科技定义为：可以提高效率并同时通过以下方式的全部或多重结合而创造出新型金融商业模型的技术，如人工智能、区块链、云计算和数据分析。另一些人则认为金融科技公司（FinTech company）是通过使用新兴的技术改变现有的金融格局，而科技金融公司（TechFin company）则是利用技术提高现有的金融能力。此外，还有人认为金融科技公司是在迫不及待地利用新兴技术扰乱现有的金融格局，而科技金融公司则是利用技术提高效率的公司，它们更倾向于采用破坏性较小且更渐进的方式。

然而，世界上最大的电子商务平台阿里巴巴的创建者马云给科技金融下了一个完全不同的定义。马云认为，金融科技采用了原始的金融体系并改进了其技术（Zen，2016），而科技金融则利用技术重建原始的金融体系并解决其缺乏普惠性的问题。

中国在使用"金融科技"一词前，对"互联网金融"（Internet Finance）和"互联网银行"（Internet Banking）两个术语的使用进行过讨论。这两个概念的中文定义分别是：（1）互联网金融，主要指通过互联网为大众提供创新型金融服务；（2）互联网银行，即在网络上提供传统的金融服务。前者使用人工智能、大数据和计算能力降低信用风险，同时提供创新型的线上和线下服务；而后者利用互联网提供旧式的金融服务。此外，欧洲还使用"数字银行""虚拟银行""网上银行""手机银行""社会银行"等术语来描述那些数字化或没有实体银行的商业模式。

对金融科技创企和公司的投资呈指数增长导致人们对"金融科技"这一术语的使用的争辩愈演愈烈。全球知名创投研究机构CB Insights的数据显示，自2008年以来，全球金融科技的交易数量估计增长了260%，到2014年达到730笔，投资总额超过120亿美元。图1.1显示，到2015年，金融科技的交易数量增长了159%，交易总数达到1 202笔，投资总额超过230亿美元，复合平均增长率（compound annual growth rate，CAGR）为75%。

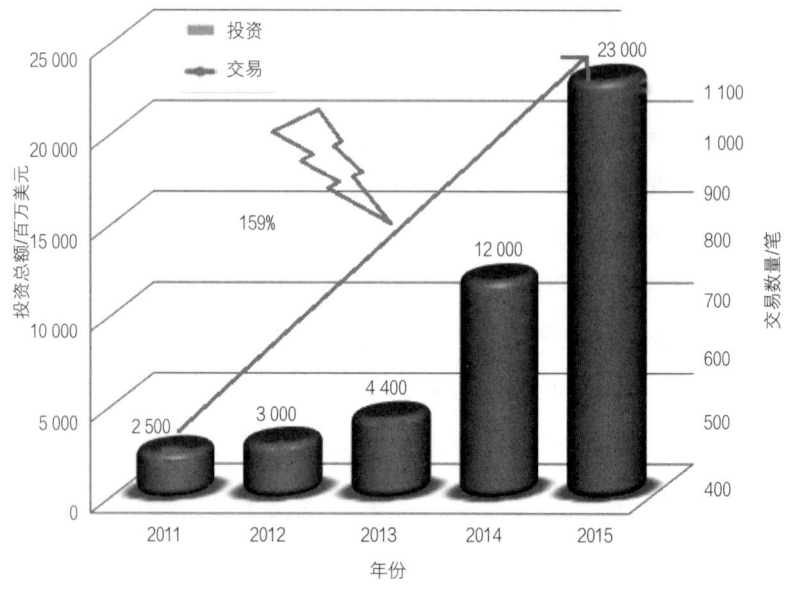

图1.1　2011—2015年金融科技的增长

来源：CB Insights。

1.1.1　金融科技与硅谷

硅谷有着世界上独一无二的创业文化。想要了解金融科技，就要先了解硅谷的生态系统及其背后的"3C"理念。在硅谷生态系统中，"3C"指团队（community）、宽容（compassion）、创新（creativity）。此外，金融科技之所以存在有两方面因素：其一是金融服务业的压制，这导致传统金融行业无法满足广大客户的需求，从而为金融科技的发展提供了机会；其二是移动互联网、大数据、云计算和区块链等为创新提供了工具。

这样一来，日新月异的消费行为成了创新的推动力，因为消费者想要自己选择接受何种金融服务。硅谷那种无与伦比的思维文化有时被冠以"西海岸文化"的美誉，并在湾区科研人员和创业者经过千锤百炼后能力愈发优秀的情况下，得到了补充和完善。然而，在硅谷，如果没有大规模的资金支持其生态发展（其项目失败率一向高达80%～90%），要想使高科技及其思维文化得以发展绝非易事。硅谷的生态系统能良好发展不仅仅得益于社区的支持，还因为宽容的精神让投资文化发展成一种以失败为荣的文化。然而，更重要的是，硅谷拥有学习恰当技能的良好环境、良好的理念体系，以及在项目失败率较高的情况下筹集资金的坚忍毅力，由此才诞生了勇于创新的文化。

1.1.2　金融科技和企业文化

金融科技不仅吸引了金融机构，还受到了以下非金融服务行业企业的关注。其中包括以谷歌、英特尔和Saleforce三家公司为代表的不同的技术企业（括号中为公司主要业务），即：

（1）谷歌投资了OnDeck（贷款和信贷）、Robinhood（投资）、Ripple Labs（支付）、Digit（财务追踪）、Puddle（信用证结算）、Upstart（信用证结算）、CircleUp（投资）、Abacus（会计）、LedgerX（贸易）、Kensho（分析）。

（2）英特尔投资了iZettle（支付）、Fortumo（发账服务）、Technisys（银行服务）、mFoundry（零售业银行服务）、FundersClub（投资）。

（3）Salesforce投资了nCino（云软件即服务）、FinancialForce.com（天心系统）、Moneytree（支出管理）。

金融服务领域的企业风险投资包括花旗服务（Citi Services），每年会进行1~10笔新交易，中位交易规模为1 900万美元。企业风投资金能够应付大约一半这样的风投。如图1.2所示，传统金融服务与金融科技的核心差异在于前者是块仓式的结构，而后者是平面互联式的结构。传统金融服务的流程为基础设施—产品—平台—渠道—中介—顾客，而金融科技由平面组织结构驱动着程序、云和顾客。后者的运行更加流畅，相互连接，几乎没有缺点。

然而传统的银行早已公开地实施技术型解决方案，利用自己的知识产权开创新的想法。它们也需要与业内同行合作，共同创新，同时和创企建立关系。它们在创投公司也有风险投资。

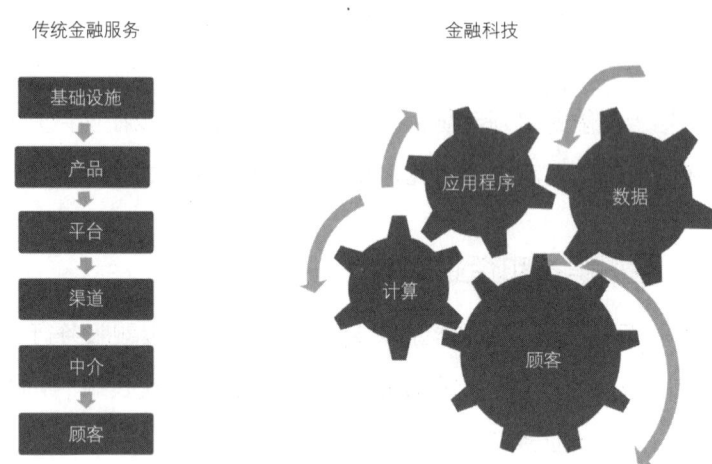

图1.2　传统金融服务和金融科技之间的核心差异

只不过，传统的银行是一种矩阵组织，按照营销路线（投资、公司、零售、财富管理等）运作。它们又被细分为产品线（贷款、存款、股本、固定收益、衍生产品、结构化产品等）。虚线（间接）和实线（直接）的报告结构被叠加于现有结构之上。

传统银行对于公司治理和合规性的信奉，以及将它们避免"错误"的裁量权最小化，是为了鼓励竞争和创新并试图将利益最大化。利益冲突和利益方之间的交易是不被推崇的，对效率低下和违规行为的揭发已成为惯例。负债账户意味着发生了错误行为，而非沉没成本，这亦是猎巫行动（witch-hunting）的开始。

以谷歌保险技术为例，它主要围绕投资（集体健康、奥斯卡、独角兽、气候公司）和伙伴关系（美国保险、保险基金、自由互助保险、VSP眼镜保险和安盛保险）展开。技术参与者越发地多元化，其中可以从早期的美国追溯到德国、英国，以及后来的印度和中国。

1.1.3　金融科技和手机银行

图1.3显示了手机和互联网银行服务的渗透率，截至2015年7月，中国奋起直追，渗透率超过了60%，南非（接近60%）和韩国（55%）紧随其后，而美国（35%）竟落后于45%这一全球平均水平。表1.2显示了2013年全球前12名银行的手机银行业务客户，中国同样表现出色，前三名银行均来自中国，它们分别是中国工商银行（用户超过1亿）、中国建设银行（用户1.17亿）和中国农业银行（用户8 300万）。

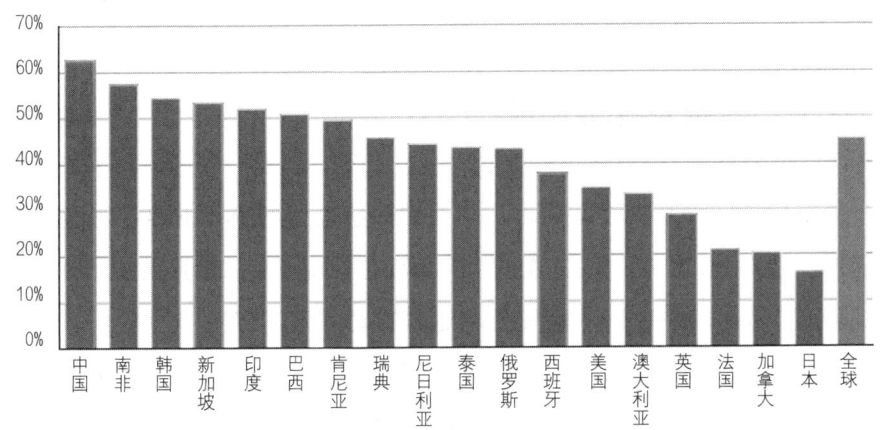

图1.3　手机和互联网银行服务渗透率

来源：瑞银证据实验室。

表1.2　2013年全球前12名银行的手机银行业务客户

福布斯排行	银行	总部所在地	手机银行业务客户数/人	年度手机用户数量增长率	线上银行服务客户	客户总数/人	拥有移动端客户的百分比
1	中国工商银行	中国	超过1亿	49.5%	3.9亿	4.32亿	23.2%
2	中国建设银行	中国	1.17亿	38.9%	1.5亿	2.91亿	40.2%
3	中国农业银行	中国	8 300万	不适用	1.109亿	3.2亿	25.9%
4	摩根大通银行（美国）富国银行	美国	1 640万	24%	3 500万	不适用	不适用
8		美国	1 250万	23%	2 380万	7 000万	17.9%
9	中国银行	中国	5 210万	24.6%	1.011亿	不适用	不适用
13	美国银行	美国	1 440万	19.8%	3 000万	5 000万	28.8%

续表

福布斯排行	银行	总部所在地	手机银行业务客户数/人	年度手机用户数量增长率	线上银行服务客户	客户总数/人	拥有移动端客户的百分比
14	汇丰银行	英国	250万	不适用	不适用	6 000万	4.2%
16	花旗银行	美国	不适用	不适用	不适用	1亿	不适用
24	（法国）巴黎银行	法国	100万	不适用	不适用	不适用	不适用
37	三菱日联金融	日本	不适用	不适用	不适用	不适用	不适用
43	桑坦德银行	西班牙	260万	不适用	1160万	1.066亿	2.4%

来源：银行2013年年报（摩根大通银行和富国银行采用2014年第一季度报告）。

1.2　普惠金融经济学

全球范围内兴起的移动技术在实现普惠金融中扮演着重要的角色，普惠金融经济学也由此引起关注。通过手机和其他智能设备，世界上许多没有接受过银行服务以及无法充分获得银行金融服务的区域得以接触到金融服务。图1.4和图1.5显示了2007—2017年在活跃的移动用户订阅下，发达国家和发展中国家普惠金融的发展趋势。发展中国家表现出巨大的潜力，有望赶超发达国家。

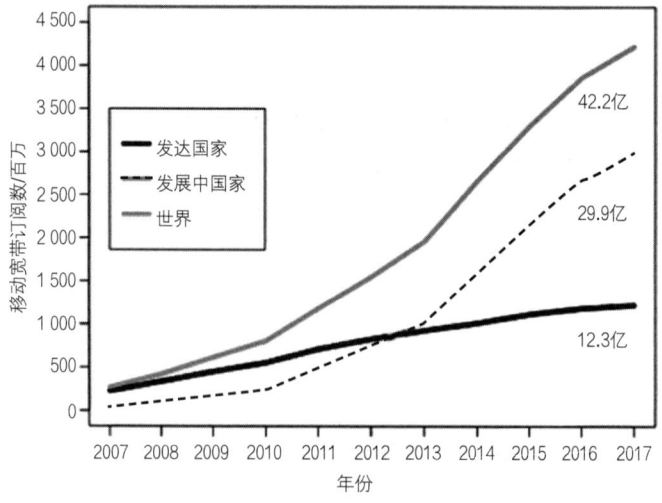

图1.4　2007—2017年数字化普惠经济的活跃用户

来源：作者；国际电信联盟世界电信/信息和通信技术指标数据库。

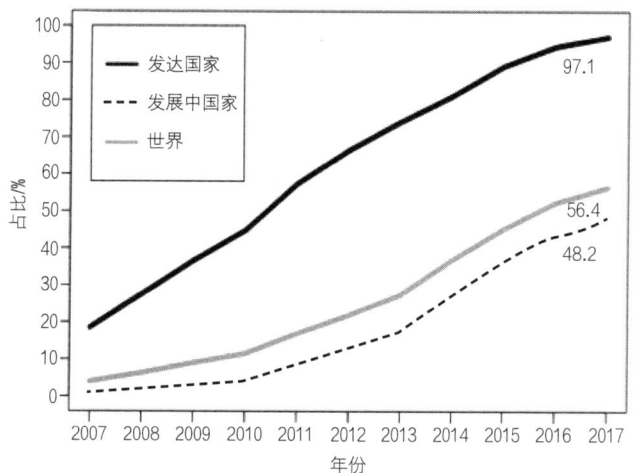

图1.5　2007–2017年数字化普惠经济的活跃用户占比
来源：作者；国际电信联盟世界电信/信息和通信技术指标数据库。

普惠金融经济学受到了金融科技公司的影响，并且它本身就涵盖了颠覆性的金融技术。金融科技公司是颠覆性科技的一种典型形式，这种形式包含了个体群组的相互影响，因此被称为终结者、毁灭者和破坏者。终结者是照章办事的优秀执行者，但同样意味着传统主义者和守旧派职业生涯的终结。采取猎巫行动的毁灭者不仅毫无新意，而且还对现状满腹牢骚。破坏者则具有使命感，是不以准则行事的问题解决者，想法另类或不拘一格。他们一旦被某种观点说服，便开始一往无前地行事。

金融科技将在重新定义金融中发挥重要作用。首先，传统金融机构的商业成本（资本充足率和合规性要求）不断上涨。其次，借助金融科技可以降低商业成本，从而服务于那些至今未能获得金融机构服务的大部分群体（金字塔底层的群体，即BoP）。最后，为那些未获得或未充分获得银行服务的群体或金字塔底层群体提供服务（称为金融普惠），金融普惠可以被视为可持续的金融科技商业，且该金融科技商业具有巨大的增长潜力。

像微型金融和微型保险这样具有较低边际利润的商业会变得可行且有利可图。信用评级、电子商务、O2O（Online–Offline，线上、线下服务）、

LBS（Location Based Services，定位服务）等附加服务可以增强客户黏性和提高盈利能力。消费者们将会被这些新技术带来的低成本和便利所吸引。拥有大量资产和固定成本的传统金融机构将会因自身对突发事件的应变能力不足而被扰乱。若想要降低合规成本和减小政治阻力，就要和政府对社会、经济和普惠金融的规划保持步调一致，把创造就业摆在优先位置。

图1.6结合了低成本科技及其新的用途，总结了金融科技是如何运作的。

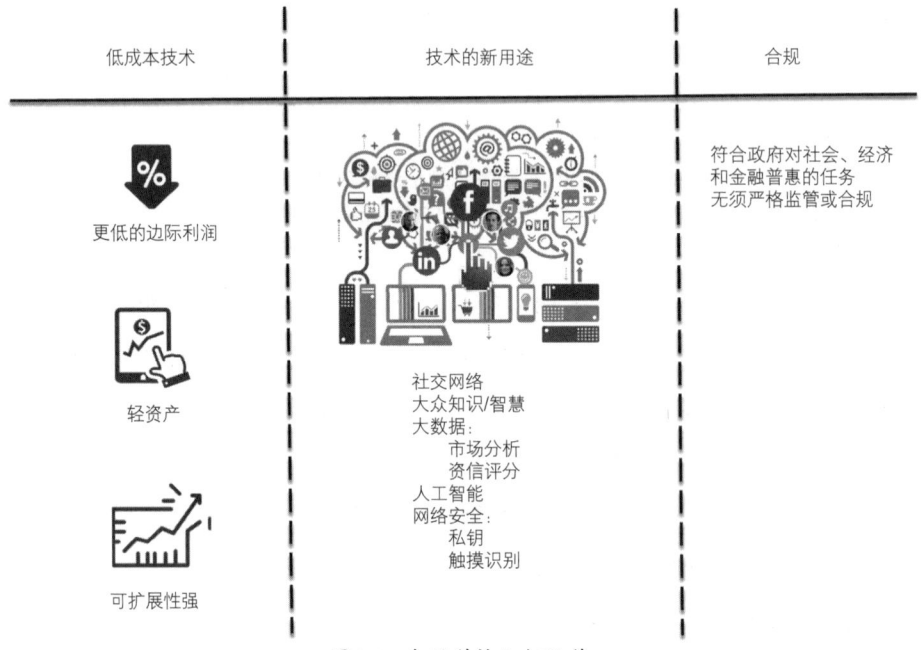

图1.6 金融科技如何运作

1.3 金融科技下的银行分拆

为何银行分拆成了一种趋势？首先，我们来对千禧一代、Y一代和X一代等术语进行定义。千禧一代（也就是俗称的Y一代）是指在X一代之后出生的人口群体。X一代，又称X代，是指在婴儿潮到千禧年之间出生的人口群体。X代或Y代并没有明确的开始和结束日期。人口学家和研究人员大多把20世纪80年代早期作为Y一代的出生年份起始点，并把20世纪90年代中期到2000年初作为该代人出生年份的结束区间。X一代的出生年份则介于20世纪60年代早中期至80年代初之间。如图1.7所示，千禧一代要求从银行到保险皆为自主和透明的财务往来，这也是银行分拆的原因之一。此外，不到一半的年轻人（46%）打算在未来的几年中沿用自己现在正在使用的金融服务公司。一些富裕的千禧一代（76%）会在社交网络上寻找个人投资的相关信息，而在X一代的同类群体中，仅18%会这么做。

图1.7　一个银行的分拆

来源：https://www.cbinsights.com/research/disrupting-bankingFinTech-startups/。

1.4　成功的科技公司

成功的科技公司是一个几乎没有等级制度的平面结构。它们之间如同相互连接的车轮，相互驱动和共同进步，同时信奉创新。它们寻求用户体验以竞相减少痛点，鼓励优秀设计，同时寻求合作，比如通过寻求共同的利益和分享专长、知识、信息和网络等来减轻彼此之间所存在的摩擦。从会计学角度来看，它们的使命就是把犯错看作沉没成本，然后通过纠错机制实现最终的目标。

　　世界上那些无法充分获得金融服务的群体转向了寻求非传统形式的另类金融服务，如那些不记名支票兑现行业、高利贷发放者和典当商所提供的服务。例如，在美国的非法劳工通过像现金仓库或便利店之类的中介来兑现不记名支票。若要实现普惠金融经济，需要考虑到全球范围内的那些未获得以及未充分获得银行金融服务的群体，甚至境遇更惨的群体。

　　2012年，世界上只有50％的成年人在正规的金融机构拥有个人或联名账户（Demirguc-Kunt et al.，2012）。全球有25亿成年人没有正式的银行账户，其中大多数在发展中国家。金融排斥现象不止存在于发展中国家，因为7%的美国家庭也同样没有银行账户，20%的美国家庭则没有充分利用银行服务。

1.5　为什么使用金融科技

　　消费者选择这些金融科技机构而非被信赖的银行有众多原因，其中包括收费低、利率高、投资和贷款门槛低、使用简单和方便。有些人认为对金融科技公司的监管跟进后，这些优势将不复存在。其他人则认为，新的金融科技业务模式更具成本效益，因此这些优势将会被保留。银行业受制于一种风险规避的文化，这种文化由人力资源充实的监管部门和一种金融管理的理念所主导，其特点是不提倡创新或颠覆。

　　在老旧银行文化需要改革的同时，金融科技公司已遥遥领先且快速地进行探索、创新及对其供应进行重新调整。把用户数据作为新财富意味着可用数据极为珍贵。拥有高用户参与度的应用程序或可接触社区中转换成本高的部分人群的应用程序，往往具有更强的客户黏合度，同时可收集到更丰富的数据信息。能获得庞大用户群的数字化服务信息或应用程序可以生成大量有价值的数据。

　　作为研究新银行服务发展的起点，我们需要对金融科技这种非银行范式进行深入研究。但在此之前，我们需要对新的商业模式和原则予以定义。

1.6　新商业模式和原则

对金融科技的商业模式来说，需要改变的是降低利润。在过去，高利润的公司让资本趋之若鹜，它们都具有高利润、有准入壁垒且不受技术干扰的特点。如今，吸金的公司具有创新性，利润低，准入门槛低且具有高扩展性的潜能，以便金融科技企业能专注于客户黏性而非资金流动。

1.6.1　金融科技的CLASSIC特点

全球四大会计师事务所之一的安永会计师事务所将金融科技的共同特点缩写为"CLASSIC"。参考图1.8，"C"作为customer-centric的缩写，代表"以客户为中心的"，指为客户提供操作简单、方便快捷的产品，以及围绕特定客户的用例和痛点，以需求为中心为客户量身定制服务，由此获得高度的客户参与度。"L"是legacy-free的缩写，意味着摆脱传统的方式，建立一个专为数字信道和履约所设计的系统。在收购或监管债务前，停产的产品几乎不造成阻力。"A"的完整词是asset-light，即轻资产，指以小型的固定资产基础来创造可观的运营杠杆。它导致的结果是，负债表被频繁地出租或外包给他人。"S"是scalability的缩写，代表可扩展性。企业通过利用伙伴关系、分销以及简化等手段降低对资本的要求，由此实现商业模式的可扩展性。下一个"S"是simple的缩写，代表着从根本上简化的客户主题，即重点关注且高度透明化的商业流程。"I"作为innovative的缩写，意味着创新的，新的商业模式、产品、服务及交付模式等都包含了创新的元素。最后一个"C"即为compliance light，代表易合规，分拆模型通常是为了避免审批的需要而设计的。该安永模型是基于之前Lee和Teo开发的模型而建立的（Lee et al., 2015）。

共同特征和描述	
C	以客户为中心的（customer-centric） • 简单易操作、高度便捷的产品/服务 • 围绕特定客户的用例和痛点设计的"以需求为中心"的主张 • 客户参与度高
L	摆脱传统的方式（legacy-free） • 围绕数字信道和履约打造的系统 • 在收购或监管债务前，停产的产品几乎不造成阻力
A	轻资产（asset-light） • 以小型固定资产基础来创造可观的运营杠杆 • 负债表被频繁地出租或外包给他人
S	可扩展性（scalability） • 通过利用伙伴关系、分销以及简化降低对资本的要求，由此实现商业模式的可扩展性 • 对资本的要求低
S	简单（simple） • 从根本上简化的客户主题 • 重点关注且高度透明化的商业流程
I	创新的（innovative） • 全范围创新，如新的业务模式、产品、服务和新的配送模型
C	易合规（compliance light） • 简单分拆的模型通常是为了避免审批的需要而设计的

图1.8　安永的CLASSIC模型

来源：Lee et al.（2015）；EY（2016b）。

1.6.2　LASIC原则

如图1.9所示，新商业模式的简化版本被称为"LASIC"（Lee et al., 2015），其缩写分别代表低利润（low margins）、轻资产（asset-light）、可扩展（scalable）、创新的（innovative）和易合规（compliance easy）。低利润是因为金融科技公司以低开的方式去吸引和建立一种群聚效应，同时还要防止竞争。轻资产意味着利用现有的基础设施，如电子商务和电信公司。可扩展是指没有指数成本的扩大，因为技术能够实现大规模的改变。创新则是利用社交媒体等技术来挖掘尚未开发的市场，同时以颠覆性和包容性（而非排他性）来解决实际问题。最后，易合规是指随着政府看到金融科技的崛起和发展前景，它们极有可能对其进行宽松管理。

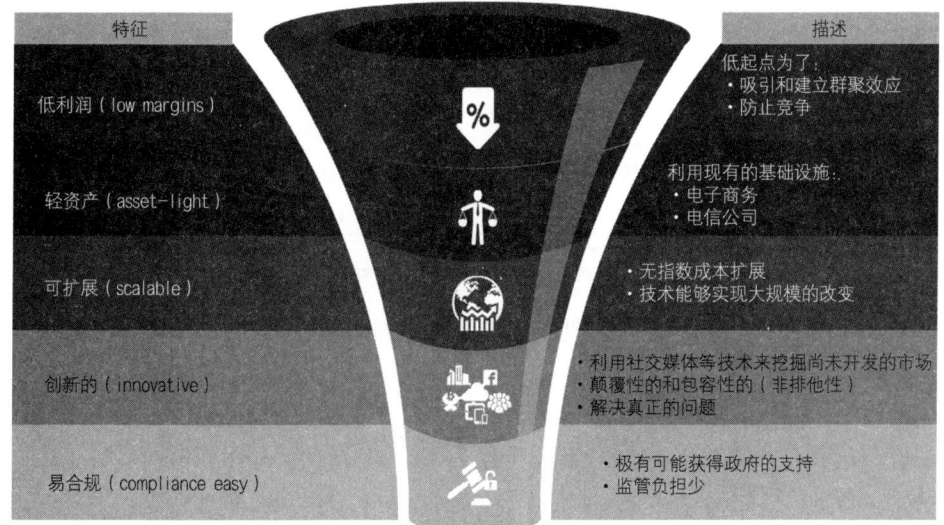

特征	描述
低利润（low margins）	低起点为了： • 吸引和建立群聚效应 • 防止竞争
轻资产（asset-light）	利用现有的基础设施： • 电子商务 • 电信公司
可扩展（scalable）	• 无指数成本扩大 • 技术能够实现大规模的改变
创新的（innovative）	• 利用社交媒体等技术来挖掘尚未开发的市场 • 颠覆性的和包容性的（非排他性） • 解决真正的问题
易合规（compliance easy）	• 极有可能获得政府的支持 • 监管负担少

图1.9　LASIC原则

来源：Lee et al.（2015）。

金融体系不断被打破，首先是创新型的竞争者通过营运新潮的商业模式和提供新的替代服务，进入了毛利率低而潜在需求量大的低端市场。此外，金融服务和银行业仍然享有非常可观的利润，但高利润的获得更多是因为受到监管体系的保护，而非它们实际创造的价值。

自2007年以来，或许是为了应对全球金融危机，监管逐渐紧缩并已经对复杂的大型金融机构造成影响。这种竖井心理和累赘的基础设施实体为数字化的破旧立新做好了准备。

世界银行在《2014年全球普惠金融指数报告》中，确立了由非银行机构引领移动银行的趋势。在发展中国家，高速移动宽带的普及率较低，全球持有金融存款的成年人比例从2010年的51%增加到2014年的62%。该报告还指

出，电信、网络和电子商务公司主导着这种变化。一些被认为过于危险和贫穷的低收入国家还有未获得及未充分获得银行金融服务的群体，而移动通信技术使得网络超规模覆盖成为可能，并且能够以低利润的模式为这些群体提供服务。随着越来越多资金的注入，金融科技开始加速打破常规。

1.7　智慧国

从新的商业模式和原则来看，金融科技服务的出现为智慧国的诞生奠定了基础（详见第八章《新加坡的金融科技》）。智慧国的主要特色在于支付服务是智慧城市的支柱和主要部分。随着物联网的出现，数字信息和数字资产/货币将被合并成一个渠道。它使所有个人，包括那些因年龄、健康或财富原因被排斥在外的人，都能被联系起来并纳入经济体系。由此，互联互通的普惠将实现。更多智慧国家的案例会在随后关于国家的章节中进行探讨。

1.8　金融科技的类型有哪些

金融科技的服务类型是非捆绑式的，因此金融科技服务超越了传统的银行服务，能够强化并更快完成的传统银行服务包括转账/汇款、股权融资/众筹、P2P/市场借贷等，其中最具增值性的服务是移动支付/电子钱包。被划入此列服务的还有交易平台、财务建议、数据分析（尤其是大数据）、信用评分、保险等。金融科技公司不仅限于提供银行服务，甚至还提供传统保险服务。

金融科技公司富有多面性且能力出众，首先得益于它们通过技术来降低成本，这体现在较低利润率、轻资产和高度可扩展性的特质上。其次是它们对技术的大量运用，包括入职培训、社交网络、大众知识/智慧、大数据以及对市场分析和信用评分的必备分析。为了取得消费者的信任，在使用人工智能的过程中必须确保网络安全，这一点和使用密钥及触摸识别同样重要。

在拆分了银行业务以后（图1.7），金融科技公司继续重新打包银行服务

（图1.10）。一些金融科技公司在取得初步成功后，进入到其他金融服务领域。接下来，我们通过一些例子来看一下这种重新打包是如何在3个领域发生的，即电信金融科技（肯尼亚移动银行服务M-PESA）、社交媒体金融科技（德国互联网直接银行Fidor）和电子商务金融科技（阿里巴巴集团）。

电信金融科技   社交媒体金融科技

商务金融科技

图1.10　金融科技公司重新打包银行服务

1.8.1　电信金融科技：M-PESA

移动手机在全世界的普及率不断上升。在互联网服务和智能设备的使用并不广泛的发展中国家，短信服务（Short Message Service，SMS）这种简单的移动技术可以被用作一种转账手段。如表1.3所示，肯尼亚的M-PESA（移动银行服务）就是这样一个成功的例子。

表1.3　肯尼亚移动钱订阅用户

项目	2013年12月	2012年12月
移动订阅用户总数/人	3 131万	3 043万
移动钱订阅用户数/人	2 602万	2 141万
代理商数量/个	93 689	62 300

来源：肯尼亚通信委员会（CCK），http://ca-go.ke/index.php/statistics。

M-PESA（Pesa在斯瓦希里语中的意思是钱）于2007年正式推出。它是一种由Safaricom（肯尼亚的电信提供商）提供的移动汇款服务，通过提供汇款、本地支付和国际汇款等服务来实现金融普惠。

M-PESA最初是一个"将实现短信支付作为企业社会责任（corporate social responsibility，CSR）"的项目。移动电话平台通过短信的方式与用户通信，以此方便用户付款、转账、存款和提现。现金的提取和存入可以简单地通过供应商或售货亭的销售点完成。在肯尼亚4 600万的人口中，500万人拥有银行账户，1 900万人拥有M-PESA账户。

截至2014年，M-PESA拥有81 025名代理商，122 000名注册商家（24 137个活跃用户）和1 930万注册客户（1 220万个活跃用户）。它占Safaricom收入的18％，并已渗透Safaricom 90％的客户，见图1.11。

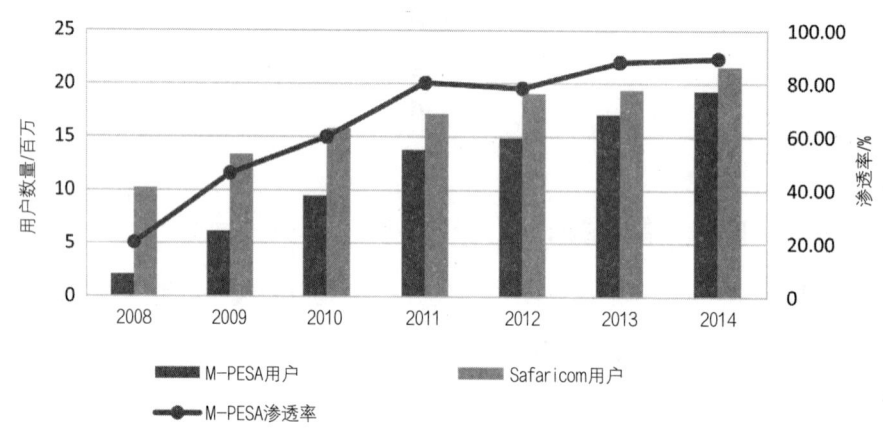

图1.11　Safaricom用户中M-PESA的渗透率

来源：作者；Safaricom的年度报告，M-PESA。

M-PESA的用户只有在使用服务时才需付费，交易费用一直较低且稳定。代理商也被吸引加入，因为一个商店每天可以赚5.70美元（60笔交易），这金额是肯尼亚普通店员工资的2倍。这种代理系统运行稳定且不需要为基础设施投资。在消费者、商家和代理商网络建成之后，它开始开拓支付以外的领域。

M-PESA的足迹已遍布坦桑尼亚、阿富汗、南非、印度和东欧。它还扩展了更多的产品，包括：M-Shwari，一个提供贷款服务的无纸化银行平台；Lipa Na M-PESA，用于支付货物和服务；Lipa Kodi，用于向房东支付租金，支付账单、公共交通费用、保险费，以及领取养老金或社会福利救济。

1.8.2　社交媒体金融科技：Fidor

在社交媒体金融科技领域里，Fidor银行于2007年在德国成立，是全球第一家通过互联网和社交媒体运营的网络银行。到2014年，Fidor的注册用户超过30万人，拥有25万名社区成员，存款总额达2亿欧元。其贷款总额约为1.6亿欧元，仅雇用34名员工且没有分支机构。Fidor为一个客户提供完整的银行服务的成本约为20欧元，与传统银行相比，Fidor的管理费用低，比传统银行的管理费的1/10还要低。

Fidor银行是创新银行流程的领衔者，获得了多个奖项，包括最具创新性的德国社交媒体银行（2013年，《全球银行和金融评论》）、最具创新性的德国银行（2013年，《国际金融杂志》）和银行创新奖（2013，银行创新网）。

Fidor银行有很多方法吸引顾客，例如通过社交媒体和互联网社区，让客户能够对产品和银行顾问进行评级。从图1.12和图1.13来看，用户"点赞"越多，则融资利率越低。图1.14所示的产品包括应急资金和通过SMAVA（德国信贷经理公司）进行的点对点借贷。

Fidor实行的策略基于两个不同的概念，但两者都以开放为中心。一是社区银行，成员可以在论坛上分享建议并协作开发产品。二是Fidor银行的"应用商店"银行业务，它通过一个开放平台运营来自第三方的独立服务。

区块链金融

图1.12　Fidor银行：社交媒体银行业务

来源：Fidor银行，https://www.fidor.com。

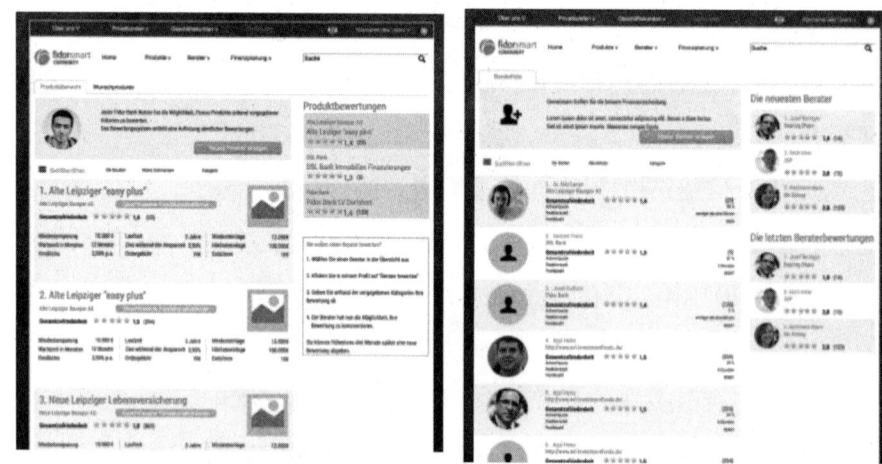

图1.13　Fidor银行：吸引客户对产品和银行顾问评级

来源：Fidor银行，https://www.fidor.com。

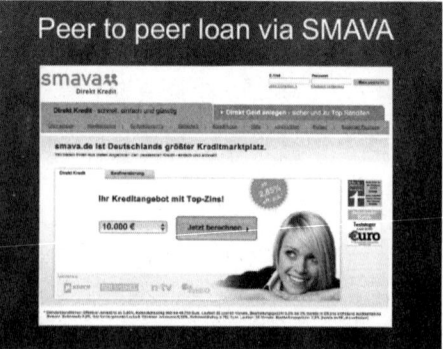

图1.14　Fidor银行：应急资金和点对点贷款产品

来源：Fidor银行，https://www.fidor.com。

在Fidor TecS（图1.15）中运营的fidorOS是一个基于本地核心银行系统的开放中间软件，为下一代社区、支付和银行服务提供解决方案，同时也是一个特地为它所支持的现代银行业开发的中间软件。它可以通过推特、电子邮件或手机号码向客户即时汇款，用途包括但不限于借贷。此外，fidorOS还具有社交交易、社交借贷和众筹等特色功能，兼具筹资和投资功能。

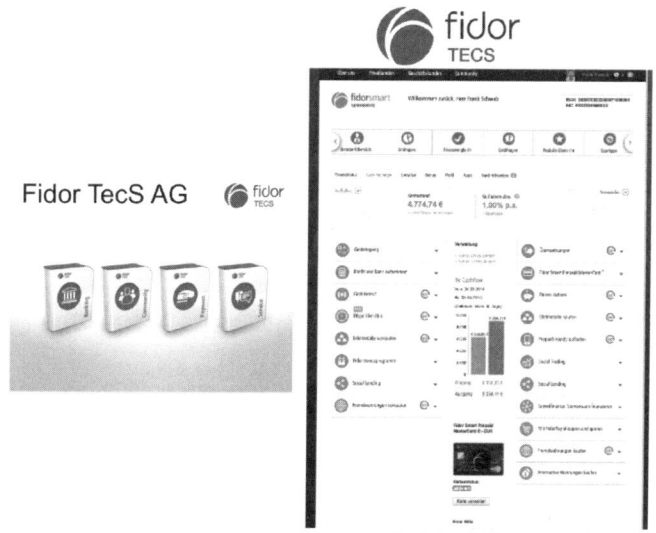

图1.15　Fidor TecS：开放中间软件

应用程序接口（application programming interface，API）是一组为构建应用程序软件而使用的子程序定义、协议和工具。它是一组被明确定义的交流方法，能够沟通多种软件组件。正如苹果公司通过iTunes对其移动应用程序所做的那样，Fidor利用公共应用程序接口来寻找B2B客户，为其提供银行服务。Fidor创建了一种不依赖于任何遗留代码的全新技术。这种技术具有高度灵活性，以至能够被应用于任何核心银行系统，同时因具有强大的功能，足以被银行用作白标产品。全白标意味着能够自定义外观和感受。白标合伙人能够定义账户内应用商店的内容。

1.8.3 电子商务金融科技：阿里巴巴集团

最后，在电子商务金融科技领域，阿里巴巴集团的阿里巴巴和支付宝可被视为"王者"（Lee et al., 2017b）。亚马逊借贷在2012年最后一个季度开始向网上商家提供贷款。它向小型商家提供贷款，让他们能购买库存。贷款只需要4天时间审批，同时其利率比小型企业信用卡低。商家可以扩大库存且增加销量，由此提高亚马逊的收入。

然而，在亚马逊借贷出现的13年前，阿里巴巴于1999年就已经开始在中国提供金融服务，后来又通过蚂蚁金服旗下的支付宝提供金融服务。阿里巴巴集团是一个由马云于1999年创立的中国电子商务公司，它通过互联网提供消费者对消费者（C2C）、企业对消费者（B2C）和B2B（企业对企业）的销售服务。

支付宝于2004年作为支付平台成立并提供第三方保管服务。它的业务范围迅速扩展到了涵盖购买电影票、机票、彩票，订购外卖，购买保险和支付水电费等。后来，支付宝又被小企业作为销售点（Point of Sale，POS）系统。然而，用户选择用支付宝购买肯德基（KFC）或在路边买鱼只是该支付平台的一个开始。

2010年4月，阿里巴巴集团开始向淘宝和天猫的商家提供小额信贷。截至2013年6月底，阿里巴巴集团累计向32万多家微型企业和个人借出1 000多亿元人民币。在金额不超过100万元人民币的小额贷款中，违约率仅占投资组合的0.87%。这种贷款的期限通常较短，从几天到几个月不等。

阿里巴巴集团通过大数据分析评估中小企业的信用度，在3年内将其贷款账目增至160亿美元。它还通过提供比标准储蓄率高出15倍的利率，筹集了870亿美元，成为中国最大的基金管理人。在推出9个月后，它就吸纳了全国20%的新增人民币存款。

阿里巴巴集团在2013年6月推出了新的金融产品——余额宝，它是一种货币市场基金，并允许支付宝用户将自己多余的钱投入其中。账户持有人还可以随时取出基金用于在阿里巴巴平台上网购，可以通过个人计算机和能够使用支付宝钱包的智能手机进行在线交易。

余额宝内的基金可以用于购物、支付水电费、购买彩票、购买火车票、在节假日预订酒店、信用卡还款以及其他服务。阿里巴巴集团的子公司所涉足的其他金融服务包括零售和中小企P2P（点对点）贷款、众筹、小额保险以及一系列其他类别的基金，例如黄金交易所交易基金（exchange traded fund，ETF）。

金融科技从服务拆分中学到了很多经验教训后，继续重新打包服务。金融科技显著的进步表明，拥有庞大现有客户群的机构最具潜力。随着各种产品带来社交网络的一体化，人们由此学到了一个道理：科技创新至关重要。一些大型授信机构对创新和专业的金融科技产品做出了明确规定。最后，整个流程是基于代理人、风险资本或保险的。图1.16和表1.4显示了2010—2013年移动支付在中国的增长情况。

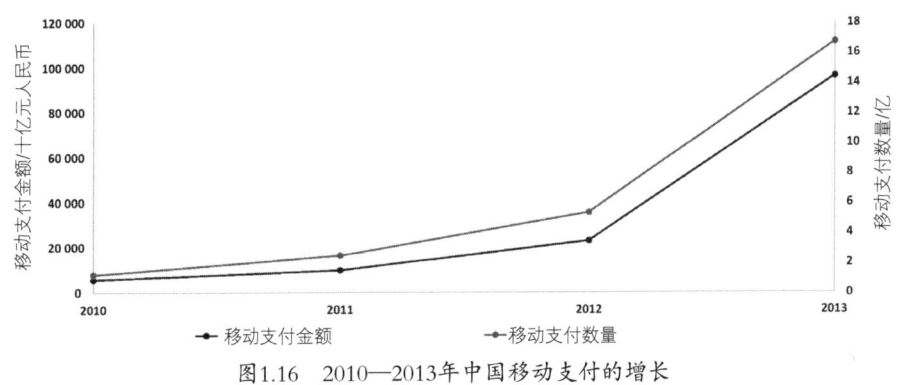

图1.16　2010—2013年中国移动支付的增长

表1.4　2010—2013年中国移动支付的增长

年份	移动支付数量/十亿	增长率	移动支付金额/十亿元人民币	增长率
2010	1.18	77.08%	5 700	102.01%
2011	2.47	109.32%	9 900	73.68%
2012	5.35	116.46%	23 100	132.39%
2013	16.74	212.86%	96 400	317.56%

来源：中国人民银行，http://www.pbc.gov.cn/publish/zhifujiesuansi/4263/index.html；中国银行新闻，http://www.boc.cn/en。

新的金融科技投资范例基于客户黏性。2013年，Facebook以220亿美元

的价格收购了WhatsApp，尽管WhatsApp净亏损1.381亿美元。WhatsApp拥有4亿活跃用户，他们可能被整合并流入一个金融科技平台。一些管理有价值的客户数据的物流公司也被"收购"了，比如支付宝已经投资并增持了新加坡上市公司新加坡邮政（Singpost）的股份，其前身是新加坡邮政局（Singapore Post Office）。

1.9　金融科技不局限于支付

金融科技是不局限于支付的。电子商务公司不断扩展业务范围，不再局限于简单的支付、配送和结算服务。这些电子商务公司与社交媒体公司合作，提供多种服务，包括贷款、小额信贷、投资产品、保险、众筹等。

2013年2月，仅提供线上保险服务的众安保险公司在中国成立，它是一家由阿里巴巴集团、腾讯和中国最大的保险公司平安保险共同创立的合资企业。众安保险公司的线上保险业务通过小额保费赚取可观的利润。2014年11月11日，阿里巴巴集团的销售额超过90亿美元，其中1亿元人民币是通过线上保险产生的，比如众安出售5角的包裹配送险。

除了支付外，金融科技也能用数据来盈利。互联网公司的信息优势能为其提供客户的私人信息。比起传统银行，金融科技公司可以利用客户的私人信息更好地预测客户的潜在财务风险，从而以较低的成本给客户提供贷款和保险。由于技术的可发展性且无须实体店的特点，在低利润而快发展的模式当中，成本得以进一步降低，同时被分摊到更多的客户身上。

金融科技公司通过多种渠道为大众提供服务。金融科技公司的成长主要是通过深入到群众中，为群众提供多元化的服务，进一步打破价值链，并在这个过程中吸引投资，赚取利润反而是次要的。例如，阿里巴巴集团一直在向商家提供低成本贷款，并向消费者提供小额贷款。通过使用支付宝之类的电子钱包作为交易模式，阿里巴巴集团可以实时地评估个人的现金流量，并在24小时内批准低利率的短期贷款。

1.10 新金融科技银行服务

如前所述，金融科技从支付方式的改变到对其他领域提供服务，其重点在于客户的需求和筹集资金的能力。当不涉及部分准备金银行服务时，合规成本也会降低。P2P贷款将使借贷过程民主化，同时让借款人在数小时内获得信贷，而贷款人可以获得比大多数票面利率更高的回报。例如，借贷俱乐部（Lending Club）提供在线的P2P借贷服务，可以提供高达35 000美元的无抵押个人贷款，并为贷方带来可观的回报，同时将风险分摊给多个借方。这种模式使借贷俱乐部在2014年筹集了9亿美元的资金。总部位于新加坡的贷款平台Capital Match也提供类似的服务，为个体放款人与中小型企业牵线搭桥。

金融科技公司还可以让大众享受民主和机遇，这在比传统收费低的跨境汇款中得到了广泛的应用。跨境转账平台TransferWise提供的汇款工具只收取0.5%的手续费，远低于传统转账服务收费。这是通过众筹资金流实现的，使跨境汇款绕过传统银行和支付网络，从而避免货币兑换。TransferWise改变了支付路径，它将付款人与另一转账的收款人相互对接，而非付款人直接汇款给收款人。这种支付同时发生，只是方向相反。这种颠覆是自下而上的。

1.11 金融科技与数字金融

金融的数字革命离不开手机的使用。图1.17和图1.18显示了手机和互联网在中国的普及速度。值得注意的是，东盟的其他国家（例如缅甸）也正处于数字金融周期的开端。在金字塔底层和经济快速发展的国家有许多发展机会。

中国互联网用户数量巨大（图1.19），因此任何网络业务都可以快速地建立规模经济。他们的目标是尽可能在最短时间内通过支付的方式建立具有黏性的用户群，然后进行收费，最后利用好网络效应。大量的用户使规模经济在新的金融服务下得以成形。

区块链金融

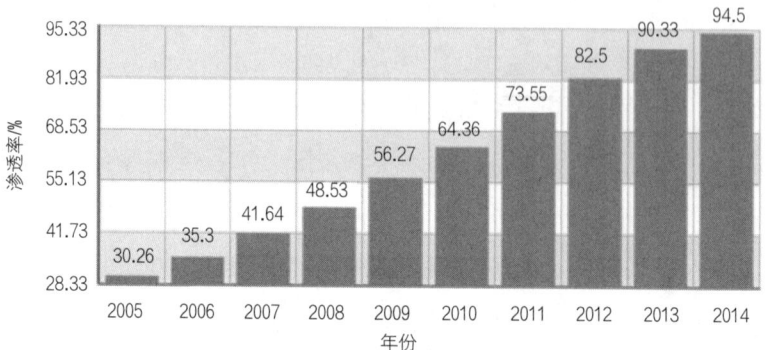

图1.17　中国移动手机渗透率

来源：中国国家统计局，http://data.staff.gov.cn/。

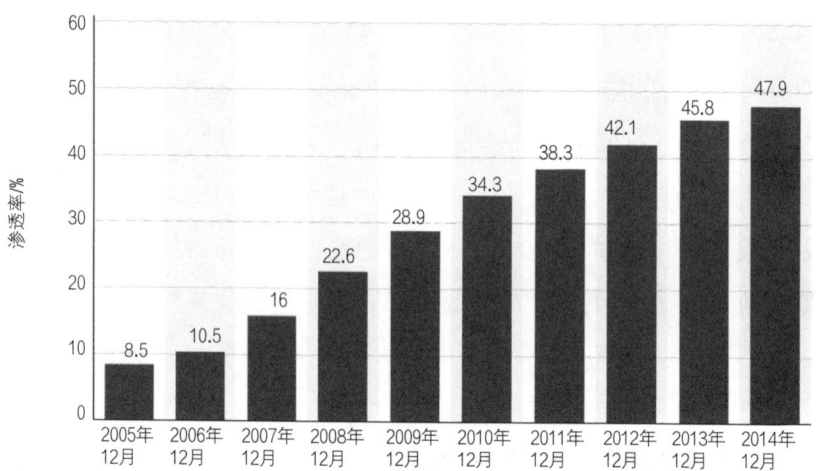

图1.18　2005—2014年中国互联网用户渗透率

来源：Statista，https://www.statista.com。

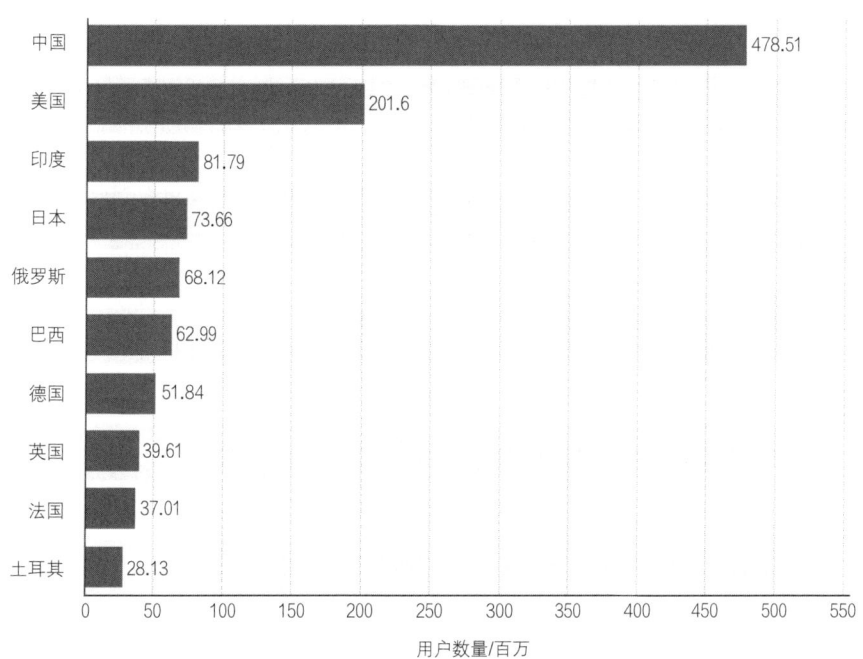

图1.19　2015年3月互联网用户数量

来源：Statista，https://www.statista.com。

1.12　去中心化

金融科技公司的去中心化管理使可编程的共享经济成为可能。这是一个走向金融瓦解乃至最终达到一个完全分布式的金融体系的强大趋势。李国权（Lee，2017b）在斯坦福亚太创新大会上的一篇论文中提出了许多论据，他推测，拥有合适基础设施的去中心化和分布式技术，能给许多发展中国家带来跨越式发展。区块链就是一种分布式数据库技术，它让使用公共账本记录加密数字货币及其他交易成为可能，本书将对区块链做进一步探讨和研究。

可以说，一个比传统银行更加安全的系统已经形成，因为黑客入侵该系统需要破解每个节点上的安全协议，这需要以极其昂贵的成本来换取微不足道的成功。尽管有些人不这么认为，但加密数字货币（见第2章）可以自我监管，使中央银行的职能发生改变，同时区块链能够减少人们对清算所和托管银

行的需求。

从服务共享经济到资产共享经济，这种自下而上的颠覆是显而易见的。托马斯·皮凯蒂（Thomas Piketty）在21世纪出版的《资本论》中表明，资本回报率要大于经济增长速度，而无资产的人则被抛在后面。量化宽松政策导致的资产膨胀扩大了贫富差距，且降低了社会流动性。然而，除了劳动以外，全人类都有一种与生俱来的资产，那就是每天产生的数据。不仅互联网公司能够通过这些数据盈利，用户本身其实也能通过贡献这些数据获取所有权和经济利益，例如通过Gems之类的应用程序。

将P2P纳入加密资产意味着资产共享经济或者说对金融体系的颠覆将不再遥远。共享经济的持续增长及点对点平台和加密数字货币的崛起，为变革的到来推波助澜。其结果是共享经济与现有的经济体系脱钩，资产共享代替服务共享成为主导体系，并且这种体系内的经济管理和所有权更加民主化。

在此总结并再次提醒，自下而上的颠覆遵循LASIC原则，其中包含了低利润、轻资产、可扩展、创新的和易合规。金融科技的冰山一角已在中国浮出水面（见第4章），它既令人印象深刻，同时又可谓惊心动魄。手机在中国的普及率超过90%，移动银行使用率超过60%，中国的P2P市场规模是美国的5倍还多；随着线上、线下电子商务和供应链金融的到来，银行业的发展日新月异，这使中国在金融创新领域成为领跑者。正如在中国所见，教育、政府、供应链、房地产、医药和法律都开始革新。显而易见的是，目前的服务共享经济世界将迎来由程序化的资产共享经济所带来的下一轮颠覆性浪潮。遵循互联互通、普惠共享的LASIC原则，为被排斥在金融体系外的群体提供服务，将会是金融科技的主要特征，正如支付宝和M-PESA那样。

第二章

数字货币、
比特币及加密数字货币

2.1 另类货币：数字货币的演变

随着智能手机、互联网和数字存储卡的到来，市场上出现了各种各样创新型的支付系统。这类数字支付系统的出现革新了价值转移的方式。中本聪在2008年创造了一种最新、最有趣的价值转移方式——比特币，它是一个众所周知的跨境价值转移系统，适用于没有集中权力的非受信方。比特币是一种交易媒介、保值方式和记账单位。依照惯例，首字母大写的"Bitcoin"是指网络和技术，而小写的"bitcoin(s)"代表货币单位。这种货币通常还缩写为"BTC"，但也有一些交易所写作"XBT"，这是为了与ISO 4217标准兼容而提出的一种货币代码（Matonis，2013）。

关于比特币和其他加密数字货币是否能作为替代货币，仍存在争议。自2017年4月1日起，比特币在日本成为合法支付系统，拥有26万个潜在商家的零售群。另一方面，中国监管机构已于2017年9月底停止了通过非监管交易所进行的所有加密数字货币交易。若要了解加密数字货币，要先理解中心化数字货币的历史和发展，这样才能对去中心化加密数字货币的基本理念有一个较好的认识。比特币就是首个去中心化的加密数字货币，因此在整体讨论加密数字货币、首次加密代币发售（initial crypto-token offering，ICO）和区块链之前，了解比特币的特征是很重要的。本章中多达20％的材料取自参考书《数字货币手册》（Lee，2015a）中的"比特币简介"，其中还包含了有关加密数字货币和比特币的技术细节。

2.1.1 数字货币的性质和类型

除了政府发行的法定货币以外，还有许多其他类型的替代货币。Hileman（2014）将它们大致分为两类：有形货币和数字货币。有形货币和商品货币密切相关，其自身价值源自相对稀缺性和非货币效用。在描述基于电子媒介的货币时，"数字"和"虚拟"似乎可以交互使用。然而，它们并不是同义词。术语"virtual"（虚拟的）具有一种否定的含义，表示"某物看似真实"，但不是真正的"真实"。这个词在谈及货币时并不常用，因为过于浮夸。"falsely created"在中文字面上指"虚拟的"，或译作"计算机生成的"或"模拟的"。"数字货币"一词更加中性，故其使用更为普遍。

在本章中，我们将重点讨论用于价值转移的数字货币。价值转移大致可分为四类。

（1）中心化，没有地域限制。

例如，金融、电信或零售公司的忠诚度积分，航空公司的飞行里程数，《第二人生》中的林登美元和《魔兽世界》中的黄金，它们是在特定封闭系统内进行交易的实体。此类货币还包括跨境预付费电话卡，在某种程度上还包括现金价值智能卡、预付费借记卡和信用卡。这些卡片在移动设备上可以是真实存在的或是虚拟的。其他的例子还有可以在不同国家使用的，甚至可以通过扫描二维码或面部识别进行退税的支付宝人民币钱包。这从在线（电子钱包）和离线（实体卡钱包）数字支付的角度来思考更为合适，因为它是一个不受地理位置限制的在线/离线价值传输和存储的案例。此类货币不像法定货币那样依赖管理，更重要的是，它不受地域限制。

（2）中心化，地域受限。

数字化国家货币、本地或地区货币如英国使用的布里克斯顿镑、布里斯托镑和托特尼斯镑，德国使用的补充货币基姆高。这类货币的使用目的更为具体，通常受到某些社会契约或协议的束缚，如履行这些契约或协议以换取商品或限制商品的供应。此类货币的管理是中心化的，价值转移仅限于本地范围。

（3）中心化，跨平台。

Flooz和Beenz①交易平台是一种开放式的市场系统，可以进行跨平台交易。要注意的是，像TenX等的加密借记卡或信用卡是建立在加密数字货币和代币的去中心化系统之上的。智能合约允许不同的数字货币在网络上进行价值

---

① Flooz和Beenz皆为虚拟货币。

交换。这种管理结构是以去中心化为基础的集中式结构，某些情况下还会使用智能合约。价值以数字方式进行跨平台交易，可以在线或离线。

（4）完全去中心化或分布式货币。

这一类货币包括比特币、以太币（Ether）、量子币（Qtum）、大零币（Zcash）、莱特币（Litecoin）、狗狗币（Dogecoin）以及其他加密数字货币。它们可以与任何外部代理进行交易，并且由于开源软件的存在，其管理和技术都是分散的。通常没有法律实体对这一类货币的交易活动进行监管，因此，它们不受传统法规管控。此种价值转移是在线上进行的。

加密数字货币是一种点对点的可编程数字货币，它让在线付款直接从一方转移到另一方，而无须通过中介。网络以加密方式对交易进行时间标记，如果进行交易的货币是比特币，使用的则是我们所知的工作量证明（Proof of Work，PoW）。基于工作量证明的比特币协议本质上是一个解码竞赛，并以一种激励的方式对参与者进行奖赏。第一个破解密码的参赛者将获得新的比特币。

新的交易区块大约每10分钟出现一个。在经过6个区块认证后，交易记录几乎无法更改，或者说更改的代价太过巨大。要创造一种加密数字货币作为免费的替代货币或代币很简单，因为它们大多数是开源的。为了解决比特币的痛点，各种山寨币诞生了。如今流通的加密数字货币超过1 000种，其中900种交易活跃。

至于为什么加密数字货币越来越受欢迎，这是因为各种社会经济力量推动了公众对它的需求，包括：

（1）在日本，比特币已经成为一种合法的支付系统，并被归类为会计资产。2017年9月，日本金融服务厅还颁发了11个比特币交易许可证（图2.1）。

（2）资金分配者和基金经理人开始对加密数字货币进行资金分配。

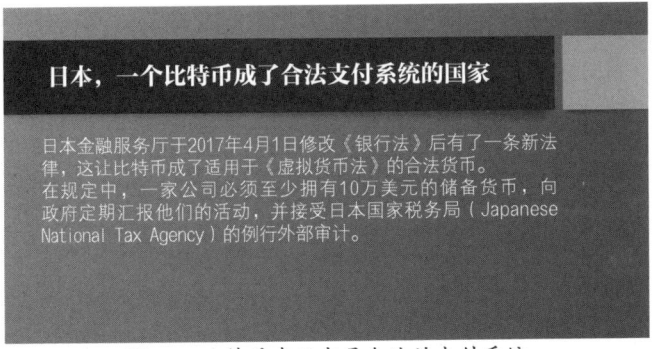

日本，一个比特币成了合法支付系统的国家

日本金融服务厅于2017年4月1日修改《银行法》后有了一条新法律，这让比特币成了适用于《虚拟货币法》的合法货币。
在规定中，一家公司必须至少拥有10万美元的储备货币，向政府定期汇报他们的活动，并接受日本国家税务局（Japanese National Tax Agency）的例行外部审计。

图2.1　比特币在日本是合法的支付系统

（3）代币发行增多，人们对加密数字货币的需求随之增加。

（4）区块链或者说分布式账本，是加密数字货币的基础技术，各国中央政府希望通过管控建立在区块链基础上的数字货币对地方政府进行更加集权的控制，或者以此来防治腐败，实现政府透明化管理。

（5）技术和互联网为加密数字货币的使用提供了更便利的环境，而改进的软件和较低的门槛会带来网络效应。

（6）政治经济学不再对消灭不平等抱有幻想，传统银行不愿意接受金融普惠这一概念。

（7）高负债和量化宽松政策给经济带来了不确定性，许多投资者都在寻找其他投资类别，以在这样的经济环境中获得庇护。

（8）环保主义意味着对生态的关注，思考我们是否已经最大限度地开采自然资源的问题，这从根本上支撑着某些货币的存在。

（9）有人认为金融服务的价格和整个金融系统的运营成本太高，效率低下。

（10）加密数字货币实现了金融自由，其优势是可以通过管控较为薄弱的网络进行价值转移。

（11）加密数字货币具有绕开资金管控的能力，能够在法定货币处于危机期间为投资者提供安全的避风港。

（12）预计随着加密数字货币逐渐被大众广泛接受，其价格将急速上涨。

（13）人们接受了这样一种认识，即加密数字货币是一种资产类别，可以对冲多元化投资组合中法定货币系统崩溃的风险。

（14）加密数字货币作为基础货币，通过法定货币系统和管控在全球范围内为创新项目而开展代币发售活动（ICO），人们认为这样的活动会受到过度的监管。

（15）加密数字货币以代币的形式将基础商品或所有权数字化或证券化。

（16）加密数字货币以代币权的形式使用网络、投票、包装现金流、执行智能合约或其他与网络相关的特权。

如今出现了众多替代性加密数字货币或山寨币，但是随着科技不断进步、监管更为严格且全球内需不足，以上大部分替代性数字货币最终会销声匿迹，只有少数会在全球范围内流通。

2.2 电子现金和其他先锋加密数字货币

电子现金（eCash）诞生于20世纪90年代，是首个中心化加密数字货币。电子现金可以通过各种银行和智能卡在多个国家使用，它经过多次改进后逐渐成为如今的加密数字货币。数字现金（DigiCash）公司的创始人大卫·晁姆（David Chaum）的两篇论文（Chaum, 1983；Chaum et al., 1990）为电子现金的出现奠定了基础。数字现金系统不管是在线或离线都使用加密协议来防止双重支付。该加密协议还能通过屏蔽签名来保护用户隐私。电子现金科技（eCash Technologies）公司收购了数字现金公司，最后于1999年被信息空间（InfoSpace）公司并购。受制于"了解您的客户（KYC）"这一严格规定，大多数加密的或代币化的货币因为违反了法律法规而不得人心，业务惨淡。

2.2.1　全球金融危机后加密数字货币的复兴

全球金融危机才刚爆发，尼克·萨博（Szabo，2008）就在博客上发表了有关比特金（bit gold）的想法。他认为可以开采比特金，开采出来的比特金可以记录在数字寄存器中。这种公共数字寄存器可以解决授信第三方的问题。他提出了一种经济激励机制，需要参与者们耗费资源开采比特金，同时公开数字寄存器的内容。

全球金融危机的爆发和协议的分布式性质使萨博的比特金有别于过去失败的数字货币。随着时间的推移，更多的想法在文献中得以讨论，如Chaum（1983）探讨了数字现金，Back（1997）提出了哈希现金，Dai（1998）讨论了比特币，Szabo（1999，2000，2008）研究了货币概念，还有Shirky（2000）讨论了微支付系统。有趣的是，PGP公司已故的主机游戏开发人员兼雇员哈尔·芬尼（哈罗德·托马斯·芬尼二世）从1992年末就开始使用多辖区密码学来运行密码朋克（Cypherpunk）社区的匿名邮件转发器。他说：

> "这点对我来说是显而易见的；我们正面临着隐私泄露、
> 计算机化进程缓慢、数据库越来越庞大以及管控越来越集中的问
> 题。对此，晁姆提供了一个完全不同的前进方向——将权力交到
> 了个人而非政府和公司手中。计算机可以作为解放和保护人类，
> 而非控制人类的一种工具。"

"密码朋克"一词结合了"密码"（Cypher）和"数字朋克"（Cyberpunk）两个术语，在艾瑞克·修斯（Eric Hughes）于1993年发表的《一个密码朋克的宣言》一文中首次使用。这是一个非正式团体，旨在通过使用加密技术来保护隐私和安全。史蒂文·利维（Levy，1993）也许对他们的主要思想之一做了最好的总结：

> "我想在座的各位都渴求一个这样的世界：在这个世界里，
> 只有在当事人同意公开个人信息的情况下，他人才能对当事人的

信息足迹进行追踪；在这个世界里，绵绵不绝的信息洪流通过网络和微波席卷全球，但试图从洪流的水雾中截取信息的入侵者和政府工作人员却无法将其破译；在这个世界里，用以窥探隐私的工具变成了保护隐私的手段。

"现在，有且仅有一种方法能够实现我们的愿景，那就是广泛使用加密数字货币。这在技术上可行吗？是绝对可行的。"

随着金融危机席卷全球，决策者们纷纷决定进行量化宽松①，实施宽松的货币政策。尽管不必担忧会发生过度的通货膨胀，但人们对法定货币渐渐失去信心。许多人正在寻找替代货币来保护自己的财富。2008年，某个名叫中本聪（Satoshi Nakamoto）的密码朋克或组织在他们的社区内发表了一篇白皮书，提出将密码学应用于点对点电子现金系统的观点。尽管大家都在努力地寻找中本聪，但他的真实身份仍不为大众所知。"Satoshi"在日文中意味着"明智的"，其中文名"中本聪"则是"中国人很聪明"的意思。

随着白皮书（Nakamoto，2008）的问世，人们于2009年初对名为比特币的首个去中心化加密数字货币进行开采。比特币通过开源软件运行，任何人都可以从Github平台（专业软件托管平台）下载。该系统运行于去中心化的P2P网络，这意味着比特币是一个完全分布式的系统，因为在某种程度上来说，每个节点或计算机终端都是相互连接的，每一个节点都可以任意离开或重新加入。这些节点将被限制于接受最长工作量证明的共识之内，即大众所知的区块链，以此作为权威记录。每次出现危机，比特币的价格就会飙升。

在2013年塞浦路斯房地产问题导致的银行危机期间，比特币的价格在一周内飙升了57%，达到了74美元。凭借着P2P数据共享与无中介价值转移的结合，这一新诞生的网络势不可挡。其中根本没有法人实体存在，没有人知道中

① 量化宽松，也被称为大规模资产购买，是一种扩张性的货币政策，通过中央银行购买预定数量的政府债券或其他金融资产来刺激经济。

本聪是谁，同样也没有中心化实体或某人能用法律手段将其关闭。唯一可以将其关闭的方法可能是将全球的电力切断。如此一来，一种新的替代货币就诞生了，并且没有中央机构能够单方面将其关闭！人们对加密数字货币的兴趣又重新被激发了！

2.2.2 创造比特币

尽管2009年以后比特币已被广泛使用，但加密数字货币仍然被人误解且保持着神秘。

首先，没有人知道加密数字货币系统的背后究竟是哪个人或是哪个组织，网络上运行的整个系统也不属于任何人。它被设计成这样，以至于想要进行交易的人们之间不再需要依赖信任。大多数时候，它就只是一个背后没有法人的实体开源软件。

其次，有人对比特币网络和中介机构的关系感到困惑。Mt. Gox是一家总部位于日本东京涩谷的比特币交易所，于2014年申请破产。自2010年7月创立到2014年年初，它已处理了全球70％以上的比特币交易，是全球最大的比特币中介机构，也是全球主要的比特币交易所。2014年2月，Mt. Gox暂停了交易，关闭了其网站和交易服务，并向债权人申请了破产保护，最后进入了清算程序。许多人混淆了2014年Mt. Gox的破产与比特币网络的崩溃。然而，Mt. Gox仅仅是一个金融中介机构，也只是许多不受监管的比特币交易平台之一。Mt. Gox并不是比特币网络/软件本身的一部分。有很多人以为比特币网络被黑客入侵了，或者其中的一个法人实体破产了。其实从智能合约设计的去中心化本质上来说，这些中介（例如中心化无管制交易所）甚至在一开始就不应该存在。有了智能合约，某一方可以在网上寻找另一方进行交易，因此交易双方对作为中介的中心化交易所的需求也减少了。这有些难以理解，因为没有法人实体对比特币网络承担责任。

最后，诸如比特币之类的加密数字货币还涉及采矿，或叫工作量证明。"采矿"一词的使用在这里指的是包含了密码学竞赛的工作证明，这也让许多

新手感到非常困惑。第一个解决了加密难题的矿工可以获得奖励，问题的难度会确保在一段时间内（大约10分钟）只有一个人能够获得比特币。这种方法巧妙地避免了重复奖励比特币的问题，因此每一个加密数字货币都只能发送给一方，而不像电子邮件可以发送给多方。人们普遍认为，这是一种金融技术，其中包含了金融管理的知识，但这一点让专家都难以理解。

公共政策也受到了加密数字货币的许多影响，比如它影响了货币供应量和现有的金融体系，影响了现有的监管机构对无明确法人实体的去中心化网络的监管力度，以及影响了加密数字货币在不断改变的社会和商业行为中扮演的角色。这就是为什么加密数字货币成为研究人员、监管机构、投资者以及商人都非常感兴趣的领域，并且经常成为头条新闻。这些讨论超出了本书的研讨范围，在此不做过多探讨，感兴趣的读者可以去阅读李国权（Lee, 2017b）的著作。

2.2.3　一些技术名词

我们先介绍一些通用术语，后续的章节将介绍更多技术术语。

开放源码（Open Source）：术语"开放源码"，即一种任何人都可以修改和共享的东西，因其被设计为可公开访问，使得受信的核心开发人员能够查验和提议更改网络中使用的代码。

中心化网络（Centralised Network）：中心化网络中的所有用户都与单一的或中心的服务器相连，该服务器是所有通信系统的代理商。该中心化的服务器储存了通信与用户的账号信息，其计算能力可以分布至网络的各个节点，但仍然由一个单独的实体控制整个网络。大家一致认为各个节点都是利他的，因此只需要处理其中的崩溃故障。谷歌和脸书就是两个很好的例子。

去中心化网络（Decentralised Network）：与中心化处理相反，就计算方式来说，去中心化网络意味着硬件和软件资源的分配，以及大多数相关活动和功能都不会在集中的位置执行、应用、存储。

基于服务器的或专用的去中心化网络（Server-based or Private

Decentralised Networks）：一个基于服务器的去中心化网络没有控制网络的单一实体，其计算能力是分散的，因此必须有一项能够处理网络崩溃和故障的共识算法。它允许任何人对内容进行读取和编写。客户可以匿名，但验证者不可以。此类平台的例子有科尔达（Corda）和多链（Multichain）。

完全无服务器的或公共的去中心化网络（Server-free Fully or Public Decentralised Network）：此平台没有单一的实体控制网络，其计算也是分布式的。共识算法必须能够处理网络崩溃、拜占庭错误和女巫攻击。用户和验证者都可以匿名。任何人都可以对内容进行读取和编写。著名的例子有比特币、以太坊和大零币。

分布式网络（Distributed Network）：计算机编程和数据跨计算机分布，没有中央服务器或中心化控制。

点对点（Peer-to-Peer）：点对点最简单的形式是两个或两个以上的个人计算机无须通过服务器就能相互连接、共享资源。当有两个或两个以上的计算机以这种方式连接时，点对点网络就诞生了。

一个成功分配加密数字货币的系统需要具备以下特点。

（1）开源软件：一个由受信开发人员组成的核心小组，负责核实代码和可能的更改，以供网络采用；

（2）去中心化：即使它不是完全分散的，但更重要的是没有单一的攻击点；

（3）P2P：不应有形成子网池的中介；

（4）全球的：全球人才和用户都可以轻松获得；

（5）快速的：它每秒应该能够处理大量事务；

（6）可靠性：它应该是不可否认的，几乎是即时结算；

（7）安全性：它应具有良好的架构，通过加密和匿名转账保护个人身份；

（8）精密且跨链灵活：它能够与其他网络交流，从而能够与所有资产类型进行交易，支持各种金融工具和市场；

（9）自动化：它应该能够轻松执行支付算法与合约算法；

（10）可扩展性：它可以处理大量的用户信息和交易；

（11）集成和互通操作平台：这种设计能够将数字金融、数字法律与生态系统集成，以支持金融交易中的智能合约，多方之间的定制协议，包含了用户定义的脚本条款、挂钩和变量；

（12）适当的经济刺激：各方之间的内在利益平衡，以保障所有参与者的利益。

加密数字货币的使用范围很广，包括全球支付和汇款系统、去中心化交易所、商户解决方案系统、在线游戏系统、数字资产管理系统和数字签约系统。每使用一种加密数字货币都是一次有趣的尝试。每秒的交易数量、10分钟生成一个的交易块链条（即区块链）的储存空间、确认交易的速度，这些几乎是所有加密数字货币被广泛采用所面临的难题。除了这些问题以外，洗钱、恐怖主义融资和逃税等监管问题也是加密数字货币发展的阻碍。

虽然新技术的发展仍处在起步阶段，但它终究会瓦解我们所了解的支付系统，因为它的转账和支付花费少甚至几乎没有花费，结算时间也非常短。加密数字货币技术如果利用得当，就能够惠及没有银行账户和未充分获得银行服务的群体，还可以成为沟通支付、资金和资产部分所有权的良好渠道。商业正在通过减少中间人的角色（无论是智能合约还是智能会计）发生改变。它与物联网以及其他技术结合使用后，就能够通过数码和数字身份最大限度地实现数字化。随着技术、服务、管理的去中心化和民主化，成本将会进一步降低，对未充分获得和未获得过金融服务的人来说，以前无法购买的商品和服务现在将触手可及。

金融界将以不同的方式运作，尤其是在集资和放贷方面。多种ICO形式如首次众筹募股（initial crowd offering）、首次代币发行（initial coin offering）和首次加密代币发售，以及债务众筹（crowdlending）都已变为可能。P2P框架取消了中间商，尤其是金融服务的中间商。这对银行、保险、信托、托管、基金管理、私人股本和风险资本都已经产生了影响。

加密数字货币存在监管、技术、金融和经济等方面的风险。任何中心化的代理和权威机构都不可能完全接受加密数字货币的所有种类。去中心化的程度与监管者的接受程度成反比。在管理或技术，或是两者并存的范围内，会出现各种设计不同、去中心化程度不同的加密数字货币。

2.3 比特币

作为加密数字货币的先驱，我们需要分别了解比特币、比特币的系统、比特币的技术及其通货。

2.3.1 比特币的特征

比特币有两个特征值得注意。第一个特征是，比特币网络及其数字货币的本质。比特币是一种点对点的去中心化数字货币网络，能够进行交易核验和处理。比特币技术不依赖于授信第三方，而是在计算机软件中使用加密验证对交易进行处理与记录。加密的工作量证明被用来验证比特币的合法性（Nakamoto，2008）。比特币不是中央政府或政府授权的代理商发行的法定货币，也不像法定货币那样拥有实物商品作为其后盾。但是，比特币和法定货币一样，其价值源自供给和需求的关系，而非制造货币所需的物质价值。比特币网络中用于支付的货币单位是比特币，不是法定货币。因此，比特币本身也是数字货币，从这个意义上来说，它只虚拟地存在于计算机数据库或电子账本中。

第二个特征是，比特币的起源和去中心化管理。首批比特币于2009年被开采，或者说被创造。2009年比特币网络开始运营后，首个为期10分钟的交易区块被称为创世块。工作量证明即破解密码难题，其中涉及来自上一区块的哈希信息。随着各个区块不断地被链接在一起，交易账本就变成了我们所知道的区块链。不知是由于身体欠佳还是害怕被人知道真实身份，中本聪于2010年从人们的视野和比特币项目中消失了。他的身份在很大程度上仍不为人所知，但比特币的实验一直持续到今天。该实验在某种程度上极大地实现了去中心化管理①，因其不需要中央代理人做出决策，且比特币软件协议是开源的，其他开发者也可以进行操作。大家要知道的很重要的一点是，只有矿工和开发人员才有权更改比特币协议。但矿工或开发人员都不能在没有分叉指令的情况下强制更改比特币协议，即破坏与网络其他部分的兼容性。

2.3.2　比特币的获取与储存

图2.2展示了获取比特币的多种渠道。图2.3至图2.5则展示了加密数字代币自动售货机的外观及其运作方式。

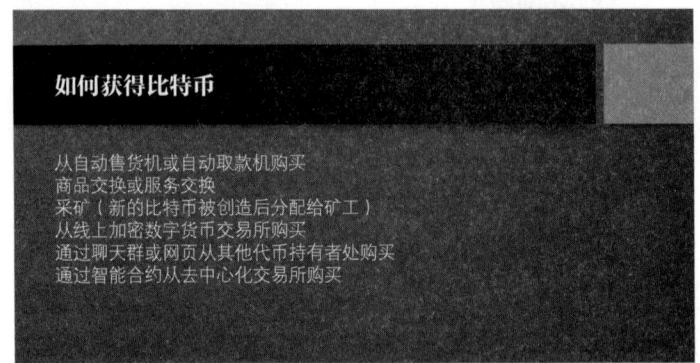

如何获得比特币

从自动售货机或自动取款机购买
商品交换或服务交换
采矿（新的比特币被创造后分配给矿工）
从线上加密数字货币交易所购买
通过聊天群或网页从其他代币持有者处购买
通过智能合约从去中心化交易所购买

图2.2　获得比特币的方法

比特币的储存和转移需要一个钱包，钱包中存放着一个私钥（CoinDesk，2014）。私钥用于访问比特币地址和签署交易，因此必须妥善保管，以防被盗。比特币钱包有以下几种类型：

（1）桌面钱包（如Jaxx、Blockchain.info、Blocktrail、Multibit、Bitcoin knots、Bitcoin Core、BitGo、Bither、Electrum、Green Address、ArcBit、mSIGNA和Armory）；

（2）以服务器或网页为基础的在线钱包（如Blockchain.info、

---

① 大多数去中心化系统是从集中式管理开始的，随后发起者才决定将系统去中心化。其他公司一开始的意图是拥有去中心化技术，但管理仍然是集中式的。去中心化技术和管理之间的区别对理解去中心化系统来说非常重要。

CoinsBank、Jaxx、StrongCoin、BitoEX、Bitgo、Green Address和Coinbase）；

（3）移动钱包（如Arcbit、Bither、breadwallet、BTC.com、Coin.Space、Electrum、Green Address、GreenBits、Mycelium、Arbitz、Simple Bitcoin、Bitcoin Wallet、Jaxx、BTC.com、Coinbase、BitGo、Xapo和Coinapult）；

（4）硬件钱包（如Ledger、Trezor、KeepKey和Digital Bitbox）。

图2.3　加密数字代币自动售货机的外观

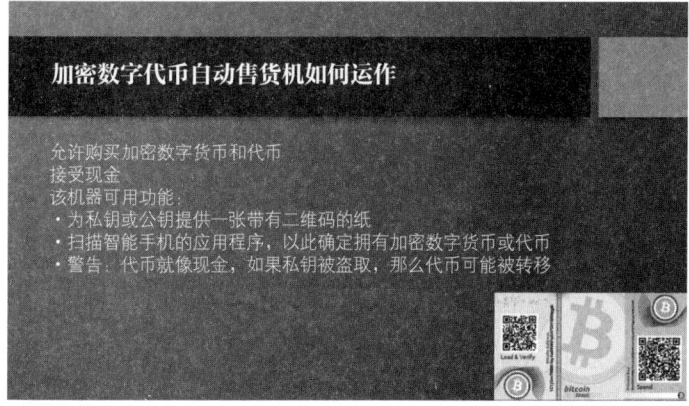

图2.4　加密数字代币自动售货机的动作方式

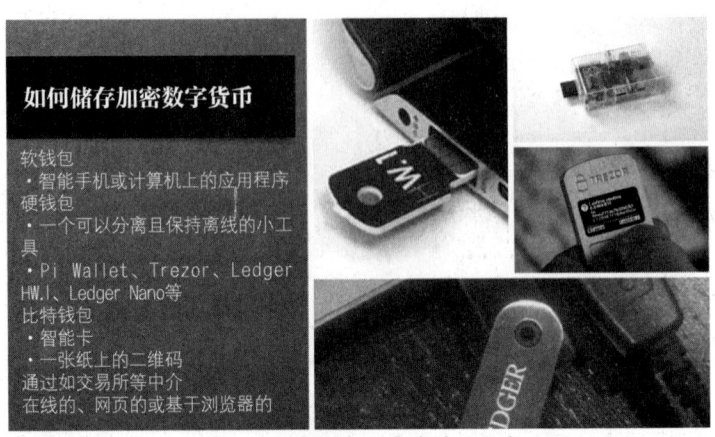

图2.5 储存加密数字货币的方式

桌面钱包安装在计算机中。比特币客户端软件即比特币核心（Bitcoin Core），用于创建比特币地址。有了比特币地址，用户就可以发送和接收比特币，并存储该地址的相应私钥。用户可以在任何地方通过联网的服务器访问在线钱包，而不受设备类型限制。

在线服务的供应商会将用户的比特币地址私钥储存在在线钱包中，无须用户自己操作。使用在线钱包的风险在于私钥不受控制，供应商能够盗用用户的比特币。为了提高安全性，在线钱包提供额外的数据加密和双重身份验证。

移动钱包是手机上一款简单的应用程序，具有比特币钱包的功能。

硬件钱包是一种能以电子形式储存私钥的硬件，比如一些专用设备。比较出名的硬件钱包有Trezor、Nano Ledger HW.1、Ledger Nano、Ledger Unplugged、Pi Wallet、Bwallet Trezor clone、KeepKey、Opendime、CoolWallet、BlochsTech card、BitLox Bitcoin Hardware Wallet、Digital Bitbox、Ledger Nano S、Swiss Bank in Your Pocket、BiSafe，以及Someone 42的原型。

此外，还有一种智能卡或纸片比特钱包很牢靠，因为它无须电池也无须联网。智能卡上的软件受到保护，不像智能手机或计算机可能会成为恶意软件攻击的目标。TenX是比较出名的一种智能卡。另一种类型的比特钱包则是一张纸，上面带有用于公共和私人密钥①的二维码。

多种多样的硬件比特币钱包让用户能够持有其他加密数字货币和加密数字资产（代币）。图2.6展示了如何发送和使用加密数字货币。

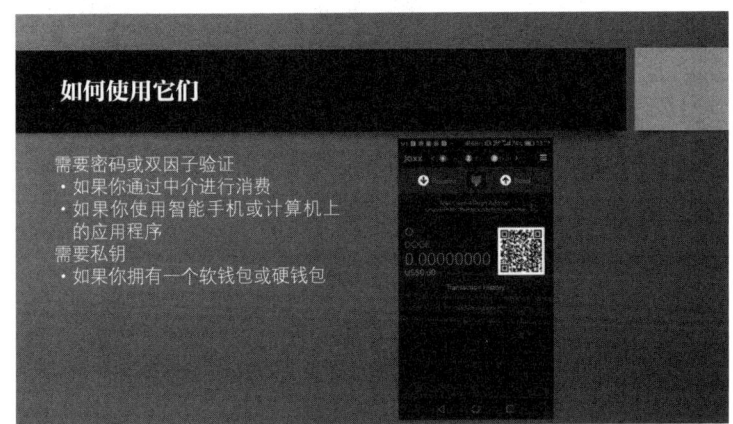

图2.6　发送和使用加密数字货币

智能加密数字货币卡的商业模式值得我们一探究竟。图2.7中的TenX钱包是改变商业模式的关键角色，它允许用户通过虚拟或实体卡使用区块链资产与接受比特币的商家进行线上和线下的交易。虚拟卡其实就是智能手机，TenX应用程序可以从应用商店免费下载。虽然加密数字货币和法定货币一样可以与其他货币进行实时转换，但商家们还是只收取法定货币。在图2.8和表2.1中，TenX、WireX & Xapo和TokenCard都有可能通过现有的销售点系统颠覆支付行业。购买点（Point-of-Purchase，POP）或销售点是零售交易完成的时间和地点。

---

① 公钥加密，亦称非对称加密，是指任何使用钥匙配对的加密系统。公钥可以被广泛地散布，私钥则仅限于所有者使用。公钥用于验证配对的私钥持有者发送了该信息，拥有配对私钥的持有者可以破解由公钥加密的消息。它们共同实现了身份验证和加密的功能。

区块链金融

TenX钱包是改变商业模式的关键角色，它让用户能够通过智能手机或实体借记卡与超过3 600万个接受比特币的商家进行线上或线下的交易。TenX应用程序在安卓和iOS系统的应用商店皆可免费下载（iOS系统从2017年7月开始提供下载服务）。

图2.7　TenX钱包

来源：TenX。

用户可以选择在应用程序内购买一张虚拟的或实体的借记卡。我们允许用户锁定或解锁其应用程序内的借记卡，以此作为一种安全措施。这让我们的系统比传统信用卡和借记卡公司更加安全。

用户可以随时将其区块链资产转移到另一钱包中而无须任何费用。

图2.8　虚拟智能加密数字货币卡

来源：TenX。

表2.1　TenX、WireX＆Xapo、TokenCard的收费对比

费用	TenX	WireX & Xapp	TokenCard
实体卡发卡费用（包含运费及跟单费）	15美元	20多美元	不适用
虚拟卡发卡费用	1.5美元	3美元	不适用
实体卡年费	免费（如果花费少于1 000美元/年，则收取10美元）	12美元	不适用

续表

费用	TenX	WireX & Xapp	TokenCard
虚拟卡年费	免费（如果花费少于1 000美元/年，则收取10美元）	不适用	12美元
国内交易费用	0%	0%	1.5%
国外交易费用	0%	3%	4.5%

来源：作者；TenX。

2.3.3 开采比特币

下面列出了一些关于采矿的概念。

（1）比特币的最大供应量是2 100万，这是中本聪在最初的设计中规定的。因为只要技术允许，货币实际上是可以无限分割的，那么只要限额保持不变，精确的总额为多少就无关紧要。比特币的设计有2 100万总额的硬性限制，如图2.9所示，预计在2040年比特币将会被全部开采。在那之前，比特币是通过矿工的开采产生的。矿工是比特币用户，他们在专业的计算机硬件上运营比特币软件，处理交易，然后获得比特币，以此奖励他们使用自己的计算机能力为维护网络做出的贡献。

（2）采矿至关重要，并且需要耗费大量的计算资源。新的比特币是通过开采产生的。成功解决上一区块中的密码难题的矿工将会获得新的比特币。将交易添加到区块链中并经过大约6个开采区块确认是一个必不可少的过程。采矿时必须确保只有已证实的合法交易才能被记录在区块链中。网络为交易诞生和交易记录提供了计算能力。

（3）采矿是一个数学过程。比特币软件会控制其中的数学问题的困难程度。随着难度的递增，数值会变得更大且更难以计算，因此矿工需要使用专业的高性能计算机进行采矿（Tindell，2013）。

根据图2.9，每隔四年，比特币的开采数量都会减半。在刚开始（大概从2009年到2013年的四年间）的21万个区块中，每10分钟左右就会开采出50个比特币。下一个21万个区块中的奖励将减半为25个比特币，所以矿工获得的

区块链金融

奖励是逐渐递减的。有人认为这种设计与商品周期吻合，还有人认为对系统进行充分的测试需要8年时间完成。这种减少奖励的机制让许多人纷纷认可了比特币在未来会变得稀缺这一预期。不知中本聪是否预见到了这一点，但比特币的价格已由于开采过程中复杂的计算而上涨，其中包括电力价格、比特币价格、矿工集团的哈希算力和被开发者不断强化的代码。比特币实验运行得非常稳健，因此人们对网络的信心倍增，但与SHA-256[①]和ECDSA[②]相关的技术风险仍然存在。

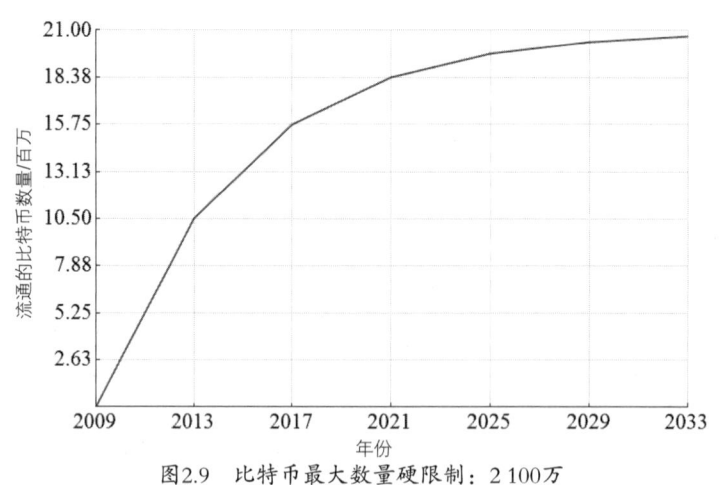

图2.9　比特币最大数量硬限制：2 100万

2.3.4　安全性与密码学

（1）安全哈希算法为确保技术安全提供了支持，并且具有良好的追踪记录。比特币使用的哈希函数主要是SHA-256（Pacia，2013），它最初是由美国国家安全局（NSA）偶然设计的。大家不需要怀疑NSA的可靠性，因

---

① 安全哈希算法（Secure Hash Algorithm，SHA）是众多强大的加密哈希函数之一。加密哈希和用于文本或数据文件的签名类似，会生成几乎独一无二的、固定为256比特（32字节）大小的哈希值。哈希是不可逆的单向函数，即不可逆向解码。
② 椭圆曲线数字签名法（Elliptic Curve Digital Signature Algorithm，ECDSA）是一种用于确保资金只能被合法拥有者使用的比特币加密算法。

为安全哈希算法是公共领域的一部分，其安全性已通过大量的分析得以确认（Pacia，2013）。SHA-256是SHA-1系列的升级版，目前在比特币中被用于数字签名，以保障交易和区块链的安全。该算法为解决工作量证明的数学问题奠定了基础。

（2）比特币技术的核心是公钥加密，它使用SHA-256哈希函数生成比特币地址、签署交易、验证支付。公钥加密可通过数字签名测定比特币交易的真实性，是一种可靠的技术。它使用一种非对称算法，该算法会生成两个单独但非对称连接的密钥：一个公钥和一个私钥。密钥是不对称的，因为公钥源于私钥，但从计算角度来看，无法从公钥中得到私钥。

（3）在这样的系统中，公钥被用于核验交易中的数字签名，私钥则被用于签署交易以获得所需的数字签名。公钥能够公开访问，被用作发送和接收比特币付款的地址；而私钥则必须私密保管，确保安全。该系统的精妙之处在于使用公钥就能够轻松地核验交易，而无须公开用于签署交易的私钥。

2.3.5 伪匿名性

比特币地址是由字母和数字组成的字符序列。比特币的发送者和接收者皆是匿名的（Brito et al.，2013），但比特币的匿名性不如现金，因为比特币的地址可被追踪，而且使用实体合并等数字取证技术来追踪发送者和接收者并不困难。实验证明，使用基于行为的聚类方法能够轻松识别高达40%的比特币用户（Androulaki et al.，2013；Brito et al.，2013；Ober et al.，2013；Reid et al.，2013）。大多数情况下，中介机构能够通过KYC和报告要求收集到客户的个人可识别信息，这极大地增加了识别比特币用户身份的可能性。

2.4 利益与风险

作为一种新技术，比特币带来了一系列的利益与风险，如下所述。

2.4.1　支付自由

从理论上讲，使用比特币支付的过程只需要很少的费用，甚至完全免费，付款人也可以选择支付交易手续费来提高比特币和其他加密数字货币交易的确认速度。对支付宝和其他信用卡公司来说，每秒的交易数量最多可以达到12万笔甚至更多。但比特币每秒只能完成7笔交易，因此成本可能很高。然而，随着科技的进步，这将不会成为什么大问题。实现支付自由以后，汇款将拥有更广阔的发展前景，汇款成本的减少将尤其惠及未充分获得银行服务和没有银行账户的群体。

2.4.2　商家利益

许多企业接受比特币和其他加密数字货币作为电子支付手段的替代货币。这些替代货币将会被广泛采纳，用户能够免费使用，并且手续费低。很多时候交易手续费很高，但随着科技的进步和加密数字货币的种类增多，交易成本极有可能降低到大众能够接受的水平。如今，许多加密数字货币公司正在利用现有的销售点，通过加密数字货币借记卡和信用卡降低手续费。在日本，成为合法交易系统的比特币已惠及26万家企业，它带动了更多加密数字货币成为支付系统，从而降低了交易成本。

2.4.3　用户控制

比特币用户对比特币拥有完全的控制权，因为每一笔比特币交易都必须通过用户的私钥才能执行。当发生金融危机时，传统金融体系将面临困境，当不受信的机构依赖银行作为信托代理商时，银行很可能不会签发信用证或以其他形式进行第三方交易，因为它们对这些机构没有足够的了解。银行不愿在危机期间作为授信方，比特币和其他加密数字货币便成为不受信机构的不二选择，为这些机构购物和其他交易提供了有力支持。但从另一方面来说，如果用户遗失了私钥，那么比特币也将不复存在。2007年发生了一件涉及多重签名钱包遭受恶意软件攻击的事件，恶意软件旨在盗取加密数字货币，而多重签名钱包的设计则让用户更容易受到恶意软件的攻击。提高对比特币的安全意识和强化个人责任是保护比特币所有权的关键（Doherty，2011；Brito et al.，2013；Kaminsky，2013）。

2.4.4 创新平台

比特币协议最初只作为支付网络存在，但它在物源、数据传输、数字资产传输和预测市场走向等方面具有进一步创新的潜能（Brito et al.，2013）。

2.4.5 内部变化和波动

投机买卖和过分炒作可能会增加比特币和其他加密数字货币的波动性（Doherty，2011），这让商家很难即时地将它们兑换成法定货币。

2.4.6 加剧犯罪和企业竞争

考虑到资金来源追踪技术日益进步，大众对犯罪的担忧可能是不必要的。然而，一旦使用比特币的企业出现丝毫的洗钱和恐怖主义融资嫌疑，金融机构会强行关闭该企业账户。当真正出现洗钱的情况时，随着企业之间竞争的白热化，将比特币兑换为法定货币会变得困难，这种做法无疑会让局面雪上加霜。

2.4.7 法律和监管态度

比特币和其他加密数字货币的监管风险依然存在，正如我们所看到的，中国和韩国都在对涉及加密数字货币相关活动（如ICO）的中介机构进行压制。各国政府时刻小心应对比特币这一柄双刃剑。然而到目前为止，监管机构只在处理数字货币方面给出了清晰的指导。当去中心化开始危及中心化权威的时候，挑战也随之而来。对于监管机构来说，平衡创新与风险是一项艰巨的任务，尤其在制定反洗钱、反恐怖主义融资及税收等相关措施方面。

2.4.8　经济风险

比特币的创新使用对金融行业和支付市场造成了极大的颠覆。例如，比特币可以通过扩大规模取代货币流通和银行卡支付服务，甚至取代证券交易所。到目前为止，比特币的这种变化还比较缓慢，但风险随时存在，加密数字货币会破坏金融行业和支付市场的稳定，并最终影响市场价格。如今人们对加密经济的成本收益的分析还比较少，一部分原因是当中的技术非常复杂，人们想要了解技术会如何发展也有一定的难度。

2.4.9　大零币

市面上流通的加密数字货币超过1 000种，其中大零币值得我们仔细研究。大零币是另一种以比特币代码为基础的加密数字货币，诞生于2016年6月[①]。大零币的出现可以说是一场"及时雨"，因为在2016年年底，比特币的产能已经到达极限，许多交易都被延迟。与此同时，比特币社区还面临着一场治理危机，除了交易缓慢以外，还有一兆字节的区块出现了问题。2016年，以太坊逐渐崭露头角。以太坊也是自动运行的商业协议的一种，另一个基于以太坊的创业基金The DAO却步履维艰，爆发了一系列的危机。

研发大零币系统的密码学家认为该系统是一次重要的创新，因为它能够更快速地创造大零币，处理更多交易，因此大零币的流动性更高，交易所需的时间更短。大零币的管理方式同样与众不同，作为开源项目，它的任何改动都由一小部分志愿开发者共同决定。大零币是开源代码，在投资者注资后成立了一家公司，其发行的2 100万个大零币中有10%被指定为是属于创立者、投资者、公司员工和公认的零币基金。这样做的目的是为所有参与人员提供奖励措施，让公司能够雇佣团队来更快地做出决策，避免出现其竞争对手比特币曾遇到的问题。

---

① 详见《经济学人》（*The Economist*，2016）的文章《已知的未知：另一种加密货币的诞生》。

此外，比特币区块链的账本会记录所有比特币的流向，内容是公开的，通过分析账本即可查看资金流向，这对银行来说是很大的障碍。大零币则相反，它可以使用Z地址屏蔽交易，保持t地址公开。大零币有一个基于"零知识证明"（zero-knowledge proofs，zero即Zcash中的"Z"）的加密协议机制。大零币完全没有辜负自己的名字，做到了不泄露其所有者的任何信息，包括货币的多少和来源。大零币依靠"zk-SNARK"（即"请不要问"）盈利后，又将这一概念卖给了银行。

新的加密数字货币不一定是早期的加密数字货币的竞争对手。它们各有区别，代表着不同的交易，这些区别涉及安全性、复杂性、功能、成本和其他因素。每一种新的加密数字货币都必须找到适合自己的市场。实际上，它们之间有很大的合作空间，因为使用的软件都是开源的。这意味着开发者们可以在彼此竞争的同时轻易地互相学习和借鉴。考虑到大零币的零知识机制，如果它能够和以太坊或其他任何加密货币合作（竞争+合作），编码人员就可以找到连接不同区块链的方法。

更进一步来说，如果这样的合作能在区块链中形成一种风气，那么中央银行面临的挑战将小得多。这一愿景已经指日可待。加密数字货币的价值正在于它普惠、开放的设计，拥有互通操作能力标准，以及允许智能合约在整个区块链中进行大量的点对点交易。加密数字货币的普惠程度越高，个人网络或庞大的加密数字货币网络的估值就越高！

2.5　数字货币革命的影响

当物联网与加密数字货币的基础技术区块链融合时，加密数字货币就会发挥其最大的作用。价值微转移和部分所有权出现以后，技术将通过物联网加快改变世界的进程。届时有了万物互联网（IoE），大量的微支付、微保险和微资产所有权将会出现。就物联网和万物互联网本身来说，它们会对地理边界有严格限制的国家构成挑战。再次强调，有人想要对加密数字货币加以监管，

有人则认为中心化权威机构早已处在失去控制权的边缘。

互联设备相互连接以后，数字货币将会对数字世界和人们的日常生活造成很大影响。届时可能不会再有实体的钱包，人们通过使用可穿戴设备和其他互联设备即可进行跨境加密数字货币支付。另一得到发展的是共享经济，如智能合约的使用。所有人都可以将闲置资产与其他人共享，如汽车、硬盘、计算机内存等，将它们出租以收取一定的费用。智能合约通过分布式的点对点网络能够让这一切在未来变成现实，这就保证了在不增加基础设施的条件下，任何过剩产能都能得到有效利用。

随着越来越多点对点数字资产的出现，或是人们通过区块链技术持有数字信托，大众对拥有整体资产的渴望将会降低。届时还有可能出现时间银行，以便人们将加密数字货币以工作时长的形式存储。比如一个人可以将年轻时为姑息治疗花费的时间进行交易，到他年老后就可以支取，有权获得此类治疗。虽然中心化系统也能够做到这些事情，但分布式或去中心化的区块链系统有着无可比拟的优势，特别是在分布式计算方面。加密数字货币可能不会完全取代法定货币，但其区块链技术必将对人们的福祉产生影响，甚至改变不平等的现状。

2.6　未来成功的条件

在未来，加密数字货币要想获得成功需要满足如下一些条件。

2.6.1　生态系统和比特币现金

比特币的先发优势始终存在。比特币无疑已经成为加密经济中的主要加密数字货币和基础货币。比特币系统有一个硬分叉[①]，比特币现金（Bitcoin

---

① 硬分叉（hard fork，有时也作hardfork）会彻底更改协议，此前无效的区块或交易会因此生效，反之亦然。这要求所有的节点或用户将协议软件更新至最新版本。硬分叉是源自上一区块链版本的永久性分叉，新版本不再接受上一版本运行的节点。

Cash，BCH）由此诞生。第478558个区块是比特币和比特币现金最后一个公用的区块，因此，第478559个区块是比特币现金的首个区块。比特币现金为比特币代码库增加了最大区块限制的参数。当比特币最大的区块只有1兆字节（每日可进行25万笔交易）时，比特币现金的最大区块已经增加到8兆字节（每日可进行大约200万笔交易）。迄今为止，比特币已经取得了成功，并且拥有一个支持它存在的生态系统。尽管网络效应已经开始显现，但比特币仍然有很长的路要走。成功的数字货币必须要打下良好的基础，同时利用好网络效应。

2.6.2　激励

由于设备越来越昂贵，采矿的成本也随之上涨。矿工通常想要规避风险，并且希望以更大的优势赢得比赛，矿池便应运而生。当然，技术能够解决一切问题，还有一些加密数字货币提出了权益证明（PoS）的想法。权益证明可以降低个人使用量子计算机覆盖整个系统的可能性。

2.6.3　身份证明

加密数字货币也在研究如何在保护身份的同时降低被用于洗钱或恐怖主义活动的可能性。如果能够解决身份证明问题，加密数字货币就非常有可能在金融普惠中被广泛使用。如果某一种加密数字货币可以接受政府为其生态系统的一部分，并且该社区能迈出与政府合作共建生态系统这意义重大的一步，那么它将会被更加广泛地接受。鉴于大多数福利事业的进步都是从财富金字塔底层开始的，通过去中心化但不一定是分布式的系统，加密数字货币能为新兴市场创造更多硕果。

2.7　展望

我们处在一个互联网互联互通、加密数字货币带来财富的时代，从某种

程度上来说，对这两者进行比较是合情合理的。互联网的成长和加密数字货币的发展有着显而易见的相似之处，这使得人们认为加密数字货币会像互联网一样呈指数增长。然而，从商业角度来看，互联网的发展很大程度上得益于电子商务而非金融的发展。另一方面，因为有了加密数字货币的出现，在人类历史中，技术首次在金融领域发挥主导作用。将来，人们会期望看到数字银行或精通技术的银行。如今这股颠覆性力量已经迈过了金融领域的门槛，而区块链技术则是应对方案之一。

加密数字货币和对冲基金有许多相似之处，它们本质上都是定量的，并且难以理解。对冲基金首先受到大学留本基金的欢迎，这不足为奇，因为与传统基金管理公司相比，大学留本基金所受的约束更少。再次声明，加密数字货币技术在获得高校和金融企业家的认可之后，才会在普通民众中得到广泛应用。

从行业层面来看，对冲基金和加密数字货币也有着相似之处。当对冲基金行业处于起步阶段时，有人认为它将会破坏货币系统，因为他们认为对冲基金经理激进、冒险，并非良善之辈。在大众眼里，对冲基金经理标新立异，会攻击货币系统，造成股票市场的暴跌。一些银行并不想与对冲基金合作，因其合规成本过高，没有商业价值。如今加密数字货币创企正面临着对冲基金当年面临的问题。

可以看到，媒体对加密数字货币有很多负面报道和误解，一些银行也出于种种原因不愿意为加密数字货币创企开设账户。越来越多的人认为银行拒绝接受加密数字货币是出于对竞争的担忧，因为它们在提高技术水平和打击非法活动上花费的时间很少。但打击犯罪活动的工作人员似乎在技术如刑事技术上取得了很大的进展。目前，一些监管机构尽管在处理像比特币和其他加密数字货币这样复杂的金融创新时普遍感到不安，但对加密数字货币的接受程度正在上升。与此同时，普通民众大体上抵制和不愿意了解这种金融创新的复杂之处，秉持着观望的态度。加密数字货币价格的飙升会激发人们的兴趣，但很少有人愿意去深入地学习这一技术。这就是人类的天性，并且总是由各个高校和那些对技术感兴趣的人掌握先机。

加密数字货币将会继续存在并发展。如果比特币因某种原因失去了民心，那么一种新的加密数字货币就会出现并以更好的功能取代它。负债累累的国家更有动力去创造自己的加密数字货币，那些希望推动金融一体化的国家也会选择加密数字货币。原因很简单，即创造一个去中心化的部分分布式系统的成本非常低。在一个去中心化但不一定是完全分布式的加密数字货币世界中，福利事业将得到进步，身份证明和权益证明的问题将得以解决，并且能够灵活地在共享经济中纳入智能合约。

最后是降低商业成本及开发新的商业模式。有了新的低成本的商业模式，财富金字塔底层人群的福利水平就会得到提高。这一切都将提高共享经济的效率。区块链技术使加密数字货币的发展前景更加乐观。由于近距离无线通信（NFC）和移动技术驱动着加密数字货币的蓬勃发展，加密数字货币的应用可能会出现巨大的飞跃。然而，由于加密数字货币仍然存在很大的不确定性，很难预料它是否会成为下一个发展热门，但它依然是金融机构绝不能忽视的技术。

综上所述，比特币是一项创新发明，对支付和去中心化网络来说是一项突破性进展。它带来了各种好处与风险，如果用户想使用比特币进行交易，就要了解并且真正地熟练掌握它。本章主要讨论了比特币和大零币的特点，其他加密数字货币可能也拥有相似的特点，清楚地了解比特币有助于了解其他加密数字货币。对这一项惊人的新技术的相关知识有了良好的掌握以后，我们就能够无所畏惧地完全开发其使用潜力。

本章末尾将会采用一些图表来介绍并拓展比特币、加密代币和区块链空间的内容（图2.10至图2.21）。

加密数字货币/加密数字代币是数字化货币/商品/组织的一种形式，诞生于密码学，作为数据储存在虚拟空间中。

加密数字货币
· http://www.coincap.io/
· 比特币BTC
· 以太币ETH
· 量子币QTUM
· 零币ZEC

加密数字代币
· http://coinmarketcap.com/assets/
· Golem
· Augur
· Gnosis
· Maidsafe

什么是加密数字货币/加密数字代币

图2.10　加密数字货币/加密数字代币的定义

加密数字货币和加密数字代币

瑞士已经成为代币的主要中心。
瑞士的铁路售票系统已经加入了比特币自动柜员机功能，安永会计师事务所瑞士分所也已为大众设立了比特币自动柜员机。
除此以外，澳大利亚同样已于2016年为比特币设立会计准则。
新加坡是首次代币发行/首次加密代币发行（ITS/ICOs）和区块链（量子币、以太币、Digix和其他许多平台）的主要中心。
新加坡国际港务集团有限公司、新加坡能源公司、新加坡金管局和其他私营企业都在使用以太坊为基础的区块链或私人区块链。
许多利用以太坊网络运营的企业会购买以太币。
许多企业会为了首次代币发行购买以太币或比特币。

图2.11　近期加密数字货币和加密数字代币的显著发展

欧洲

德国：德国财政部于2013年8月19日正式宣布比特币被纳入"记账单位"，在国内可用于税收和交易目的。据德国财政部的声明，比特币并未被归类为外币或是电子货币，而仅作为"私人货币"，可用于"多边清算行业"。
芬兰：法院将比特币归类为支付工具。
挪威：挪威税务管理局于2013年12月发表声明，不将比特币定义为货币，但将其视作一种资产。比特币的盈利需要上缴财产税。在商业上，比特币的使用属于销售税的征税范围。2017年2月挪威政府声明，不会对比特币的使用征税。
瑞典：瑞典的政府监管和监督机构——瑞典金融监督局（Finansinspektionen）通过公开支持比特币和其他数字货币作为一种支付手段，使这个快速增长的行业合法化。

图2.12　加密数字货币和加密数字代币在欧洲的发展

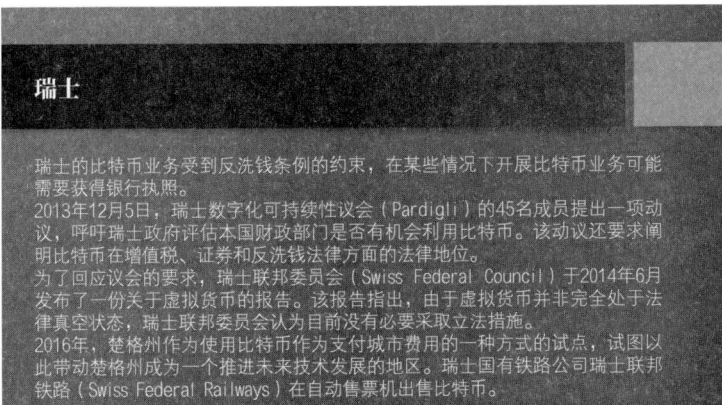

瑞士

瑞士的比特币业务受到反洗钱条例的约束，在某些情况下开展比特币业务可能需要获得银行执照。
2013年12月5日，瑞士数字化可持续性议会（Pardigli）的45名成员提出一项动议，呼吁瑞士政府评估本国财政部门是否有机会利用比特币。该动议还要求阐明比特币在增值税、证券和反洗钱法律方面的法律地位。
为了回应议会的要求，瑞士联邦委员会（Swiss Federal Council）于2014年6月发布了一份关于虚拟货币的报告。该报告指出，由于虚拟货币并非完全处于法律真空状态，瑞士联邦委员会认为目前没有必要采取立法措施。
2016年，楚格州作为使用比特币作为支付城市费用的一种方式的试点，试图以此带动楚格州成为一个推进未来技术发展的地区。瑞士国有铁路公司瑞士联邦铁路（Swiss Federal Railways）在自动售票机出售比特币。

图2.13　加密数字货币和加密数字代币在瑞士的发展

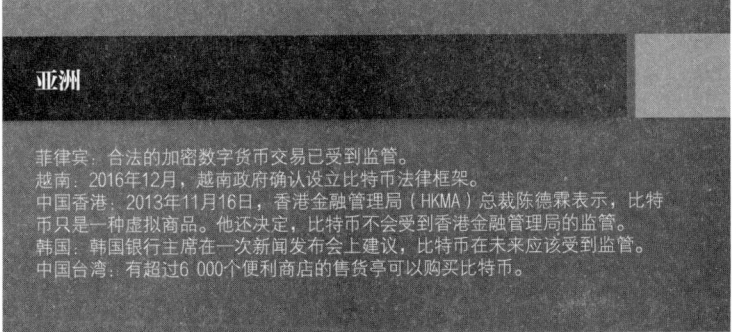

亚洲

菲律宾：合法的加密数字货币交易已受到监管。
越南：2016年12月，越南政府确认设立比特币法律框架。
中国香港：2013年11月16日，香港金融管理局（HKMA）总裁陈德霖表示，比特币只是一种虚拟商品。他还决定，比特币不会受到香港金融管理局的监管。
韩国：韩国银行主席在一次新闻发布会上建议，比特币在未来应该受到监管。
中国台湾：有超过6 000个便利商店的售货亭可以购买比特币。

图2.14　加密数字货币和加密数字代币在亚洲的发展

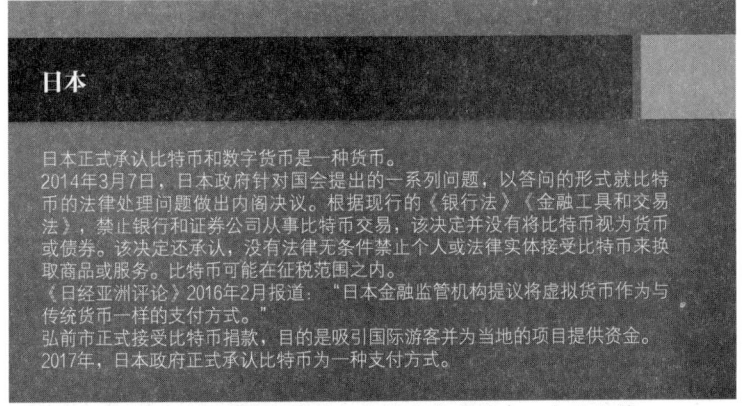

日本

日本正式承认比特币和数字货币是一种货币。
2014年3月7日，日本政府针对国会提出的一系列问题，以答问的形式就比特币的法律处理问题做出内阁决议。根据现行的《银行法》《金融工具和交易法》，禁止银行和证券公司从事比特币交易，该决定并没有将比特币视为货币或债券。该决定还承认，没有法律无条件禁止个人或法律实体接受比特币来换取商品或服务。比特币可能在征税范围之内。
《日经亚洲评论》2016年2月报道："日本金融监管机构提议将虚拟货币作为与传统货币一样的支付方式。"
弘前市正式接受比特币捐款，目的是吸引国际游客并为当地的项目提供资金。
2017年，日本政府正式承认比特币为一种支付方式。

图2.15　加密数字货币和加密数字代币在日本的发展

区块链金融

新加坡

新加坡金融管理局于2013年12月声明："企业是否接受使用比特币交换商品和服务是商业决定，金融管理局不会干涉。"

2014年1月，新加坡国内税务局（Inland Revenue Authority of Singapore）发布了一系列税收方针，其中规定，如果比特币被用作购买实物和服务的支付方式，比特币交易就可以被视为一种易货交易。

进行比特币交易的企业将根据其比特币销售额征税。

量子链、以太坊、Blockchain Capital、Digix、BlockAsset、ICOAGE等都在新加坡。

图2.16　加密数字货币和加密数字代币在新加坡的发展

澳大利亚和新西兰

澳大利亚

2013年12月，澳大利亚储备银行（Reserve Bank of Australia, RBA）行长在一次关于比特币合法性的采访中表示，"在这个国家里，如果人们在商店里想要使用其他货币进行交易的话，是没有什么可以阻止的。没有法律禁止这样做，所以我们的货币在相互竞争"。澳大利亚正式承认自2017年7月1日起给予比特币"如货币一样"的地位，不再征收双重税收。

新西兰

新西兰储备银行（Reserve Bank of New Zealand）表示："非银行机构只要不涉及发行实物流通货币（纸币和硬币），其存储和/或价值转移（如'比特币'）的体系就不需要获得我们的批准。"

图2.17　加密数字货币和加密数字代币在澳大利亚和新西兰的发展

监管机构对比特币的监管力度越来越大

大多数监管机构对比特币企业都很友好。

加拿大：比特币被列为无形资产。

英国：英国政府表示，比特币目前是不受监管的，在大多数情况下比特币被视为"外币"，包括适用于增值税/消费税。加密数字货币的盈利和亏损都要缴纳资本利得税。

美国：

•财政部：比特币是一种可自由兑换的去中心化虚拟货币（2013年）。

商品期货交易委员会：将比特币归类为商品（2015年9月）。

•美国联邦法官：就简单的术语意义来说，比特币是一种基金（2016年9月）。

阿根廷：国家宪法规定比特币是一种货币，但非法定货币。

图2.18　更多监管信息

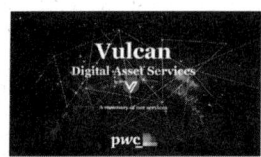

Vulcan
Digital Asset Services
pwc
数字货币技术
普华永道的Vulcan数字资产服务正在创造机会将传统货币转换为智能货币，将智能货币分为以下四类：
中央银行货币：储备银行发行、使用和转移资金的方式。
商业银行货币：商业和零售交易中使用的货币。
公司奖励：忠诚积分和其他奖励机制。
社区货币：可以在一群人之间用于特定目的的价值代币。

图2.19　普华永道的加密银行：Vulcan

来源：普华永道。

安永会计师事务所（EY）使用比特币
为便利对资金流动性需求高的客户和员工，安永在其瑞士的公共办公室安装了比特币自动柜员机（ATM），让客户和员工可以买卖比特币。
最重要的是，安永接受使用比特币支付他们的咨询服务费用。这意味着全球的任何客户都可以用比特币支付安永提供的服务的费用。
2016年，安永非常成功地将比特币介绍给了客户，更重要的是，介绍给了它的员工。安永在全球约有23.1万名员工，该公司已向所有在瑞士的员工提供了安永安全数字钱包应用程序。数字钱包让用户能够在一个安全、可靠的生态系统中发送和接收比特币。

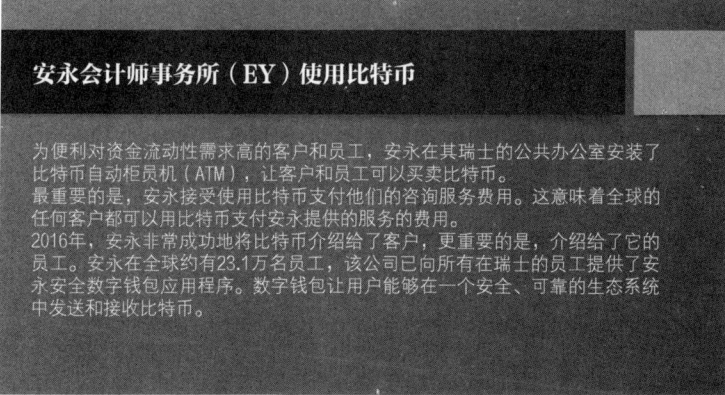

图2.20　安永采用加密数字货币

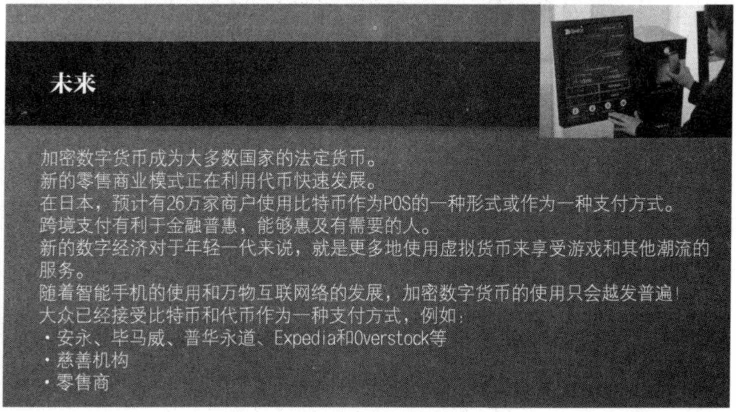

未来
加密数字货币成为大多数国家的法定货币。
新的零售商业模式正在利用代币快速发展。
在日本，预计有26万家商户使用比特币作为POS的一种形式或作为一种支付方式。
跨境支付有利于金融普惠，能够惠及有需要的人。
新的数字经济对于年轻一代来说，就是更多地使用虚拟货币来享受游戏和其他潮流的服务。
随着智能手机的使用和万物互联网络的发展，加密数字货币的使用只会越发普遍！
大众已经接受比特币和代币作为一种支付方式，例如：
・安永、毕马威、普华永道、Expedia和Overstock等
・慈善机构
・零售商

图2.21　加密数字货币的未来

附录：更多技术概念

本附录将对加密数字货币（尤其是比特币）的技术概念进行讨论。比特币并不完美，因此在大规模应用之前，其网络还需要克服许多挑战。这些挑战包括：

（1）网络内区块大小的限制；

（2）区块链的储存需求巨大；

（3）每秒交易数量；

（4）隐私保护问题；

（5）智能合约的合法性及提供外部数据真实来源的预言机。

预言机（oracle）：在区块链和智能合约的背景下，预言机是一个代理人，能够发现并验证现实生活中发生的事件，再将其提交至区块链供智能合约使用。预言机会以一种安全可信的方式为智能合约提供它所需要的有价值的数据。当智能合约中预设的条件被满足时，将会触发某一特定的事件。这些先决条件通常被定义为必须达到的某个特定值或必须满足的条件。区块链无法访问其网络外部的数据，因此第三方数据的提供将由预言机来完成。第三方数据可以是气温、降水量、成功支付、价格限制等任何信息。

预言机有5种类型，分别是软件预言机、硬件预言机、入站预言机、出站预言机和基于共识的预言机。软件预言机处理线上可获得的信息。硬件预言机通过传感器或其他设备获得物理世界的信息。入站预言机通过来自外部世界的数据处理智能合约。出站预言机则为智能合约提供向外部发送数据的能力。基于共识的预言机则利用来自其他几个预言机的信息来决定事件的结果。对于在线数据和传感器来说，安全性是至关重要的，因为智能合约一旦被执行就无法撤销。因此，至关重要的是要提供安全可信的信息，以确保智能合约能够获得可靠的信息。

图A2.1列出了比特币区块链面临的主要挑战。

挑战
区块大小受限
存储需求巨大
每秒的交易数量受限
隐私
合法性及预言机
区块大小受限
如今比特币能够处理的交易数量受到限制：每10分钟大约最多处理1MB的交易数据
后果
交易时间长
更高的费用成本

图A2.1　比特币区块链面临的主要挑战

比特币区块链将每一笔交易储存在一个区块之中，接着这一区块会被添加并以不可篡改的方式记录在区块链上。最开始比特币区块的大小被设计为能容纳36兆字节的交易。2010年，为了阻挡垃圾邮件和拒绝服务（DoS）攻击，区块的大小被设为1兆字节（Caffyn，2015）。垃圾邮件和拒绝服务攻击中的恶意节点会生成尘埃交易或是带有大量输入和输出的交易，导致矿工或各节点需要花费大量的运算能力进行交易验证，从而使网络瘫痪。

然而，随着比特币的不断发展，区块链逐渐无法处理每秒产生的交易数量，这严重限制了它的实用性（比特币区块链的吞吐量为每秒4～7次交易）。由于等待确认的交易开始堆积，矿工便开始有选择性地优先处理手续费更高的交易。这种做法非常有害，很可能会迫使普通用户离开比特币网络。

直观的解决方案是扩大区块大小以容纳更多的交易。加文·安德森（Gavin Andresen）于2015年提出了BIP101（Andresen，2015）提案，想要使区块大小达到20兆字节的硬限制。然而出于对国内宽带限制的担忧，该提案遭到了中国矿工的拒绝（van Wirdum，2015a）。比特币无限项目也提出了一套解决方案，它让矿工们和各节点在有需要时对区块扩容进行投票。该方案受到矿工们的青睐，因为它让矿工能够控制交易费用的设定。在比特币供应接近极限之际，这一点非常重要。然而，扩容后的区块大小上限带来了新的问题，即更高昂的数据储存成本。区块大小上限骤然扩大意味着以后愿意操作完整节点的用户更少，并且区块链只有依靠一组排他节点（或超级计算机）才有能力运行和处理更大的区块。

隔离验证

BIP141提案提出了隔离验证（Segregated Witness，SegWit），专门用于解决比特币区块链的扩容问题。该想法于2015年由Pieter Wuille首次提出，他认为一笔交易的签名（用于证明发送者有权发送该输入内容）"在经过一定的时间后，可以被合理地认作是消耗品"（van Wirdum，2015b）；其中最重要的是交易ID，它记录了发送者、接受者和比特币交易数量等重要细节。因此，Pieter Wuille提出了隔离验证，即将验证环节（即签名）从交易中分离出来，由此减少单笔交易的占容，让一个区块能够容纳更多的交易。

隔离验证在不扩大区块大小上限的条件下提高了区块内的有效容量。该方案分两步完成：首先，在如图A2.2所示的标准非隔离验证的交易中，发送者的签名被放在了交易的中心部分，以证明发送者有权发送输入的内容（即解锁脚本）。BIP143规定，在隔离验证的交易中，解锁脚本作为验证数据被打包密封并放在整个结构的末尾（Lau et al.，2016）。当把隔离验证交易发送至旧节点（如未经升级不支持隔离验证的节点）时，验证数据将被剥离，这也就意味着此刻的解锁脚本是一个空字段，并且验证数据会被密封进一个标记字节被设置为0的网络信息中（根据BIP144的规定）。由此，不支持BIP的解析器（如旧节点）无法将其解析为有效交易（Lombrozo et al.，2016）。

从本质上来说，旧节点虽然忽略了验证数据，但它们仍会将有空解锁脚本字段的交易核验为有效，因为有空解锁脚本字段的交易将被认为是"Anyone Can Spend"（任何人都可使用）的交易。另一方面，隔离验证节点将会查找包含验证数据的信息，并根据标准验证共识对交易进行核验。

这种设计意味着隔离验证交易的大小将明显小于非隔离验证交易，因为解锁脚本数据大约占用了整个交易大小的65%。因此，一个1兆字节的区块如今能够支持更多的交易，并有力地提高了比特币区块链的吞吐量。此外，如今无须解锁脚本数据就可计算交易ID，这让旧节点和新节点仍然能够就区块构建达成共识，最终形成整个区块链。这同时也解决了交易可锻性的问题，后文会对此予以详细介绍。

```
T: 706b335514c44e6311439db679f049788122689a21bd40a1b73306c8ff33f894

{
"txid": "706b335514c44e6311439db679f049788122689a21bd40a1b73306c8ff33f894",
"size": 225,
"version": 2,
"locktime": 0,

"in": [

"txid": "fa53f5c75a28274f3ae029238b4dd03daf2adbaf79bdf221c925958a7c3d8a27",
"n": 1,
"scriptSig": "304402201730eba212e9c8370b9aa571ca184d3c31d4aa329b840291227e96bd620b687c02204572c0ea5bf529781f8f1d
3d53e5263a5ebb784302fb7d638d1b2452709f95f001 02e13d9fab3c4730183d14208163e532de1b61e9b79c8b102a686ac0b8e57b076d"
}
],
"out": [
"value": "0.12134079",
"n": 0,
"scriptPubKey": "OP_DUP OP_HASH160 1HJjNPksrnqW374Hb7GhtaKUysDQcvnF1K OP_EQUALVERIFY OP_CHECKSIG",
},
{
"value": "0.05933405",
"n": 1,
"scriptPubKey": "OP_DUP OP_HASH160 1GKQwKx54ahKQFQ4rya54nG5f9w1C8pCYt OP_EQUALVERIFY OP_CHECKSIG"
}
],
}
```

图A2.2 一个标准的非隔离验证比特币交易的例子

来源：Romano et al.（2017）。

其次，为了确保包含隔离验证交易的区块不会超过1兆字节的区块大小上限，并且能够执行软分叉，人们根据"区块重量"（block weight）定义了新的区块大小和类型。实际上就是将100万字节的区块大小上限转换为400万个单位的区块重量上限。每一笔交易都有"重量"，其定义如下（Song，2017）：

重量=不包含验证数据的交易大小×3+交易大小

使用上述计算方法，非隔离验证交易（有着非空解锁脚本）正好拥有4个单位的重量，而隔离验证交易的重量则会永远小于4个单位，因为在被传输至旧节点之前，它的验证数据就已经被"剥离"了。假设所有的交易都是隔离验证交易，那么每个区块的实际大小应为2兆字节左右，在最坏的情况下，每个区块的数据大小则应达到4兆字节（Blockgeeks，2017）。

还必须注意的是，尽管隔离验证将签名从交易中分离了，但是将签名信息嵌入区块链中作为验证数据仍然十分重要。为了做到这一点，隔离验证通过验证数据创建默克尔树（Merkle Tree），再将交易的默克尔树生成镜像。验证数据，即默克尔根（Merkle Root），被包含在挖矿交易的输入字段中（矿

工用默克尔根记录开采区块获得的奖励）（van Wirdum，2015a）。

软分叉和硬分叉

软分叉被定义为向后兼容地改变规则，例如旧节点仍然对在新规则下产生的区块进行验证。而另一方面，硬分叉则被定义为对软件规则的变更，它强制性地要求所有节点升级。硬分叉不是向后兼容的，它与旧节点的分离是永久性的。

隔离验证这一设计被普遍认为是一项突破，因它让包含隔离验证交易的区块仍然能够被旧节点承认为有效区块，同时将有效的区块大小增加到大约2兆字节。因此，隔离验证可以以软分叉的形式在比特币区块链中执行。然而，隔离验证的执行需要获得大多数节点的同意，以此确保使用隔离验证的链始终是网络中最长的链，这一点非常重要。

硬分叉执行失误将导致链分裂。2017年8月，比特币进行了硬分叉处理，因为有15%～20%的矿工拒绝隔离验证，导致比特币现金（BitcoinCash，2017）开采区块的大小增加到8兆字节。一条链进行硬分叉处理以后，分叉点以前的区块数据会在分叉以后立刻被复制到两条不同的链上，包括加密数字货币和钱包账目也会被复制，最后用户将在分叉后得到两套货币。这将稀释采矿的能力，因此，硬分叉通常不受欢迎。

交易可锻性

隔离验证除提高了比特币区块链的链上容量之外，还解决了交易可锻性的问题。当通过修改交易签名格式变更交易ID却没有让旧ID失效时（并且通常对发送者一无所知），便出现了交易可锻性，这将导致出现两笔相同的交易但有着不同的交易ID的现象。曾有人利用交易可锻性的缺陷来攻击比特币交易所Mt. Gox（Decker et al.，2014），但即便在那时，这个问题也没有被妥善地解决。交易可锻性攻击意味着修改后的交易首先会在区块链中得到确认。发送者如果不清楚自己钱包中的余额，可能被多次欺骗并向接收者发送资金。

　　造成交易可锻性的根本原因是签名的格式，它能够在不失效的情况下进行变更。在实施隔离验证以前，签名是交易ID计算的一部分。表A2.1和表A2.2选自谢里夫（Shirriff）的文章（2014），其中记录了交易可锻性攻击的案例。这两个交易都执行了相同的操作且都是有效的，但它们有着不同的交易ID。

表A2.1　使用PUSHDATA 48的原始交易，它可推送48字节的数据

PUSHDATA 48		48
签名（编码规则）	序列	30
	长度	45
	整数	02
	长度	20
	X	53990lea7d6840eea8826c1f3d0d1fca7827e491deabcf17889e7a2e5a39f5a1
	整数	02
	长度	21
	Y	00fe745667e444978c51fdba6981505f0a68619f0289e5ff2352acbd31b31b3d23db7
SIGHASH_ALL		01
PUSHDATA 41		41
公钥	类型	04
	X	6c4ea0005563c20336d170e35ae2f168e890da34e63da7fff1cc8f2a54f60dc4
	Y	c2b47574d6ce5c6c5d66ab0845c7dabcb5d90d0d6ca9b703dc4d02f4501b6e44

表A2.2　使用OP_PUSHDATA2 0048修改后的交易，它可推送0048字节的数据

OP_PUSHDATA2 0048		44　48　00
	序列	30
	长度	45
	整数	02
	长度	20
签名（编码规则）	X	539901ea7d6840eea8826c1f3d0d1fca7827e491d eabcf17889e7a2e5a39f5a1
	整数	02
	长度	21
	Y	00fe745667e444978c51fdba6981505f0a68619f0 289e5ff2352acbd31b3d23d87
SIGHASH_ALL		01
OP_PUSHDATA2 0041		4d　41　00
	类型	04
公钥	X	6c4ea0005563c20336d170e35ae2f168e890da34 e63da7fff1cc8f2a54f60dc4
	Y	02b47574d6cc5c6c5d66db0845c7dabcb5d90d0 d6ca9b703dc4d02f4501b6e44

闪电网络

隔离验证解决了交易可锻性的问题，为闪电网络（Lightning Network）的出现奠定了基础。闪电网络（Poon et al.，2016）是一种链下解决方案，即在区块链中通过智能合约的功能实现参与者在网络内的即时支付。具体地说，就是交易双方会创建一个多签名账户，并将该信息在区块链内广播，然后在链下进行后续的交易。哈希时间锁定协议（Hashed Timelock Contract，HTLC）在各方之间建立了双向支付渠道，让付款能够在多个点对点支付渠道间安全地发送。

以太坊的扩容方案

和比特币相比，以太坊区块链因其智能合约的功能，对存储的需求要大得多。针对以太坊扩容问题，下面提出了几个解决方案。

方案一是进行分片（Sharding）。分片的设计原理是区块链不能处理超过单个节点交易数量这一上限。因此，分片尝试将地址分离成不同的碎片，不再让所有的节点同时处理同一个交易。每一个碎片都有自己的节点组，交易记录和交易的影响仅限于碎片本身。分片方案面临着几个挑战：跨碎片交流（cross shard communication）（一个碎片上的交易可以触发其他碎片上的事件吗？）、单个碎片劫持攻击（single-shard-takeover attacks）（攻击者控制了碎片内的大多数节点）和检测攻击的方法，以及数据可用性问题（如果碎片内的数据丢失了怎么办？）。关于此内容，建议进一步阅读布特林（Buterin）于2017年发表的一篇文章。

方案二是雷电网络，它是以太坊网络中使用的一种链下解决方案，本质上类似于比特币的闪电网络。在雷电网络中，智能合约代表了交易双方的支付渠道，详细说明了交易双方事前同意的渠道操作规则。代币的价值作为暂由第三方保管的契据，既有助于促成链下交易，也能够在发生纠纷时做出裁定。在以太坊区块链对智能合约进行广播之后，交易双方可以执行链下价值转移。

以太坊创始人维塔利克·布特林（Vitalik Buterin）与闪电网络的创始人潘志豪（Joseph Poon）共同提出了一种新的解决方案，即Plasma（Poon et al.，2017）。Plasma可以看作是以太坊版本的隔离验证，它消除了智能合约中不必要的数据，并且只向以太坊区块链公开广播已完成的交易。Plasma利用以太坊的智能合约功能，延伸了链下交易渠道的概念，并囊括了更为复杂的计算和操作。

第三章
首次加密代币
发售（ICO）

与王钰共同撰写

3.1 什么是首次加密代币发售

代币发售有时候也被称为首次加密代币发售，即使用流动的加密数字货币交换新创造的代币，让区块链创企能够完成它们的社区实验项目。人们有时候也用其他名字来称呼ICO，例如首次代币发行。ICO以一种无国界且通常不受监管①的形式对规定数量的一种或多种加密数字货币进行交换，筹集到的加密数字货币主要用于投资能够优化去中心化网络生态系统的开源项目。ICO最普遍的做法是将规定数量的比特币或以太币发送到一个指定的公开地址，以换取规定数量的新代币。截至2017年9月底，ICO累计筹集的资金数额创下新高，达到了23.776 8亿美元（图3.1）。

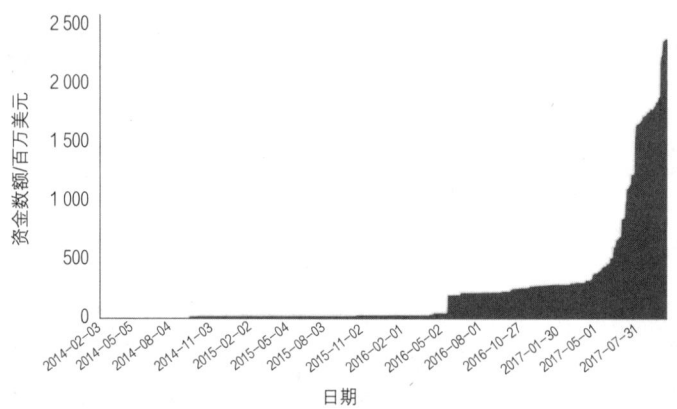

图3.1　截至2017年9月底，ICO累计筹集的资金数额达到了23.776 8亿美元
来源：Coindesk，https://www.coindesk.com/ico-tracker/。

考虑到ICO的成功及其与首次公开募股的相似之处，它已被作为一种集资方式，人们可使用加密数字货币在全球购买证券或证券化资产，无须使用基于管辖权的法定货币。相比于IPO，ICO的优势在于能够在全球范围内进行众筹。ICO已经变成了众筹的一种替代形式，它可以为区块链项目以外的法律实

---

① 一些ICO项目会受到监管，还有一些则受到现行法规的约束，因为它们涉及证券或类证券代币的发行。

体筹集加密数字货币，而非法定货币。其中有些并非去中心化软件项目，有些甚至不是私有链项目。筹款项目与区块链之间唯一的联系是发售新代币，或是发售符合或兼容ERC-20的代币，即在以太坊网络上创建新的货币。

美国、英国、加拿大、澳大利亚、中国香港、迪拜和新加坡等金融中心向公众发出警告信息和咨询须知，提醒他们即使不是全部ICO，但起码有部分ICO需要遵循现有的证券法规。从ICO的业务方式来看，如果不涉及证券发行，并且遵守反洗钱、反恐怖主义和税务条例，则ICO的某些业务就能够在新加坡和瑞士等国家无限制地启动。这些警告信息是在提醒代币发售者，在使用ICO筹集资金时，尽管不用遵循监管法规，但仍要承担信托义务，同时也提醒ICO业务的参与者要对自己的投资行为负责。

3.2　ICO是一种代币交换

在ICO中，投资者使用已有的加密数字货币，如比特币和以太币，换取新创造的加密数字代币。比特币、以太币、大零币、莱特币或其他被选择的货币将以不同的兑换比率换取新代币。尽管ICO与IPO有相似之处，但两者之间仍然存在差异。在IPO中，投资者以证券的形式获得公司的股份或债务；在ICO中，投资者用自己的加密数字货币换取新代币，并以此获得一定的权利。

这些代币是否被视为有价证券取决于公司管辖权的规定，或者在合同中规定的设计和构建软件、应用程序（App）或网络的基础。投资者购买的不是法律实体的股份，而是软件中产生的代币。因此，很多人称ICO为代币发售。然而，首次加密代币发行、首次代币发行、首次代币发售（initial token sales）、代币发售（token sales）、加密货币众销（crypto crowdsale）和加密货币众筹（crypto crowdfunding）这几个术语是可以交换使用的。这让非专业人士阅读和理解这些术语的时候感到更加困难和困惑。从最严格的意义上来说，代币发售并不是集资，而是提供资金的渠道。这是一种创新的代币交换方式，以此来获得资金并间接拥有法定货币。通过ICO筹集到的比特币、以太币、大零币、莱特币或其他加密数字货币会被用作运营资本，其中只有一部分会在信誉良好的项目中被转换成法定货币。ICO通常在项目正式启动之前举行，以此支付项目开发或进一步开发的成本和在交易所上市所需的其他费用。

如果软件尚未准备好发行项目中的代币，则投资者会获得临时代币，以便用来与项目代币进行一比一的兑换。这种代币可以通过以太坊的智能合约发行，它们被称为兼容或符合ERC–20①的代币。ICO的优势在于ERC–20代币一旦发售，任何不受监管的交易所只要愿意将其"上市"，就可以马上进行交易。天使投资通常是充满风险的，因为资金的流动性极差，投资期限长，且风险不透明。但是，ICO通过提供二级流动性市场、更短的投资期限和透明的软件代码，为天使投资注入了流动性。这就是ICO被视为传统风险投资（venture capital，VC）颠覆者的原因，即它能够获得国际资金和投资后的即时流动性。一些ICO项目在几天或几小时内就可以筹集数亿美元。

另一个新兴趋势是在ICO前进行代币发售，即一个项目在官方ICO之前进行一轮或多轮的众销。在大多数情况下，早期投资者能够以折扣价进行投资，或者得到额外津贴。例如，在市场交易所的提前众销阶段，投资者将根据购买金额获得15%～25%的额外津贴；其下一阶段被称为优先通行阶段，额外津贴为10%，再下一阶段的正式众销则没有额外津贴（RIALTO.AI，2017）。

3.3 如何运作

首先，社区中一群卓越的技术人员开始研究如何处理程序编制的细节。在代币发售之前，发起者通常会发布平台的原型或初级版本，随之发布的还有

---

① ERC-20规定了以太坊代币要遵守的一般法则清单，这意味着这一特定的代币让所有类型的开发者能够准确预知新的代币将如何在更大的以太坊系统中运行。

白皮书①和介绍日程安排、技术细节和编程代码等项目的官方网站。

接下来，技术人员会在线上宣布项目并公布所有相关信息。平台包括红迪网、Bitcointalk和其他官方网站等在线论坛。在中国对加密数字货币进行严厉打击以前，微信是最受中国投资者欢迎的平台。此后大多数相关聊天群被转移到了Telegram。在中国，许多ICO项目的"承销商"都有自己的网站和团队，并以中间人的身份发起代币销售。有些ICO项目甚至有专门用于ICO活动的网站或专区。无论以何种形式，这些网站都会对ICO的日程安排进行说明，包括各阶段的发售数量、日期和持续时间、代币的价格和供应情况，以及计划募集的资金数额。在微信、Telegram、脸书、Slack和WhatsApp上将会有官方和非官方的社交媒体和聊天群组，以便让投资者随时了解情况，并让感兴趣的各方相互交流。AMA（Ask Me Anything，有问必答）会议定期举行，在YouTube和腾讯视频上发布视频补充资料，向投资者通报ICO和软件实验的进展。指派的聊天群秘书将会处理所有投资者的活动和信息请求。由于不受监管且有利可图，骗子们花样百出，费尽心机从毫无察觉的投资者们身上盗取代币和信息。

在ICO开始以前，网站或博客会向投资者提供有关如何购买、在哪里购买加密数字代币的信息。投资者在加密数字货币交易所或网站上注册以后，就可以获得一个白名单，其中包括了所有遵循"了解你的客户"程序的投资者。ICO开始时，投资者必须购买指定的加密数字货币才能够换取新的代币。之后投资者要将ICO接受的加密数字货币（通常是比特币或以太币）放入自己的电子钱包，准备好以后就能够通过将货币发送至ICO的地址参与ICO。例如，ICO发起者会先要求投资者发送比特币、以太币或莱特币到一个钱包地址，然后再通过电子邮件将交易证明发送到投资者的ICO邮箱账户。在大多数项目里，投资者会在ICO结束以后收到代币，并将其储存在钱包里。在项目正式启

---

① 在发布新的货币或项目之前，一方或发起者会为ICO准备一份白皮书。白皮书详细说明了新货币或项目的商业、技术和财政细节。可能会出现几份白皮书，内容包括经济、技术和其他方面。

动之后，新代币很可能能够马上在接受该代币的交易所进行交易。而将新代币兑换成现金，需要经过一个相反的过程。这通常涉及先将新代币换成比特币、以太币、大零币或其他加密数字货币，之后才有可能将其兑换成法定货币。

新代币通常有两种储存方法：

（1）常见的方法是将代币储存在现有的区块链之中，可以是比特币区块链上的彩色币，也可以作为符合或兼容ERC-20的代币储存在以太坊区块链的智能合约中。

（2）另一种方法是在一个全新的区块链中发布新代币，正如以太坊创始人所做的那样。

以量子币为例，兼容ERC-20的量子代币最先发布于以太坊，2017年9月下旬ERC-20量子代币上线以后即可在量子链网络中兑换量子币。这样做有一个好处，就是让投资者一开始就能够使用ERC-20量子代币进行交易，缩短了首批投资者等待新网络的时间。风险从二级市场中被转移或变成由投资者共同承担，这让更多人参与到提前ICO或ICO项目中来。市场的投机性变得更强，不了解ICO及其技术的投资者可能会面临极大的风险。因此，很重要的一点是，由于这些项目通常不受管制，不懂技术的人不应该参与ICO。

3.4 ICO的特点和密码朋克的理念

3.4.1 以技术为基础的项目

通常来说，ICO项目是以技术为基础的实验，关系到优化加密数字货币、区块链或去中心化生态系统。这些项目的目标投资者一般来自了解加密数字货币机制的社区，或是已经投资过加密数字货币市场且有意支持这些项目的人。这些项目背后的群体或发起者通常是区块链和加密数字货币社区的开发者或思想领袖。

实际上，越来越多不了解技术的投机者对这些ICO项目表示出兴趣，获利是他们唯一的动机。许多属于非区块链的项目也倾向于将证券打包成ICO，以便获得资金。该迹象表明，这些项目中没有人来自加密数字货币社区或与加密数字货币社区相关，或是团队成员不了解区块链和加密数字货币，或是仅为了集资便将证券类产品匆忙打包，而没有对技术或加密数字货币社区做出真正的贡献。

3.4.2　发售前的信息披露

目前，对于要发起代币发售的项目还没有信息披露的要求或标准。通常，ICO是通过网站、白皮书或与加密数字货币相关的在线论坛发起的。

3.4.3　身份

值得一提的是，ICO项目的开发者和投资者的身份不一定是明确的。ICO项目的发起者可以决定不公开自己的身份，但这种情况极少。有一些ICO项目不会核查其投资者的身份，也不会检查收入资金的来源，但这种情况非常少。密码朋克的理念深深植根于ICO的文化之中，他们认为隐私是最重要的。在密码朋克的话语中，隐私的含义如下：

> "在电子时代，隐私对于一个开放的社会来说是必需的。隐私不是秘密。一个人不想被全世界都知道的事是隐私，一个人不想被任何人知道的事是秘密。隐私是一种有选择地向世界展示自己的权力。"
>
> ——艾瑞克·修斯《一个密码朋克的宣言》

3.4.4　代币筹募

ICO的独特之处在于它通常带有一个上限，表现为在开始之前就预计出售代币的最大数量，有时甚至有一个下限（Lewis，2017）。然而，有些人混淆了募资和代币发售。如果ICO项目没有完成最低额度的募资，发起者会将资

金返还给现有买家并中断该项目。此外，由于区块链的性质，ICO中的投资记录可以通过公共账本被轻易追踪。因此，销售期间代币筹募的数量是公开的，但买家的身份不会被公开。

3.5 ICO的历史

万事达币（Mastercoin）［现已更名为奥妙币（Omni）］被认为是首个备有证明文件的ICO项目，它是一种建立在比特币区块链上的元协议，具有额外的功能。它在Bitcointalk论坛上众销，投资者可以使用比特币购买万事达币代币。这一事件发生在2013年的年中，当时投资者共筹集了5 000多枚比特币，价值约50万美元（Hajdarbegovic，2013）。此后一系列ICO项目接踵而至，以太坊就是其中之一。

表3.1展示了一些著名的ICO项目。在万事达币发售以后，未来币（NXT）在2013年9月开始ICO。未来币是首个完全使用权益证明（Proof-of-Stake，PoS）共识机制的加密数字货币，其固定总供应量为10亿枚。未来币在ICO中筹集了21个比特币，价值约1.7万美元。截至2017年9月2日，未来币的价格约为0.12美元/个，是最赚钱的加密数字货币，其投资回报率（ROI）超过6 696倍。

不久之后，以太坊在2014年7月开始ICO。在为期42天的ICO中，以太坊筹集到了1 840万美元的资金，这是一个前所未有的数字。以太坊是一个开源智能合约和去中心化应用平台。以太坊虚拟机（Ethereum Virtual Machine，EVM）上有许多项目正在建设之中，这导致以太币价格飙升，市值超过300亿美元，仅次于比特币。以太坊通过智能合约系统，为新一代的ICO打开了大门。

表3.1 2017年主要的ICO项目

ICO开始日期	项目	募资金额/美元	特点	ICO后的ROI
7月13日	万事达币	50万	一个建立在比特币区块链上的元协议，具有额外的功能	不可用
9月13日	未来币	1.68万	首个完全使用权益证明机制的加密数字货币	6 696.38倍
4月14日	互联网币	700万	为SAFE（Secure Access For Everyone）网络而设计，旨在让用户的数据安全可靠	不可用
7月14日	以太币	1 800万	一个以区块链为基础、运行智能合约的平台，一直是最成功的ICO项目之一，也是广泛使用的加密数字货币之一	1 152.66倍
3月16日	应用链	600万	一个去中心化且公开的区块链应用平台，旨在让每个应用程序能够在自己独立的侧链上运行	90.16倍
4月16日	The DAO	1.6亿	去中心化自治组织的简称，基于以太坊的智能合约开发，在ICO后不久就遭到了黑客的攻击	不可用
6月16日	波币	1 600万	一个以区块链为基础的平台，让用户能够发布自己定制的加密数字货币	28.22倍
3月17日	量子币	1 550万	一个开源的区块链应用平台，执行比特币改进协议和以太坊虚拟机	57.31倍
4月17日	Gnosis	1 300万	一个基于以太坊的项目，支持高级智能合约，使用荷兰式拍卖的方式进行代币发售	5.86倍
6月17日	Status	1亿	以以太坊技术为基础的免费开源项目，目标是移动客户端	0.22倍
7月17日	Tezos	2.32亿	一个新的去中心化区块链，具备自我管理系统，同时有助于形式化验证	不可用

来源：ICOStats、CoinSchedule、BlockchainHub截至2017年9月2日的数据。

值得注意的是，有许多ICO项目与其大肆宣传的内容不符，甚至存在巨大的漏洞风险。去中心化自治组织是以以太坊的智能合约为基础开发的项目，旨在为商业企业和非营利企业提供一个开源的、去中心化的商业模式（Allison，2016）。它在ICO项目中筹集了1.6亿美元的资金，创下了纪录。但在几周以后，由于The DAO平台上的合约编码错误，黑客设法盗取了价值数百万美元的代币。因此，以太坊社区不得不对以太坊区块链进行硬分叉处理以将资金归还给投资者，这导致区块链出现了分裂，原始未分叉的区块链作为一种"新的"加密数字货币继续运行，即以太坊原链。

2017年，ICO项目的筹款记录被屡次打破，其中Tezos筹集了价值2.32亿美元的比特币和以太币，是迄今为止筹资金额最大的ICO项目。Tezos于2014年白皮书首次发布时开发，它是一个新的去中心化区块链，拥有自我管理系统，其代币持有者可以对平台的治理和改进共同作出决策，在此过程中还有助于形式化验证（Xie，2017）。更重要的是，Tezos支持元升级，因为其协议可以通过修改自身代码进化（Goodman，2014）。

3.6　ICO的分类

3.6.1　ICO的模式类型

ICO项目中最常用的模式是在先到先得的基础上，以固定的价格出售固定数量的代币，直到代币发售数量达到上限或ICO结束。在大部分ICO项目中，诸如创始人或开发团队之类的"内部人士"将获得代币总供应量中一定数额的代币，这一比例在上述机制下是固定的（Reuben，2017）。通常来说，50%以上的代币会出售给投资者，以此鼓励他们的参与，并以此象征一个多数人自治的社区。ICO项目还有其他几种模式，如表3.2所示。

少数情况下，科技创企会在代币价格上给予早期投资者额外的折扣，或者甚至在ICO的提前众销阶段给予投资者一定的额外津贴。我们不会对此进行讨论，因为这种策略基本上可被看作是固定价格策略。此外，由于几乎所有的

ICO项目都有一个有限的持续时间，因此这里不会对时间范围进行探讨。但确实有一些ICO项目在没有设定发售期限的情况下筹集到了资金。Tau-Chain就是一个很好的例子，这个团队决定不设定发售的截止日期。

总的来说，每一种ICO模式都具有一些特征。为具体的ICO项目选择合适的模式的最佳做法是，开发者们在ICO项目开始之前就彻底地思考清楚他们想要达到的目的，并结合目的选择最合适的一个。比如，如果开发者们的目标是以市场价格发售代币，他们就可以选择竞价的模式，可设定或不设定上限，而无须选择剩下的四个方案来为代币本身设定一个固定的价格，正如Gnosis团队为ICO项目采用了荷兰式拍卖模式那样。此外，如果有让所有买家都得到一些代币的想法，开发者们可以选择"无上限"或"有上限"的再分配机制。前者可以让投资者购买到所需数量的代币，后者则能让每位投资者按比例得到一定数量的代币，即使这意味着发售时代币数量供不应求。

表3.2 ICO的模式类型

模式类型	筹集资金上限	价格	向投资者发售的代币数量	分配给内部人员的代币总供给数量的百分比
有上限	有	固定（由开发者设定）	先到先得，售完为止	固定
无上限	无	固定（由开发者设定）	想要多少就有多少	固定
有上限竞价	有	不固定（由市场需求决定）	不定数量的代币实际上以最低中标价格出售，与每位买家承诺的总消费成比例	不固定
无上限竞价	无	不固定（由市场需求决定）	代币数量按降序竞价，直到所有代币售完为止	固定
有上限的再分配	有	固定（由开发者设定）	代币总数按每位买家承诺的总消费比例分配	固定
包裹限额	有	固定（由开发者设定）	先到先得，售完为止，并限制每位买家的总购买量	固定

3.6.2 代币的类型

一般来说，ICO可以根据它们创造的代币进行分类。种类繁多的代币可以分为4个子群（表3.3）：应用代币，允许投资者使用服务；工作代币，提供为去中心化组织工作的权利；混合代币，为应用代币和工作代币的结合；传统资产代币，代表加密的传统资产（Tomaino，2017）。这些类别并不相互排斥，因为一些代币拥有多个子群的属性。

表3.3 ICO代币的类型

代币类型	特征	例子
应用代币	允许投资者使用服务	比特币、以太坊、Blocktix、Melon
工作代币	提供为去中心化组织工作的权利	ORBITS、First Blood、Maker
混合代币	应用代币和工作代币的结合	FIL、使用Casper协议的以太坊
传统资产代币	代表加密的传统资产	泰达币（USDT）、Digix DAO、DC USD

传统资产代币较少出现在加密数字货币市场中。当提到加密数字代币时，人们通常想到的是以协议为基础的代币。例如比特币，它受到由区块链基础技术强制执行的编码协议的约束，通常不连接到任何中心化实体或传统的现实世界资产（El-isa，2017）。但还有另一种代表传统资产的代币，如法定货币或贵金属。例如，每一单位的泰达币（按照推测）都能从泰达有限公司（Tether Limited）储备账户中获得1美元的法定货币。

应用代币正如其名，可用于获取特定的服务。加密数字货币通常都是去中心化的，为了使用平台提供的服务，代币是必需的。一些代币提供支付权，因为它们是获取数字服务的唯一支付方法。还有其他代币授予持有者访问权，但它们不是使用平台的唯一手段，使用平台时需要支付少量的费用。例如，Blocktix是一个依托以太坊而建立的平台，主要经营活动托管业务，以太币（ETH）和TIX是仅有的两种得到认可的支付手段。大多数代币都作为支付权的子集，访问权则是使用新数字货币的一种简单明了的方式（Chwierut，2017a）。对这些代币的需求很大程度上取决于平台提供的服务。

除了支付权和访问权，许多代币还向持有者提供影响网络和系统及对其做出贡献的权利，我们称这种代币为工作代币。持有者可以通过一些工作代币获取一部分由网络产生的费用和收益。OBITS就是一个很好的例子，因为它的持有者可以共享由组织带来的利益。其他的工作代币允许投资者执行某些操作，例如有权对平台的附加功能等问题作出有效决策，有权进行网络维护或验证块生成。比如，First Blood的用户可以作为目击者分析每一场比赛的结果，并通过自己的服务获取报酬，他们是让电子竞技博彩应用功能去中心化的关键部分。

3.7　为什么使用ICO

3.7.1　为了科技创企

参加ICO项目的企业有所增加。其一是因为通过ICO集资的成本低。ICO很大程度上降低了创企集资的成本。与传统的风投（VC）集资方式相比，传统风投的投资者有限，因此筹集的资金也有限，而ICO公开面向大众，让创企能够筹集到大量的资金。与IPO不同，ICO（不包括私募或众筹）不会遇到任何监管障碍，如满足审计要求、准备文件或法律许可等。其二是因为它允许开发者在不放弃公司股权或控制权的情况下筹集资金。即便投资者在有了类似股权的代币以后能够共享公司的盈利，或是帮助项目作出重要的决策，所有权和控制权仍掌握在创企手中。

ICO除了能够获得无股权基金启动项目之外，还能够提供一种方式来判断一个更广大的社区对项目的兴趣，类似于Kickstarter上传统众筹的预售工作（Lea，2016）。之后筹集到的代币可以帮助团队更好地开发项目，以确保其长期发展。

3.7.2　为了投资者

资本增值的潜力极大。例如，比特币的价格从2017年年初的约1 000美元/个上涨到2017年9月的超过4 000美元/个。有时加密数字货币的价格能够在短时间内飙升，像以太币的价格在一个月内上涨了3次，从5月中旬的不到100美元/个涨到了2017年6月中旬的近400美元/个。

另外，加密数字货币的流动性使得ICO很好地解决了传统风投周期长、信息不对称的典型问题。ICO项目可以在投资后的几个月甚至几周内成功启动。资金可以通过一种更简单的方式转移，无须担心边界问题。投资者只需在任何支持比特币或以太币等主要货币的加密数字货币交易所将利润兑换成比特币或以太币等主要货币，然后通过Coinsbank或Coinbase等在线服务将这些主要货币轻松兑换成法定货币（Kastelein，2017）。

除了流动性强以外，ICO还为投资者提供了更多的选择，并通过多元化为投资组合带来收益。虽然价格的变动通常与高波动性相关，但有研究表明，加密数字货币可以作为良好的投资机会替代品，因为它为投资者的主要由传统资产类别构成的投资组合带来了多元化的影响（Lee et al.，2017a）。

ICO的发起者和投资者们面临的最大风险是监管风险。监管机构会如何处理这些所属不清的案子尚不明确。ICO本质上是跨境的，由此要让其在不同的司法管辖区都满足合规条件是一项艰巨的任务。与比特币、以太币、大零币和其他开创性的加密数字货币或代币不同，处于灰色区域的ICO和明显违反安全法律法规的ICO最终可能面临法律起诉。

3.8　ICO的现状

自2013年首次出现以来，ICO项目的总体数量和所筹集的资金总额都呈上升趋势。Coinschedule的数据显示，2016年ICO项目所筹集的资金总额超过9 600万美元，超过了前3年的集资总额。尽管自ICO开始以来其项目数量就在稳步上涨，但直到2017年代币发售，它才广泛地引起群众的注意。自2016年以来，ICO的总数几乎增长了两倍（表3.4）。2017年前8个月，ICO的集资总额激增至15亿美元。此外，代币发售的规模也急剧扩大。2016年代币销售额最高为1 600万美元，但与2017年Tezos的2.32亿美元相比，这个数字显得微不足道。

表3.4   2016年和2017年的十大ICO项目

排名	2017年[1]		2016年[2]	
	项目	集资额/美元	项目	集资额/美元
1	Tezos	232 319 985	Waves	16 436 095
2	Bancor	153 000 000	Iconomi	10 576 227
3	Status	90 000 000	Golem	8 596 000
4	TenX	64 000 000	SingularDTV	7 500 000
5	MobileGo	53 069 235	Lisk	5 700 000
6	Sonm	42 000 000	Digix DAO	5 500 000
7	Aeternity	36 960 594	First Blood	5 500 000
8	Basic Attention Coin	35 000 000	Synereo	4 700 000
9	Stox	33 350 320	DECENT	4 178 357
10	Civic	33 000 000	Antshares/NEO	3 608 378
ICO项目总数	125		46	
总集资额		1 513 379 020		96 389 917

注：［1］数据截至2017年8月20日。
［2］2016年的数据不包括The DAO。The DAO集资1.6亿美元，但在智能合约遭受攻击后已全部退款。
来源：CoinSchedule，https://www.coinschedule.com/。

　　在盈利能力方面，截至2017年9月2日，30种加密数字货币的投资回报率自ICO开始以来平均已超过1 000%。根据ICOStats的数据，其中投资回报率最高的是未来币，达到了669 638%。

　　在过去，就集资方面来说，风投集资的总额是超过ICO的（图3.2）。实际上，根据Coindesk对2017年第一季度大宗交易的分析，区块链ICO集资金额为3 600万美元，是同时期全部区块链风投金额的1/3（图3.3）。但是另一项研究显示，到2017年第二季度，使用代币发售所筹资金已超过2.5万美元，ICO也由此成为区块链项目早期阶段的集资选择。到目前为止，代币销售额已经超过了业内的种子轮投资和A轮投资（Chwierut，2017b）。

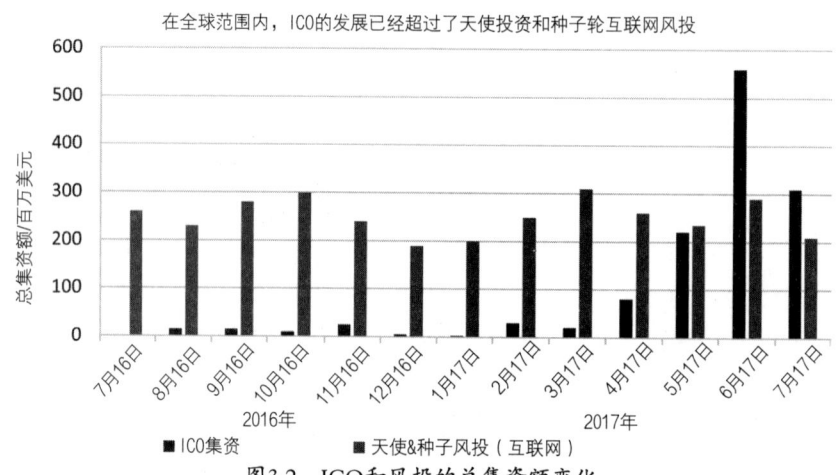

图3.2　ICO和风投的总集资额变化

来源：作者；CoinSchedule；CB Insights；高盛全球投资研究；美国全国广播公司财经频道（CNBC）。

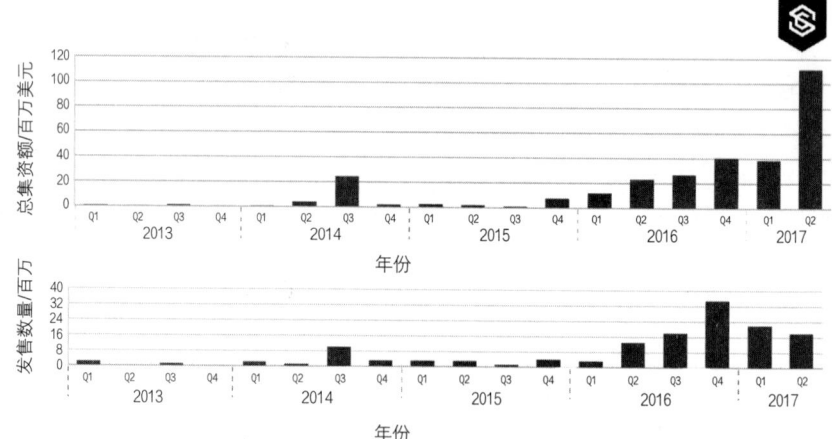

图3.3　2013—2017年代币发售市场一览

来源：Smith + Crown（其中包括了集资2.5万美元以上的发售项目，价值根据交易结束时的汇率计算。时间段反映至发售结束的日期。不包括涉及全额退款的发售，比如The DAO。数字四舍五入到最接近1 000美元。2017年第二季度的数据包括在2017年5月17日之前结束的发售），https://www.smithandcrown.com/wp-content/uploads/2017/05/Token-Sale-Market-Overview.png。

3.9 与其他集资方式比较

根据Smith + Crown加密数字货币的专攻研究小组的说法，代币发售大致可认为是具有众销性质的集资活动，既具有早期天使投资或风险投资的产品成熟度，也具有像IPO那样能够提供可交易物的能力。抛开相似之处，其实它们在许多方面都各有千秋，这也使得ICO能够自成一派（表3.5）。

表3.5　ICO与其他集资方式的异同

项目	众筹	首次公开募股（IPO）	风险投资（VC）
与ICO的相似之处	一以社交媒体为媒介的线上市场活动 一投资支持创企的想法	一投资者获得可交易的代币（如果ICO成功） 一通常发售股份进行集资 一投资者冒着资本风险获取潜在利益	一试图通过早期加入来获取较高的利润 一相似的风险 一产品阶段相似（企业计划或原型）
与ICO的不同之处	一ICO是一种捐赠与投资或捐赠与风险资本的混合体，因为如果项目成功，投资者可以在二级市场获得具有价值的可交易的代币，而众筹则更像是一种捐赠或预先购买的产品	一项目不成熟，通常不是上市公司 一在发起ICO以前，公司无须满足任何要求 一ICO没有对信息披露的要求 一ICO对公众开放，但主要由社区内的投资者支持，而IPO则由专业投资者支持 一ICO不受监管，没有投资者验证或保护	一在投资ICO时，没有与团队的面对面关系 一代币可即时交易 一不要求披露信息或对投资者进行认证

许多人认为ICO属于加密数字货币市场，IPO属于股票市场，这并不完全正确，因为二者的差异之处比相似之处要多得多。未锁定的IPO股份可以在交易所进行交易，但ICO买家获得的代币只能在未来有代币发行的条件下进行交易。此外，与IPO不同的是，对ICO的管理和监控仍在加强，因为ICO的门槛对创企和投资者来说都非常低，既不要求披露集资者的信息，也不存在任何对买家的审查政策。此外，ICO没有在任何政府机构注册，如果项目成功，也不会有交易所为代币的发行公布任何规程。因此，总的来说，与IPO相比，ICO

具有更高的风险。加密数字货币市场的价格波动非常剧烈，它既能够带来极高的回报，也能带来极大的损失。ICO实在是过于新颖，以至于它无法被纳入监管框架，多数监管机构都对其采取观望的态度。

3.10 与ICO相关的风险

3.10.1 法律风险

ICO的法律状况大都尚不明确或不清楚。代币的权利是否类似于证券暂不可知。如果代币不属于证券的定义范畴，对代币也没有清楚的解释，那么该如何推进现有的法律法规也是不明确的。到目前为止，举行代币发售活动的方式和程序由其开发者单独决定。没有规程导致缺少标准，这反而会让监管者更加难以对代币发售活动进行监督。再则，这是一个"先有鸡还是先有蛋"的问题，如果没有人对代币发售活动设定标准，就不清楚谁应该成为监管部门或监管者。

代币交易频繁的交易所没有任何政策或条例防止操纵和欺骗行为的发生，并保护投资者。代币交易所既没有定期公开财务状况和风险，也没有适当地对ICO项目进行任何形式的尽职调查。更重要的是，由于成本以及要尽力遵守未来的法规，ICO较之于传统集资方法的优势可能会减弱。

3.10.2 缺少透明度

ICO的成功，或者说加密数字货币的成功，可能与它们所提供的服务以及该商业模式最终在现实世界运转的方式没有很大的关系。毕竟ICO只是一个新的实验，并且不是所有的ICO项目都会详细披露自己的集资计划、平台如何运作、提供什么样的服务、有什么独特的功能以及可以解决什么问题。有些情况下，仅有白皮书来支持ICO项目，而没有详细的阐述，甚至没有程序代码。

在IPO中，公司必须满足一定的规模要求，这意味着它们要运营相当长一段时间，并且管理团队的信息充分公开。但是，ICO并非如此。一群互不相识的技术人员只要在某些想法上有共同的兴趣，就可以决定开发一个新项目。虽然ICO建立在公共账本（即区块链）之上，交易的数量和金额也可被追踪，但发送者和接收者仍然是匿名的。

3.10.3　资本风险

如果没有适当的管理政策来预防资金滥用和其他不端行为的发生，投资者的利益就处于风险之中。许多项目在筹集到一大笔资金以后都没有明确由谁来管理及运营这些资金。加密数字货币市场缺少外部规程和信息披露要求，这为内部的管理需求敲响了警钟。

3.10.4　ICO项目失败造成的损失

虽然ICO项目的数量在增加，但能够进入二级市场的ICO项目未必也在增多。事实上，根据Smith + Crown的调查结果，截至2017年5月中旬，超过40%的代币发售项目处于活跃状态，这意味着进行ICO之后的非活跃项目几乎占据了整个市场的ICO项目总数的60%（Chwierut，2017b）。因此，投资者应该对ICO项目进行必要的尽职调查，仔细考虑后再决定是否投资。

3.10.5　诈骗风险

项目诈骗和道德风险难以避免。该类ICO项目通常承诺推出新的加密数字货币，但并没有交付的打算。无法防止有人恶意携带代币发售期间筹集的资金潜逃。

3.11　ICO监管现状

监管者绝不会故意放任危机滋生，可以预见的是，在必要时他们一定会对ICO进行监管。如今，许多监管者认为对ICO进行监管还为时过早。在众多原因中，有几条是导致ICO监管困难的主要原因。首先，大家还没有对ICO的性质达成共识。大家对于这种数字代币的发行是否等同于新的证券产物、是否因此由政府或交易所进行监督和管理仍存在争议（Skinner，2017）。实际上，数字代币和数字货币、证券和资产有相同功能，因为数字代币可以像数字货币一样用来换取某些商品或服务，也可以像证券一样作为纯粹的投资方式，还具有和资产相似的价值，可用来执行一些特别的功能。不对数字代币进行分类，就无法管理其市场。例如，瑞士和新加坡的监管部门规定，加密数字货币是一种资产，而非集资或支付的工具，但它们仍然没有要求加密数字货币须得到任何批准或证书，也没有对其交易进行监管（Keane，2017）。

其次，加密数字货币市场投资的另一特征也导致了监管的无力——投资者没有地理界限，也不受地域限制。加密数字货币一个很重要的特征就是方便全世界的投资者进行投资和交易。区块链的公开和分布式特性是使得司法管辖界限模糊的一个方面，即便ICO项目本身在一个确定的地理位置进行，但参与其中的开发者和节点遍布全球，并且在网络中处于不同的管辖区。

因此，加密数字货币市场几乎不受监管。在金融科技研究公司Autonomous NEXT于2017年7月发布的报告中，作者分析了6个国家对ICO的监管状况（Lex）。根据这份报告，瑞士和新加坡为加密数字货币市场提供了相对友好的环境，也给予了该市场一定程度的认可。瑞士政府正在探索建立一个新的监管实体，名为"加密货币银行"（cryptobank），并尝试促进金融科技和区块链领域的发展。在新的环境下，需要建立一个新的体系来处理这些复杂的事务。在新加坡，金融管理局（MAS）成立了金融科技和创新团队（FTIG）。金融管理局为数字货币和加密数字货币交易所提供了监管说明。FTIG启动了与加密数字货币和金融科技相关的项目，其中之一便是Ubin项目。该项目会在第一阶段使用分布式账本技术（DLT）发行中央银行数字货币，并在第二阶段使用跨境结算系统。

英国的金融行为监管局（Financial Conduct Authority）就分布式账本技术发布了一份文件，对其第一阶段进行了大致的讨论。但总的来说，金融行为监管局对分布式账本采取中立态度，因为监管者在等待吸取监管沙盒的经验（Lex，2017）。

　　然而在其他国家，政府并不十分欢迎加密数字货币。俄罗斯打算转变过去对加密数字货币的敌对态度，将其合法化。2017年9月4日，中国央行发表声明，称ICO是"未经批准的非法公开集资形式"。2017年，约有一半的ICO项目在中国进行，总金额达到了26亿人民币（约3.98亿美元）（Vincent，2017）。此外，美国监管部门的监管让加密数字货币公司的运营和代币的发售变得困难。

3.12　讨论

　　代币出售的是什么功能？这是一个重要的问题（图3.4），因为它决定代币发售是否一种证券或其他证券的衍生品。如果答案是肯定的，那么未经适当批准的代币公开发售可能会违反证券法，造成一定的法律后果。通常来说，代币大致分为三类（Breber，2016），分别是：用户代币/App硬币/协议代币、商品代币、债务代币。

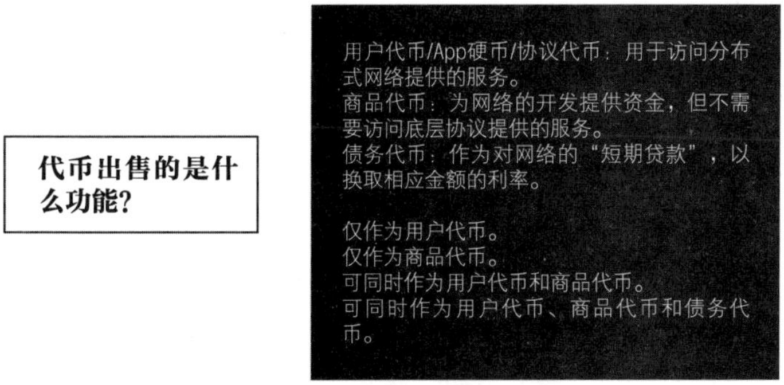

图3.4　代币的角色

　　如图3.5所示，本章进一步提出了一些疑问，以此强调代币经济监管的复杂性。科威鲁特（Chwierut）在图3.6中进一步解释了数字代币赋予持有者的一些权利，如代币可用于网络支付，使持有者拥有访问权和获益权，可作为网络贡献，使持有者有权创建区块，并且使持有者拥有投票权。如图3.7所示，大多数代币权利都与访问权相关。

	是否有投票权？
更多问题	可否用算法确定金流的分配？
	有没有法律权利和追索权？
	有没有组织的决定？
	是不是股票或债务？
	有没有办法撤换管理层？
	有建立用户或投资者基础吗？

图3.5 更多关于代币权利的问题

支付方式：	访问平台：	收益或费用：
代币是网络中唯一的支付方式；	代币提供了使用自身平台的能力；	持有者获得一部分收入或利润；
GNT是支付网络服务的唯一方式	网络中的交易手续费需要通过LSK（应用链）支付	"时间"持有者从劳动时间代币中赚取手续费
贡献：	区块创建：	管理：
代币在平台或应用程序中需要扮演某些角色；	代币决定谁来保护区块链；KMD持有者选择保护区块链的公证节点	持有者影响特点、项目方向、协议细节及更多方面；
获得第一名的用户能够决定谁赢得了赌博比赛的胜利		DGD持有者决定如何使用Digix DAO的资金

图3.6 ICO中发售的数字代币赋予持有者的一系列权利

来源：Smith + Crown。

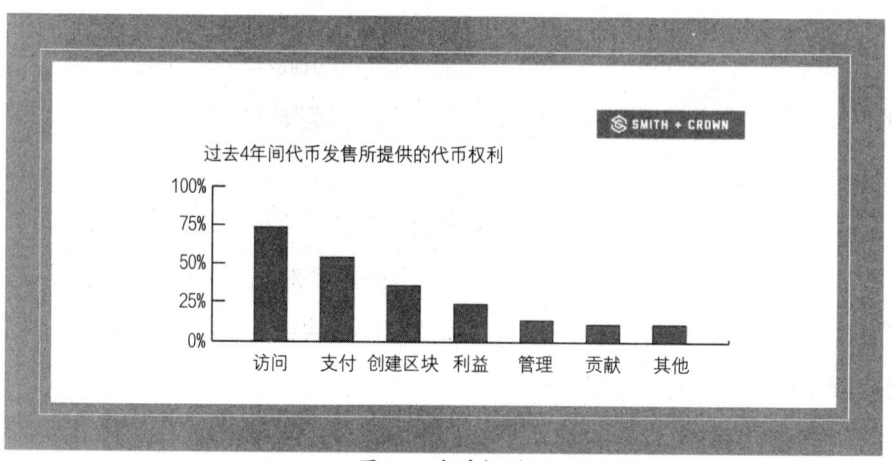

图3.7 代币权利

来源：Smith + Crown的分析（其中包括了所有在2013年至2017年3月1日之间结束的ICO，筹集资金金额超过3万美元）。

在代币经济学中，以法律上的不同来区分代币属于证券和非证券是一种创新的方式。其中的差距非常微妙。代币的设计需要参考专业的意见，并且取决于其所在的司法管辖区。

在一些规定代币不属于证券的国家进行ICO需要注意以下事项：

（1）签订合同：法人实体（如私人投资有限公司）与客户（区块链）签订合同，为区块链编写代码，随后对生成的区块链代币进行ICO/ITS（首次加密数字代币发售/首次代币发售）。

（2）商品销售：基金会（如瑞士股份有限责任公司）发起需要在开源平台上运行区块链的商品（燃料/代币）销售。

（3）CODE：中心化组织（CO）的法律实体在去中心化实体（DE）区块链ICO/ITS时获得并使用代币。例如，中心化组织还能够获取应用程序项目创建完成以后产生的收益。

普通代币分配：代币最先由分配器开采，再由计算机算法分配，该算法并未指定任何明确的公开地址接收资金。

开采：代币开采简便。

齐斯曼（Zysman，2016）是以色列的一名执业律师，他写了一篇很有趣的文章，讨论了ICO的利弊。他在文中写到，在美国ICO并不完全是坏事，主要有以下两个原因：

（1）资金的流动被实时记录在开源区块链上。

（2）新的《就业法案》第三条向个人开放了对创企的投资路径，规定创企应每年公开一次财务状况；与此相反的是，区块链的会计应能够保证他们的投资者拥有全年度的财务报告。

齐斯曼对豪伊测试（图3.8）也有过一些有趣的讨论，并且提到了通过4个方面的测试来确定代币是不是证券。即使代币不是证券，关于区块链是否一种转移代理、经营是否需要执照也是值得探讨的问题。图3.9和图3.10总结了他的一些讨论和论点。

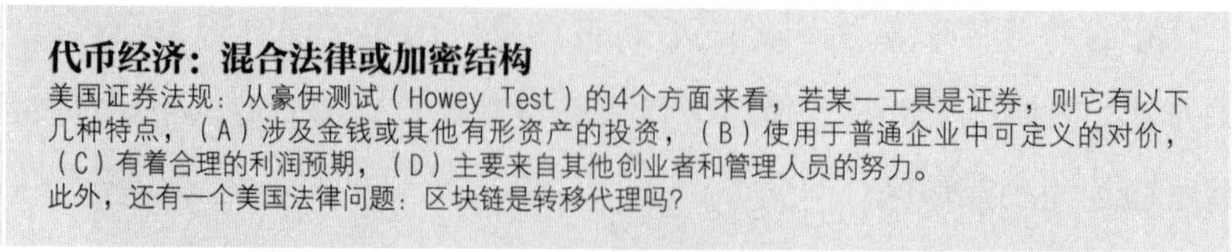

代币经济：混合法律或加密结构

美国证券法规：从豪伊测试（Howey Test）的4个方面来看，若某一工具是证券，则它有以下几种特点，（A）涉及金钱或其他有形资产的投资，（B）使用在普通企业中可定义的对价，（C）有着合理的利润预期，（D）主要来自其他创业者和管理人员的努力。

此外，还有一个美国法律问题：区块链是转移代理吗？

图3.8　豪伊测试

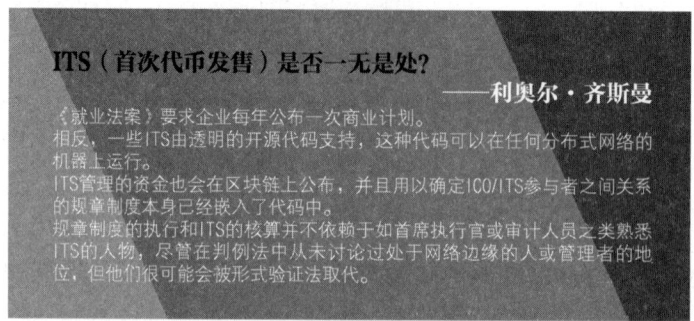

图3.9　ITS是否一无是处

来源：Zysman（2016）。

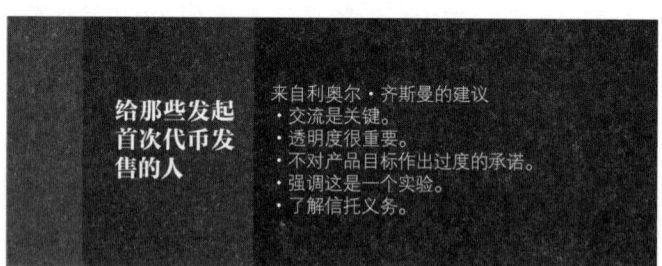

图3.10　需要思考的问题

最后，图3.11所示是任何关注ICO投资组合的人都感兴趣的问题。它想要传达的信息是，当人们想要参与金融创新并偶尔想利用大好的形势赚上一笔时，请记住，金融科技庞氏骗局是另一个同样需要学习和铭记的名字。人们都害怕重蹈覆辙，但绝不会害怕犯下新的错误。然而，新错误导致的后果绝不能严重到让人无法从头来过。因此，大家需要警惕诈骗，了解风险和复杂性，并有限度地、多元化地进行投资。

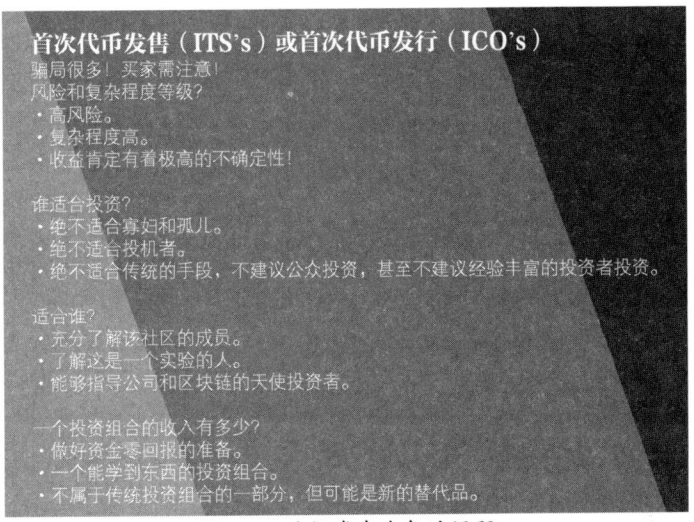

图3.11　为投资者准备的问题

3.13　结语

自2016年以来，ICO成了一种受欢迎的集资方式，推进了以区块链为基础的各种项目。自2013年首个ICO项目被记录在册以来，ICO项目总数和筹集的资金总额骤增，2017年的前8个月其筹集的资金总额达到15亿美元，达到历史新高，是2016年的总筹集金额的15倍有余。它使技术创企可以在短时间内以较低的成本更轻松地筹集资金，并为投资者提供良好的投资机会，具备传统资产类别所不具备的变现能力。但是，在把资金投入ICO公司以前，投资者们应该意识到加密数字货币市场多半不受监管，且存在各种相关的风险，例如法律风险、潜在损失或欺诈风险。正如任何投资一样，ICO通常是一经出售，概不负责的[1]。

一些ICO不受制于法规，而另一些则受制于现有的证券发行法规。美国最近基于《未来代币简单协议》（SAFT）开展了一项工作，从根本上将ICO

---

[1]　该原则即买方在购买完成前，有责任检查商品的质量和适用性。

的参与者限制在合格或资深投资者中，即年收入至少20万美元或净资产超过100万美元的投资者。到目前为止，新加坡由于法规明确，且其监管机构能为寻求明确信息的人提供咨询，是对ICO最有吸引力的三个国家之一。新加坡对区块链和加密数字货币的总体态度较为乐观。

尽管监管问题和相关风险仍然让人担忧，但ICO为两类投资者打开了令人兴奋的新世界：一类投资者是那些有意支持加密数字货币和区块链这类创新领域的人，另一类投资者是希望为项目筹集资金的开发者。ICO带来的利益和功能让该市场更加引人注目，并且该趋势似乎也会在未来持续下去。

附录：ICO表格

名称	时价[1]/美元	ICO价格[2]/美元	筹集资金/美元	投资者方代币百分比	首日交易价格/美元	所筹代币
Tezos	1.680 0	—	2.32亿	90.00%	0.789 4	65 635比特币；361 122以太币
FileCoin	—	—	2.05亿	10.00%	—	—
Bancor	2.210 0	3.860 0	1.53亿	50.00%	13.740 0	396 720以太币
Status Network Token	0.020 0	0.036 6	1.02亿	41.00%	0.061 8	300 000以太币
MoblieGo	0.540 0	0.758 1	5 307万	70.00%	2.450 0	—
Monetha	0.120 0	—	3 700万	60.00%	0.226 2	95 000以太币
Basic Attention Token	0.220 0	0.036 0	3 600万	66.67%	0.168 2	156 250以太币
Civic	0.390 0	0.100 0	3 300万	33.00%	0.161 2	—
ChainLink	0.200 0	0.091 4	3 200万	35.00%	0.156 5	—
Polybius	4.950 0	1.700 0	3 165万	93.00%	8.350 0	—
Blockmoon Crypto	0.800 0	1.000 0	3 000万	50.00%	0.863 1	1 142比特币；73 175以太币；32 866莱特币
Storj	0.500 0	0.409 7	3 000万	17.23%	0.522 1	—
Agrello Delta	1.190 0	—	2 750万	66.60%	0.401 0	6 833比特币
Stox	0.500 0	1.860 0	2 748万	50.00%	1.210 0	148 000以太币
Dencentraland	0.010 0	—	2 629万	—	0.025 8	86 206以太币
SONM	0.080 0	0.078 5	2 600万	74.63%	0.416 7	117 337以太币
Funfair	0.020 0	0.007 1	2 600万	21.28%	0.017 4	—
Tierion	0.080 0	0.071 6	2 504万	35.00%	0.205 2	1 732.21比特币；71 375.29以太币
OmiseGo	10.110 0	0.273 8	2 500万	65.10%	0.534 7	以太币
Monaco	8.830 0	2.640 0	2 500万	30.00%	2.250 0	71 392以太币
Aragon	1.850 0	0.901 6	2 500万	70.00%	1.490 0	275 000以太币
Aternity	1.850 0	0.195 0	2 499万	—	0.684 3	1 461.618比特币；103 538.569以太币

续表

名称	时价[1]/美元	ICO价格[2]/美元	筹集资金/美元	投资者方代币百分比	首日交易价格/美元	所筹代币
Everex	3.670 0	—	2 263万	—	—	45 375以太币；1 328比特币
KickCoin	—	0.036 4	2 234万	74.50%	—	71 837以太币
Pillar	0.070 0	0.041 6	2 199万	66.00%	0.066 6	113 674.4以太币
AventCoin	1.540 0	3.370 0	2 020万	60.00%	4.520 0	60 000以太币
Rivetz	0.470 0	0.281 6	1 971万	35.00%	0.734 7	50 412.77以太币
MCAP	2.760 0	3.980 0	1 926万	100.00%	6.760 0	—
OpenANX	0.380 0	0.750 3	1 876万	25.00%	0.391 9	52 246以太币
Ethereum	292.140	0.308 0	1 850万	83.40%	2.830 0	31 529比特币
Cosmos	—	0.100 9	1 700万	—	—	4 870比特币；246 890以太币
Waves	4.600 0	0.188 4	1 601万	85.00%	1.330 0	30 904比特币
Qtum	9.810 0	0.294 1	1 500万	51.00%	6.420 0	11 000比特币；75 000以太币
ATB coin	1.180 0	—	1 498万	—	1.130 0	3 832比特币；8 102以太币；3 744莱特币；27大零币
Cofund.it	0.140 0	0.118 4	1 480万	25.00%	0.274 8	56 565以太币
Propy	0.530 0	0.417 9	1 463万	35.00%	0.823 9	33 991以太币；1 019比特币
Lampix	0.100 0	—	1 461万	50.00%	0.080 4	40 921以太币
Mysterium	0.880 0	0.772 2	1 440万	57.50%	2.450 0	68 629以太币
Nimiq Exchange Token	1.040 0	1.370 0	1 440万	5.00%	1.030 0	60 000以太币
ICOBox	76.450 0	—	1 437万	83.30%	4.000 0	3 290.621 6比特币
Token Card	1.670 0	0.500 4	1 270万	60.00%	0.971 3	—
Gnosis	91.250 0	31.250 0	1 250万	4.00%	51.640 0	250 000以太币
DAO.casino	0.050 0	0.106 8	1 250万	70.00%	0.138 6	58 544以太币
BOScoin	0.710 0	0.004 4	1 220万	55.20%	0.236 0	—

续表

名称	时价[1]/美元	ICO价格[2]/美元	筹集资金/美元	投资者方代币百分比	首日交易价格/美元	所筹代币
iEx.ec	0.550 0	0.202 7	1 216万	68.96%	0.301 0	2 761.761比特币；173 886以太币
Veritaseum	78.900 0	6.120 0	1 200万	1.96%	48.960 0	60 000以太币
Dmarket	—	0.257 6	1 159万	90.00%	—	365比特币；26 897以太币
Substratum Network	—	0.215 7	1 143万	100.00%	0.482 9	—
Primas	0.220 0	0.215 7	1 100万	51.00%	0.375 9	31 000以太币
Viberate	—	0.089 3	1 071万	60.00%	—	
Iconomi	1.490 0	0.125 7	1 068万	85.00%	0.198 9	—
BitDice	0.150 0	0.150 5	1 023万	68.00%	0.110 5	—
Santiment	0.340 0	0.226 7	1 020万	54.00%	0.261 6	45 000以太币
Patientory	0.470 0	0.145 3	1 017万	70.00%	0.648 2	46 666.666 7以太币
Blockchain Capital	1.010 0	1.000 0	1 000万	100.00%	4.360 0	—
Rialto.AI	0.350 0	0.133 3	1 000万	75.00%	0.080 8	5 936 958瑞波币；25 387.58以太币；565.6比特币
Po.et	0.010 0	0.006 4	1 000万	50.00%	0.021 5	—
DIMCOIN	—	3.320 0	995万	30.00%	—	2 813.51比特币
Indorse	0.080 0	—	961万	35.00%	0.199 1	32 045.413以太币
district0x	0.040 0	0.015 7	941万	60.00%	0.018 7	58 500以太币
AdEx(ADX)	0.610 0	0.113 0	904万	80.00%	0.208 8	40 008.052 3以太币
Populous	2.690 0	0.252 2	900万	67.60%	2.810 0	33 619.7以太币
Metal(MTL)	8.830 0	0.466 1	900万	29.41%	1.220 0	—
Golem Network Token	0.260 0	0.010 5	860万	82.00%	0.015 1	820 000以太币

续表

名称	时价[1]/美元	ICO价格[2]/美元	筹集资金/美元	投资者方代币百分比	首日交易价格/美元	所筹代币
Hive	0.020 0	0.227 5	853万	75.00%	0.013 5	2 022比特币
Primalbase	3 459.670 0	—	791万	80.00%	5 344.500 0	3 100比特币
Adtoken	0.040 0	0.015 4	770万	50.00%	0.059 5	33 332.999以太币
Token as a service（代币即服务，TAAS）	3.650 0	0.929 2	757万	100.00%	0.819 9	3 536比特币
SingularDTV	0.180 0	0.015 0	750万	50.00%	0.019 3	45 272以太币
CoinDash	0.040 0	1.630 0	750万	50.00%	0.054 6	193 562泰达币
BlockCAT	0.870 0	—	714万	79.00%	1.060 0	23 799.65以太币
ZrCoin	0.980 0	1.420 0	707万	100.00%	75.560 0	—
Blocktix	0.170 0	0.174 5	698万	64.00%	0.153 7	—
iXledger	0.310 0	0.069 5	695万	76.92%	0.091 9	—
Social Nexus	0.210 0	—	676万	95.00%	0.377 9	21 760.06以太币
Hubiit	0.090 0	—	656万	70.00%	2.950 0	20 125.496以太币
Maidsafe coin	0.490 0	0.014 2	640万	100.00%	0.014 9	26 620比特币
Wagerr	0.070 0	0.037 5	638万	85.00%	0.056 6	—
Lisk	7.000 0	0.074 7	635万	85.00%	2.040 0	15 480.52比特币
True flip Lottery	0.490 0	0.912 2	570万	42.50%	1.310 0	1 196.85比特币；632.262莱特币；10 065.340以太币
Digix DAO	72.020 0	3.240 0	550万	85.00%	31.900 0	465 134.95以太币
First Blood	0.330 0	0.069 2	550万	85.00%	0.152 0	465 312.999以太币
Time	18.420 0	8.640 0	540万	88.00%	12.890 0	—
Exscudo	—	0.035 5	535万	62.80%	—	2 314比特币
Humaniq	0.120 0	0.036 9	516万	86.00%	0.071 9	94 500以太币
Sphre AIR	0.180 0	0.188 7	511万	90.00%	0.118 3	2 059比特币
Mothership	0.160 0	0.036 4	510万	70.00%	0.040 1	24 137.4以太币

续表

名称	时价[1]/美元	ICO价格[2]/美元	筹集资金/美元	投资者方代币百分比	首日交易价格/美元	所筹代币
Augur	18.620 0	0.579 5	510万	80.00%	1.470 0	18 630.874 9比特币；1 149 880以太币
Starta	0.460 0	—	506万	95.00%	0.530 8	—
DCORP	—	0.756 1	505万	82.50%	—	16 907以太币
Guppy	0.180 0	0.083 3	500万	60.00%	0.240 4	125 000以太币
Synereo	0.160 0	0.158 7	470万	35.22%	0.002 2	
TrustCoin	0.360 0	0.058 3	466万	80.00%	0.075 1	80 092以太币；1 048比特币
EcoBit	0.020 0	—	450万	—	0.036 7	—
Peerplays	3.380 0	4.700 0	450万	16.05%	11.230 0	—
Presearch	—	0.015 0	450万	30.05%	—	4 500 000美元
EncryptoTel	0.080 0	0.063 2	443万	70.00%	0.304 8	851.84比特币；3 742.16以太币；2 071 053.30波币
Dent	0.000 0	0.000 5	420万	70.00%	0.000 6	21 467.15以太币
Quantum Resistant Ledger	0.650 0	0.079 0	416万	81.53%	0.734 5	—
DECENT	0.530 0	0.118 3	413万	68.00%	0.110 2	—
Quantum	0.180 0	0.050 6	412万	33.30%	0.162 0	2 417.33比特币
NVO	0.360 0	0.266 7	400万	50.00%	0.393 1	1 497.226 674 63比特币；765 482互联网币
Crypviser	0.500 0	0.862	387万	66.60%	0.350 3	86 172 946比特币；356 951 631以太币；433.423美元
NEO	25.830 0	0.330 4	380万	23.00%	0.181 5	6 119.3比特币
Bitshares	0.080 0	0.011 0	360万	13.86%	0.013 2	5 621比特币；415 000比特股（Protoshares）
Lunyr	8.280 0	1.610 0	340万	78.00%	2.470 0	47 923以太币

续表

名称	时价[1]/美元	ICO价格[2]/美元	筹集资金/美元	投资者方代币百分比	首日交易价格/美元	所筹代币
Skincoin	0.020 0	0.037 1	326万	18.00%	0.064 2	14 697以太币
Melon	61.000 0	5.860 0	290万	66.66%	40.690 0	227 000以太币
MyBit	2.160 0	1.660 0	280万	60.00%	3.300 0	10 044以太币
Suretly	2.970 0	—	270万	—	11.210 0	—
Edgeless	0.980 0	0.022 8	265万	88.00%	0.042 5	—
ICO OpenLedger	4.190 0	5.530 0	261万	100.00%	0.806 6	953比特币
iDice	0.410 0	1.210 0	250万	100.00%	2.270 0	7 400以太币
CryptoPing	0.190 0	0.277 8	250万	90.00%	0.319 2	1 000比特币
SuperNet	13.000 0	4.220 0	241万	70.00%	5.170 2	—
Reality Clash	—	0.055 9	241万	43.60%	—	6 335以太币
Bit Connect Coin	118.430 0	0.714 3	240万	70.00%	0.162 7	—
Mycellium Token	1 773.090 0	458.590 0	235万	5.00%	—	5 131 445比特币
Investfeed	0.060 0	—	230万	89.00%	0.044 7	10 420以太币
COSS	0.040 0	0.015 3	230万	75.00%	0.035 3	7 653.121 874 53以太币
Latium	—	0.228 7	226万	33.33%	—	1 703.735 7以太币
Wings DAO	0.600 0	0.026 7	200万	75.00%	0.022 8	—
Legends Cryptocurrency	1.080 0	1.000 0	200万	100.00%	1.780 0	—
Komodo	1.950 0	0.022 0	198万	90.00%	0.115 8	2 639比特币
Intelligent Trading Technologies	—	0.125 6	198万	75.00%	—	—
Digital Developers Fund	0.150 0	0.007 3	179万	98.80%	0.215 2	6 254以太币
CounterParty	10.080 0	0.662 2	172万	100.00%	5.820 0	2 125.6比特币
vSlice	0.710 0	0.049 3	165万	100.00%	0.110 9	2 112.5比特币
SunContract	0.040 0	0.256 0	164万	80.00%	0.036 1	8 089以太币
Voise	2.530 0	1.770 0	136万	93.00%	—	—
Encrypfen	—	0.016 2	129万	80.00%	—	—
Nebilo	1.130 0	0.095 7	124万	100.00%	0.607 9	289.498 719 59比特币

续表

名称	时价[1]/美元	ICO价格[2]/美元	筹集资金/美元	投资者方代币百分比	首日交易价格/美元	所筹代币
Equibit	—	—	120万	—	—	397.615 313比特币
Ethbits	3.350 0	1.160 0	120万	80.00%	1.240 0	13 644.99以太币
FundYourselfNow	1.400 0	0.153 5	115万	60.00%	1.110 0	5 666.47以太币
Incent	0.180 0	0.047 8	110万	50.00%	0.095 4	1 094比特币；1 148 558波币
Starcredits	—	0.270 0	108万	20.00%	—	750.57比特币
BitBay	0.020 0	0.001 1	108万	100.00%	0.000 5	3 000比特币
Databits	0.510 0	0.067 2	107万	70.00%	0.102 6	895比特币
Adelphoi	0.090 0	0.031 7	105万	33.33%	0.224 8	430.9比特币
Monster Byte Inc	0.050 0	0.101 8	102万	25.00%	0.050 1	—
Pluton	8.720 0	1.260 0	101万	4.25%	3.090 0	1 122.847比特币；20 471.271 840 0以太币
ARK	3.040 0	0.010 7	99.8万	75.00%	0.032 7	177比特币；4 691 413 Lisk币
ZiftrCoin	0.210 0	—	87.5万	11.00%	0.210 0	—
Particl	7.280 0	0.542 9	75万	16.50%	6.800 0	590比特币；5 150 210 SDC币
DigiPulse	—	—	71.166万	98.00%	—	1 862.981以太币
Paquarium	0.090 0	0.000 5	61.981万	100.00%	0.220 0	182.41比特币
Stratis	4.480 0	0.007 1	59万	85.70%	0.013 8	915比特币
Royal Kingdom Coin	0.230 0	0.214 0	57.776万	18.00%	0.060 0	1 925.85以太币

注：[1]截至2017年9月26日。

[2]即平均价格。

第四章

代币投资者的特征

与马特·科威鲁特、韦斯顿·安德森、布莱恩·里奥和布兰特·唐斯共同撰写，他们为主要作者

4.1 引言

首次代币发行或代币发售（token sales）已经成为公司（项目）在区块链中用来筹集资金（代币或加密数字货币）的一种流行方式。在该活动中，一家公司发行一种数字代币，并在全球范围内对该代币进行发售。筹集到的资金或代币（加密数字货币）用于打造产品和服务，这能够让新创造的项目代币或货币增值。代币发售越来越普遍，但对它的研究仍然不足。本章将概述代币发售市场和投资，并描述代币发售投资者的特征。

我们的分析使用了两个基本的数据集——6次代币发售的交易记录和由区块链基金CoinFund进行的公开调查。总体而言，我们发现代币发售的投资者参与程度高，都为销售额做出了贡献，他们的参与金额从1美元到10万美元不等，但通常不到500美元。代币发售投资者主要来自技术行业，大多有一些传统投资决策方面的经验。许多人所持投资中的一半以上是区块链资产，他们对该行业的参与和投入程度变化极大，与该行业接触更多的人往往会花更多时间来了解它。

代币发售的参与者各不相同，有的是对收益感兴趣的投资者，有的是想要支持新兴行业的热衷者，还有的是未来的用户。本章分别为企业家、投资者和决策者总结了知识要点，并为进一步研究提出了问题。

区块链创企能够以多种方式筹集发展资金，包括贷款、捐赠、传统风险投资和代币发售。ICO已经成为区块链行业筹集资金和建立社区的重要方式。最早的区块链，如2008年的比特币，它发行的时候并没有正式的投资轮次，只是简单地在互联网上上传开源代码（Nakamoto，2008）。随着时间的推移，比特币和其他区块链社区的发展为验证交易提供了所需的硬件基础设施，并且支持加密资产交易（Chwierut，2016a）。

随着区块链行业和加密数字货币经济的发展，区块链创企在正式推出自己的网络之前就开始以众销的方式发售代币。这些代币发售除了帮助创企筹集开发资金之外，还促进了成功启动区块链协议所需的用户和贡献者网络的形成（Kalla，2016）。代币发售是被李国权教授称为新数字经济"4D"的一个例子：数字化（digitalisation）、脱媒化（disintermediation）、民主化（democratisation）、去中心化（decentralisation）（Lee，2017a）。代币发售通过收集区块链担保的数字货币将公司早期的集资过程数字化，通过排除作为传统资金筹集中介的经纪人和投资银行实现脱媒化，通过去除参与限制实现民主化，以及通过采用类似于众筹的方式，从世界各地的任何人那里筹集资金，实现去中心化。

企业家需要了解他们的潜在投资者是谁以及如何与他们的潜在投资者进行最有效的沟通。这一点非常重要，因为代币发售不仅要筹集资金，还要建立一个社区，并且要了解目标群体。如果对代币发售投资者没有广泛的了解，策划未来的集资活动就会非常困难。投资者也可以从投资者概况中受益，因它表明了哪些人参与了这些投资。在风投集资中，投资者通常可以看到资本总额表，上面显示了谁曾经投资过及他们持有的股权比例。在代币发售中，投资金额会在公共区块链上公开显示，但是通常只有投资者自己和代币发售经营者知道进行投资的人的身份（如果代币发售出现问题则遵循"了解你的客户"标准）。最后，由于决策者和监管机构正在对该行业制定和实施管理条例，企业家也能够从深入了解代币发售投资者中受益。

本章将对关于代币发售投资的两个问题进行思考：第一个问题，单独的代币发售投资模式（若有的话）是什么？第二个问题，代币发售的投资者是谁？为了探索投资模式，我们分析了过去3年中6次代币发售的相关交易记录。至于谁投资了代币发售，由于代币发售的出资是匿名的，因此几乎不可能确切地知道是谁投资了某次发售，甚至不可能知道有多少人投资了此次发售，并且关于代币发售的公开对话也仅限于几个社交媒体渠道，人们在这些渠道中匿名分享信息和观点。

为了描述代币发售投资者的特征，并回答第二个研究问题，我们分析了由区块链基金CoinFund得出的一项调查结果。通过该调查结果，我们可以从

几个维度描述代币发售的投资者，包括人口结构信息、职业和投资背景、参与程度和对加密数字代币的投入程度。

总体来看，我们的分析表明任何人都可以成为代币发售的投资者，不论年龄大小和之前的投资经验的多少。此外，那些投入了大量资金的投资者只占全部投资者的一小部分，但往往是他们贡献了筹集的大部分资金。预测投资者将贡献多少资金的重要依据就是分析其对区块链资产的总体投资情况。代币发售投资者包括有望成为未来用户与投资者的人群。在讨论数据和展示研究成果以前，我们首先要对代币发售下一个定义，并介绍代币发售市场及其发展简史。

4.2　代币发售：定义和分类

代币发售是一种筹集资金的方法，通常为新兴区块链行业中的创企所使用（Kalla，2016）。赫尔（Hull）等人将代币发售定义为"一种与企业相关的新型加密数字货币的公开发行"，其目的主要是为了启动该企业，或为企业未来的发展提供资金。产品代币化是将加密数字货币融入企业商业模式的某些方面，是通过发售代币筹集资金的必要条件，也是将代币发售与众销、风投和其他股份发售区分开来的主要因素。众销以折扣价出售成品并向公众公开，而风险投资协议则包括向一小群利益相关者出售股份。无论是众筹还是风险投资，都无法带来具有流动性的二级市场。而代币发售像众销一样对大众公开，但并不包括发售最终产品。代币发售涉及加密数字代币的分配，这些代币代表了最终产品的价值，并由此建立流动的二级市场（Kalla，2016）。虽然代币市场类似于传统的股票和债券市场，因为它也具有流动性，且被看作一个有效的项目价值指标，但代币并不代表着公司的所有权，也不为其持有者提供任何法律权利（Kalla，2016）。

企业家可以通过提供一些不同类别的代币化产品将加密数字代币整合进自己的商业模式中。代币化包含将加密代币和产品价值相连接，这通常是通过创建新的代币来实现的，该代币会授予其持有者在网络上的某些权利。回顾自2013年以来的代币公开发售，我们认为可以将代币权利分成7个不同的类型，即访问权、支付权、利润分享权、投票权、区块创建权、贡献权以及资产所有权（Chwierut，2017a）。我们在表4.1中对每一个类别都进行了描述。

表4.1 代币权利

代币权利类型	描述	示例
访问权	用于访问平台，在平台内交易或证明会员资格	以太坊：执行智能代码或交易需要支付少量数额的以太币，这种费用称为Gas 传说房间代币（Legends Room Token）：用于进入拉斯维加斯俱乐部的贵宾休息室
支付权	只接受使用由公司提供的支付方式购买商品和服务	Golem：本地代币，用于支付分布式超级计算机项目Golem网络提供的服务
利润分享权	非常类似于股票，因它代表了公司收益的部分所有权	Digix DAO代币：持有者获得通过出售Digix贵金属代币赚取的一部分收益
投票权	允许持有者参与网络管理，投票权代币通常用于具有流动性的民主社区，在该社区内，每一个代币相当于一票	阿拉贡网络（Aragon Network）：阿拉贡代币为其持有者提供在阿拉贡去中心化自治组织（DAO）中投票的权利，代币持有者有权参与或更改区块链协议及制订许多商业决策
区块创建权	允许用户参与区块创建共识流程——通过这种方式，区块链网络的节点能够保持账本经多数人承认的状态	通常任何使用以权益证明为基础的共识流程都会发行具有区块创建权利的代币，去中心化网络斯蒂姆币（STEEM）就是一个例子
贡献权	授予持有者在网络中做出贡献或执行某些功能的权利	第一滴血（First Blood）：一个电子竞技比赛平台，拥有足够的1ST代币来运行验证节点，以此验证游戏结果。这些用户从网络收取的费用中抽成
资产所有权	由指定的商品或产品数量支持	泰达币（Tether）：一种与美元价值挂钩的货币，并由美元储备作1：1的担保 Zrcoin：每个代币可兑换1千克氧化锆，氧化锆是一种工业产品，用于烧窑和炼油厂

4.3 代币发售历史

简要回顾代币发售的历史可以发现，自2013年以来公众对该领域的关注度上升及相关活动数量迅速增长。代币发售于2013年首次举行，自那以后，代币发售市场发展缓慢，直至2016年才迅速扩展规模（Kalla，2016；Chwierut，2017b）。

如表4.2所示，2016年共有69次代币发售，几乎是2015年（11次）的7倍，是2014年（16次）的4倍以上[①]。2016年通过代币发售筹集的资金总额超过了1.013亿美元，是前3年筹集资金总额（4155.7万美元）的2倍多。2017年，代币发售市场不断超越以往的基准。2017年初，代币发售的数量和集资金额的增长趋势猛烈，势头非常强劲。在2017年的前四个半月中，成功完成了59次代币发售，筹集的资金总额超过3.4亿美元，是2016年全年筹集资金总额的3倍多。

表4.2　代币发售市场概况

年份	数量	集资金额/美元	集资金额 平均值/美元	集资金额 中位数/美元
2013	1	682 000	—	—
2014	16	29 550 000	1 846 000	555 000
2015	11	11 325 000	1 029 000	557 000
2016	69	101 381 000	1 469 000	367 000
2017	59	340 470 000	5 770 000	1 274 000

代币发售总数：156。
来源：Smith + Crown数据。

2017年是代币发售破纪录的一年。2017年3月，总部位于中国的区块链基础设施平台——量子链以1 580万美元的集资金额成为史上集资最多的代币发售平台（图4.1），打破了以太坊保持了将近18个月的集资金额纪录1 520万美元。但是，量子链的纪录只保持了不到一个月。

[①]　除非另有说明，否则所有价值均以美元为单位。

2017年4月，Cosmos Network团队在他们的代币发售中集资1 680万美元。2017年5月，阿拉贡（Aragon）集资2 450万美元，打破了这一纪录。集资金额增长的趋势显然刚刚开始，在2017年5月底前结束的3次代币发售的集资金额都超过了2 500万美元。同样重要的是，这些打破纪录的代币发售并不是2017年年初的代币发售中唯一值得注意的事。无论是从项目的范围还是从超过500万美元的巨额集资金额来看，如此大的代币发售的覆盖范围正是该行业处于发展迅猛转型期的有力证据。2017年初，代币发售市场表现强劲的另一个迹象是，截至2017年3月，代币发售的集资金额中位数约为127.4万美元，是2016年（36.7万美元）的3倍多。

虽然2017年的前4个月是ICO市场上一个创纪录的时期，但5—8月这4个月ICO市场的表现更加强劲，发展成了另一个创纪录时期。这显著表明，随着

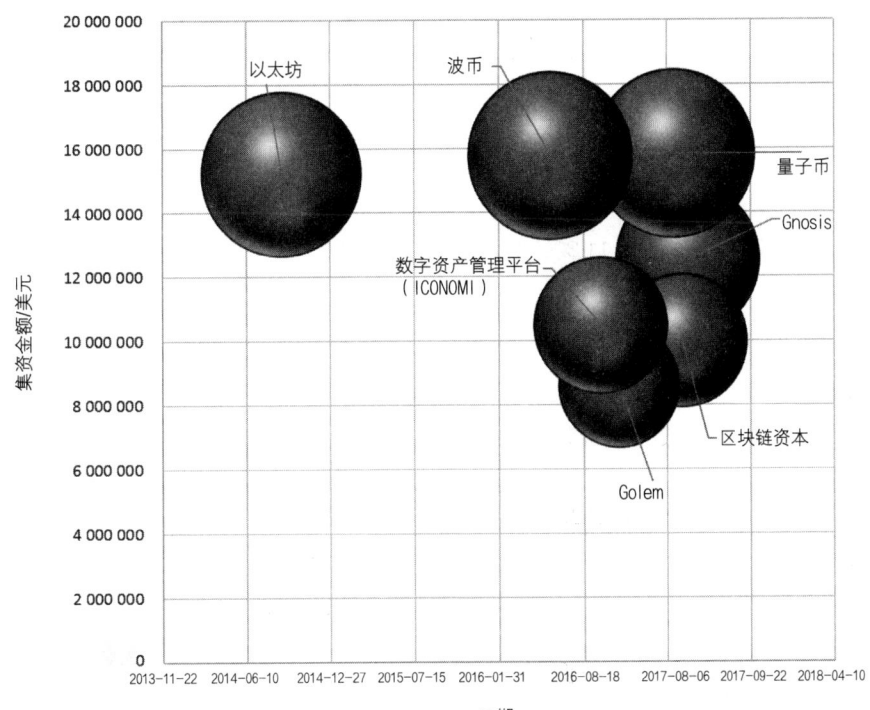

图4.1　截至2017年4月30日最大的ICO项目

来源：Smith + Crown数据。

人们对ICO的兴趣和可用资金投入的显著增长，更强大的动力正源源不断地流入该行业。比特币和以太坊这两种最知名的加密数字货币的价格大幅上涨（图4.2），遥遥领先，整个ICO行业似乎迈上了新的台阶，因为从任何值得考虑的尺度来衡量，它都已经进入了一个崭新的、前所未有的阶段。

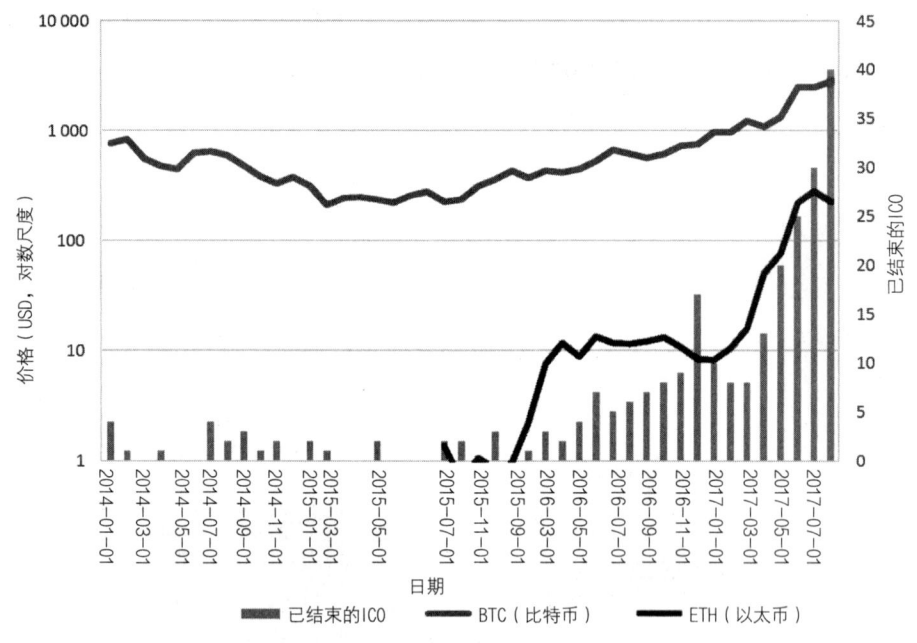

图4.2　比特币和以太币价格及月度代币发售

来源：Smith + Crown数据。

仅仅是代币发售的数量就足以充分说明市场对新代币发售的热情。2017年5—8月共完成了115次发售，2016年同期完成了22次发售，同比增长可观。同样令人印象深刻的是这些代币发售所带来的资金数额，其集资金额近17亿美元。如果算上2017年9月上半月完成的两次大型发售，这段时间的集资金额将增至近20亿美元。同样值得注意的是，尽管2016年也是ICO市场创造纪录的一年，当时投资者对其投入了超过1.01亿美元的资金，但在2017年的5—8月，有四家公司的单独发售额超过了1亿美元，其中两家公司的单独发售额超过了

2.25亿美元！

图4.3显示了2014—2017年ICO活动的增长情况。代币发售数量的稳步上涨表明该活动正蓄势待发，而月度集资金额的大幅增减则表明了2017年第二季度中集资金额超过1亿美元的代币发售的影响力。在这段时间里，我们见证了创造纪录的发售数量和集资金额，以及最大的单个代币发售，代币发售的平均集资金额也不出所料地增加到了1 360万美元，超过了之前的平均水平，将2017年1—7月的平均集资金额提高到了1 090万美元。

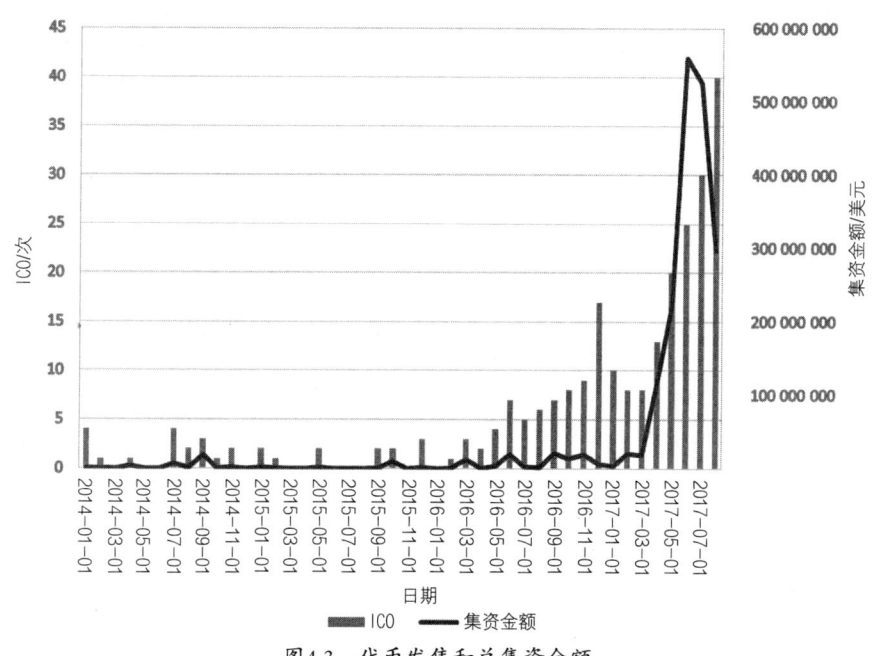

图4.3　代币发售和总集资金额

来源：Smith + Crown数据。

从破纪录的单独代币发售来看，2017年5月中旬由量子币创下的2 470万美元代币发售集资金额的纪录在5月还没结束时就已经被打破了3次，破纪录的分别是Storj（3 000万美元）、MobileGo（5 390万美元）和Basic Attention Token（3 590万美元）。这3次代币发售的集资金额在6月迅速被Status（1.01亿美元）和Bancor（1.48亿美元）超越，另外还有5次代币发售在6月打破了量子币先前创下的纪录。这种势头一直持续到了7月，Polybius银行和PressOne的集资金额都超过了3 000万美元，Tezos在此期间也创下了新纪录，单次发售就筹集了2.33亿美元的资金。2017年8月，有6次代币发售（拳王币、Tierion、0x、Decentraland、Montha和Everex）集资金额超过2 500万美元。最终，Tezos先前创下的最高纪录在9月初被Filecoin终结。投资者对Filecoin的去中心化存储项目投入了2.62亿美元。图4.4展示了ICO行业中的项目打破先前代币发售总集资额纪录的速度有多快。

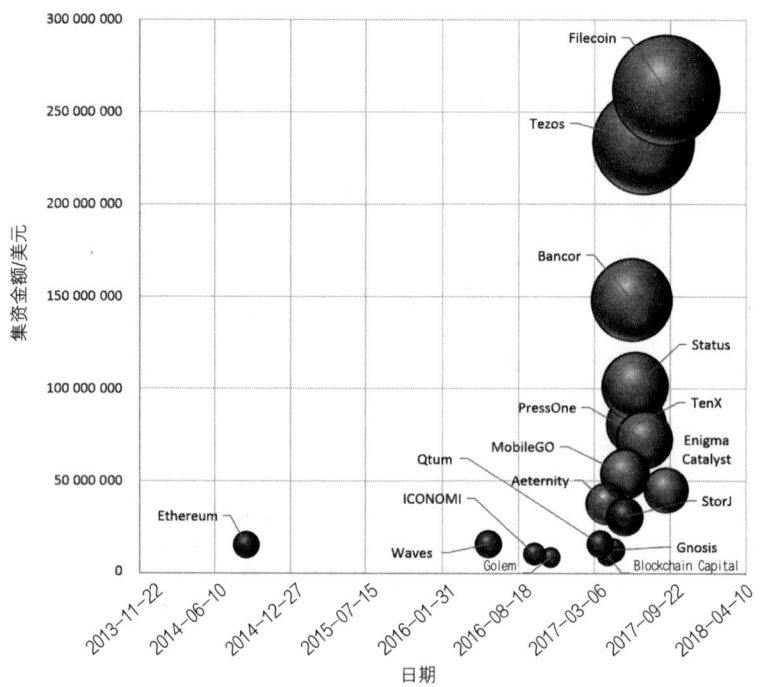

图4.4　截至2017年9月15日最大的ICO项目

来源：Smith + Crown数据。

风险投资曾经是一种远胜于代币发售的集资手段。正如表4.3所示，2014年，区块链创企共筹集了约3.02亿美元的风险资本，但通过代币发售仅筹集了不到3 000万美元。2015年，风险投资在区块链行业筹集的种子轮投资和A轮投资资金是代币发售的24倍多。然而，在2016年，成功的代币发售项目有所增加，我们认为这标志着风险投资在区块链行业中的主导地位正在下降。在2017年第一季度，区块链创企通过代币发售筹集到的早期投资资金超过了传统风险投资。在2017年第二季度，区块链项目通过代币发售获得的早期投资资金超过了所有季度的风险投资集资金额。如果这种趋势持续下去，代币发售将被视为区块链项目早期集资的首选。

随着代币发售数量的增长，投资者们的兴趣也水涨船高。《连线》、彭博社、《哈佛商业评论》和《经济学人》等知名期刊和新闻单位都在2017年前几个月发表了有关代币发售的文章（Kastelein，2017；Laurent，2017；Metz，2017；*The Economist*，2017）。我们认为，代币发售之所以受到广泛的关注，是因为众人认为它是任何人都可以获得的高回报、高风险的投资机会，而不论个人收入或经验如何。代币发售与传统股票不同，传统股票通常有着较高的准入门槛，但几乎任何人都可以成为代币发售的投资者，并从加密数字代币的投机市场中获得回报。这种看法至少有一部分是符合现实的。自2016年年中，比特币的价格翻了将近3倍（Smith + Crown Markets，CoinDesk BTC Price）。但是，比特币并不是唯一提供高额投资回报的加密数字货币。

表4.3　代币发售集资 vs 风险投资集资

时间	代币发售集资金额/美元	早期VC集资金额/美元
2013年	682 000	64 490 000
2014年	29 550 000	301 980 000
2015年	11 325 000	271 930 000
2016年	101 381 000	277 810 000
2017年第一季度	38 504 000	34 800 000
2017年第二季度	302 966 000	193 200 000

调查对象总数：173个。
来源：CoinDesk。

以太坊不像比特币那样在主流媒体中声名狼藉，自2015年被推出以来，

以太币的价格上涨了近400倍（Coinmarketcap）。这种回报率高于市场上其他绝大多数的投资机会。各项目通过以太坊的帮助能够更容易地推出自己的加密代币，并通过发售代币筹集资金，以太坊也由此提升了代币销售市场的活跃度。以太坊是一个支持发行元代币的平台。元代币拥有自己独立的功能、管理和代币经济，但只存在于宿主区块链中。尽管以太坊不是第一个支持发行元代币的平台，但它是第一个支持任意复杂程序运行的区块链平台，比特币协议支持的代币功能有限，当开发者们想要发行功能更加复杂的代币时，以太坊便成为更有吸引力的选择。自以太坊网络在2015年年中推出以后，它持有的项目数量迅速攀升。在2017年的第二季度，以太坊元代币数量占代币发售项目的65%以上。以太坊的崛起并没有阻挡新区块链项目的推行，其他元代币平台也大受欢迎，其中最著名的是波币，它已成为多个发行于东欧和俄罗斯的项目的代币宿主链。

代币发售活动增加的主要影响之一是代币发售数量的不断增加要求并形成了一套不断进化的惯例和程序。正如我们所讨论的那样，早期的代币发售既代表新颖的集资方式，又代表想要筹集相对合适的资金的项目。大多数情况下，早期的ICO在大众眼中的存在感较低，在大众报道或主流的投资评论中也鲜少被提及，因此参与其中的投资者和支持者主要都是对能带来以上创新的新兴技术感兴趣并熟悉这些技术的人。其中很重要的一方面是，上述所有的因素共同构成了一种情况，即早期的ICO依靠白皮书来完成。白皮书更加侧重于项目的技术创新和野心，很少关注公司策略、代币持有者要求什么样的权利或收益流、公司是否会公布投资者的最新资料或财务报表等问题，有些白皮书甚至忽略了创始人和团队成员的身份。投资人通常以匿名方式进行投资，因为人们普遍认为这体现了利用新区块链技术建立新的去中心化实体的精神。由于这些早期ICO运营的规模并不大，无论是从总集资额或是从单个或个别实体的投资额，以及该行业也鲜为人知的状况来看，这些做法在当时总体上被认为是令人满意的。

仅仅是将2017年代币发售的集资金额与2013年进行对比，我们就能从规模和范围上看出这几乎是两个完全不同的行业，并且随着时间的推移，许多关于代币发售的做法和习惯也在进化。这些进展源自行业内出现的三大主题以及对行业发展意义重大的几个方面：第一是投资者们对信息源源不断的诉求，如公开更多关于代币发售和举行代币发售的公司的信息。第二是监管部门对该行业的关注，这在一定程度上是由于投资者投入的资金越来越多。第三是许多企业不幸地遭受了一系列的黑客攻击和偷盗，导致企业改进了关于代币发售等活动的程序。在白皮书中，诸如披露更全面的信息等创新性行为提高了分析师和投资者更好地了解和更全面地分析这些企业的能力。像KYC（了解你的客户）和AML（反洗钱）程序等最新的做法也变得越来越大众化，因为在许多法律和监管的环境仍然处于高度不透明的背景下，企业力图确保自己不与监管部门发生冲突。最后，ICO主要是由信用良好的企业举行的，他们真心实意地专注于推进自己的项目，因此没有遭受到明显由管理层或内部人员导致的重大盗窃或诈骗，但是仍然有投资者因黑客损失了一大笔钱，有时甚至是几百万美元。尽管这些损失对于牵涉其中的人来说是非常令人痛心的，但它们在某种程度上有助于推动行业内就不同情况和事件的本质及其最佳应对措施得出新的共识，也有助于减小盗窃的规模和降低频率。这些努力在一定程度上也改变了该行业的形象，并且让越来越多的投资者和投资机构放心地在该领域内进行投资。我们预计这一趋势不会停止，因为该行业内的惯例正在同投资者在其他行业内所习惯的标准趋近，至少在报告的透明度、最初及持续的信息披露两方面如此。

以上对代币发售的回顾展示了一个迅速发展的领域。在过去4年里，不同类型的加密数字代币的开发和发售数量都有显著的增长，如今代币发售代表项目启动资金的一个重要来源。然而，我们尚不清楚这个新的市场的投资模式是否会遵循现有的趋势，例如类似于那些风险资本投资，又或者它们是否代表投资者的新行为。我们同样尚未对代币发售中投资者做出投资决定的本质进行研究，但它对该市场的持续增长和代币发售的成功有着明显的影响。

为了弥补在代币发售投资和投资者方面欠缺的知识，我们分析了代币发

售的数据并给出了一份代币投资者调查的结果。首先，我们将对代币发售和投资的数据进行描述，该数据会用于解释代币销售市场的特征。其次，我们会讨论一份关于代币发售投资者的调查。

4.4　代币发售和投资

Smith + Crown维护着一个精选的代币发售数据库，其中的代币发售都通过公共的区块链账本筹集资金。为了这次的分析，我们从以太坊区块链（通过etherscan.io访问）、比特币区块链（通过blockexplorer.com访问）和奥妙币协议（通过omnichest.info访问）中下载了交易方面的数据。样本中还包括了几个新的代币发售集资活动的数据，如下所示：

DECENT软件：DECENT软件是一个数字化的内容发布网络，最初将重点放在视频内容上。它的白皮书中列出了内容发布中现存的几个挑战，这也是DECENT想要解决的问题，其中包括审查制度、内容发布者和用户之间的不良关系及现有的发布渠道收费较高的问题。DECENT使用自己的区块链储存文件元数据、保管证明/原创证明、支付证明以及来自用户对内容本身的反馈。该平台出售的代币叫作Decent Content Token（DTC），代表网络的燃料和支付机制，可用于购买网络中的内容，还可以为发布者节点支付储存费用（Chwierut，2016b）。

DAC Play：去中心化自治企业（DAC）是区块链技术中最有趣也最具潜在颠覆力的应用之一。DAC具有将复杂流程、系统和组织（如公司）自动化并将其组织起来的能力，而这些在过去是不可能脱离人类管理结构的。从最简单的方面来说，DAC考虑到了和区块链本身相同的概念，即个人通过系统进行合作、交易或以其他方式传播信息，该系统为此提供了一套众所周知且不可更改的规则。区块链本身是一种储存信息的方式（什么地址持有哪一种货币单位），而DAC则考虑到了在一群人之间执行一套更复杂的规则，尤其是对金融资源的控制（Lio，2016）。

以太坊：以太币是首个在区块链上使用图灵完备的编程语言来执行智能合约的加密数字货币。它是最野心勃勃的"比特币2.0"技术之一。以太坊团队为区块链引入了几种新的技术。最重要的是，编程语言的可靠性让开发人员能够为复杂的交易编写代码而不需要比特币协议的支持。以太坊还使用了一种抗专用集成电路（ASIC）的自定义哈希算法，名为Ethash。以太坊的成功在很大程度上得益于其智能合约技术，由此发展为一个非常受欢迎的平台，能够创建去中心化应用、成立去中心化自治组织以及发行自定义代币。2014年9月2日，为期42天的以太坊公开众销结束。它筹集了31 591个比特币，在交易结束时其价值超过1 800万美元。但是，以太坊基金会最终还是以较低的美元价值对筹集到的比特币进行了结算，因为在以太坊基金会决定出售其筹集到的比特币之前，比特币的价格就已经开始下跌了。

First Blood：First Blood是一个让电子竞技玩家在竞技游戏中彼此挑战并赢得奖励的平台。玩家使用平台内的代币作为筹码，类似于赌谁将赢得游戏的胜利。该系统是通过以太坊区块链中的智能合约和去中心化的预言机实现的，它使用的是在发售中销售的1ST代币。最初，它将智能合约作为托管的第三方，使用1ST代币进行下注，但计划在未来纳入其他加密数字货币。First Blood的众销在上市几分钟内就结束了，并筹得550万美元的资金，这毫无疑问是迄今为止最快的大型加密数字货币众销。First Blood与中国云币交易所合作，向说中文的受众进行发售。云币购买了First Blood平台的大量代币，并在其平台上转售。我们在分析中将云币转售给其他客户的代币视为投资财产（Chwierut, 2016c）。

Matchpool：Matchpool是一个旨在在约会社区中发展配对经济的平台。它以独有的约会社区——"池"为中心建立。每个人都可以通过手机中名为Matchpool的应用程序创建自己的配对池，并且可以根据人口、地理和兴趣来展示自己。符合"池"的管理参数的用户能够作为订阅者加入"池"并使用平台的代币——GUP。该平台的团队将"池"描述为"具有支付规则的松散群组"。用户可以加入多个"池"。虽然该平台首要实现的目标是约会，但其团队有兴趣探索其他行业的社交网络解决方案，包括教育、医疗和招聘行业（Weiler，2017）。

Decorum项目： Decorum项目旨在成为一个建立在SAFE网络上的社交平台。该平台的Clike代币可被用作为内容背书的特殊类型。此次发售从2016年4月持续到2016年5月，共筹集了价值大约42.2万美元的比特币和互联网币（MAID）。

我们分析了上述代币发售和投资方面的调查数据，关注投资额的平均数和中位数、投资者总人数以及由少数投资者出资的资金占总集资额的百分比。

4.5 CoinFund调查数据

2016年初，专注于区块链技术的一个私人投资基金和研究团体CoinFund进行了一项关于多渠道代币发售的调查。CoinFund管理着一个价值100万美元的投资组合，投资范围包括各种区块链资产，还在Slack上管理着一个专门用于追踪区块链行业新项目和公司的社区。该团体通过Slack频道、红迪网、推特和私人直接推广发布了该项调查的结果。

该调查涉及以下主题：

（1）人口信息，包括年龄和地区；

（2）职业背景；

（3）早先的投资经验；

（4）代币发售参与情况与对区块链资产的投资程度；

（5）对区块链行业未来的思考；

（6）假设参与一次具有潜力的代币发售。

总样本为224位受访者。我们的分析集中于调查对象的子样本（子样本的调查对象总数为173），这些受访者表示他们参与代币发售的资金通常为1美元或更多，然而，我们发现这份调查的受访者还包括了持有区块链资产但未参加代币发售的人。首先我们会对子样本进行描述并评价其局限性，将其作为代币发售投资者的代表性样本。其次，我们会探讨调查中几个关键的变量，以加深对代币发售投资者的了解。最后，我们会使用一系列卡方检验来研究关键变量之间的相关性。这一系列的卡方检验可分为以下几个步骤：首先，我们研究的是代币发售中一般的参与程度与其他几个关键变量之间的关联强度。其次，我们要研究的是区块链资产获得的投资总额（作为个人总投资的一部分）和其他关键变量之间的关联强度。为了进行卡方检验，我们忽略了两名受访者，因为他们对"自己的总投资中有多少资金用于投资区块链资产？"这一问题无法给出有效的回答。[1]

4.6 区块链投资分析

在本节中，我们研究了2013—2017年来自DECENT、DAC Play、以太坊、First Blood、Matchpool和Decorum的代币发售的描述数据。通过对这些数据进行分析，我们发现每次代币发售涉及的交易数量差异很大。在本次分析中，我们将每一次的投资视为由不同的投资者出资，但这可能会高估投资者的参与程度，因为投资者可以从多个地址发送资金。表4.4总结了我们研究的每次代币发售的投资分布情况。

---

[1] https://www.reddit.com/r/ethereum/comments/62q1ah/thank you for participating in the coinfund/。
这已足够避免被重新编码为一个已存在的类别。将他们排除并不会对卡方检验的结果造成很大的影响。

表4.4 代币发售投资分布

项目	DECENT	DAC Play	以太坊	First Blood	Matchpool	Decorum	平均值
平均数/美元	6 189	2 325	2 031	777	2 545	1 023	2 482
中位数/美元	1 164	512	483	150	254	345	485
前10%的投资金额占比	66%	14%	24%	70%	82%	58%	52%
总投资额比例							
1~1 000美元	5%	2%	11%	1%	6%	21%	8%
1 001~5 000美元	15%	25%	18%	10%	14%	42%	21%
5 001~10 000美元	6%	11%	13%	13%	11%	18%	11%
10 001~50 000美元	22%	38%	25%	25%	23%	19%	27%
50 001美元及以上	52%	25%	33%	33%	46%	0%	34%
投资比例							
1~1 000美元	45%	65%	75%	33%	73%	77%	61%
1 001~5 000美元	42%	25%	18%	42%	18%	19%	27%
5 001~10 000美元	6%	5%	4%	6%	5%	3%	5%
10 001~50 000美元	5%	6%	2%	5%	3%	1%	4%
50 001美元及以上	2%	>1%	>1%	2%	1%	>1%	1%
总投资额/美元	3 658 000	628 000	18 291 000	5 514 000	6 253 000	434 000	5 796 000
投资总数	589	269	8 948	590	2 456	415	2 211
日期	2016.11	2015.2	2014.9	2014.9	2016.9	2017.4	2016.3

来源：CoinFund的调查。

DAC Play得到的投资最少，为269笔。以太坊获得了8 948笔投资，是迄今为止最多的。Matchpool获得了2 456笔投资。First Blood获得了590笔投资，其中包括其代币在云币平台上的销量。DECENT获得了589笔投资，之后是Decorum的415笔。参与者的平均人数仅为2 211人，但范围非常广泛。一般而言，代币发售中的投资者越多，集资金额也越高。尽管这一发现并不足为奇，但它可能会提高投资者对教育的重要性的认知并在社区内培养一批追随者。

每笔交易的平均投资额从700多美元（First Blood）到6 000多美元（DECENT）不等。相比于平均投资额最低的First Blood平台，其他4个平台的交易规模更大，Matchpool的平均投资额为2 545美元，DAC Play为2 325美元，以太坊为2 031美元，Decorum为1 023美元。用于研究的所有代币发售投资额的平均值为2 482美元，这远比Kickstarter的80美元的平均值要高，这一发现扩大了以Kickstarter众筹平台为代表的众筹方式与代币发售之间的差异。最接近这一平均投资额的项目在总集资额上有很大的差异：以太坊的集资金额超过1 800万美元，Matchpool集资金额超过600万美元，DAC Play集资金额超过60万美元。

在所有的代币发售中，投资额的中值低于平均值，这意味着出现了长尾效应，即存在巨额投入和许多小额投入。First Blood的投资额中值最低，为150美元。其次是Matchpool的254美元。Decorum的中值为345美元。以太坊的中值为483美元。DAC Play的中值为512美元。中值最高的是DECENT，为1 164美元。DECENT还拥有着最高的投资额平均值，这意味着有一半以上的代币发售投资金额都很小，甚至低于500美元。

尽管大多数代币发售的投资额低于1 000美元，有一些甚至低于500美元，但总投资额主要还是受大型投资的影响，即所谓的"鲸鱼"。

在DECENT中，总集资额的一半以上来自价值50 001美元及以上的投资。First Blood和Matchpool也是如此，几乎所有的投资资金都来自这个规模的投资。Decorum没有这么大规模的投资资金，它的资金来自小额投资，价值在1 000～5 000美元之间。投资规模的差异意味有些项目无法从大型投资者处获得巨额资金支持，而是主要从基层社区获取资金。在以太坊的代币发售中，其筹集的全部资金来自分布最广泛的投资级别：即使是1～1 000美元的小额投资也占到了筹集资金总额的10%以上。以太坊已经成为最强大的平台之一，有着非常广泛的研究成果和用户社区。造成这种情况的原因很多，但主要在于它有广泛的投资者基础，正是有了他们的帮助，以太坊才得以创建。

有些代币发售的大部分资金源自大型投资，如种子轮的启动资金的投资通常为1万美元或以上。四次代币发售中，将近2/3的资金来自大型投资。对于想要广泛分配代币的项目而言，它要考虑投资的集中程度和代币所有权。如果代币余额为用户提供了如投票权之类的特殊权益，则持有大量代币的个人就能够通过市场操纵影响代币的价格，某些情况下还能够影响平台的功能。尽管如此，大型投资对高额集资来说仍然很重要。

从本次分析中，我们得出的一些关键结论是，这些有代表性的代币发售涉及不同的投资规模，范围从1美元到5万美元不等，它们可能代表了不同的投资人群、投资动机和投资渠道。虽然典型的（中位数）投资额低于500美元，但超过1万美元的投资水平对代币的成功发售至关重要。

4.7 CoinFund 调查分析

对技术细节不感兴趣的读者可以跳过4.7—4.9节。我们在此处列出了一些已完成的原创研究成果，特别研究了以下几个问题：

（1）谁是代币发售的投资者？

（2）在代币发售市场和区块链行业中投资者有多活跃？

（3）投资者背景中的什么特征与他们参与代币发售市场息息相关？

（4）投资者背景中的什么特征与他们在区块链行业中的活动息息相关？

（5）投资者投资代币发售的理念是什么？

4.7.1　调查样本

很多的加密投资和加密数字货币社区仍然鲜为人知，因此很难去评估这份特定的样本在所有加密数字货币投资者中的代表性。在分析数据以前，我们必须承认该调查有一些局限性。自我反馈会带来偏见，并且做出回答的受访者局限在通过推特、红迪网或CoinFund的Slack社区参与了这项调查的人。但是，我们可以将这份样本的代币发售投资额与区块链中已知的代币发售投资额进行比较。该项调查提出了一个问题，即受访者在代币发售中普遍的投资金额是多少，并提供以下可供选择的回答：1～1 000美元、1 001～5 000美元、5 001～10 000美元、10 001～50 000万美元、50 001美元及以上。将回答的代币分售投资分布与我们研究的所有代币发售投资的分布进行对比，看样本中是否具有有代表性的投资者。

事实上，参与该项调查的大型投资者比例大大超出了我们的预期。如表4.5所示，在所有受访者中，只有38%的投资者的投资金额在1～1 000美元之间。相比之下，在所有代币发售中，此类投资者的平均比例为61%。甚至是小规模投资数量最少的First Blood也仅有33%的资金来自低于1 000美元的投资。投资额层面的数据和投资者层面的数据应该会有一些差距（包括投资额中1～1 000美元的部分），因为投资数据注重的是投资额，而调查询问的对象是投资者。

投资者很有可能会通过多个地址和多个钱包进行投资，所以投资了3次400美元的投资者可能实际上是一个投资了1 200美元的投资者。因此，我们推测那些投资金额在1～1 000美元和1 001～5 000美元的投资者比例更小，但凭这去解释我们所观察到的差距似乎不太可能，尤其是样本中有20%的投资者的投资金额超过5 000美元，而区块链投资显示该类投资者的比例仅为10%。

表4.5 代币发售投资水平

金额/美元	人数	百分比
1～1 000	65	38%
1 001～5 000	64	37%
5 001～10 000	18	10%
10 001～50 000	19	11%
50 001及以上	7	4%

调查对象总数：173。
来源：CoinFund的调查。

这一差距与我们的预期相符：该行业中很可能有许多进行小规模投资的群体，他们并不关注CoinFund，因为加入CoinFund社区本身就是一种自我选择的行为。这同样表明了小规模投资者不遗余力地参与和努力的程度：他们忙着寻找代币发售项目，而非加入投资社区。

该调查仅提供英文版本，所以很可能没有触及不关注英语区块链媒体的代币发售投资者社区。我们对非英语的区块链社区的了解不足，因此无法估计调查中会出现多少偏差。

大体上，该调查可能低估了小额投资者的比例，并高估了大型投资者的比例。同样地，该调查中说英语的代币投资者的占比可能过高。

4.7.2 样本人口统计资料

该调查通过分析投资者的性别、年龄、背景和知识水平来确定他们的特征。我们在此对研究成果进行总结，并以此描述代币发售投资者的一般特征。

性别：该调查就性别问题对受访者进行了提问。表4.6显示，有92%的受访者表明自己是男士，只有8%的受访者表明自己是女士。这项调查结果符合该行业由男性主导的一般认知。CoinFund公开呼吁更多女性的加入。

表4.6　调查对象的性别

性别	人数	百分比
男	160	92%
女	13	8%

调查对象总数：173。

来源：CoinFund的调查。

年龄：该调查询问了受访者的年龄，但并不是所有年龄段的跨度都相同。表4.7显示最多受访者选择的年龄段是31~40岁，占38%。从表中还可以看出，有24%的受访者选择25~30岁的年龄段，13%的受访者选择19~24岁的年龄段。18岁及以下的受访者只有1%，41~50岁的受访者占15%，51岁及以上的受访者占9%。尽管该行业一直被人认为由20岁左右的年轻男性所主导，然而这种年龄段的分布表明这种情况正在改变，年纪较大的资深专业人士在该行业内越来越活跃。

表4.7　调查对象的年龄

年龄	人数	百分比
18岁及以下	2	1%
19~24岁	22	13%
25~30岁	42	24%
31~40岁	66	38%
41~50岁	26	15%
51岁及以上	15	9%

调查对象总数：173。

来源：CoinFund的调查。

居住地：表4.8总结了受访者居住的位置。受访者中最常见的居住地是美国，比例为39%。另有39%的受访者居住在欧洲的各个国家。只有7%的受访者居住在东亚国家，2%居住在俄罗斯。虽然美元和欧元市场是大型的交易市场，但人民币一直是交易额的重要来源。这要么表明加密资产投资者社区主要分布在北美和欧洲（即整个市场的地理子集），要么说明该调查没能充分囊括

区块链金融

这些地区以外的投资者，这可能是由于该调查使用英文。

表4.8 调查对象的居住地

国家/地区	人数	百分比
美国	67	39%
欧洲	67	39%
加拿大	10	6%
东亚	12	7%
中东	3	2%
澳大利亚或新西兰	3	2%
俄罗斯	3	2%
印度	2	1%
中美洲	1	<1%
南美洲	2	1%
其他	3	2%

调查对象总数：173。

来源：CoinFund的调查。

专业背景：该调查询问了受访者的背景和职业。受访者可以在几个行业分类中选择一个或是自己填写。遗憾的是，这些分类并不非常细致。如表4.9所示，整个样本中有60%的受访者表明自己具有技术专业的背景，另外有18%的受访者表明自己具有金融相关的背景，还有一些受访者来自其他行业，但这之中技术和金融背景是最值得关注的。

表4.9 调查对象的专业背景

行业	人数	百分比
技术	103	60%
金融	31	18%
其他	39	23%

调查对象总数：173。

来源：CoinFund的调查。

投资背景：该调查询问了受访者之前是否在以下领域有过投资和交易的经验，包括股票、债券或外汇，加密数字货币（如比特币、以太币等），代币发售、ICO或众销，私募、创业或股权募资，股权众筹（如天使名单或Crowdfunder），以及黄金或白银。受访者可以选择多个选项。表4.10总结了对该问题的回答。

表4.10　调查对象的投资背景

投资经验	人数	百分比
加密数字货币（发行后）	167	97%
代币发售、ICO或众销	160	92%
股票、债券或外汇	116	67%
私募、创业或股权募资	48	28%
股权众筹	30	17%
黄金或白银	1	<1%

调查对象总数：173。
来源：CoinFund的调查。

结果表明，有67%的受访者拥有股票、债券或外汇的投资经验，这意味着这是一个专业的资深加密资产投资者社区。但询问投资经验的问题的措辞并未阐明这种经验是仅限于受访者的个人投资，还是包括了投资专业人士的服务。以民意调查作为基准，2016年只有55％的在职成年人投资了股票市场，这一数字包括了所有在股票市场持有资产的人，涵盖了被动管理型基金，如交易所交易基金（EFTs）、401（k）和个人退休账户（IRAs）。简单地在股票市场持有资产和活跃的股票、债券或外汇交易不同。因此，我们怀疑许多受访者将该问题理解为询问他们是否有过活跃地进行交易的经验，而非简单地在股票市场持有资产，不过这种不确定性会让我们在解释调查结果时保持谨慎。

意料之中的是，97%的受访者有过投资如比特币或以太币等加密数字货币的经验。调查还显示，28%的受访者有过私募、创业或股权募资的经验。这表明这一组受访者可能包括了从事风险投资和私人股本行业的人（代表他人进行投资）与自己出资投资的个人，他们很可能是合格投资者①。

此外，17%的受访者有过参与股权众筹活动（如天使名单或Crowdfunder）的经验。要参加美国的股权众筹活动，必须是合格投资者。据估计，美国只有8.25%的在职成年人是合格投资者，且所有合格投资者都参加过股权众筹活动的可能性很小。因此，调查样本中的这一比例比我们预期的要高得多。天使投资主要投入的是自己的资金而不是托管基金，并且受访者也不太可能让其他人代表自己在股权众筹中投入资金。这更有可能说明他们拥有活跃的投资经验。

只有一位受访者有过投资黄金或白银的经验。考虑到作为法定货币替代品的黄金与比特币之间的普遍联系，这项调查结果倒是很令人惊讶。鉴于这一选项回复率非常低，我们后续的分析将不包括投资黄金或白银的经验。

投资份额：该调查询问了受访者对区块链资产的总投资份额。表4.11显示有31%的受访者对区块链资产的投资占自身总投资额的75%～100%，他们几乎只投资代币发售。该表格还显示，24%的受访者对区块链资产的投资比例仅为0%～25%，这表明这些资产在他们的整体投资组合中所占比例较小。此外，21%的受访者对区块链资产的投资占比为25%～50%，只有13%的受访者为50%～75%。占比最高的是对区块链资产投资最多的和最少的两组，这表明受访者要么将投资财产完全投入区块链行业，要么只是在众多的投资组合中持有一小部分区块链资产，后者易于对冲来自该行业的风险。

表4.11　调查对象用于区块链行业的投资

投入程度	人数	百分比
不投资区块链	1	<1%
少于25%	11	24%

---

① 美国证券交易委员会定义了"合格投资者"一词。合格投资者必须符合下列任何一项条件：过去两年个人年收入超过20万美元或配偶的个人年收入超过30万美元，并预期在今年也能够符合该条件；净资产超过100万美元（不包括主要居所，除非该资产属于负债）的个人。

续表

投入程度	人数	百分比
25%～50%	33	21%
50%～75%	29	13%
75%～100%	53	31%

调查对象总数：173，但有46名受访者对调查问题回答"不适用"。
来源：CoinFund的调查。

受访者可能将"投资"理解为投资活动、金融储蓄总额，或者理解为储蓄总额和资产（包括房屋）。这一点无从查证，但在将来使用调查数据和进行调查的时候值得我们注意。

研究和阅读：该调查询问受访者每周花费多长时间阅读和研究与区块链相关的信息。表4.12总结了对这一问题的回答情况。其中一个选项是询问受访者是否从事区块链行业，有27%的受访者表明自己的确从事该行业。另外，有31%的受访者表示自己每周花费超过10小时阅读和研究区块链行业的相关信息，几乎和花在兼职工作和正经爱好上的时间一样多；还有17%的受访者每周花费5～10小时，19%的受访者每周花费2～5小时，6%的受访者每周花费0～2小时。这是一个稍微让人惊讶的发现：人们可能已经预料到时间是阅读该行业相关信息的唯一限制因素，花时间第二多的将是5～10小时这一类别，而非2～5小时。实际上的时间分布意味着，受访者要么在该行业从事全职工作，从而拥有大量的时间阅读和研究区块链行业的相关信息，要么就是在平时尽可能多地阅读。

投资动机：该调查询问了受访者为什么会去投资一个使用代币奖励内容创造者和读者的社交媒体平台的代币发售。受访者给出了一系列动机，从"想在未来成为内容的创造者"到"无论产品如何，只想投机代币的价值"。我们将这些回答重新编码，并将其分为四类，即有意使用该平台的用户、主要对收益感兴趣的投资者、想要参与新兴代币生态系统的爱好者和一些对此不感兴趣的人。表4.13和表4.14显示了受访者的投资动机分布。

表4.12　调查对象每周用于研究区块链行业的时间

花费时间	人数	百分比
0~2小时	11	6%
2~5小时	33	19%
5~10小时	29	17%
10小时以上	53	31%
从事区块链行业	47	27%

调查对象总数：173。

来源：CoinFund的调查。

表4.13　调查对象的投资动机

问题：让您投资一个使用代币奖励内容创造者和读者的社交媒体平台的首要理由是什么？

回答	身份	人数	百分比
我想要作为平台的投资者获得用户基础的价值	投资者	45	26%
我想参与使用代币的数字经济	爱好者	39	22%
我投机代币的价值并且我相信它的发展前景很好	投资者	37	20%
作为内容的创造者或平台的其他用户，我希望能够获得代币作为补偿	用户	20	11%
我投机代币的价值但不关心产品是什么	投资者	3	2%
我不投资	不感兴趣的人	32	18%

调查对象总数：173，但至少有1名受访者对调查问题给出了不止1个回答。

来源：CoinFund的调查。

表4.14　投资动机总结：排除"不感兴趣"的回答

身份	人数	百分比
投资者	82	58%
爱好者	39	28%
用户	20	14%

调查对象总数：141。

来源：CoinFund的调查。

出于评论的目的,我们将重点关注那些可能会参与假定代币发售的投资者。

大部分受访者表示会对假定代币代售进行投资,28%的人属于爱好者,而14%的人则作为直接体验用户。预计随着人们对代币数字经济的新奇感逐渐减退,爱好者的比例会有所下降。不过随着更多的人开始注意到这一平台,用户的比例也可能会有所上升。爱好者和用户只占所有受访者的一小部分,但是他们有很大概率成为投资者,这表明代币发售活动可用于筹集资金、建立社区以及争取初始用户。此外,因为受访者当时面对的是特定的代币发售活动,对其他产品或服务可能会产生不同的想法,所以对待上述结论,我们应该保持谨慎。

4.8 代币发售参与情况分析

在本节中,我们将研究各种与代币发售参与程度密切相关的变量,并采用卡方检验法评估一般投资规模与下述变量之间的关联强度:投资者年龄,投资者背景,是否投资过股票、债券或外汇,是否投资过私企、创企以及股权融资,是否参与过股权众筹活动(如天使名单或Crowdfunder等平台的融资活动),区块链资产的总体投资程度,每周对行业进行多少研究、阅读多少资讯,对假定代币发售的投资理念是什么。

总体来说,我们假设参与代币发售的投资者会表现出传统投资者具有的直觉。投资者来自不同的年龄段,有着不同的背景,影响传统投资市场投资模式的因素仍可能影响代币投资。我们的假设如下:

(1)代币发售的参与程度很大概率上会与投资者的年龄有关。更为年长的投资者拥有区块链行业投资资本的可能性更大。

(2)代币发售的参与程度与投资者的背景无关。不管是具有技术行业背景还是具有金融行业背景,投资者参与代币发售的投资水平可能是持平的。

(3)代币发售的参与程度与投资股票、债券或外汇的经验有关。具体而言,那些有过上述经验的投资者参与代币发售的程度可能更低。和代币发售相比，活跃的股票、债券及外汇交易通常更多地涉及短期收益，且一般都需要对现有的市场活动进行技术分析，而代币发售并非如此。此外，比起代币发售，股票、债券及外汇市场可以为投资提供更多的法律保护，这也就意味着投资者可能会觉得代币发售的风险更高，他们高度参与代币发售活动的可能性就会降低。

（4）代币发售的投资规模与投资私企、创企以及股权融资的经验有关。私人创企与股权融资涉及代币销售，具体而言，有这类经验的投资者会参与类似于代币发售的融资活动，而典型的私企、创企和股权融资的投资金额是很大的，一般在10万美元或以上。

（5）代币发售的参与规模与股权众筹活动的投资经验无关。这些投资活动在很多方面类似。

（6）代币发售的参与规模与对区块链资产的总体投资力度有关。我们预计，投资者拥有的区块链资产越多，就越有可能在代币发售中投入更多的资金。投资区块链与代币发售都体现了投资者对区块链行业的信心，或是他们对风险的偏好更强，或两种心理兼有。此外，投资者拥有的区块链资产越少，投资代币发售的金额可能就越少。这类投资者不太适应区块链资产的形式，更可能进行分散投资，投资领域更广泛，抑或是仅为了尝试和学习，而非为了取得巨额的投资回报。

（7）代币发售的参与规模与投资者对区块链行业所进行的阅读以及研究有关。具体而言，投资者对区块链行业的相关信息阅读、研究得越多，高额投资代币发售的可能性就越大，这类投资者对自己能发现宝贵的投资机会也更有信心。

（8）代币发售的参与规模与对假定代币发售的投资理念无关。

年龄与代币发售参与程度的联系并不显著：X^2（20，$N=173$）$=16.95$，$p=0.66$，这一结果表明两者之间并无明显联系。有人可能会认为，投资者年龄越大，拥有可用于投资资产的资金就越多，继而会愿意投入更多的钱，但出乎意料的是，实际情况并非如此。越年长的投资者投资的项目也可能更加多元化，对代币发售的参与程度也更低。许多更为年轻的代币发售投资者因在早期就进入这一行业而积累了财富，如今也可能会用这些财富参与更高层次的代币发售活动。

行业背景也与代币发售的参与程度关系不大：X^2（8，N=173）=4.86，p=0.77，即两者无明显联系。投资者参与程度的反馈只能在技术、金融以及少数其他行业之间进行有效划分。考虑到行业背景变量的这一局限性，得出上述结果也就不足为奇了。

私企、创企以及股权融资的投资经验与代币发售参与规模的联系并不显著：X^2（4，N=173）=6.7，p=0.15，即两者无明显联系。这一结果与我们的假设背道而驰，根据结果，高额投资过初期企业不等于会高额投资早期代币。2016年种子轮的平均投资为110万美元，早期风险投资的交易额一般在五位数到七位数之间。

众筹活动的投资经验与代币发售参与程度的联系并不显著：X^2（4，N=173）=1.99，p=0.74，即两者无明显联系。

对区块链资产的投资力度与代币发售的参与规模有关：X^2（16，N=173）=25.92，p=0.06，这一结果表示两者呈弱相关。对区块链资产的投资占其总投资75%～100%的投资者，对代币发售的投资额超过50 000美元的可能性更大，少于1 000美元的可能性也更小，两者比例为8∶4。这一结果虽然是通过对仅仅6名对象的调查而得出的，但是依旧出乎我们的意料。"区块链富人"的出现可能是这一现象的起因，这类人几乎将自己目前拥有的所有财富都用于投资区块链资产，且大部分投资都使用加密数字货币进行。

此外，对区块链资产的投资不到其总投资额25%的投资者，对代币发售的投资水平介于1～1 000美元之间的可能性更大，总体比例为60∶37。这反映出一种较为稳妥的投资理念，即在区块链资产上的投资比重越小，参与高层次的代币发售活动时会更果断。这类人对代币发售的投资水平介于1 000～5 000美元的可能性更小，比例为21∶37。

对区块链资产的投资占其总投资额25%～50%的投资者，对代币发售的投资水平介于1 000～5 000美元的可能性更大，比例为59∶37。这表明他们对区块链资产更为满意，投资组合与区块链技术相关性越大，投资者就越倾向于增加对代币发售等活动的投资额。

该调查未考虑受访者的收入、财富或总体投资活动。我们无法推断受访者参与过多少次代币发售，也无法推断其参与的投资活动有多少属于代币发售，而非已完成的区块链资产交易，所以我们无法计算出受访者总投资组合的规模，无法得知其总资产的价值是否会影响这些受访结果。

研究区块链行业、阅读相关资料所花费的时间与代币发售参与程度的联系并不显著：X^2（16，$N=173$）$=20.64$，$p=0.19$，即两者无联系。也就是说，投资者花费再多时间研究该行业也不会影响其对某类代币发售的投资金额，研究时间也不会被这一金额所影响。这一结果出人意料。人们一般会认为，投资者若进行大额投资，则会比进行小额投资时花更多时间研究其准备投资的行业。这表明在一些投资者眼中，区块链市场极具投机性和高风险，投资结果的好坏要看自己是否拥有好运气。该调查未将受访者参与代币发售的次数纳入考虑范围，所以可能会出现这种情况，即一名投资者评估多个发售活动，只选择其中一项进行高额投资，而另一名投资者完成相同的活动评估后，以更低的投资水平投资了每一项发售活动。

对假定代币发售的投资理念与代币发售的参与规模有关：X^2（12，$N=173$）$=20.47$，$p=0.06$，这一结果表示两者呈中等强度的相关性。爱好者的投资水平更可能位于5 000～10 000美元之间，这反映出那些已在区块链行业获利的群体想要再次投资以见证该行业的继续发展。用户的投资水平较低，一般在1～1 000美元之间。用户由于投资的金额较少，可能会降低未来的投资热情，不过该平台一旦推出就会受到用户的追捧，由此能推动营销和产品开发。最后，最初对代币发售毫无兴趣的人很有可能变身为大投资者，投资水平在10 000～50 000美元之间。由此看来，这一群体只是认为社交媒体平台带来的回报机会更少。

我们的假设立足于以下设想，即代币发售投资者应更为年长、富有、经验充足，应熟知金融和科技领域，尤其是区块链行业。但分析结果表明这一设想还是过于狭隘了，因为投资者的年龄、背景、投资经验、研究区块链行业都和其参与程度无关。这些发现可佐证"几乎任何人都可以成为代币发售投资者"这一特性描述，而无论背景、经验，或是对区块链行业的投资水平如何。区块链资产投资力度与代币发售的参与程度关联最强，即代币发售参与程度越高，投资者对加密代币市场的投资占其总投资的比例就越大。

4.9　资产投资程度分析

本节我们将检验与对区块链资产的总体投资程度（investment exposure）密切相关的其他变量。我们将投资程度定义为投资者有多少投资活动涉及区块链资产。对区块链资产的投资程度与参与程度密切相关，同时也代表了投资者对这一行业的满意度，以及对投资风险的偏好。区块链行业监管模糊，遇到技术故障时投资者又缺乏追索权，整个行业还处于起步阶段，所以相对于许多其他类型的投资，持有区块链资产的风险更大。将所持资产变为区块链资产就好比高额投资代币发售，都是基于信任。

为评估对区块链资产的总体投资程度与各变量之间的关联强度，我们进行了卡方检验，选取变量如下：投资者年龄，背景，是否投资过股票、债券或外汇，是否投资过私企、创企以及股权融资，是否参与过股权众筹活动（如天使名单或Crowdfunder等平台的融资活动），代币发售中一般投资水平为多少，每周对区块链行业阅读多少资讯以及进行多少研究。

我们的假设如下：

（1）对区块链资产的总体投资程度和投资者年龄有关。具体而言，越年轻的投资者，其投资组合中区块链资产占比最高的可能性越大。我们认为，年轻投资者持有投资组合的可能性较小，他们从加密数字货币市场赚取的大部分财富很有可能还留在这一市场中。我们还认为，较为年长的投资者其区块链资产投资占比更小，主要是因为他们原本所持有的投资组合的规模更大。

（2）对区块链资产的总体投资程度和投资者的背景有关。具体而言，有技术背景的投资者高额投资代币发售的可能性会更大。

（3）对区块链资产的总体投资程度和投资股票、债券以及外汇的经验有关。具体而言，若有过上述投资经验，投资者的区块链资产投资占比会更小，这代表那些较保守的投资者会选择传统的投资市场，因为相对于区块链资产，这些市场受到保护，也更为稳定。

（4）对区块链资产的总体投资程度与投资私企、创企以及股权融资的经验无关。与大多数股票市场投资相比，这些投资机会风险更大，但比代币发售享受更多的法律保护。区块链资产投资风险带来的更大回报可能降低了传统投资机会带来的安全感的吸引力，但投资者不会因此就将大部分资产投入区块链行业。

（5）对区块链资产的总体投资程度和股权融资活动的投资经验无关。

（6）对区块链资产的总体投资程度和研究区块链所花的时间有关。具体而言，投资者越了解区块链行业，其投资组合中区块链资产所占的比例就越大。

（7）对区块链资产的总体投资程度和投资理念无关。

我们发现投资者年龄与对区块链资产的总体投资程度无关：X^2（20，N=173）=27.78，p=0.11，两者近似呈弱相关，但无明显联系。由此，我们之前作出的"越年轻的投资者投资区块链资产的可能性越大"这一假设就被推翻了。

投资者背景与对区块链资产的总体投资程度有关：X^2（8，N=173）=14.41，p=0.07，表明两者呈弱相关。具体而言，具有金融背景的投资者的区块链资产投资占比为25%～50%的可能性更大，占比为75%～100%的可能性更小。这也说明专业人士不愿抛弃传统市场上的现有投资，或仅是不愿放弃更为保守的投资理念。

股票、债券或外汇交易经验与对区块链资产的总体投资程度密切相关：X^2（4，N=173）=31.64，p=0，即两者极具关联性。具体而言，缺乏这类经验的投资者，对区块链资产的投资占其总投资的比例为75%～100%的可能性更大，总体比例为70∶41；占比为0%～25%以及25%～50%的可能性则更小，总体比例分别为12∶24 、7∶21。有过股票、债券或外汇交易经验的投资者，对区块链资产的投资占其总投资的比例为75%～100%的可能性更小，比例为27∶41。这大致上与我们的假设相符，即有过这类经验的投资者不会很愿意将自己更大一部分投资组合投入区块链这种目前监管依旧模糊、投资者不受保护的行业。而无经验的投资者因为不太可能拥有其他投资，其区块链资产投资实际上会更多。

私企、创企或股权融资经验与对区块链资产的总体投资程度有些许关联：X^2（4，N=173）=7.702，p=0.10，这一结果表示两者呈弱相关。具体而言，有此类经验的投资者对加密数字货币的投资占比为75%～100%的可能性较小，比例为25∶41。虽然这两个变量之间的关联强度在统计结果的验证下接近不显著相关，但也与我们最开始的假设相悖。

在研究区块链行业以及阅读相关资料上花费的时间与对区块链资产的总体投资程度相关：X^2（16，N=173）=30.65，p=0.01，这一结果表示两者之间具有较为显著的相关性。具体来说，每周阅读或研究区块链行业相关信息10小时以上的投资者，其区块链资产投资占其总投资的比例为0%～25%的可能性更小，比例为8∶24。这一结果符合我们的假设，即花时间关注区块链行业的人可能对区块链的未来抱有更强的信心，所以这类人对该行业的投资会占到其总投资的很大比例。这也适用于另外一种情况，即区块链资产投资占投资者自身总投资的比例越大，投资者研究区块链行业和阅读相关资料的动力也越强。每周用0～2小时、2～5小时进行阅读或研究的投资者，其区块链资产的投资占其总投资的比例为0%～25%的可能性更大。这种关系也很直观，若不了解这个行业，又或是没有时间进行深入研究，那么投资者也不会愿意对这类复杂且监管宽松的行业有过多投资。

有趣的是，活跃于区块链行业的人和样本整体群体相比，在持有更多区块链资产的意愿方面的差异并不明显。有人可能会觉得，业内人士更愿意投资更多的区块链资产。这种差异归咎于好几个因素：可能那些业内人士已成为持有不同投资组合的资深专家；区块链业内联盟可能带来的任何冲击，将有助于平衡业内人士已有的、已经十分多元化的投资组合；也可能是许多业内人士都看到了技术整体发展的前景，他们关注的是实现私有化，又或是潜意识里将公司股权当成投资整个行业的手段。

投资者理念与对区块链资产的总体投资程度无关：X^2（12，N=173）=12.48，p= 0.41，即两者无联系。

总的来说，该分析与我们针对区块链资产投资占比高的投资者所作的假设有多处不符，但又的确直观地显示出对区块链资产的总体投资程度和投资者对区块链行业的研究水平的显著关联，以及和总体投资市场参与度的显著关联。注意这里的相关性是负相关，即对区块链投资越多的投资者反而投资经验越少，他们在传统投资市场的参与度也越低。下文将讨论这些发现给我们的启示。

4.10　讨论总结

综上所述，本章内容让我们对目前的代币发售市场投资社区有了更为深入的了解。根据此次调查，我们知道人们参与代币发售的原因有多种。大部分参与者作为投资人员希望获得投资回报，一部分爱好者通过投资代币发售参与到新兴数字经济中来，而较少的一部分参与者则是作为未来用户进行投资。我们发现，该社区中男性比例极高，且一般都具有技术或金融背景，诸如股票市场交易、风险投资、股权众筹之类的传统投资机会经验也更为丰富，这一结果与我们之前的假设一致。该社区主要位于美国和欧洲，但如前所述，此次调查并未将中亚和东南亚的代币发售投资者考虑在内。

投资者投资代币发售的金额各不相等，少则为智能手机应用程序上的花销，多则为合格投资者拿出的天使投资金额。代币发售很少有最低投资水平，所以投资者可随意选择自己的投资程度。2/3以上的投资者一般在一种代币发售中的投资金额为1~5 000美元，分为1~1 000美元和1 001~5 000美元两类。较少一部分投资者会选择超过50 000美元的高额投资，不过根据我们对代币发售投资交易的分析，这些大额投资在所筹总资金里占到了很大比例。

许多区块链投资者对区块链市场满怀信心，对这一行业也了解颇多。多数投资者将自己投资总额的大部分投入了区块链资产，一些投资者密切关注行业动态。超过一半的投资者或是从事该行业，或是每周都花费超过10小时的时间进行相关阅读和研究。鉴于区块链技术和投资机会的复杂性，这一结果在意料之中。

总体而言，投资水平与对区块链资产的投资程度之间的关系代表了两种基本投资策略：投资对象中区块链资产占比越大的投资者，更有可能以更高的数额参与代币发售；投资数额越小的投资者，对区块链资产的投资也会越少。后一种策略指更为谨慎的投资者会将自己的财产分散至传统投资和区块链投资机会上，从而使自己的投资组合多元化，又或是刚开始尝试代币发售投资。第一种策略针对的则是一提到区块链技术就"全部押进"的投资者。这类投资者将大部分的投资都投入了代币发售，他们以50 000美元或更高的数额参与投资的可能性也更大。这些投资者可能很少接触传统投资机会，即所谓的"加密数字货币之富豪"（crypto-rich），又或者他们很早就进入了区块链行业，同时维护着区块链行业的稳定发展，坚信这些新技术具有变革能力。这类投资者投资的几乎全是区块链资产。

以上描述可得到事实佐证，即对区块链资产的总体投资程度与投资者自身情况有关，投资者的传统投资经验越少、对区块链行业研究越多，对区块链资产投资越多。投资者对区块链资产投资越少，对区块链做实证研究又或是从事相关职业的可能性就越小，同时他们也更有可能有过股票、债券或外汇类的传统投资经验。最后，具有金融背景的投资者投资区块链资产的程度也比较适中、稳健。

上述讨论显示，就年龄、原有投资经验以及在区块链行业中的参与情况来看，代币发售投资者是区块链行业内的一个多元化社区。在经济上较多接触区块链行业的投资者往往会花更多的时间进行相关阅读和研究，但投资者用于研究的时间与投资代币发售的金额并无关联。有些人觉得区块链行业存在太多潜在投资投机行为，并为此忧心忡忡，他们认为投资者理应了解自己所购代币的复杂性。

在经济上较多接触区块链行业的投资者往往会花更多的资金投资代币发售，但用于其他更为传统的投资的资金则较少。这表明，这类投资者的财富几乎全部用于投资区块链代币，某些情况下，他们的投资将占某次代币发售集资总额的1/3以上。此外，这也表明接触区块链行业不多的投资者投资较小数额的可能性会更大，这也是更为稳妥的投资手段。

最后，此调查也佐证了"几乎任何人都可以成为代币发售投资者"的这一描述。再加上媒体对比特币和代币发售的热议，代币发售市场近几个月来的快速增长至少在一定程度上可得到解释。围绕年龄所做的调查结果显示，新的资金（年轻人的资金）正在进入加密数字货币投资市场，而这一群体可能此前从未参与过投资活动。另外，研究区块链行业所花的时间与投资参与度有关，这一事实表明有关代币发售的可用信息的增多推动了代币发售投资的增长（至少在一定程度上如此）。

4.11　启示

上一节的见解为此前对此话题进行的其中一项研究作了补充。赫尔等人在一篇即将发表的论文中检验了可帮助预测代币所筹资金数额的因素。该论文对区块链项目的特点以及营销活动进行了研究。他们发现：较长的营销周期（建立关注度的代理模式）往往与更大的收益相关；设有访问权限的代币所筹集的资金往往更少；更广泛的市场环境，尤其是以太坊价格，预计会出现更大的涨幅。建议企业家设计和营销自己的代币，就好比初期投资者计划售卖代币而非自己使用；在以太坊运行良好时将自己的代币予以发行。

企业家可以将这些见解与营销和预算规划相互整合。具体而言，他们必须了解大多数代币发售都有赖于水平在10 000美元（或以上）的大规模投资活动。如果投资中位数少于500美元，企业家就应该计划招募大量支持者。就年龄、背景和原有投资经验来看，投资者们组成了一个多元化的社区。他们不符合风险资本投资者的预期背景，例如一个有着股票投资背景的专业投资人士。也就是说，由于大型投资者很有可能把自己所有的资产都投入区块链，企业家应该强调自己的项目也会使其他代币受益，同时也能吸引兴趣投资者，而这一群体的投资水平一般为中等。许多投资者可能对代币发售投资有所了解，企业家强调这一投资活动优点众多就能起到吸引投资者的作用。用户以较低程度参与投资的可能性更大，但他们仍然可以发挥作用，例如社区建设。

本章结论对代币发售投资者和政策制定者极为有用。投资者类型多样，代币发售投资者能因此知晓同道之间的差异。投资者群体中可能会出现一对"鲸鱼"，他们投资金额巨大，获取了大量代币，不过也有很多手上代币较少的投资者。政策制定者能通过本章结论意识到代币发售投资群体各有差异，在监管方面要多加留意，避免将其看作类似风险资本投资者的群体。许多投资者都很年轻，有的仅具有技术而非金融背景，所以很大一部分投资者可能并不了解目前管理早期企业融资的法律条款。区块链行业研究并未涉及投资者通常的投资金额，这就表明目前区块链行业中可能有潜在的投机行为。

4.12　未来研究领域

要更好地了解代币发售投资和投资群体，我们建议进行后续调查，以对CoinFund调查存在的一些含糊之处进行解释。关于投资者参与代币发售，我们通过专家访谈得出更多相关经验与方法的定性数据。我们确定了一些需进一步分析的问题。分析显示，代币发售可能会吸引在其他投资市场暂不活跃的新群体，这一发现指出了未来研究中一个有价值的起点。不同情况的投资者会以不同的方式活跃于投资市场，这一发现将有助于面向更大范围的用户，不仅包括大型投资者，也包括可能活跃于社区建设的用户。未来研究应关注不同投资者与代币发售平台的情况。一般而言，进一步研究代币发售理念和投资方法

将有助于刻画这个充满活力的新市场的特征，并选择参与该市场的投资者。同样，两类不同代币发售项目的区别也是一个极具吸引力的问题，值得进一步研究。一是通过大量捐款获得大型投资者支持的项目，二是受到众多小规模投资的广泛支持而完成代币发售的项目。这些差异是归因于项目重点或开发阶段、项目团队的实力或经验、市场状况、提高社区意识的方式，还是一些其他因素甚至上述因素的组合？深入了解这一问题不仅对项目团队有用，对希望开发出不被大众看好的投资机会的投资者或是希望避免投资过于火热的投资机会的投资者也是有用的。

第五章

区块链的特点及应用

5.1　超越云计算的研究进展

1946年，ENIAC（第一代计算机）问世；1977年，Apple 2开始进入公众视野；1981年，IBM（英特尔8088）个人计算机问世；1911年，第一个网站——因特网出现；2006年，云计算框架开始取代客户机/服务器框架。云计算是一种以互联网为基础的计算方式，可通过中央管理或权限按需向计算机以及其他设备提供共享的计算机处理资源和数据。有人认为，无论如何定义，云计算方式将面临灭亡。尽管有人认为去中心化的计算网络将占据主导地位，但仍有人觉得云计算并不会消亡。事实计算方式可能介于云计算与去中心化的计算网络之间，也可能是两者并存，用以处理不同数据，提供不同计算能力。

自1946年现代计算机出现以来，有迹象表明，工业化进程中计算方式以机器为基础的生产正逐渐取代手工劳动。在权限中心化下，云计算的使命就是为不同地区、不同群体管理下的硬、软件资源整合提供一个单一平台。云计算实际上降低了运行成本，提高了效率，但是中心化也有弊端。

中心化面临的问题包括数据安全、云计算和服务器中断、数据可靠性和信任机制的挑战。2016年，达沃斯世界经济论坛讨论了第四次工业革命①，仔细分析了人工智能给经济带来的影响。大家好奇的是，日新月异的技术最终创造的工作岗位是否会比被其取代的工作岗位更多，尤其是数百万个中等收入岗位。人们甚至担心民主会受到第四次工业革命的影响。

5.2　区块链介绍

面对中心化面临的这些挑战，人们不禁要问，有没有一种技术可以克服

---

① 第四次工业革命是自18世纪首次工业革命以来的第四次主要工业时代，在此期间出现了一系列融合物理、数字、生物知识，并且影响所有学科、经济、行业的新技术。

中心化的缺点？这一问题的答案就是自2008年以来一直稳步发展的区块链，本章将对其进行介绍。

2015年10月，首届全球区块链峰会在上海举办。极客、企业家、学术专家、投资者、企业高管及监管政策制定者汇聚一堂，共同讨论区块链技术在行业中的机遇、商业应用，其中涉及支付、物联网、证券交易、数字资产管理等领域。有超过200位专业人士参会，他们来自银行、支付、证券、商品等金融行业领域。

第一个问题是"区块链"（Blockchain）一词由谁发明。比特币创始人在2008年的白皮书里并未提及区块链一词，而是使用了"Chain of Blocks"。事实证明，"区块链"这一术语是比特币社区的用户在进行私下交流的过程中慢慢发展出来的。具体而言，哈尔·芬尼在和中本聪通信时多次使用了词组"Block Chain"，后来这两个词组合形成了"Blockchain"（图5.1、图5.2 和图5.3）。

是谁发明的"区块链"？

- 中本聪2008年并未在自己的研讨论文中使用"Blockchain"一词，只是出现了少量与此相关的句子，例如"Chain of Blocks"。
- 埃尔萨姆（Ehrsam）、迈耶（Meyer）、史密斯（Smith）和塔奇曼（Tuchman）于1976年首次提出密码块链接（Cipher Block Chaining）的概念，那消息或信息的加密基本上是连续的。
- 最开始表示区块链的词疑为"Block Chain"。
- 哈尔·芬尼在2008年11月9日写给中本聪的一份笔记中3次提到"Block Chain"，并将其归档在密码邮件列表中。

图5.1　区块链创始人

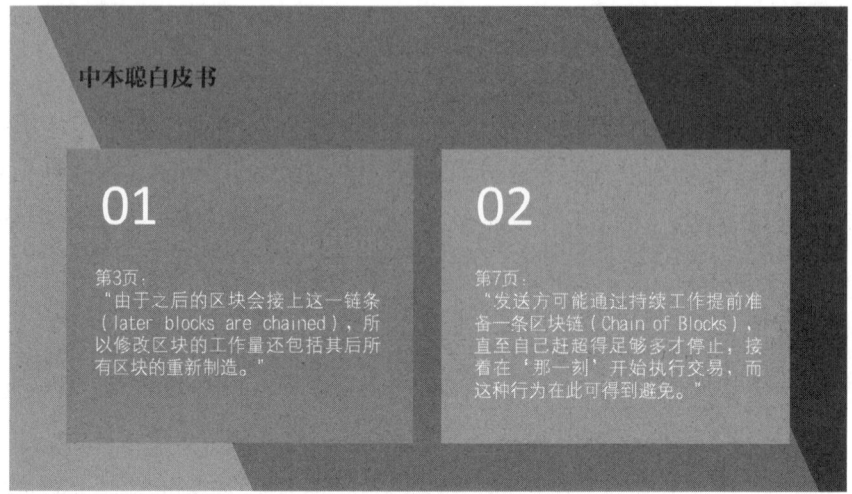

图5.2　中本聪和区块链

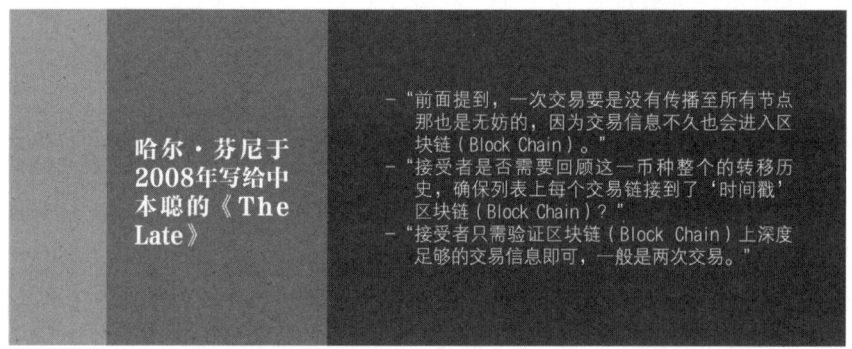

图5.3　Block Chain还是Blockchain?

利用金融技术，区块链可用于贸易融资，工资、保险支付，银行，券商，交易所，投资，商户，合规交易平台，资本市场，货币服务等领域。5.4节会详细介绍区块链在这些领域的应用。

区块链以最简单的形式完成了从中心化平台向去中心化的转变，实现了分布式特点。图5.4描绘了中心化平台转变为去中心化后再分布成不同节点的过程。图5.5展示了首个比特币分布式支付账本运行的六个步骤。加密的交易信息形成在线交易中的一个区块，这一区块被发送给所有的参与方，并通过加密竞赛或共识算法加以验证。成功的或是被选中的区块会被增添至之前的区块链上，以记录交易信息，并盖上时间戳。

最后，完成并确认交易（大约需6个区块才可确认比特币交易）。

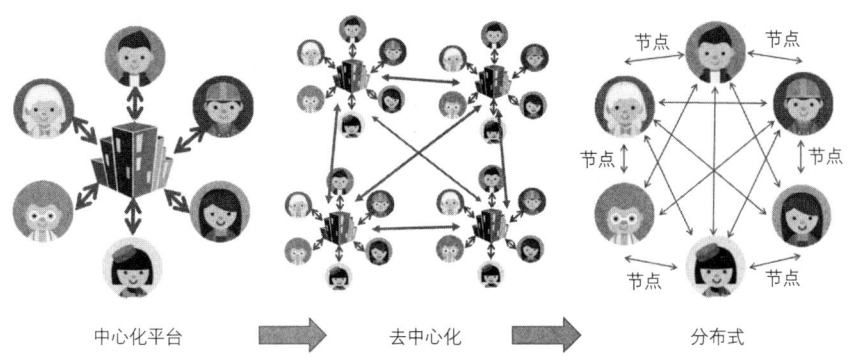

图5.4　中心化、去中心化、分布式

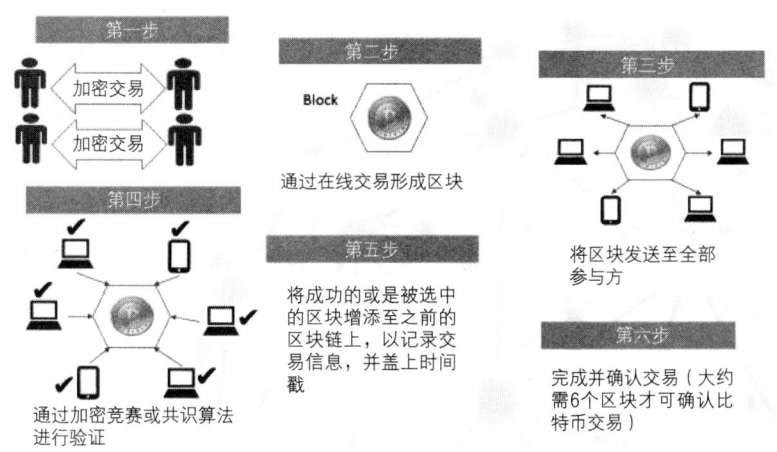

图5.5　首个比特币分布式支付账本运行的六个步骤

5.3　区块链的特点

区块链可分为无访问限制的公有链（如比特币区块链）和有访问限制的私有链。有人把公有链归为开源链，把私有链归为许可链，后者还可以进一步划分为完全私有链和联盟链，比如R3 CEV 区块链联盟（图5.6）。公有链上的数据可以加密或公开。

区块链金融

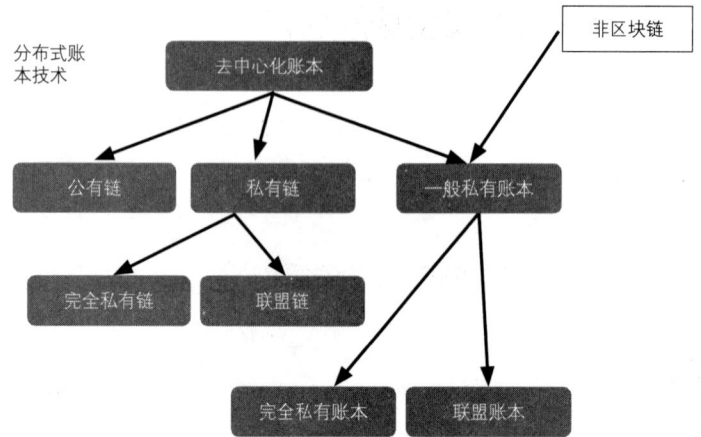

图5.6　去中心化账本与分布式账本技术

另一个常用术语是"分布式账本系统"，区块链网络附属于这一系统。一个分布式账本（也叫共享账本）可在没有中央管理员或中心化数据存储器的条件下，实现多个地点、国家或机构之间电子数据的复制、共享和同步。

深入研究区块链后，发现其有六个特点。

一是分布式和去中心化。数据通过分布式点对点网络上的所有节点进行复制，账本的每一份副本内容一致。即使一些链接受限，数据存储空间未完全使用的较轻节点也可实现去中心化。

二是共识机制。区块链网络中的所有用户可以采取某种验证方式达成预定的可编程协议，并且达成共识。

三是内置不可逆性及加密安全性。用户只有掌控至少51%的计算能力（或节点、股份）才可控制区块链（以比特币为例）。

四是公开性。这是区块链的一个重要特点，平台和数据对区块链参与者来说都是公开、透明的。

五是匿名性。各方可以保持匿名，但要访问交易输出必须持有安全密钥（一对公钥和私钥）。

六是多平台。多平台意味着每个区块链节点都有相同的计算方式与数据结构。

5.4　区块链在不同领域的应用

区块链可应用于不同的领域，如图5.7中的股票和证券交易。图中详细介绍了比特股系统和区块链股权交易系统。

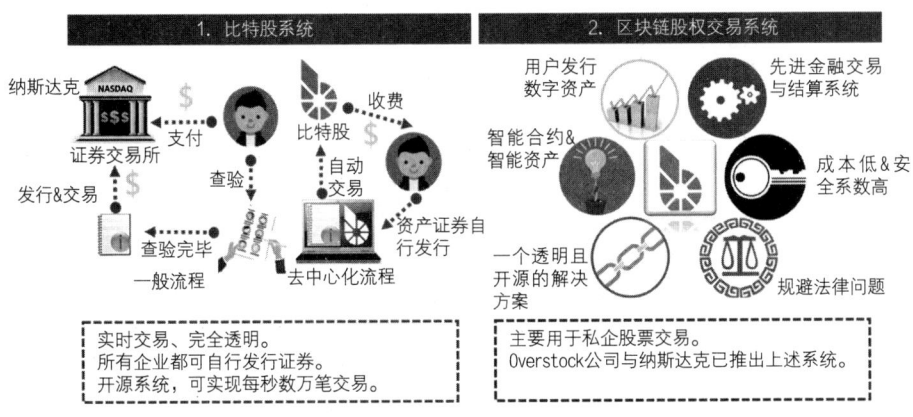

图5.7　比特股系统和区块链股权交易系统

在银行业务（如现金转账）中，银行一般作为第三方，把钱从客户的账户转移到收款人的账户。银行第三方的地位会因金融科技的出现而改变。区块链技术的发展使直接转账成为现实，它将改变中央银行的运作方式。商业银行受到区块链技术的影响更大，特别是其作为中介要改变不相称的运作方式以利用区块链的优势。区块链的安全性是指能实现交易的不可逆、不可篡改和可追踪。此外，使用区块链的名称库还能简化管理，使每一个节点的身份都可被标识，比如联盟、发行方、一般用户等。低价运行成本也将降低交易成本。瑞士银行（USB）白皮书中已证实区块链技术能缩短金融交易的结算时间，并将业务流程时间减少到15秒。桑坦德银行（Santander Bank）也受益于区块链技术，将帮助银行部门减少2 000万美元的开支。区块链技术可降低交易对手风险，这对所有相关方都有利。

具体来看，我们根据图5.8可知，R3（R3CEV有限公司）是一个多方参与建设联盟链的联盟组织。R3网站表示，它通过一个名为科尔达（Corda）

的分布式账本平台为金融市场建立新的运作系统。R3CEV有限公司的投资者有美国银行（Bank of America）、SBI控股株式会社（SBI Holdings）、汇丰控股有限公司（HSBC Holdings Plc）、英特尔公司（Intel）和淡马锡控股公司（Temasek Holdings），投资金额达1.07亿美元。

超过15个国家的40余所机构参与了2016年纽约公司开展的前两轮融资活动。R3拥有9家全球最大的投资银行的支持，其成员快速增加到80家金融机构。

R3与银行业

区块链应用于银行业：想象变为现实

R3（R3CEV有限公司）引领40余家金融公司组成联盟，致力于研究开发区块链的金融系统应用。

11家银行使用以太坊和微软Azure云技术测试分布式账本中的交易活动。

图5.8　区块链在银行业的应用

在保险系统方面，传统保险公司为自己的客户提供中心化服务，在区块链的介入下，这种保险系统将被服务于同一客户群的去中心化保险系统所取代。去中心化保险系统的特点是所有的数据都被记录在区块链上，任何用户在任何时候都能开始和结束自己的投保行为。去中心化保险系统的优势在于不可逆也不可篡改，同时保持公正，由此可实现自我认证、维护公平。其另一个优势在于去中心化保险系统不需要第三方（代理和保险公司），这样就能确保资金的有效利用。

在远程通信方面，所有节点通过最短或最高效的路径相连接，由此可以优化传统通信设备的设计流程。特别需要指出的是，比特信（Bitmessage）是信息传输的中心环节，信息通过网络传递给用户，而用户只能使用自己的密码来查看信息，这样就可以防止信息被追踪，确保数据和数据传输的安全。另一应用为GetGems，它是一款去中心化通信软件，其通信功能与比特信类似。它也配置有比特电子钱包（Bitwallet），能够交易及赚取加密货币"宝石"（Gems）。用户可通过点击广告来获得奖励。

投票软件方面，Followmyvote（开源软件）是一个开放性软件，它安全便宜，物美价廉。比如，股东们可以利用该软件下载和安装投票系统进行投票，这改变了年度股东大会（AGM）的传统投票模式。为了安全起见，投票人先要验证身份信息，通过验证后才能注册，并经审查员和登记员授权（双重保险）后，方可投票。然后，投票人投票，选票被提交至基于区块链的安全投票箱，此过程始终保持投票的匿名性和保密性。

如若投票人改变主意，他们可以在选举前几天更改选票，但先要由选举工作人员根据相关法律和选举规则来决定是否开启这一功能。这种方式能杜绝多次投票或买票行为，防止作弊。投票人可通过自己的账号在投票系统中核查自己的选票是否按原定计划投出，甚至可检查每个投票箱的情况，以确保选举结果的准确性。这一过程会全程保密，安全级别最高。

区块链因其不可逆和无法被收买的特点而被广泛应用于公证业务，如以下七种情况：

（1）Blockai：旨在开发帮助艺术家证明并宣布其作品版权的新工具；

（2）Stampery：使用区块链替代公证人，证明敏感信息的合法性；

（3）Chronicled：利用区块链技术验证收藏类运动鞋的真伪；

（4）Uproov：利用区块链实现时间戳功能；

（5）Bitproof：提供一站式服务，以公证学历证书的真伪；

（6）BitSE：开发区块链产品Vechain（维链），这也是首个基于区块链的防伪技术；

（7）Factom：利用区块链技术协助企业和政府简化记录管理工作、记录业务流程，以及处理安全性和合规性问题。

对于公众社会来说，区块链技术更普遍应用于医疗服务，其中涉及对国民健康、电子医疗档案及病患的相关数据等应用。其优势在于：一是让医疗保健服务更加透明；二是保护患者隐私（包括保险信息、信贷提供方信息及那些能利用区块链管理各项索赔和支付的患者的信息）。其他优势还有避免

主要数据被泄露（比如Anthem公司记录的8 000万名患者及员工的信息，UCLA Health公司的450万名患者的信息）。总之，账单费用支付程序效率的提高是有据可查的。例如，爱沙尼亚政府就与区块链专业公司Guardtime以及Healthbank达成合作，其中后者利用区块链技术与医疗专家管理和共享个人医疗档案。

移动支付方面，Visa和DocuSign联合推出了一个项目，该项目将DocuSign的数字交易管理平台、电子签名解决方案与Visa的安全支付技术（通过比特币区块链）相结合。支付宝也推出一个类似项目。消费者在汽车展厅上车后可以设置租赁、保险和其他诸如停车费、通行费的费用项目，经验证并用Visa支付成功后即可将车开走。该区块链由合同（用DocuSign验证租赁与保险信息）、报告（用于检查行车记录）、车内支付（通过Visa卡）和服务（通过应用程序连接使用）组成。简单来说，用户通过他们的汽车能支付通行费、购买比萨或订阅卫星广播节目。

在政府行政方面，乌克兰成为首个把区块链技术运用到政府行政系统的国家。爱沙尼亚政府与比特国（Bitnation）达成合作，运用区块链技术管理政府事务。澳大利亚的一个新政党也在倡导使用区块链作为投票机制。

5.5 物联网

在物联网方面，如今的供应链中买卖双方及各自的银行之间互联，而未来的供应链继续保持同样的直连关系，还增加了对商品流通和交易活动完全可信的可见性。

IBM、三星电子等公司已联合推出了去中心化的P2P自动遥测系统（ADEPT）。ADEPT具有诸多功能，对于构建去中心化物联网至关重要。该系统的运行基于三类开源协议：TeleHash（信息发送）、BitTorrent（文件共享）及Ethereum（一个为自动装置协调功能而设计的区块链协议）。只要产品组装完成，生产商就会将其在生产系统区块链上进行登记。产品一经售出，消费者便可将购买的产品在生产商的区域性区块链中登记以进行认证。

中国在金融科技领域十分机敏，将迎来更多区块链应用的普及。本节将对中国的部分区块链项目（2016年）做粗略介绍。

万向区块链实验室是一家专注于区块链技术的前沿研究机构。该实验室聚集了相关领域中的众多专家，针对技术研发、商业应用、产业战略等方面进行研究和探讨，同时还为创业者提供指引，为行业发展和政策制定提供参考。其最终目的是使社会和经济的发展受益于区块链科技的使用。其产品包括：（1）基于比特币区块链的开发平台；（2）基于以太坊区块链的开发平台；（3）基于比特股区块链的开发平台；（4）基于公证通区块链的开发平台。

小蚁AntShares（2017年更名为NEO）利用区块链技术将现实世界的实体资产、所有权数字化。AntShares在网络中通过节点对节点的连接将金融服务程序去中心化，例如注册、股票发行、资产转移、结算管理等。Antshares典型的应用领域包括股权众筹、P2P网贷、员工持股发行、电子合同授权等。

井通（北京）网络科技有限公司和海航集团开展的区块链合作具有三大应用特色：一是企业钱包，其所含的采购细节引导资金流转和结算，利用区块链发展低成本结算系统，提高了信息传递的效率。二是基于井通区块链进行加密技术供应链融资。供应链融资旨在解决供应商面临的资金流动、融资及利息高的问题。三是福利奖金发放，海南航空通过井通开发的区块链应用，以产品折扣、奖品和奖金的方式奖励员工。该区块链不仅能保证员工个人信息安全，还能让他们获得更多的折扣与奖品。

布比区块链应用于以下几个方面：一是保障私募股权交易安全，二是客户奖励积分管理，三是不可变数据及供应链的管理。布比区块链的价值主张是对交易的高效验证和对账本账目、多重资产、发行、多重签名授权、智能合约以及区块链的整套交易的高效访问。

还有一个区块链由维优公司推出，该公司可提供定制的区块链解决方案以及对数字资产和风险管理认证。维优公司提供的服务如下：一是用于名为普罗米修斯的股权管理项目（Project Prometheus），该项目以私有式或许可

型区块链为对应措施，用于股权注册、转让或柜台交易（OTC）的股权管理。该项目的客户包括参与众筹、股票交易、P2P信贷、私募股权和柜台交易的相关人员。二是赫尔墨斯项目（Project Hermes），用于奖励点数管理，通过许可型区块链为管理客户、奖励积分提供解决方案。与企业对消费者的业务与服务一样，该项目的应用包含与客户进行多重奖励点数项目的管理。三是盖亚项目（Project Gaea），用于解决私有式或许可型区块链中的土地注册问题。该项目可为以下业务提供"无须信任"证明：跨区域土地所有权转让、实时信息验证、去中心化不可变数据存储、数字交易即时结算。四是以西弥斯项目（Project Themis）命名的监管科技链（RegTech Chain），在私有链解决方案中为客户实施有效监管。其应用包括不可篡改带时间戳的记录管理，以此提高信息的完整性，提高与客户（政府、监管机构和非政府组织）之间的透明度。

数贝荷包（Digital Wallet）是易诚互动科技公司推出的一个区块链，其首位企业用户是阳光保险集团。数贝荷包允许阳光保险集团的客户管理、转移和交易他们的客户奖励点数。其去中心化奖励积分系统可以让客户自己协调、转移和交易奖励积分，从而提高奖励点数的流动性并以此强化企业与消费者、消费者与消费者之间的互动。

清华大学的长三角研究院与嘉楠耘智（Canaan）、1Hash及北京数贝软件（BST）联合推出了一个区块链，并共同打造了中国区块链应用研究中心，旨在推动区块链技术应用的不断发展。嘉楠耘智成立于2012年，在生产区块链服务器及为专用集成电路的重复提供解决方案的领域一直处于全球领先地位，其产品销往全球150多个国家。1Hash为高效管理比特币提供了专业且可靠的服务平台，也为区块链研究提供了开发平台。北京数贝软件为政府部门管理信息资源提供了云计算服务（Paas）和软件管理服务（Saas），其主要产品是Digital DXS-Cloud (Paas)数字交换整合云服务平台和iTaxonomy信息资源目录管理云服务平台。

与中国"一带一路"倡议的精神相符，区块链应用涵盖了三个方面。一是促进金融交流与合作。由于"一带一路"倡议沿线的国家使用美元进行交易，中国政府希望通过区块链技术开发加密货币系统使这些国家使用加密货币进行交易（图5.9~图5.11）。通过亚洲金融合作联盟，成员国可以制定并选定规则和协议，以确保加密货币系统的安全性和合法性。二是帮助中国企业国际化。其中包括对"一带一路"倡议沿线国家的投资或贸易信息进行数字化处理，以最大程度避免中国企业掉入外国投资的陷阱。这种区块链将确保数据安全、透明，支持信息的同步验证和授权，同时也能保护知识产权。三是帮助中国解决产能过剩或闲置的难题，尤其是2007—2008年全球金融危机爆发以来，中国经济增速放缓或形成所谓的"中国经济新常态"。通过生产力和区块链网络的数字化，中国企业可以吸引"一带一路"倡议参与国家的投资者，在这些国家或全球范围内进行众筹，还可以在区块链网络上进行首次公开募股。

中国人民银行（PBOC）

● 2016年12月15日，中国人民银行（PBOC）完成区块链数字货币测试。
● 2017年1月29日，中国人民银行成立数字货币研究所，广纳大数据、密码学和区块链技术领域专家。

图5.9　中国人民银行与区块链

中国的区块链

● 国家"十三五"规划
　"区块链"是打造现代信息技术，构筑工业生态系统的关键。
● 工信部
　2016年10月发布《中国区块链技术和应用发展白皮书》
　1. 为区块链发展营造良好环境；
　2. 加速区块链应用开发；
　3. 设立工业化标准。

图5.10　中国政府与区块链

地方政府与公私合作

● 地方政府：上海、北京、贵州、杭州、深圳、香港。
● 公私合作（PPP）：
　耗资200亿美元，建设占地面积10平方千米的万向创新聚能城。
　迄今为止全球最大的区块链项目，由投资机构分布式资本及50家企业资助，投资组合达2亿～3亿美元，其中包括50万美元的以太币（18个月内增至1.25亿美元）。
　合作伙伴有腾讯、阿里巴巴等多个金融科技巨头。

图5.11　中国地方政府与区块链

中国拥有超过50％的比特币采矿能力、最大的矿场、最快的机器，中国的比特币交易量占全球比特币交易量的50％以上。蚂蚁路由器（AntRouter）是配置有比特币挖掘芯片的无线网络设备，蚂蚁矿机S7（AntMiner S7）的挖掘速度为4.73TH/s（TH=1×10^{12}次哈希运算），能耗更低，且效率更高。

还有一个来自中国的区块链，即区块链2.0核心以太坊，其由微软、R3、三星、德勤、莱茵集团及IBM提供支持。以太坊是一个通过应用程序运行智能合约的去中心化平台，其应用程序完全按照既定的编程运行，不会出现停机、审查、欺诈或被第三方干扰。此平台的目的是开发可以在定制化区块链上运行的应用程序，而此类定制化区块链支持共享全球基础设施并代表财产的所有权。此平台的价值主张在于让开发人员能够创建市场、存储债务或承诺注册表、根据指示或日后合约调动资金及其他的潜在发展，实质上其整个过程不存在中间人或交易方风险。区块链2.0核心以太坊的智能合约和智能资产的特色在于一种去中心化的智能应用。该区块链不需要通过中间人就可以对任何东西进行出租、出售或共享。Slock.it利用以太坊计算机，无须中介机构即可安全地对任何空间或匹配的智能用品进行出租，从而将个人资产转化为收入，为未充分利用的资产（如暂时空置的公寓）形成一个牟利的契机。此外，Slock.it还为智能合约及智能资产开发了应用程序，以便查找、定位、租赁和控制任何受控于以太坊计算机的对象。

5.7　区块链的企业视角

从公证通（Factom）那里，我们看到了去中心化账本和去中心化区块链的无限潜力。公证通的总部位于得克萨斯州的首府奥斯汀，该地以烧烤节和音乐节闻名世界，正在拓展金融科技的局势。如今公证通已涉足上海、北京及洪都拉斯、英国伦敦和美国桑尼维尔。该区块链的目标是构建诚实的世界系统，正如其首席架构师保罗·斯诺（Paul Snow）所言："诚信是具备颠覆性的。"公证通认为全球经济处于信任稀缺状态，比如2010年美国的房产赎回权危机，表明目前的程序是极不准确、效率低下且倾向于失败的。改善这种信任缺失的状况需要将大量资源投入审计和记录核实，其结果是降低了全球效率和投资回报及繁荣程度。公证通此时介入其中，通过提供准确、可核查且不可更改的审计公证流程消除了对盲目信任的需求。

公证通的区块链技术几乎适用于任何组织机构。其应用场景包括：一是帮助企业和政府简化记录管理、记录商业流程、设法解决安全性和合规性的问题；二是公证通涉及相当广泛的应用，例如审计系统、医疗记录系统、供应链管理系统、投票系统、财产契据系统、法律应用系统和金融系统。其网络价值是由公证通认证的，因为公证通在区块链中维持着一个永久且基于时间戳的数据记录。这降低了独立审计、管理记录、遵守政府条例的成本与繁杂性。具体来说，它能为某一文档以这种形式存在于特定的时间节点提供存在性证明。它的正面程序是将该文档与更新的版本链接。其审计证明在于核查更新文件中的改动。

关于公证通的可用性，可通过以下3个案例来说明。

案例1是公证通为美国银行节省了170亿美元。其背景是多家抵押公司因抵押记录处理不当而被罚款数十亿美元。美国银行作为其中一员被罚款170亿美元，创造了有史以来金额最高的罚款纪录。公证通以比特币区块链作为一种解决方案，在分布式公共账本上永久存储美国银行的记录。之后这些条目被归档到目录板块，每隔10分钟固定到比特币区块链中一次。这些记录接下来就被实时审计并立即验证，任何人都能重复检查已完成的工作，同时可以查找可能造成问题的任何疏漏。

案例2是公证通用区块链技术保护索尼影业。2014年11月24日，一个黑客组织泄露了索尼影视娱乐公司的机密数据。该数据包含员工及其家人的私人信息、邮箱地址、薪资水平，以及当时尚未上映的索尼旗下的电影备份。公证通的解决方案是为其用户用加密的方式存储数据，该加密技术在去中心化系统的区块链中被称为哈希加密。由于数据经过特定编码，除了创造该编码的用户以外没人能破译。区块链技术也因此使索尼影视娱乐公司免遭灾难性的黑客攻击，同时引导大型公司摆脱了中心化数据库。

案例3是公证通开放了价值9万亿美元的土地。许多发展中国家存在的一个问题是土地所有者没有土地所有权的证明。埃尔南多·德索托（Hernando De Soto）指出，主要问题不是穷人缺乏资本，而是大多数人没有资产，还有一些人对自己持有的资产缺乏合法所有权。只要给予他们一个合法权益，他们就可以释放这些"死资本"作贷款抵押，以此为商业筹资或扩展住房。公证通的解决方案是将土地所有权文件数字化，并将它们存储在去中心化的区块链中。任何土地的交易和转让都能被追踪到。此外，未经授权或非法变更的土地交易或转让也可以被察觉并得到纠正。

区块链中的一个全球级玩家为大零币。大零币最大的特点是它是一种去中心化的开源加密数字货币，使用先进的加密技术，提供隐私性和可供选择的交易透明度。大零币支付发布于一条公有链，但付款人、收款人和转账金额都是保密的。其另一特征是交易元数据。比特币交易使用三重式登录账户，即交易与先前交易的"输出"结合，并分成新的任意值输出。一笔交易"输入"的支付权限和交易数额经所有节点手动检查，这意味着全部充分验证节点都必须保留所有的未支出的输出记录，而且全部的节点要对所有的交易数额及参与方的信息有所了解。大零币的第三大特色是零知识证明，通过零知识验证计划使隐藏交易数额和其他可识别信息成为可能。用户利用先进暗码技术，仅需要证明价值相称，同时证明这些价值是经过授权的（注意这些价值不会在交易前被花掉）。大零币从Zerocoin演变至Zerocash。Zerocash经一部分原研发者的开发，改善了早期的Zerocoin协议的功能（Zerocoin仅隐藏支付来源，而不隐藏收款地址或金额）和效益（Zerocash交易小于一千字节，且验证时间不超过6毫秒）。Zerocoin电子币公司（ZECC）的科学家、顾问、工程师设立并发布了大零币协议。2017年，摩根大通宣布就区块链安全与大零币达成合作，将ZSL集成到大零币基于以太坊的Quorum项目中。ZSL是一种零知识安全层，旨在以安全、匿名的方式在区块链上结算交易。

5.7.1 跨国公司和主要参与者

爱彼迎（Airbnb）联合创始人兼首席技术官南森·布雷恰奇克（Nathan Blecharczyk）已经关注区块链技术在用户声誉与信任上的应用。2016年3月13日，Airbnb宣布将在2017年研究区块链集成体系或类似的分布式总账系统，以验证用户的声誉，并在平台建立信任。

同样地，微软和IBM宣布区块链开始营业。2016年2月17日，IBM宣布正式推出其数字账本，以将区块链服务引入一个基于云端的系统。该平台能够让用户创建、部署、运行基于区块链的应用程序。伦敦证券交易所集团也在和IBM合作开发开源区块链技术，致力于构建一个有助于风险管理以及使全球金融市场变得更为透明的解决方案。

随着环境的迅速变化，超级账本（Hyperledger）项目于2016年年初成形，旨在推动区块链技术的发展。该项目的主要参与者不仅有银行和金融科技公司，还包含更多的传统企业，如日立和富士通。分布式账本可以改变正在全球运作的商业交易方式，因此通过对分布式账本跨行业开放标准的重要特征加以识别和研究，并借助于相互合作和共同努力，便能够促进区块链技术的发展。

5.7.2 普华永道Vulcan数字资产服务：NETKI，Libra，Bloq

四大审计公司之一的普华永道澳大利亚分所联合三家创企，以改变现有观念为直接目的，通过说服传统金融机构让它们相信比特币（以及围绕比特币而出现的数字货币开放网络），帮助它们推出新的服务及更好地服务现有客户。Vulcan平台由Bloq、Libra、NETKI及普华永道于2016年合力打造，旨在帮助专业服务公司为其客户推出具有信息互助功能的，且可以与比特币及其他竞争币并行交易的数字资产。

NETKI是一家专注于风险及遵守开源和开放标准而建立的免许可开放网络的公司。首先，其名义系统如同域名系统为互联网提供了标准和基础设施。

为了更容易地映射，以便将像google.com这样的域名转换成数字形式的互联网IP地址，其世界网络服务（WNS）可以让服务提供者用任意的区块链将提供给用户的那些复杂的公共地址转换成容易记住的、域名式的钱包名。其次，在识别上，NETKI的BIP 0070支付协议有着实用的拓展功能，它可以让寄送者在对所持资金做无法挽回的签送之前，确认自己的支付对象是正确的收款方。

　　除了在输入正确的收款方地址一侧会出现一把绿色的安全锁之外，NETKI还有附加的验证程序。在用户"按下发送"（启动不可逆交易）之前，BIP 0070可以为交易方围绕某一交易的特定方面提供更加详细的记录（比如购买物品或交易原因等）。这些详细信息可被记录在付款请求（该付款请求是直接在发送方和接收方之间的传输）的"备注栏"里，不会被永久记录在区块链上。时间戳是指这些支付请求在结合了戳在区块链上的交易细节后，向公司和个人提供一个更加完整的数字化"书面记录"。该记录可有效代替传统收据，且不会将敏感信息输入区块链中，也不会将任何扩展交易详情透露给与本次交易无关的第三方。此外，利用此类付款申请还能帮助企业或服务遵守AML（反洗钱）/KYC（了解你的客户）/CTF（反恐融资）等现有法规。该类法规通常要求金融机构以及指定的非金融企业与专业服务行业保留更加详细的相关交易记录（图5.12）。

　　最后，NETKI还会提供经验证的数字化身份证明，可用于私有链和公有链。它能帮助遵守美国财政部针对现款交易（MSB）出台的美国旅游规则［31 CFR 103.33（g）］的所有公司。它还能和区块链支付协议BIP 70/75结合使用，也能用于制止赖账。

旅游合规解决方案

- 经验证的数字身份证明。
- 可用于私有链和公有链。
- 帮助遵守美国财政部针对现款交易（MSB）出台的美国旅游规则[31 CFR 103.33（g）]的所有公司。
- 包含已验证的身份信息。
- 与区块链支付协议（BIP 70/75）结合使用。
- 可用于制止抵赖。

图5.12　NETKI

图5.13展示了另一家区块链公司Libra。在Libra数字资产（视频、音频、图片、比特币、DAC、DAH等）的支持下，Libra Tech成了一个普遍掌控、合规化和报告解决方案的分布式账本技术。数字资产是下一个需要进行监管、用户化和货币化的资产类别。Libra的顾问服务包括审计、会计、咨询，它的应用（数字钱包、智能合约、身份认证）能与其他的区块链（如Eris、Consensys和NETKI）结合使用。其协议（区块链）具有开放系统（以太坊、超级账本、比特币）和许可型系统（Chain、DAH、Ripple）的特色。因此Libra在区块链行业具有战略性地位（图5.14）。

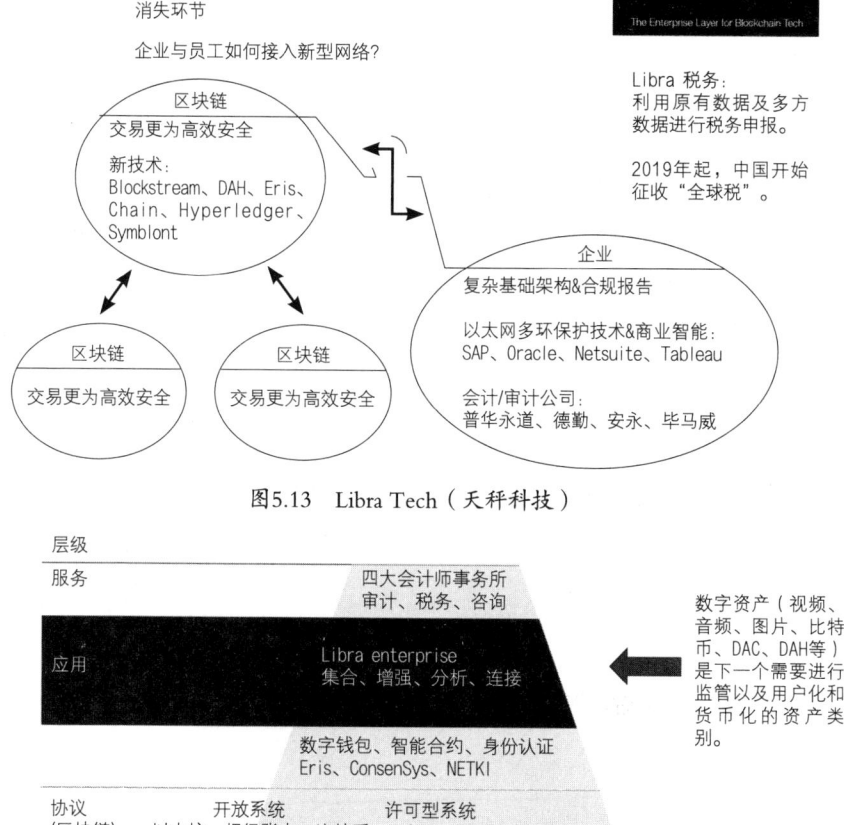

LIBRA的"接口"角色

消失环节

企业与员工如何接入新型网络？

区块链

交易更为高效安全

新技术：
Blockstream、DAH、Eris、Chain、Hyperledger、Symblont

区块链

交易更为高效安全

区块链

交易更为高效安全

Ω Libra
The Enterprise Layer for Blockchain Tech

Libra 税务：
利用原有数据及多方数据进行税务申报。

2019年起，中国开始征收"全球税"。

企业

复杂基础架构&合规报告

以太网多环保护技术&商业智能：
SAP、Oracle、Netsuite、Tableau

会计/审计公司：
普华永道、德勤、安永、毕马威

图5.13　Libra Tech（天秤科技）

层级

服务　　　四大会计师事务所
　　　　　审计、税务、咨询

应用　　　Libra enterprise
　　　　　集合、增强、分析、连接

数字资产（视频、音频、图片、比特币、DAC、DAH等）是下一个需要进行监管以及用户化和货币化的资产类别。

数字钱包、智能合约、身份认证
Eris、ConsenSys、NETKI

协议　　　开放系统　　　　　许可型系统
（区块链）　以太坊、超级账本、比特币　　Chain、DAH、Ripple

图5.14　Libra Tech的战略定位

Bloq是一家企业级的区块链公司，秉持着开源、去中心化、服务企业和可互通操作的理念为客户提供服务。BloqEnterprise的五大供应意图能使用户创建、测试、更新、定制及分析他们自己的公有链、私有链和许可链。BloqThink以战略筑造、设计、开发及教育补足BloqEnterprise。Blocklabs是一个区块链技术研究和测试中心，旨在着手和促进全球性业务与开源社区之间的创新。

Bloq与普华永道澳大利亚分所、Libra、NETKI共同推出了一个名为"Vulcan数字资产服务"的全新金融科技商业平台，以此使数字资产应用于日常银行业务、贸易与其他个人货币及资产相关的服务。Vulcan将提供数字货币钱包、国际支付处理、投资和交易服务，并增加了销售终端（POS）和商户服务，创造和支持本地数字货币和基于奖励系统的能力。

5.8　区块链的发展

2006年以来，区块链取得的许多发展成果归功于政府和产业在探索区块链的战略潜质上的共同合作。有以下三个因素促进区块链应用：

第一，区块链有能力以类似公钥基础设施（PKI）的方式对密钥信任提供基础。一个PKI是一系列的必要规则、方针政策和程序，以用于创建、管理、分发、使用、存储、撤销数字证书及管理公钥加密。公钥加密，亦称非对称加密，是指任何使用钥匙配对的加密系统。公钥可以被广泛散布，私钥则仅限于其所有者。区块链可以利用PKI的部署规模及管理规则。PKI也能利用区块链的支付及账本功能。

第二，许可型账本或区块链可以容纳无限大的数据区。一笔交易的合同、许可证或版权等信息都能被包含在内，这就为信任提供了多一层的保障。

第三，区块链支持智能合约，以此提高效率，同时也能制止赖账。智能手机正成为真正可信任的用户设备。最新的智能手机拥有全新的安全特色如可信平台模块，可保护用于身份验证、加密、签名的数字证书与密钥。此外，消费者也可以使用智能手机签署交易（例如使用区块链）和付款（例如使用可信比特币）。

5.9 区块链的缺陷

区块链存在4个已知问题和隐忧（图5.15）。

一是区块链应用的适用性。区块链是否优于当前的解决方案？基准有哪些？区块链是否可以降低成本、改善服务质量或增强用户体验？这些都是需要考虑的问题。不可变的公共账本，标准化的合同、会计和交易或许显得过于理想化了。业务的不同性质以及需求组织的不断变化将阻碍单一标准的建立。若想要成功，区块链应用就要为用户创造真正的价值。

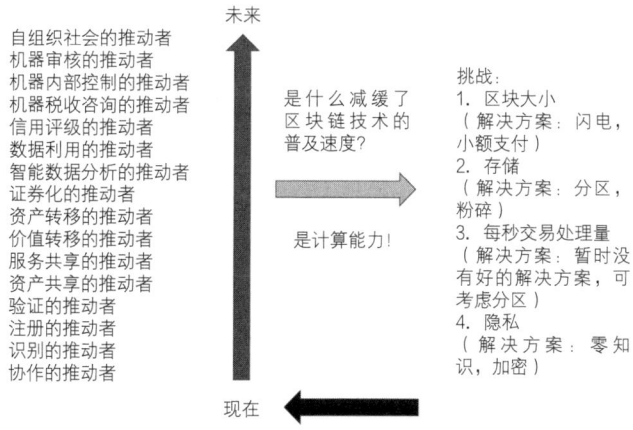

图5.15 区块链技术的现在、未来和挑战

二是研究资源的整合与分配。对于资源整合与分配存在的问题，应如何分配研究资源？相关或类似的资源是否可以合并从而产生协同增效效应？哪些解决方案或哪个行业领域应获得更多资金？以上仅列出了一部分问题。

三是降低成本的可能性。相反，实际上要确保数据安全性和不可变性或许会增加成本。确保数据不变性意味着要产生巨大的存储和电力成本。存储效率低的原因，其一是有大量的副本，其二在于无法减小区块链容量（过期和无用的数据也会被存储）。此外，重启数据需耗时。新的内容乘以其副本数，再加上距离和带宽，这些过程都十分耗时。例如，大批量交易和处理庞大数据库都会影响用户体验。

四是过度监管。该隐患涉及非法活动，例如洗钱、恐怖主义融资、欺诈和冒充。一个去中心化的框架可能不符合法规要求。监管者的早期干预和过度监管可能会阻碍区块链的发展，也可能使其潜在效益无法实现。区块链还面临许多其他的挑战，如区块大小、存储、每秒交易量、隐私、合法性和预言机问题等。

区块大小和区块链交易费上限（Gas Limit）：交易数据永久记录在称为"区块"的文件中。比特币区块的上限为1兆字节。矿工可以挖掘不超过1兆字节这一固定上限的区块，任何大于这个上限的区块都将被视为无效，只有通过硬分叉才能修改此限制[①]。以太坊用的是交易费限制，而不是区块大小。因为每一种指令，都以加斯（Gas）为单位计算交易和功能的固定成本，加斯上限即表现为处理和储存/宽带的上限。每位矿工可以通过投票调整加斯上限，还可决定可以接受的加斯价位，这就像比特币的交易费，但是这基于每加斯而不是每笔交易。闪电网络依靠支持区块链的底层技术，通过真实的比特币交易及它的本地智能合约脚本语言，就可以创建一个安全的用户网络以支持大量且高速的交易。雷电网络（Raiden Network）是一种脱链扩展解决方案，可实现近乎即时、低费用和可扩展的支付。其他概念诸如侧链、驱动链、双向锚定的解决方案将不再赘述，因已在第二章介绍过。

存储：Maidsafe、BigChainDB、Swarm、Storj、IPFS是分布式目标存储或分布式文件系统的几个例子。它们使用多种策略在涉及的节点上涂掉副本和碎片，但是它们并不总是把所有内容存放在所有位置。各种新系统正在创建，这也是一个很令人感兴趣的领域。

区块链面临的挑战还有：每秒交易处理量太小，无法实现扩展；除了用

---

① 硬分叉与区块链技术有关。一次硬分叉会彻底更改协议，此前无效的区块或交易会因此变为有效（反之亦然），这就要求所有节点或用户将协议软件升级到最新版本。

于哈希算法，区块链的计算能力仍然不足以进行有意义的大规模使用，由此带来隐私问题；在智能合约的执行过程中存在合法性与预言机的问题。对于这些技术理念，我们不在本章中进行描述。

银行业仅仅是金融科技演变的开端，我们不知道金融科技演变的当前发展情况及未来趋势，但目前可以明确的是，相同数据、相同页面，但错误更少，金融服务正在逐步松绑及去中心化。人人都有着同样的数据账本，这就意味着更少的数据错误和不匹配现象的发生。由于省去中间人，交易在几秒钟之内就能完成。扁平架构和少量的错误意味着金融服务将更精简，无须金融中介机构即可进行实时结算，这也有助于避免金融服务的重复、冗余。以上所述大大提升了交易的安全性，相比之下，SWIFT容易出错，又具有时滞，且容易被犯罪分子所利用。但SWIFT可以通过注册银行使用区块链的许可分类账轻松避免这些问题。

关于区块链的挑战及对其做出的回应仅受限于人类想象力。从资本市场的角度看，智能合约下交易后的结算过程自动、高效，且无须受信的第三方介入。金融市场可以通过使用智能合约实现自动化，从而简化当前筒仓式的交易系统。澳大利亚证券交易所（ASX）委托Digital Assets（一家美国公司）为澳大利亚市场开发分布式账本技术。商业中介经纪人公司ICAP也拥有基于智能合约的私用点对点分布式账本技术网络。分布式账本技术还可用于个人保险、数字身份等领域。该技术在医院方面的使用可实现无缝处理，进行人员身份验证，同时还能提高索赔效率。在个人保险和数字身份领域，可以像医院一样对分布式账本进行无缝处理，无密钥签名基础设施（KSI）身份验证，同时极大提高索赔效率。KSI是一个全球性的分布式系统，致力于提供时间戳和支持服务器的数字签名服务。

无密钥签名是传统的公钥基础设施签名的一种解决方案。"无密钥"并不是指签名时无须编码密钥。钥匙在验证身份时还是需要用到的，但签名不用进行到钥匙这一关便能够得到可靠验证。无密钥签名并不会因为没有钥匙而受到影响。对于那些缺乏技术领悟的人来说，无密钥签名可以解决数字签名的长期有效的问题。

作为对贸易和实时会计的总结，图5.16呈现了直接数据流和可程序化的会计录入。这是一个可服务于管理、银行借贷及监管目的，更少犯错误且免于篡改的总账本（图5.17）。

图5.16显示了为政府提供的可程序化智能合约，可用于预算分配、实时国内生产总值（GDP）和重要数据报告，同时使区块链的应用可验证和受信。

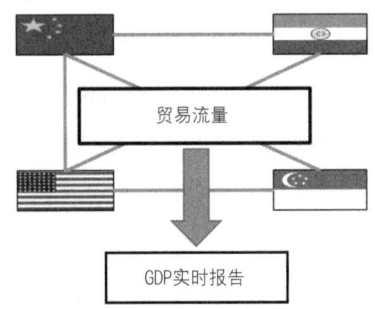

图5.16　区块链下的实时GDP

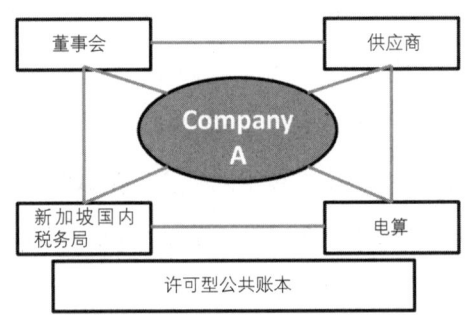

图5.17　实时会计

5.10　紧跟区块链发展趋势

区块链在监管方面的挑战仍有待解决。之后的章节将着重讨论新加坡的情况。值得注意的是，新加坡金融管理局局长孟文能（Ravi Menon）曾特别提道："如果你开始对每一方面都加以监管的话，你将会扼杀掉很多创新，它们将丧失一切的发展机会。"这也意味着新加坡金融管理局只会对那些造成风险的金融科技公司进行监管。

　　监管机构应把重点放在提高各数据系统间互通操作的能力上。比如，一个"一体化"的寻址系统可以在未知收款人银行账号的情况下，通过收款人的手机号码、电子邮箱地址、社交网络账号或其他代理支持电子付款。新加坡金融管理局将因此采取一种"监管沙盒"的方式，以给予金融机构信心为目的，在可控的范围内让它们实验并推出自己的创新产品或服务。

　　区块链和金融科技将惠普金融普及世界各地，而不仅仅局限于发展中国家。区块链和分布式账本技术绝不仅是技术，它将成为一种战略，并将改变未来商业的执行方式。世界上那些未能充分享受金融服务的人将转向非传统形式的替代性金融服务，例如支票变现、高利贷者和典当商提供的服务。需要注意的是，7.7%的美国住户没有银行账户，还有20%的美国住户未能充分使用银行服务。比如，美国的非法劳工通过诸如支票兑现点或便利店的代理商兑现支票。任何新技术从本质上来看都是颠覆性的，但进步则在于变革，而变革应当包括使颠覆性的技术更加稳定且可接受，使其可无限地普及与应用。

　　最后，我们将用两个图表结束本章的内容：

　　（1）Gartner公司的"技术成熟度曲线"（图5.18）和区块链的所在位置；（2）加密货币通常以一种开源区块链的形式与其他可投资类别资产比较（图5.19）。区块链仍旧接近膨胀期望的顶端，其所有的相关实验将引申到何处值得我们期待。

5.11　结语

　　本章写于2014—2016年期间。读者可通过sussblockchain.com共享幻灯片或通过第一作者社交媒体账号获得最新材料：

http://www.linkedin.com/in/david−lee−kuo−chuen−%E6%9D%8E%E5%9B%　BD%E6%9D%83−07750baa/@DavidkChuenLee.

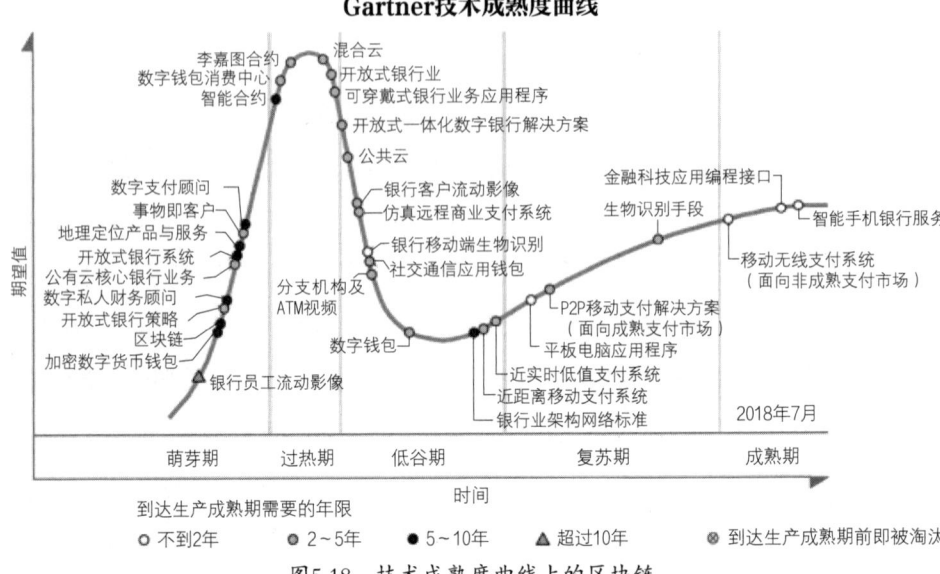

图5.18　技术成熟度曲线上的区块链

来源：Newton（2017）。

（夏普比率用于计算风险调整后的收益，时间周期为两年）

图5.19　比特币和其他资产的投资回报率

来源：Woobull, http://charts.woobull.com/bitcoin-risk-adjusted-return/。

第六章

区块链技术介绍

与Swee Won LO共同撰写

6.1 引言

2008年，中本聪在其发布的比特币协议中第一次提出了区块链的概念。比特币区块链是首个通过一种公开、透明、安全的分布式账本技术，在无须受信机构的条件下解决数字货币双重支付问题的合理设计。它通过一组遍布分布式网络中不同地理位置上互不信任的用户的协作，利用加密技术和分布式共识算法，以一种不可篡改且受信任的方式记录比特币交易。自那以后，许多企业开始投入到比特币的公有且非许可型区块链的扩展上，使比特币可以提供额外的、更加适用于商业和企业级应用的功能与特色，最终带来私有且许可型区块链的出现。

在公有链上，世界上任何人都能发送交易并参与到共识过程中核实交易。为实现去中心化，每一条公有链通常都含有原生代币，该代币主要用于激励那些参与共识过程且帮助维护区块链诚实度的诚信用户。此外，区块链会以原生代币的形式向用户收取执行交易的费用，从而有效抑制垃圾邮件。另一方面，私有链一般会被企业所使用，作为一个共享数据库，以不可篡改的方式记录信息（例如业务流程或文件）。私有链用户一般为员工，他们有法律义务去维护区块链的诚实度。因此，私有链即使没有原生代币的经济激励，也能被顺利执行。然而，一些企业可能会定期将它们的区块链状态锚定到公有链上，以承担社会责任。

在本章中，我们调查了几个突出的具有代币（Token）和无代币（Tokenless）的区块链系统。另外，我们研究了在这些系统中，为了确保区块链安全而不受攻击，分布式共识算法是如何设计的。此外，我们针对数据机密性、用户隐私和访问控制机制这几个方面，研究了这些系统提供的安全特征。接下来，我们讨论了现有区块链系统中采用的加密技术，包括它们的安全性与特征，并指出在区块链设计中可能的改善之处或安全考量。两份资料来源（Lai et al.，2017）都具有参考价值。

6.2 区块链的特征

区块链一般被视为一种不可篡改且有序的交易记录，利用加密技术和分布式共识算法来提供一份透明、可计算、可同步的"账本"，由遍布于分布式网络中不同地理位置上的一组互不信任的用户共同维护。区块链有效地消除了以一个集中化的对象为单一信任源的需求，同时大大地降低了财务交易和数据共享的成本和复杂性。

6.2.1 分布式账本技术

区块链是一种分布式账本，其主要得力技术就是P2P网络（Schoder et al.，2005）。区块链系统中的每个节点都可直接与其他节点通信，而不依赖于中心化的对象来传达信息。一个在系统内发生的交易以点对点的方式进行传播，通过所有节点使用同样的验证规则的方式进行验证，然后被添加至每一个节点维护的"账本"副本。在这个时间点上，每个节点都将得到一个区块链的更新状态。但是由于网络延迟或拥塞，区块链系统中的各节点可能不能随时拥有同版本的区块链状态。为了减少这种现象，在竭尽所能的情况下，各节点保持评分最高的状态版本（评分系统取决于区块链规格）。一旦获得评分较高的版本，每个节点将对自己的版本进行覆写，同时将信息传播给其他对等节点（Morabito，2017）。在区块链上验证某一特定交易，只需一个节点向其附近（对等）节点查询副本，然后在它从对等节点上取得足够的相同副本后即可确认该交易。

6.2.2 真相只有一个

区块链系统以一种分布式的形式传递一个单一版本的真相。这个目的可以通过加密技术和分布式共识算法达到。需要注意的是，区块链在一条被加密绑定而带有区块的链条上提供了一个不可篡改且有序的交易记录。更具体地说，就是在经一个或多个验证节点完成数字签名后，一个区块将被添加至区块链上，这个区块中包含着一份可验证交易的有序名单的加密哈希值，以及链上前一个的加密哈希值区块。加密哈希函数和数字签名的属性确保了对记录删除或更改的尝试在计算层面不具可行性，因此能有效创建一条不可篡改记录的安全链。在另一方面，分布式共识算法是让区块链上互不信任的节点就区块链状态最终达成共识的一种手段，前提是在区块链系统中至少有50％的诚实节点。有了设计完备的共识算法，一个攻击者要想影响区块链状态，则必须攻克至少51％的节点，或掌控至少51％的为区块链提供动力的内置代币。这就使篡改记录成本变得极高，进而遏制了对区块链的攻击行为。

6.2.3　加密技术

加密技术是保证区块链安全的关键技术之一。用户在对如交易、数字资产、账户状态或财务协议类数据进行处理并对区块链状态做更改之前，必须对它们进行验证并保护其完整性。无论是对于触发区块链状态变化的一笔交易，还是对于一份由公证人或验证节点发送的验证证明来说，一个能够对向区块链发送数据的用户进行究责的抵制赖账服务是必不可少的。由企业部署的私有链可能也需要一些附加功能，如设置数据机密性及一个特定的访问控制机制，即根据特定用户在组织中的角色及其能访问到的资源类别进行设定。最后，用户隐私可以从三个方面定义：用户匿名性（用户不透露身份也可进行交易的能力）、不可链接性（防止同一用户的两笔交易被识别的能力）和不可追踪性（隐藏某一金融资产的流动路径的能力）。

6.2.4　共识算法

共识算法，是让大部分互不信任的节点就区块链状态达成共识的一种方法。它本质上设定了一套所有节点在验证交易时需要遵守的规则和程序。一份设计完备的共识算法可激励那些维护区块链状态一致性的诚实节点，同时惩罚那些非诚实节点。

同步性：共识算法在很大程度上取决于区块链系统的同步性。根据"FLP不可能性证明"（Fischer et al., 1985），在分布式系统中，如果一节点发送消息到另一节点的时间没有限制，或者两个节点之间处理消息的时间差没有限制，那么可能依旧存在系统无法达成共识的情况。工作量证明（PoW）的共识算法通过控制区块产生频率和时间戳实现弱形式的同步。比如说，在比特币区块链中，对工作量证明难度目标进行适应性的调整，以达到平均每10分钟产出一个新区块，如果该区块的时间戳值位于链上的最后11个区块的时间戳的中位数和在网络调整时间后的两个小时之间，那么该区块时间戳即被视为有效。此外，在已知条件下，工作量证明算法还可以在异步网络中提供高度一致性的保证（Pass et al., 2017）。权益证明（PoS）算法和实用拜占庭式容错（PBFT）算法通过以下任意一种方式确保区块链状态同步：为一个节点对一个消息的回应设置超时期限，如若超时就会被另一活跃节点代替，以继续运行共识流程；为一笔交易设置超时期限，如果在期限内未达成共识，则该交易将被放弃。

安全性与活跃度：所有的共识算法都是为了确保区块链的安全性或活跃度，抑或两者兼顾。安全性指在执行期间不会发生任何不良情况，即共识算法的结果在所有诚实节点都有效且相同；活跃度指好的情况终将发生，即不失败的节点总会得出一个结果，从而保证算法的终结。

6.2.5　公有链与私有链

公有链不要求节点承担真实世界中具法律效力的责任与义务。因此，公有链通常是具有代币的，因为它需要原生代币来激励节点以验证交易。公有链中的共识通常通过工作量证明算法或权益证明算法实现。执行工作量证明算法的实际电力投资成本要超过其衍生收益，所以工作量证明算法会向那些为验证交易贡献电力和能量的节点提供激励，同时对试图颠覆网络的节点予以惩罚。权益证明算法会将保护和验证交易的权力分配给持有更多风险权益的节点，因此拥有更多既得利益的节点会更好地维护区块链的安全。如果行为不当，非诚

实节点将失去所有权益。而私有链则是指一个区块链网络中的所有节点为已知且可信的（比如员工、客户或组织），所以节点受制于人类的条例及规则，同样承担着真实世界中具有法律效力的责任与义务。由于环境可控，实用拜占庭式容错算法相较于工作量证明算法更为常用，因为其可更快捷地达成共识。

6.2.6　未支付交易输出与智能合约

未支付交易输出（UTXO）模型最常用于比特币区块链（Nakamoto，2008）。在此模型中，交易发起者指定比特币输入量、接收者、比特币交易数额以及可变数（也称作"未支付输出"）。未支付输出将退还给本次交易的发起者，并作为下一次的交易输入。未支付交易输出模型的主要优点在于可以以最大的努力验证交易，而缺点则在于该模型不能应付更为复杂的交易条件，即该模型并非图灵完备的。

智能合约主要参考以太坊区块链进行描述（Ethereum Foundation，2017）。研发人员可在智能合约中使用以太坊的图灵完备语言Solidity将复杂的交易公式化。智能合约以结构性的方式详述商业逻辑，在满足可交易条件时，交易将被自动执行（Wood，2017）。

6.2.7　预言机

使用智能合约的区块链系统为支持商业逻辑的执行，可能会严重依赖链下数据。由于所有节点最终必须汇聚到相同的结果上，保持区块链的一致状态很有必要。因此，需要部署智能合约的预言机来获得单一且一致的数据来源。在一条公有链上执行此操作似乎与"零信任"的初心相驳，但在一条私有链上，由于预言机得以验证身份且获得许可，所以在安全性方面更易于管理。

6.3　区块链的工作流

在区块链系统中，一笔交易先是被一个使用者公式化，接着被传播到网络进行验证。当所有节点汇聚到"该交易有效"这一共识上，交易就可以被执行，同时网络上的所有节点都将对区块链状态做一次更新。我们将在以下部分详细讨论一笔交易在区块链系统中的运行流程。

6.3.1　制定一笔交易

区块链中的一笔交易可能是指购买、出售或转让数字资产的声明，也可以包含在区块链上触发特定状态转型的元数据的一个费用荷载。因此，所有交易都有一个发起人的数字签名，以进行身份验证和抗抵赖保护，这一点至关重要。已验证的交易被传播至该网络的其他节点。根据底层区块链技术，区块链本身可以作为交易的一个记录，或者一个由交易触发区块链状态变化的记录。为了便于解释，除非另做说明，我们将假设一条区块链上的记录是针对交易制定的，即在两个节点之间转移数字资产的声明。

6.3.2　共识算法

交易信息一经传播，网络中的每个验证节点将按照交易顺序编制一条交易清单，并验证各自的数字签名。在验证环节中，节点将验证所有交易的输入和输出（比如要确保没有双重支付发生）、交易费用荷载的正确性（交易是否包含智能合约代码）等。一笔交易一经验证，节点将运行背后的共识算法。

工作量证明：在工作量证明共识过程中，那些验证节点集也被称为"矿工"。矿工们互相竞争，努力为含有已验证交易集的新区块寻找一个有效区块哈希。这通常要找到一个特定的一次性用数值（Nonce：Number Only Used Once），该一次性用数值可产生满足某个难度目标的区块哈希值。一旦找到该一次性用数值，成功找到的矿工就会将其结果传播出去，继而获得的数字货币作为奖励。工作量证明算法会给予那些贡献自己计算能力的矿工奖励，因为他们维护区块链安全并使得攻击区块链的代价变得极其高昂。攻击者需要拥有区块链社区过半数的计算能力才能将区块链状态颠覆至自己的版本。

权益证明：权益证明算法对一组拥有最多权益的验证节点进行识别，该组节点有责任对交易进行验证并产生新的区块。验证的实施是通过把节点的数字签名附加到含有已验证交易集的新区块上，而新区块通常不是"挖"出来的，而是"锻造"或"铸造"而成。验证节点也因此被称作"铁匠"或"铸币工"。权益证明算法的一个变体被称作委托权益证明（DPoS）算法，在此算法中，拥有最多权益的节点可以选择它们的代表来作为铁匠。委托权益证明算法其他的工作原理与权益证明算法一致，当大多数铁匠同意新区块有效时，就可以达成共识。因此与工作量证明算法相比，权益证明算法（和委托权益证明算法）以一种更快的方式达成共识。权益证明背后的基本原理就是，节点拥有的权益越多，在维护区块链安全的既得利益则越大。要发起一次攻击，一个攻击者就要获得足够多的权益，这将导致攻击成本飙升，使攻击者无法负担。即便假设攻击成功，攻击者也要承担相当大的经济损失。

实用拜占庭式容错：实用拜占庭式容错算法是另一种共识算法。在实用拜占庭式容错共识中，一个验证节点维护着一列可信的对等节点，前者可以依靠后者在一个新的区块的有效性上达成共识。在一个实用拜占庭式容错算法中通常存在几轮共识，在每轮共识中，当且仅当同意该交易区块有效的可信对等节点达到一个法定数量，该交易区块才能被接受。

依据区块链的类型，一列可信对等节点可以在安装时被系统确定［比如瑞波（Ripple，2013）］，也可以由节点本身来自行定义［比如超级账本织物Hyperledger Fabric（Linux基金会，2017），Stellar（恒星发展基金会，2014）］，甚至可以根据一个节点持有的权益数额来对其进行制定，比如Tendermint（All in Bits公司，2017）。实用拜占庭式容错共识机制一般被部署于私有和许可型区块链系统，网络上的所有节点都归属于受控成员，因此受制于人类的条例和规则，还需承担真实世界中具有法律效力的责任与义务。因此，实用拜占庭式容错算法无须用加密数字货币来进行内在激励。

6.3.3 记录证明

节点达成最终共识后，新的区块就会被加到区块链。每一个区块含有一列已验证的交易（可带或不带费用荷载）、前一个区块的哈希值、矿工的公钥（工作量证明算法）或铸币工的签名（权益证明算法或实用拜占庭式容错算法）、一个预言机或公证人签名、一个一次性用数值（工作量证明算法）。用户可以通过多种方式在区块链上证明自己的交易记录。在支持简单支付验证的区块链中（如比特币区块链），用户只需查询足够数量的节点就能获得最长区块链的区块哈希值列表，从而获得一份交易记录包含证明。如果交易已被记录在默克尔哈希树（Merkle，1988）结构内，就会以默克尔分枝的形式呈现。另一种方法则要求用户下载整个区块链（如以太坊），以跟踪交易所引发的区块链状态变化路径。由于区块链储存在相关的数据库中，某些区块链也支持用结构化查询语言来查询记录证明，如科尔达Corda（R3有限责任公司，2016）、恒星Stellar。

6.4 具有代币的区块链系统

通过讨论区块链上记录的数据类型、所使用的共识算法，以及区块链系统的安全性，我们研究了一些具有代币的主要区块链系统。

6.4.1 比特币区块链

2008年，中本聪设计出了被视为最初始区块链的比特币区块链，这也是公有且非许可型区块链最广泛使用的案例。比特币核心（Bitcoin Core）与其支撑数字货币比特币一同发行，而比特币区块链则记录了比特币区块链网络上比特币的交易信息。每当交易传输至区块链网络，所有节点都将验证数字签名和交易信息，以确保不会出现双重支付问题。通过验证后，该交易就会被添加到一个含有已验证交易集的新区块中。此后，节点矿工便开始运行工作量证明算法，彼此竞争，寻找有效区块哈希值，一旦哈希值满足难度目标条件，该矿工就能获得新产生的比特币奖励，或者以交易费形式获得比特币。至少要有6个区块附加到区块链上之后，本次交易才能得以确认（Rosenfeld，2014）。按照难度目标，每10分钟只能产出一个新区块，总等待时长为1小时。

通过控制新区块产出频率和时间戳，比特币区块链的工作量证明算法能实现一种弱形式的同步。如果在规定的时间范围内找不到一个新的区块哈希值，整个难度目标将会被调整，同时超出范围的时间戳将被否决掉。比特币区块链基于非图灵完备语言的未支付交易输出模型。因此，它不支持智能合约，也不能部署预言机。该区块链网络是以假名匿名的，也就是说在某种程度上，虽然它用与现实身份无关的公钥做交易，而且可以为每一笔交易生成新的公钥（亦是匿名生成），但是与一个公钥相联系的比特币在一个钱包中的流入和流出是可追溯、可链接的（Ron et al.，2013）。

6.4.2　以太坊区块链

以太坊是一个具有智能合约功能特点的去中心化平台。以太坊的虚拟数字货币被称作"以太币"（Ether或ETH），基础单位为"账户"（Account）。每一个用户都拥有一个私钥控制的外属账户（EOA）和一个合约账户（CA）。外属账户可以发送交易或信息来触发合约账户，后者包含合约码，当一条来讯满足条件时便可执行合约。以太坊区块链记录的账户状态和状态转换是由合约账户中的合约代码触发的，而合约代码又由来自外属账户或另一个合约账户的交易消息触发。一个合约账户中的合约码是图灵完备的，也就是区块链社区经常提及的"智能合约"，该合约向预言机发起查询来访问其他的链上数据。

以太坊区块链的共识算法也是工作量证明算法，但与比特币区块链使用的加密哈希函数不同的是，以太坊区块链设计了为自己所用的哈希式的算法，称为Ethash（Wood，2017）。Ethash使用的是一个大型、短暂、随

机生成的数据集,以此为每一个时间点(每125小时)形成一个有向无环图(DAG)。Ethash按以下方式运作:

(1)通过使用SHA-3类似算法将预处理数据头与当前的一次性用数值结合,生成一个128字节的Mix_0。

(2)用一个Mix_i找出在有向无环图中的一个需要检索的128字节页面,然后通过一个以太坊专用的混合函数将每个Mix_i与对应检索到的有向无环图页面合并,生成下一个混合体Mix_{i+1}。

(3)重复前一个步骤64次,得到Mix_{64},对它进行后处理,生成一个32字节的Mix Digest。

如果该Mix Digest小于或等于一个难度目标值,则此一次性用数值有效,同时在区块链状态上执行一次更新;反之,一个矿工就要增加一次性用数值并重复上述步骤。以太坊区块链的工作量证明算法难以存储,在某种程度上说,一个矿工在获得Mix_{64}之前需要使用大量内存来获取随机数据,基于此,以太坊区块链创造了一种抗专用集成电路(ASIC)的工作量证明算法,以提供一种"更公平"的彩票系统。在以太坊中,每15秒生成一个新的区块,使得它相较于比特币区块链能应付更多的交易。

以太坊区块链是一条公有链,有着和比特币区块链差不多的安全性能。但与比特币区块链的未花费交易输出模型相反,以太坊区块链仅记录一个账户交易前后的状态。一个用户若要追踪一笔交易信息,就要下载整个区块链并研究该账户的状态转换,整个过程冗长耗力。

6.4.3 以太坊经典区块链

2016年6月黑客袭击The DAO后,以太坊及其区块链进行了硬分叉处理(Atzei et al., 2017)。一些矿工和区块链社区成员反对以太坊用硬分叉的方式转移和追回那些因合约码漏洞而被盗的资金。以太坊经典区块链(DaxClassix, 2016)因此迅速成型,以支持和发掘以太坊区块链不涉及DAO硬分叉的替代版本(Hertig et al., 2016)。以太坊经典区块链的支撑加密数字货币叫作以太经典币（ETC），区块链工作原理也和以太坊区块链类似。虽然以太坊正转向使用一种被称为卡斯柏（Casper）的权益证明算法（Ladha et al.，2016），但以太坊经典区块链却沿用了之前被以太坊区块链初用的工作量证明算法。2017年4月，数字货币集团（DCG）创建了"以太经典信托"，为投资者提供了一个通过规范渠道投资以太经典币的平台，这是一个使以太经典币的需求和价格大幅提升的事件（Higgins，2017）。

6.4.4 达世币区块链

达世币（Dash）（The Dash Network，2017）基于比特币，是比特币协议的一个分叉。其建造基于比特币的核心代码，且有如私密性和可忽略的交易费等附加特点。达世币区块链是一条对其原生货币达世币的交易进行记录的公有链。该区块链是一种由矿工（第一层）和主节点（第二层）驱动的双层网络。第一层是由矿工使用X11算法中的11种哈希函数运行工作量证明算法来驱动的（Duffield et al.，2017），是一种链式哈希[所有哈希函数都是SHA-3的竞争者（Dworkin，2015）]，平均挖掘速度为2.5分钟/个。工作量证明算法使用X11算法而不是SHA-3主要是因为前者的高效性，即前者既省电，计算速度又快，其次也考虑到特定集成电路硬件实施起来较为复杂。第二层是由一组主节点来驱动的。区块链网络上的一个节点可以以1 000达世币作为抵押来成为一个主节点，而主节点是从一个有着特定顺序的主节点列表中选出的，也就是说，只有在不久之前获得过挖矿奖励且在该列表上保持足够长时间的主节点才能被选中。

第二层由主节点驱动的目的在于提供私人发送（PrivateSend）（Kiraly，2017b）和即时发送（InstantSend）（Kiraly，2017a）的附加功能。私人发送提供了使某种交易不可追踪的处理方式，主节点使用在麦克斯韦（Maxwell，2013）协议上详述的混币CoinJion技术把来自多节点（此类节点用来调用私人发送功能）且具有相同面值的未支付输出混在一起，然后随机选择一个作为下一笔交易的输入。上述过程是在第一层挖矿后发生的，矿工和主节点分别能得到45%的挖矿奖励，剩下的10%会进入金库系统。即时发送绕过了挖矿流程，一组主节点聚在一起，在得到一定量的主节点对一笔交易的同意后，对该交易进行验证。因此，在达世币区块链上的交易，除了保持匿名，还力求不可追踪。

6.4.5　Digix DAO区块链

Digix DAO 基于以太坊创建，它在以太坊区块链上将实体资产代币化。一个Digix DAO区块链系统中有3种不同类型的参与者：一是资产供应商——新加坡方圆集团（ValueMax Singapore），在Digix市场上提供经伦敦金银市场协会（LBMA）认可的金条；二是独立审计——必维国际检验集团（Bureau Veritas Inspectorate），对某个托管库存金条的数量和质量进行审查；三是托管商保险库——马卡阿米特（MalcaAmit）。

相关机构通过一项权益证明协议来对黄金购买每一阶段的交易进行验证，然后对储存在一个分布式P2P文件存储系统［星际文件系统（IPFS）（Benet，2014）］的阶段性文件进行审计。而以一个权益证明资产卡形式出现的所有权最终"证明"（该卡包含了诸如开卡的时间戳、金条的库存单位、序列号及所有相关的监管数字签名和收据等信息）便被保存在以太坊钱包里，同时也被记录在以太坊区块链上。Digix DAO的支撑代币被称为Digix金币（DGX），可以通过创建智能合约用Digix金币兑换黄金，一枚Digix金币代表1克黄金，并可以将其分割为0.001克。此外，Digix DAO还会奖励用户Digix金币，用户可凭借通过交易费收集到的Digix金币进行申领。黄金代币（DGD）代表Digix DAO的股权，也可用于对Digix DAO上提案的担保。

6.4.6　公证通区块链

公证通支持不同的应用使用不同的链，每一条链实行自己的规则、语言或平台（Factom，2017）。用户可以向链上发布数据，也可以将数据以不可篡改的方式记录在比特币区块链上。Factoid（FCT）是公证通区块链的原生

代币。该代币可用来购买写入额度,其点数则是用来购买写入的。经过验证后,每次写入将组装进一个写入区块,而一组写入区块则会组装进一个目录区块。目录区块将以10分钟的间隔附在比特币区块链上。因此,公证通区块链中的原生货币可以用于激励用户,亦可用于预防垃圾邮件。

公证通区块链上的参与者包括用户、一组审核服务器(联邦服务器出现故障时使用的备用服务器)以及一组联邦服务器(FS)。公证通区块链上的节点不验证写入,而验证涉及Factoid贸易的交易。而不同应用程序链的条目在客户端验证,其规则由用户及应用程序使用规则组和惯例进行通信约定。所以,公证通区块链并没有一个特定的共识算法。每一个写入都详细说明了商业流程和一个链ID,当其被添加至写入区块后就会得到联邦服务器的确认,在目录区块被锚定至比特币区块链上后,该区块随即成为不可篡改区块。每一台联邦服务器对一组链负责,每分钟轮转一次。每隔4个小时,联邦服务器会通过公证通注册用户的投票进行重新排名,而一份投票的权重则取决于投票者购买的写入额度和使用的写入数量。为避免联邦服务器审查,公证通会对其用户使用一种承诺方案(尚不确定使用的是何种承诺方案)来隐藏写入内容,而且只有在得到联邦服务器确认后,用户才会显示该写入内容。由于在写入区块中发布的只有写入的哈希值,因而实现了数据的机密性。

6.4.7　Lisk区块链

Lisk区块链(Dell et al.,2017)是一条公有链,其支撑加密数字货币为LSK币。Lisk区块链尝试用侧链来解决区块链上的拥塞问题,而侧链可以使用主链的LSK币,也可以使用一个全新的自定义代币。Lisk区块链记录着不同交易类型,其中包括使用LSK币进行资金转移、注册为一个代表或为代表提交一份投票。Lisk区块链所使用的共识算法是委托权益证明算法,其权益持有者通过投票选出前101名代表,投票权重取决于投票者持有的LSK币数额。

每一轮共识协议中,每一个代表以循环赛的方式签署一个随机分配的区块。如果代表没有回应,那么区块将被自动否决,同时从列表中移除。每10

秒会产出一个区块，只有当超过51%的代表同意给予一个BroadHash值（过去5个区块的一个聚合滚动哈希值）时，这个区块才能得到确认。一个代表将因制造一个区块而获得奖励。此外，每一轮的交易费是合计的，所有活跃参与者将瓜分该轮的交易费用。

6.4.8　莱特币区块链

莱特币（LTC）是开源的全球支付网络的数字货币，由比特币分叉而来，旨在减少平均区块产出时间、提高区块供应量和修正共识算法结构（Litecoin Project，2011）。莱特币区块链是一条公有链，记录其原生货币莱特币的交易信息。它使用的是工作量证明算法，该算法采用Percival和Josefsson设计的Scrypt加密算法。而比特币区块链采用的是SHA-256哈希函数，每生成一个区块需平均耗费2.5分钟。Scrypt加密算法类似于其他的抗专用集成电路算法，计算过程中需要大量内存来伪随机访问大向量的伪随机位串。矿工每次能得到25个莱特币，每4年减少一半。莱特币区块链使用未支付交易输出模型，继承了比特币区块链的安全属性。有报道称Zeusminer（Chen，2014）制造出了用于Scrypt挖矿的专用集成电路硬件，这将大大提高挖矿速度。

6.4.9　门罗币区块链

门罗币（Monero）是一种十分注重隐私性的开源加密数字货币（The Monero Project，2014）。通过工作量证明算法达成共识后，涉及支撑货币门罗币（XMR）的交易会被记录到区块链上。门罗币区块链使用的工作量证明算法基于范·萨伯哈根（van Saberhagen，2013）提出的CryptoNote协议，该协议依靠对慢速内存的随机访问并强调延迟依赖性。CryptoNote的工作量证明算法是一种结合使用了具有高级加密标准（AES）（NIST，2001）的Keccak（Dworkin，2015）哈希函数，同时用以下一种哈希函数来结束进程：BLAKE2（Saarinen et al.，2015）、Groestl（Gauravaram et al.，

2008）或Skein（Ferguson et al.，2010）。只要所选函数计算的输出值（由一个随机数决定）低于一个难度目标值，就说明矿工成功挖出了新的区块。

门罗币的一个重要特点在于它的隐私性。它的隐私性包括使用一次性随机地址来实现不可链接。发送方使用接收方的长期公钥和一个随机数，计算出一个一次性随机地址，将转账发送到唯一的接收方，而只有持有正确长期私钥的后者才能花费该笔转账。因此，只要每次发起一笔交易时都使用一个新的随机数，就不会链接到属于同一用户的账户。门罗币区块链的另一个特点在于它的不可追踪性。这是通过使用环签名（Yuen et al.，2013）实现的，即一笔未支付交易输出与一个属于其他用户、具有相同数额的未支付交易输出池混合，然后每个输出通过环签名的运算方式被它们各自的拥有者签署。环签名的属性是这样的：只要所有用户的公钥都在这个"环"中，一个检验者就能成功检验签名，同时无法对该匿名进行撤销。然而，Kumar等人（2017）的研究表明，门罗币区块链在被动分析和时间分析下仍然易受可溯性的攻击。

6.4.10　新经币区块链

新经币（NEM）是一种基于区块链技术的加密数字货币。新经币区块链也是世界前十的区块链之一（按市值），同时是已验产品中被认为是最安全的区块链之一（Li，2017）。新经币区块链网络的支撑加密数字货币为"新经币"。每个账户的新经币余额分为"既得"和"未得"两种，所有即将入账的新经币都归于"未得"余额，而支出的新经币则从"既得"和"未得"余额中划走。

新经币区块链记录了由交易触发的账户状态变化。交易可以是新经币的转账，也可以是其他的一些操作，比如把一个普通账户转换为一个多重签名账户。新经币区块链使用的共识算法是重要性证明（PoI）算法。在重要性证明算法中，只有符合条件的账户才能"收割"新区块。更具体地说，一个新区块难度级别的计算基于前60个区块（如果可用区块少于60个，那就只考虑那些可以使用的）。如果一个账户的既得余额大于或等于10 000新经币且它的

"命中"值（由该账户的公钥和前一个区块的产出哈希值计算出）小于难度目标值（使用变量计算得出，如从上一个区块产出开始到新区块产出的时长、该账户的重要性以及该新区块的难度等），那么这个账户就符合收割条件。成功收割新区块的账户会获得交易费作为奖励。

新经币区块链还支持一种被称为超级节点的节点类型。超级节点提供面向新经币区块链的访问，尤其是对精简版钱包用户，且不需要对区块链进行本地同步。拥有300万新经币的账户可得到与用14万除以每天为了达到最小技术要求而运行的超级节点的总个数的结果等值的新经币作为奖励。新经币区块链使用高级加密标准的分组密码（NIST，2001）对交易进行加密，从而提供对隐私的保护。

6.4.11 瑞波区块链

瑞波（Ripple）区块链致力于为全球价值转移提供最快、最便宜的支付平台（Ripple，2013）。它是一个私有且许可型区块链系统，可以处理涉及其原生货币瑞波币（XRP）或其他形式数字货币的交易，记录该区块链网络中账户的状态信息。瑞波币增加的流动性和交易选项可作为不同资产转换的一架桥梁，通过使用瑞波协议来减少跨境支付和外汇交易市场的低效性（Schwartz et al.，2014）。

瑞波区块链采用了一个类似于实用拜占庭式容错算法的共识算法，每笔改变区块链状态信息的交易会先来到一个节点，该节点将它们放进一个每2秒公开一次的候选集。每个节点都维护一个由该系统初始化的唯一节点列表（UNL），列表上的节点利用它们自己的私钥签署交易，从而对该交易的真实性进行投票。由于唯一节点列表中至少50％的节点不会彼此串通，因此知道且验证节点的身份是有必要的，此后才能把它添加到这一列表中。

根据共识算法设计，一笔交易可能会经历数轮投票，每轮都需要特定比例的节点来验证交易。最后一轮中，交易必须取得唯一节点列表中至少80％的节点同意，才能让所有的节点就新交易达成共识。

6.4.12 斯蒂姆区块链

斯蒂姆（Steem）区块链的设计基于类似于博客或社会新闻网站的理念，它将社交内容储存在一个区块链上（Larimer et al., 2016）。这一公有链通过被称作斯蒂姆币（STEEM）的支撑代币激励用户发布和运营优质内容，旨在为社交媒体和线上社区提供支持。用户上传的图片会被群集在Steemit（一个社交平台）上，但是其他的多媒体内容则必须通过其他网页寄存植入。

在斯蒂姆区块链中，用户可以是作者、策展人或见证人，并且可以匿名。上传内容获得向上投票的作者可获得一种金钱奖励，该奖励可以是斯蒂姆币，也可以是与美元挂钩的代币，被称作斯蒂姆元（Steem Dollars）。策展人通过策展受欢迎的内容获得奖励，包括给评论投票和提交帖子。投票的强度和策展受欢迎算法受到投票人持有的STEEM Power（斯蒂姆区块链中另外一种货币）数额的影响。

斯蒂姆区块链使用的共识算法是一种委托权益证明算法。每轮将选择21个见证人作为活跃节点的当前组，然后进行洗牌，计划每3秒产出一个新区块。因此，若每个见证人产出一个区块，每轮则大约耗时63秒。在21个见证人之中，19个由斯蒂姆币权益持有者（这些权益持有者完成了一个多年行权计划）投票选出，一个见证人将被所有未被选中的候选人按时间公用，剩下的一个则是通过工作量证明挖矿选出。工作量证明挖矿涉及寻找一个解决数字签名验证问题的一次性用数值，然后成功的节点将把一个带有工作量证明结果的交易传播出去，同时将被加入作为下一轮共识的见证人。

6.4.13 大零币区块链

大零币（Zcash）区块链（ZECC，2017）是首个全面保护交易隐私的公有链。该区块链记录着包含其支撑代币ZEC币的加密交易，其发送者、接收者及所涉金额的相关信息均可得到保密。它将现存的比特币区块链与一个使用简洁的非交互式零知识证明（zk-SNARKs, zero-knowledge Succinct Noninteractive Argument Knowledge）算法的支付防护计划搭桥。简洁的非交互式零知识证明算法由Ben–Sasson等人（2014）提出，用户通过这种算法可以验证一笔加密交易的有效性，这样交易相关信息就不会泄露给第三方。

　　大零币区块链使用的共识算法是一种带有挖矿奖励的工作量证明算法。工作量证明共识过程通过运行BLAKE2哈希函数的Equihash算法（Hopwood et al., 2017）得以实现。在该大零币区块链工作量证明共识过程的第一阶段要求矿工找到一个有效解决Equihash解决方案译码的方案。更具体地说就是矿工要找到2^k个不同的位串X_i，其中每个X_i都派生自区块头和一个一次性用数值，这样2^k个位串的异或就会在全零位元中产生。Equihash算法对查找2^k个位串的过程强加了额外的要求，以至于平均每一轮里符合要求的解决方案可能只有两个。工作量证明共识过程的第二阶段要求矿工将其解决方案（指定的k个位串）编码到区块头上，然后计算该区块头的哈希值。如果得出的哈希值满足一个难度目标门槛（可调整难度目标值将区块产生的频率控制在大约每2.5分钟产出一个新区块），则该矿工获得成功。

　　大零币区块链对所有加密交易数据提供机密性，它使用简洁的非交互式零知识证明算法来实现用户匿名以及交易的不可追踪与不可链接，从而保护了用户隐私。

6.4.14　总结及评论

　　具有代币的区块链系统包括比特币区块链、以太坊区块链、以太经典区块链等，用于记录涉及区块链固有代币的交易。一方面，这些区块链系统属于公有链，因为从某种程度上来说它们允许任何一方实施交易和参与共识过程。因此，支撑代币可以用于激励那些帮助维护区块链状态完整性的用户。另一方面，公证通区块链就是一个使用支撑代币Factoid购买写入额度的例子，它有效地证明了原生支撑代币可用于预防垃圾邮件。瑞波区块链的原生支撑代币瑞波币作为一架桥梁用于转换不同链上的资产（每个资产属于不同企业）。斯蒂姆区块链用其原生代币斯蒂姆币来鼓励用户在社交网络上发布和运营优质内容。

除了进行简单的单方向资产转移交易外，以太坊区块链引进了智能合约的概念，以实现将简单却可靠的业务逻辑执行纳入区块链系统的可能性。基于以太坊区块链创建的Digix DAO区块链就是用区块链管理和记录实物资产所有权的一个例子。

表6.1对各种具有代币的区块链系统进行了比较。可以看到的是，除了瑞波区块链、新经币区块链和Digix DAO区块链，大多数具有代币的区块链系统是公有链。由于公有链的本质，共识算法的设计至关重要的一点是要确保没有特定的节点（或组节点）可以主导和影响共识的结果。比特币区块链中的工作量证明算法本质上是一种利用一个加密哈希函数的多种性能的抽奖系统。但是，比特币区块链的工作量证明算法需要平均10分钟才能验证一个区块，用户需至少等待1个小时，才能使该区块达到不可篡改，并且工作量证明算法不能抗专用集成电路。以太坊区块链、达世币区块链、Lisk区块链、莱特币区块链和门罗币区块链中的工作量证明共识过程使用了多种抗专用集成电路的加密算法，旨在设法弥补比特币工作量证明算法的缺点。值得注意的是，新经币中的重要性证明共识算法本质上也是一种类似于工作量证明算法的抽奖系统，但是它没有专用集成电路问题且等待时间更短。

个人隐私是一个安全问题，这一点在达世币区块链、门罗币区块链和大零币区块链系统中被明确提及，并且会在本章后续部分加以讨论。

表6.1 具有代币的区块链系统

名称	比特币	以太坊	瑞波	莱特币	斯蒂姆	以太坊经典
代币符号	BTC	ETH	XRP	LTC	STEEM	ETC
市值	340亿美元	120亿美元	140亿美元	14亿美元	2.83亿美元	6.89亿美元
获取来源	挖矿、交易费、从交易所购买	挖矿、交易费、从交易所购买	用法币或数字货币从交易所购买	挖矿、从莱特币平台购买 用其他货币从交易所购买	发帖、策划奖励 用比特币从交易所购买	挖矿、交易费、从交易所购买
现行市价	2 082.83美元	131.11美元	0.36美元	26.90美元	1.21美元	7.50美元
安全属性（默认认情况下假设进行身份验证、完整性保护和抗抵赖性）	匿名性	匿名性	—	匿名性	匿名性	匿名性
共识算法	工作量证明-SHA-256算法	工作量证明-Ethash算法	具备唯一节点列表的实用拜占庭式容错算法	工作量证明-Scrypt算法	委托权益证明算法	工作量证明-Ethash算法
是否支持智能合约	否	是	否	否	否	是
机构	—	以太坊基金会	瑞波公司	莱特币基金会	Steemit股份有限公司	—
代币使用案例（不完整）	贝宝（Paypal）、微软游戏机、Windows应用程序等已接受比特币支付	八方战略（OCTAGON Strategy）可在场外交易柜台进行交易	德国Fidor银行、埃森哲、SBI控股株式会社已采用瑞波支付协议	邦驰汽车公司、宝马公司、澳大利亚Elie公司、在线礼品卡供应商eGifter等已接受莱特币支付	转换为Steem Power（在斯蒂姆拥有期权的货币之一）	DCG打造投资渠道以太坊经典信托
公有链私有链	公有链	公有链	私有链	公有链	公有链	公有链

续表

称名	达世币	门罗币	新经币	Lisk	公证通	Digix DAO	大零币
代币符号	DASH	XMR	XEM	LSK	FCT	DGD	ZEC
市值	7.33亿美元	5.12亿美元	21亿美元	0.88亿美元	0.89亿美元	1.48亿美元	1.46亿美元
获取来源	挖矿、用法币或数字货币从交易所购买	挖矿，用法币或数字货币从交易所购买	交易费、超级节点奖励，从交易所购买	锻造奖励、轮转奖励，从交易所购买	锻造激励，从交易所购买	黄金购买、众筹、售卖资产卡	挖矿，用法币或数字货币从交易所购买
现行市价	100.25美元	35.29美元	0.23美元	0.82美元	10.20美元	73.84美元	108.55美元
安全属性（默认情况下假设进行身份验证、完整性保护和抗抵赖性）	匿名性、不可追踪	匿名性、不可链接、不可追踪	匿名性、机密性	匿名性	匿名性	—	匿名性、不可链接、不可追踪、机密性
共识算法	工作量证明-X11算法	工作量证明-CryptoNote算法	重要性证明算法	委托权益证明算法	—	工作量证明-Ethash算法	工作量证明-Equihash算法
是否支持智能合约（不完整）	否	否	否	否	否	否	否
机构	The Dash Network	Monero公司	NEM国际组织基金会有限公司	Lisk基金会	公证通基金会	Digix Global公司	Zerocoin电子币公司（ZECC）
代币使用案例（不完整）	Alt Fhirty Six接受Dash交易	可在B网（Bittrex）、K网（Kraken）、ShapeShift、Bitfinex等交易所进行交易	获得马来西亚Xhai工作室、日本住信SBI网络银行认可	可在P网（Poloniex）、B网（Bittrex）、BitMEX等交易所进行交易	通过购买条目信用将数据提交至区块链	可在Digix DAO上承诺提案	可在HitBTC、P网（Poloniex）、云币、B网（Bittrex）等交易所进行交易
公有链/私有链	公有链	公有链	私有链	公有链	公有链	私有链	公有链

注：市值及现行市价查询于http://coinmarketcap.com，2017年5月21日之后不保证准确性，该表列出了区块链系统明确提及的安全属性。

6.5 无代币的区块链系统

无代币的区块链系统通常是面向企业的，用来管理和记录业务流程。但是企业同样可以在这些系统中创建自己的个性化代币，从而推进业务流程。我们从主要功能、底层共识算法和区块链系统属性几个方面研究了几种无代币的区块链系统。

6.5.1 Chain Core区块链

Chain Core（Chain Inc., 2017）是一个区块链平台，组织机构可以通过这一平台在私有且许可型区块链网络上进行金融资产的发行与转移。不同的组织机构可以由此启动并加入运行Chain协议的区块链网络。每个区块链网络由可信发行者担保，维护一个多资产共享账本，数字资产在此都具有一个通用的、可互通操作的格式，每个网络还可以表示任何价值的单元，Chain Core区块链上的区块记录所有交易的哈希值和区块链当下状态的哈希值，后者是指区块链目前未支付输出的集合。这种快照式记录使得新节点无须回顾区块链的整个历史也可以加入区块链网络。交易可能涉及资产发行、支付或资产报废，还可能存在许多有多个发起方和接受方的不同类型资产。

Chain Core区块链网络由一组区块链操作节点和一个用户节点网络组成，其操作节点中有一节点被指定用于专门产出区块，其余的完成区块签名。Chain Core区块链网络使用类似于实用拜占庭式容错的算法达成共识，被称为"联邦共识"（Chain Inc., 2016）。在这一过程中，区块生产节点从区块链网络上接收到交易信息，移除无效交易后将剩余交易整合至区块内，接着将区块发送给区块签名节点。如果区块通过所有的有效性检测，那么每一个签名节点就会对其进行验证和签名。区块生产节点一旦收到由特定数量的签名节点完成的签名（收到哪些签名由区块头指定的共识算法决定），就会将记录了交易信息的区块传播给区块链网络和所有的节点，同时会更新区块链状态的副本文件。虽然区块的生成模式被认为享有得天独厚的优势，但人们认为，其作用亦近似于当下的商务运行案例，即在许可网络上由一家公司或一种市场工具负责该网络的持续运行。只要不超过$2M-N-1$个区块签名节点违反协议就可以保证交易安全，M指所需签名节点的特定数量，N指区块链网络中签名节点的总数量。

Chain Core区块链允许多个可互通的核心网络同时存在，客户若想连接某一特定的核心网络必须获取带有跨核心授权批准的访问代币，这种代币可由管理员使用链芯控制面板授予。需要注意的一点是，区块链操作节点的数量若有增加或减少必会导致共识程序的更改，且必须有特定数量的区块签名节点同意这一更改，不过相关工具还在开发中。为避免任何形式的中心化，区块生产节点是以循环方式选出的，但这种方式是否会导致一家独大或者单点故障目前依旧未知。

6.5.2　科尔达区块链

科尔达（Corda）区块链（Brown et al.，2016）由R3公司开发，最初旨在解决金融业问题，不过也有迹象表明，科尔达区块链现在正逐步走出金融业，向物联网进军，科尔达区块链平台的代码也将会移交给超级账本项目（The Linux Foundation，2017）。科尔达区块链属于私有且许可型区块链，区块链上的节点通过点对点的方式通信，而交易信息为松散式传播，即信息不会传播至所有的节点。科尔达区块链记录"状态对象"，也被称作数字文档，用于记录两方或多方之间协议的存在、内容和状态。科尔达区块链上的每次交易都会设置输入和输出状态，包含执行业务逻辑的合约代码，每一状态都指向特定的公证人。区块链状态更新之前，必须验证和确认每个交易的输入状态都是唯一的。

确定交易的有效性和唯一性要达成两类共识——有效性共识和唯一性共识。交易双方通过执行合约代码进行验证，确保交易准确，公证人完成唯一性检测，验证输入/输出状态未被使用。交易双方进行验证时，数据机密性不会遭到破坏，因为大多数情况下，公证人会默认交易有效，只会验证输入/输出状态的唯一性。话虽如此，科尔达区块链并不局限于任何特定的共识算法，数据库共享建立在"有必要知悉"的基础上，交易的执行不依赖共识算法而是通过交易双方同意。

6.5.3 超级账本织物区块链

超级账本织物（Hyperledger Fabric）区块链是由Linux基金会发起的超级账本项目之一，属于私有且许可型区块链，采用模块化架构设计，允许共识、成员服务等组件即插即用。用户（节点）发送交易触发链码（chain code，超级账本中的智能合约）执行，导致区块状态的更改，不管状态更改成功与否，其验证历史都被记录在区块链上。链码含有系统应用逻辑和一份背书策略，后者用于指定一个或多个背书节点（Endorsers）。节点每发起一次交易后，就会将交易发送给背书节点加以验证并进行背书签名，接着节点将交易和背书签名转发至排序服务器（Orderer），在交易增添到区块和永久加入区块链之前对其进行有序分类。

超级账本织物区块链会给用户发布注册证书和交易证书。前者用于身份注册，获取加入区块链、发起交易的权限；后者无法链接到注册证书，用户得到这一证书后可以匿名发起一个或多个交易。超级账本织物使用高级加密标准对部分链码进行加密（部分加密或整体加密），从而保证数据的机密性，同时使用访问控制列表（ACL）技术在区块链之外控制访问行为（Sandhu et al., 1994）。

6.5.4 多链区块链

多链（MultiChain）（Coin Sciences Ltd., 2017）区块链用于创建和开发私有且许可型区块链。多链区块链上每创建出了一条新的区块链，管理员（创建者）就会得到最高访问权，包括对下一名管理员的指定权、资产发布权、资产转移权及对区块链流的读写权（Greenspan, 2015）。多链区块链创建新区块链的步骤如下：管理员首先要取好链名，然后获取多链区块链生成的配置文件，这份文件可以由管理员修改，设置区块目标时间、许可类型及所需共识等级等信息，接着多链区块链就会开始挖掘创世块，同时会授予管理者（也就是创建者）所有用户权限。

多链区块链的共识算法本质上类似于实用拜占庭式容错算法。拥有最高权力的首个用户（管理员）可以授予其他节点（地址）管理员权限，然后为不同节点分配不同权限。根据共识级别，每个级别更高的节点在得到新权限之前要将自己原来的权限授予其他的节点。要验证区块时，全部许可节点或区块锻造节点（在完成区块内交易作出的指令后）可通过设定采矿多样值（MD）的方式选出，此处 $0 \leq MD \leq 1$。采矿多样值乘以区块锻造节点的数量，四舍五入得到区块锻造时间间隔，且这一区块的锻造节点此前（时间间隔−1）不能锻造过其他区块。设定采矿多样值旨在防止锻造节点垄断共识过程。基于多链区块链的本质，至少有一个管理员会知晓所有节点的身份信息。多链区块链与其他区块链应用的不同之处就在于其访问控制权限通过共识过程授予，在区块链网络部署之前就已永久记录在区块链上。多链区块链上的数据机密性也是通过使用RSA−AES混合加密实现的。

6.5.5 Openchain区块链

Openchain区块链是应用于大型金融机构的开源分布式账本技术（Coinprism，2015）。它虽是一条公有链但是也能成为一个"闭环"的账本（也就是私有链），由管理员授予节点访问权限。Openchain区块链记录涉及数字资产发行与管理的交易信息，可能包括数字货币、证券、商品及所有权凭证。它由一组验证节点和一组观测节点组成，前者根据验证规则接收和验证交易，后者则保存账本状态的副本。

需要注意的一点是Openchain区块链不使用"区块"的概念，也就是说交易基于交易本身而非区块得到验证，每项交易都由一个单独的验证节点根据管理员设定的一组规则进行验证（被称为分段共识）。但是，Openchain区块链是如何选出验证节点来验证某项交易的暂时还不明确。

Openchain区块链通过锚定至比特币区块链来实现自身区块链状态的不可篡改，其中累计的哈希值（即整个账本的哈希值）将以每10分钟一次的速度发往比特币区块链。Openchain区块链用户可以是匿名状态，否则需根据区块链性质（公有链或私有链）由管理员批准身份，同时区块链通过访问控制列表技术控制访问行为。

6.5.6　量子链区块链

量子链（QTUM，发音同"Quantum"）区块链是一个基于未支付交易输出的智能合约区块链系统（Dai et al., 2017）。它创建了一个账户抽象层（AAL），将比特币区块链的未支付交易输出模型转换为以太坊区块链基于账户的接口。一旦基于未支付交易输出的交易进入网络，账户抽象层就会使用操作码来检测交易是否可使用，同时会使用共识选币算法（Consensus-Critical Coin Picking Algorithm）确保所有矿工从将要使用的账户中挑选相同货币，从而有效防止任何分叉现象的出现。此时基于未支付交易输出的交易就充当了可能触发智能合约执行的"信息"角色。接着量子链区块链会使用股权证明算法记录交易的输入与输出。

股权证明算法的运行方式是允许持有最多股权的用户成为区块锻造节点。具体而言，节点要想锻造区块，其证明哈希值必须小于或等于其币数乘以难度目标值的所得结果（证明哈希值≤币数×难度目标值）。量子链区块链每年会为锻造节点发放1%～8%的在线奖励［由此增加锻造节点数量，降低女巫攻击（Sybil Attack）的成功概率（Douceur, 2002）］。量子链区块链的智能合约使用预言机来读选链上和链下的数据，所以称为"主合约"（Master Contract）。量子链区块链也可成为私有链，提供可用于验证企业用户身份的身份模块。

6.5.7 恒星区块链

恒星（Stellar）区块链是用于价值交换的开源协议，服务器在该协议上运行软件以执行该协议并与其他服务器连接，形成一个全球价值交换网络。恒星区块链记录有所有的账户余额及交易信息，并使用具有唯一节点列表的实用拜占庭式容错算法。唯一节点列表由一组对点组成，节点可信任这组对点就交易的有效性取得共识。和瑞波区块链相比，恒星区块链网络上的每个节点都可选择一列特定数量的对点，比如信誉良好的银行与合作伙伴，因此不同的节点可以信任系统的不同子集。其共识算法被称为"恒星共识协议"（Stellar Consensus Protocol）（Mazieres，2016），这是一种联邦拜占庭式协议，每2~5秒可产出一个新区块。恒星区块链允许执行简单的智能合约，比如"当且仅当用户B发送信息至用户C时，信息才可从用户A发往用户B"。此类交易要求提供用户A和用户B的签名，一旦条件符合便可执行。恒星区块链是一条私有且许可型区块链，系统安装时需知晓节点身份。

6.5.8 锯齿湖区块链

锯齿湖（Sawtooth Lake）区块链是由英特尔模块化区块链套件开发的企业分布式区块链项目，支持许可与非许可的区块链部署，使用名为"消逝时间证明"（Proof of Elapsed Time，PoET）（Intel，2015）的新型共识算法。PoET算法通过构建使用安全中央处理器指令的受信执行环境，确保选择验证节点过程的安全性与随机性，从而在每轮共识过程中实现验证节点的随机分布。具体来说，每个验证节点需要从被称为"飞地"（Enclave）的代码处获取等待时间。等待交易区块用时最短的验证节点会被选为领导节点，所选领导节点在验证节点总数中的分布情况与其他抽奖算法的结果类似。锯齿湖区块链也为需要立即获取最终验证的交易提供了类似于瑞波区块链与恒星区块链所使用的实用拜占庭式容错算法。

6.5.9 Tendermint

Tendermint是一条分段的开源公有链。分段的区块链（比如比特币区块链、以太坊区块链等）能够以任何语言书写，通过名为"程序区块链接口"（Application BlockChain Interface）的程序接口启用（All In Bits Inc., 2017）。Tendermint由一组验证节点和一个名为"Tendermint 核心"（Tendermint Core）的共识引擎组成，采用加上股权概念的实用拜占庭式容错算法。具体而言，这一组验证节点会运行（至少）两轮共识过程，第一轮中至少2/3的验证节点必须提前给区块投票，第二轮中至少2/3的验证节点必须在区块不可篡改之前将其提交。但是，根据验证节点在区块链网络上的股权大小，每个验证节点会拥有不同的投票权，同时节点若未在规定时间内对区块作出反应，验证活动就会跳过这一超时节点。区块链共识引擎Tendermint 核心负责保证相同交易能够以相同的顺序记录。

6.5.10 龙链

龙链（Dragonchain）是迪士尼公司（2017）推出的兼具公有性和私有性的区块链，用于存储记录和进行交易。该区块链使用含有任意结构与内容的有效荷载记录交易信息。每项交易会得到不同阶段的验证。阶段一中，交易双方使用业务逻辑验证交易，在进入下一个阶段之前会剥离交易有效荷载，保证了数据的机密性。紧接着交易进入阶段二，通过检查数字签名来检查交易有效性，含有有效或无效交易列表的区块将被输出。阶段三中，验证节点将输出自己在阶段二中的记录计数（验证节点位置、密钥管理权限信息等）来保证网络多元化。外部公证人在阶段四出现，对阶段三中的验证记录进行签名。阶段五中，给外部区块链提供检查点（比如比特币区块链）。

需要注意的是龙链从阶段一到阶段四都不会使用特定的共识算法。龙链定义了一条二维区块链。具体而言，每一个位于阶段i的区块会被链接到同一阶段的前一个区块之后，其对应区块位于阶段$i-1$。也就是说，位于阶段i的

区块 j，$B_{i,j}$ 中含有交易列表（有效或无效）、B_{j-1} 的哈希值、$B_{j,i-1}$ 的哈希值及验证节点的辅助数据。在业务逻辑批准过程中（在一维阶段的阶段一中出现），每个业务目标对批准流程都有自己的要求（在第二维阶段的阶段二至阶段五出现），二维设计的基本原理也就源于此。

6.5.11　总结及评论

无代币区块链系统主要指私有链，它们不需要使用共识算法来激励用户维护区块链状态的完整性。从表6.2可知，除了科尔达区块链、龙链、量子链区块链和锯齿湖区块链，大部分无代币区块链系统都会在唯一节点列表上采用不同配置的实用拜占庭式容错算法。科尔达区块链不同于传统定义的区块链系统，其节点通信基于点对点的方式，信息也是松散传播。同样地，龙链也没有特定的共识算法，其交易验证是通过交易双方使用业务审批验证的方式完成的。而量子链则致力于通过创建一个账户抽象层来结合比特币区块链和以太坊区块链两方的优势，将未支付交易输出的交易作为输入消息，以此触发智能合约的执行，同时利用股权证明算法来记录输入和输出，所以量子链并不想成为私有链。锯齿湖区块链使用的消逝时间证明是一种类似于抽奖算法的共识算法，节点根据安全硬件决定自己是否能在每轮中验证一个区块，但是如果交易急需验证的话，锯齿湖区块链也会采用实用拜占庭式容错算法。

由于私有链一般应用于企业，所以可能需要强制实施访问控制来规定不同员工可以访问的信息种类。比如说超级账本织物区块链就是在区块链系统之外使用访问控制列表技术来控制访问行为的，而多链区块链则是以交易的形式指定每个用户的访问权限，将访问控制置于区块链内，只要系统内相关方对决策达成共识就可被授予访问权。

表6.2 无代币区块链系统

名称	Chain Core	科尔达	超级账本织物	多链	Openchain	量子链	锯齿湖	恒星	Tendermint	龙链
公有链/私有链	私有链	私有链	私有链	私有链	可配置	可配置	可配置	可配置	私有	私有
账本记录内容	金融资产、货币、证券	机构间达成的金融协议	有形资产或无形资产	数字货币交易、用户权限	金融资产、货币、证券	数字货币交易	有形资产或无形资产	账户余额、数字货币交易	数字货币交易	数字文件
共识算法	实用拜占庭式容错算法类似算法，被称为"联邦共识"	算法不固定；只通过交易双方达成共识	实用拜占庭式容错算法	实用拜占庭式容错算法	"分段共识"	股权证明算法	消逝时间证明算法	带有可配置唯一节点列表的实用拜占庭式容错算法	带有"股权"概念的实用拜占庭式容错算法	算法不固定
是否支持智能合约	是	不适用	是	是	否	是	是	是	是	不适用
行业应用实例	跨境对公连汇（Visa B2B Connect）	流动资金抵押贷款方案；加拿大帝国银行、德国商业银行、瑞士信贷、荷兰国际集团、瑞士联合银行、优质流动性资产	金融机构、创企	合约查找与分析平台	许可证合规性认证	面向传统行业务的开源区块链栈层；与亚洲普华永道开展合作	R3及其联盟成员使用的债券交易原型（试用中）	与德勤开展合作，推出小额支付	激励Cosmos网络上的Cosmos（区块链互联网）枢纽	潜在用例：售票、识别系统、投票系统等
机构	Chain Inc.	R3	Linux基金会	Coin Science Ltd	Coinprism	Qtum	英特尔	恒星发展基金会	All In Bits Inc.	迪士尼

6.6　加密

在现有的区块链系统中，一直在通过使用哈希函数和数字签名来实现数据的完整、真实，抗抵赖。发起一项新交易时，用户会创造新的随机公共地址，但是这一地址不会显示用户身份，所以大多数公有链也保证了用户匿名性。不过也有许多研究指出，虽然用户匿名性得以保证，但每次交易依旧可以被追踪和链接到（Ron et al., 2013），攻击者利用交易的可追踪性就可以获取用户在大学时的背景资料（Androulaki et al., 2013b）。本节我们将回顾现有区块链系统中使用的加密技术，并讨论加密算法如何为公有链或私有链提供安全保障，包括提供完整性和真实性保护、制止抵赖、保障数据机密性、提供隐私保护和进行访问控制。

6.6.1　哈希函数

加密哈希函数本质上为压缩函数，可将任意长度的输入数据变换成长度固定、能被唯一识别的哈希值输出。哈希函数具有确定性，输入字符串x的哈希值计算可在一定时间内完成，这个时间由x的小次多项式限定。一个加密安全哈希函数$Hash(.)$的特征如下：

（1）原相防御（Pre-image resistance）（单向）：给定一个哈希值h，不可能破解出它的原相（输入字符串）x，使得$h = Hash(x)$。

（2）碰撞防御（Collision-resistance）：不可能或很难找到两个不同的输入字符串x和y，使得$Hash(x) = Hash(y)$。

哈希函数因一些显著属性而得到广泛应用，举例如下：

（1）哈希函数可用于加快数据库的检索速度，用哈希值来识别不同的文件，可快速高效地完成查重任务。一个应用实例就是分布式文件系统——"星际文件系统"（InterPlanetary File System, IPFS）（Benet, 2014），这一系统中的每份文件，以及文件中的所有区块都有唯一的哈希值，每个节点只储存自己感兴趣的内容（即区块）。要检索一份含有特定内容的文件，节点需发送寻找对点的请求，这一对点储存了唯一哈希值所识别的区块。

（2）额外输入"私密信息"的哈希函数是"消息认证码"（Message Authentication Code）（Bellare et al., 1996）。银行提供的安全性代币就是其中一个实例，这种代币用来生成用户登录网上银行时所需的一次性密码（M'Raihi et al., 2005）。该代币中嵌入了与银行共享的密钥，以及与银行服务器时间同步的精确时钟。用户每次登录网上银行，私钥在当前时间段就会输入哈希函数生成一次性密码。一次性密码的主要优势在于，可以抵抗重放攻击（因为一次性密码只在一个时间范围中有效），同时，在经历了用户名和密码的验证（"用户所知"）之后，安全性代币会进行第二级验证（"用户所有"）。

（3）在加密应用方面，哈希函数广泛用于数字签名算法。之前已提到，不论输入数据有多少，哈希函数都可进行高效运算，而作为一种公钥密码学的数字签名算法则需要大量时间才能完成海量数据的处理。所以这种加密方法不是对原始输入数据进行签名，而是计算数据的唯一指纹（即哈希值）以及该哈希值上的数字签名。这保证了信息认证（起点证明）与数据完整性，还可制止抵赖（将于6.6.2节进行讨论）。

目前最为先进的哈希函数标准是SHA-256与SHA-512，这两者在（美国）联邦信息处理标准FIPS PUB 180-4（NIST, 2015）中有所介绍。SHA-256与SHA-512两种哈希函数可分别生成256位和512位的哈希值，其中SHA-256是更为常用的算法，也是比特币区块链的工作量证明算法中使用的哈希函数。

其他哈希函数：使用SHA-256的比特币区块链工作量证明算法并不是抗专用集成电路的，也就是说它不能使用专用集成电路来加速挖矿进程，这就带来了一种不公正的优势（偏斜的彩票系统）。目前也提出了许多备选方案，比如以太坊区块链和大零币区块链就各自设计了Ethash和Equihash算法；达世币区块链创始人埃文·杜菲尔德（Evan Duffield）设计了X-11算法，接替11种SHA-3候选哈希函数；门罗币区块链使用的则是涉及SHA-3候选算法和具有高级加密标准（AES）的Keccak（即SHA-3算法）、BLAKE2、Groestl、Skein。

最后着重讲一下莱特币区块链，这一区块链采用的工作量证明算法所使用的算法是Scrypt（Percival et al., 2016）。Scrypt算法不属于哈希函数，而是一种被有意地设计为计算集中型的密码推衍函数，发布在RFC 7914。但是自2014年5月起，专用集成电路挖矿硬件已可供基于Scrypt算法的加密数字货币使用（Chen, 2014）。

6.6.2 数字签名

数字签名是签名节点将其身份与数据块进行绑定的一种方式。这是一种公钥密码学技术，用户使用这一技术时会得到一对私钥和公钥（sk和pk），私钥sk不对外公开，用于生成用户对数据m的数字签名，公钥pk则与用户身份绑定，注册于可信赖的权力机构，可公开发布给其他任何用户。一个数字签名由两种主要的算法 [$Sign_{sk}(.)$, $Verify_{pk}(.)$] 组成。

（1）签名生成，$Sign_{sk}(.)$：签名生成算法$Sign_{sk}(.)$的运算是先输入信息m和一把私钥sk，然后输出对m的数字签名，公式为$Sig_m = Sign_{sk}(m)$。

（2）签名验证，$Verify_{pk}(.)$：给定一个信息签名对（m，Sig_m），如果$Verify_{pk}(m, Sig_m)$输出"True"，验证节点就会接受此签名并将其视为有效。

数字签名算法拥有以下特征。第一，数字签名不可伪造，也就是说，给定Alice的签名，其中$Verify_{pk}\_Alice(m, Sig_m)$输出结果为"True"，这种情况下Alice的签名只能由其对应的私钥sk Alice生成。第二，数字签名可为已签名消息提供认证和完整性保护，也就是说，与公钥pk Alice相关的有效签名Sig_m表示m确实来自Alice，且由于篡改消息m会使Sig_m失效，所以m并未被篡改。第三，数字签名可提供抗抵赖服务，从某种意义上来说，由于有效数字签名只能通过签名节点的私钥生成，所以签名节点并不能否认自己对消息m有过签名。

目前主要使用的数字签名算法有RSA数字签名算法（Moriarty et al.,

2016）、椭圆曲线数字签名算法［Elliptic Curve Digital Signature Algorithm（ECDSA）］（Johnson et al., 2001）以及爱德华曲线数字签名算法［Edwards-Curve Digital Signature Algorithm（EdDSA）］（Josefsson and Liusvaara, 2017）。具体而言，RSA数字签名算法基于计算困难的离散对数问题，是SSL协议和TLS协议（Rescorla, 2001）使用的标准算法，用于验证数字证书的真实性，反之也可用于验证网址的真实性。椭圆曲线数字签名算法基于椭圆曲线密码学（Hankerson et al., 2004），是完美隐私［Pretty Good Privacy（PGP）］（Zimmermann, 1995）及其开源版本GNU隐私卫士［Gnu Privacy Guard（GPG）］等软件中使用的标准算法（Callas et al., 2007）。与RSA数字签名算法相比，椭圆曲线数字签名算法在签名生成时间和同一安全级别下签名或密钥长度这两个方面的表现更为突出。目前RSA数字签名算法的推荐密钥长度是2 048位，椭圆曲线数字签名算法的推荐密钥长度是256位（Gura et al., 2004）。爱德华曲线数字签名算法（或其变体Ed25519）也是一种基于椭圆曲线密码学的数字签名，但是它的计算速度要比椭圆曲线数字签名算法快得多。注意椭圆曲线数字签名算法是用于比特币区块链与以太坊区块链系统的数字签名算法，而爱德华曲线数字签名算法主要用于本章考察的其他区块链系统。

区块链中，环签名是最重要的数字签名算法变体之一。在提供认证和抗抵赖服务的一般应用程序中，每个用户都必须到认证中心注册自己的身份，同时将自己的身份和公钥绑定在一起。这就意味着数字签名算法不能实现匿名，通过公钥验证为有效的数字签名为了便于证明也要与用户身份绑定在一起。在公有链中，虽然用户不需要在注册时将身份与一特定公钥进行绑定，但追踪到源于同一公钥（钱包地址）的交易的情况依旧有可能发生。门罗币区块链采用环签名就可以避免这种对隐私的侵犯。伯恩斯坦（Bernstein）等人（2011）为了在无须了解哪一具体成员对特定数据进行了签名的条件下，同样可以指定一组可能的签名节点，便提出了"环签名"这一概念。

环签名运行方式如下：假设一组中有N个用户，每个用户都有自己的公钥

和私钥对（pk_1，sk_1），（pk_2，sk_2），…，（pk_N，sk_N）。拥有密钥对（pk_i，sk_i）的用户i可以通过输入（m，sk_i，pk_1，pk_2，…，pk_N）的方式计算消息m上的环签名Sig_m。消息—签名对（m，Sig_m）能够使用集合｛pk_1，pk_2，…，pk_N｝中的任一公钥加以验证。

环签名除了应该匿名，即不能通过计算确定该组中哪个用户对消息m进行了签名之外，还继承了普通数字签名算法的所有安全属性。由于环签名会给生成签名的用户提供隐私保护，所以在李维斯特（Rivest）、沙米尔（Shamir）及陶曼（Tauman）3人的研究（2001）中，环签名被形容成"一种匿名泄露秘密的方式"。

多重签名综述：本章考察的大部分区块链系统都支持多重签名。区块链可对钱包地址提出多重签名申请，要求出示最低限定人数的签名，以证实交易有效。目前，为了让交易有效，一个要求从N中取M个签名的多重签名方案会将至少M个签名附加至交易上来运行。多重签名的代替签名方案是门限签名（Threshold Signature），可减少多重签名带来的有效荷载（Shoup，2000）。门限签名的工作原理是将密钥（签名钥匙）分成N个部分，在N个不同的用户之间共享。如果要给数据块D生成签名，那么必须存在至少M（"门限"）个密钥份（即用户）。这种方式在大大减少有效荷载大小的条件下有效实现了多重签名。

6.6.3 加密算法

数据机密性通过加密的方式实现。目前最常用的加密算法是AES（高级加密标准）算法（NIST，2001）。AES加密算法是一种区块分组密码，也就是说，这种算法会对输入的数据进行加密，然后将数据分成大小相等（128位）的区块，针对输入密钥对区块执行一系列替换排列。所以，不论输入数据的大小如何，AES加密算法在软件和硬件中的安装启用都十分迅速，该算法广泛应用于加密硬盘与邮件中的文件。

AES加密算法是一种对称加密，这就意味着加密和解密需要使用相同的密钥。但是，如果事先未建立一个使用加密通信的安全通道，两个（或多个）用户几乎不可能在面对面的情况下就一把共同密钥，或是一个共同秘密达成一致，这也就造成了扩展性的问题。为解决这一问题，研究人员便将AES加密算法与对称加密联合使用，形成了一种混合加密方案。

公钥密码学中提到的，每个用户都拥有自己的公钥和私钥对。在加密（被称为"对称加密"）环境下，公钥密码学的工作原理如下：Alice想要给Bob发送加密消息m，为了给消息进行加密，她使用对称加密函数$AE(.)$以及Bob的公钥pk Bob生成密文c，即$c=AE_{pk\,Bob}(m)$。接着生成的密文传送给了Bob，Bob使用自己的密钥sk Bob恢复了m，从而对信息完成解密，$m=AD_{sk\,Bob}(c)$，其中$AD(.)$指的是对称解密函数。使用最多的对称加密方案是RSA加密方案，应用于安全套接层协议 [Secure Sockets Layer（SSL）] 和传输层安全协议 [Transport Layer Security（TLS）] 这两种协议中，ElGamal加密方案（ElGamal，1985）则应用于GNU隐私卫士等开源软件中。

不过要注意的是，虽然对称加密无须预先共享密钥从而解决了这种加密方案中的扩展性问题，但要加密大型数据还是非常耗时的。于是我们引出了"混合加密"的概念：

（1）假定Alice想要与Bob秘密交谈，她会将选取的随机密钥k输入对称加密算法$SE(.)$，来加密想要发送给Bob的消息m，也就是Alice会计算$c_{se}=SE_k(m)$。

（2）Alice检索到Bob的加密公钥pk Bob，使用非对称加密函数$AE(.)$对私钥k进行加密，得到密文$c_{ae}=AE_{pk\,Bob}(k)$。

（3）Alice将密文（c_{se}，c_{ae}）对传送给Bob。

（4）Bob运用非对称解密函数$AD(.)$，使用自己的私钥sk Bob对c_{ae}进行解密，得到$k=AD_{sk\,Bob}(c_{ae})$。

（5）接着Bob运用对称解密函数$SD(.)$，使用私钥k对c_{se}进行解密，得到Alice的消息m，$m=SD_k(c_{se})$。

混合加密函数有效弥补了对称加密（需要创建一把共享密钥）和非对称

加密（大数据运算成本高）的缺陷。这一"包络"技术几乎应用于所有要求安全通信的协议。

数据机密性加密综述：一些区块链系统涉及转移加密数字货币，对于共识算法的执行，有的区块链系统也支持选举执行代表的"投票"过程。在这些过程中，实现数据机密性保护的措施有可能是使用同态加密（Homomorphic Encryption）（Gentry，2009）。同态加密是一种非对称加密，允许对密文进行计算生成加密输出，其结果同明文计算相同。具体来讲，一项同态加密方案 $H.Enc(.)$ 能够实现 $H.Enc(m_1) \cdot H.Enc(m_2) = H.Enc(m_1 \cdot m_2)$，此处的运算符号"·"可以是加法也可以是乘法。

6.6.4 零知识证明

零知识证明（Zero-knowledge proof）是执行于证明者（prover）和验证者（verifier）之间的密码协议，在无须向验证者透露任何相关信息的情况下，证明者可向验证者证明某一论断是正确的（Goldreich et al.，1991）。零知识证明最开始是一项交互式协议，分为三个阶段，即承诺（commit）、挑战（challenge）及反应（response）。在承诺阶段，证明者会运行一项承诺方案，这是一种密码学原语（Cryptographic Primitive），证明者在向验证者隐藏某一数值的同时可对这个数值进行承诺，其特征如下：

（1）绑定：证明者一旦承诺了所选数值，就不能再对此作更改。

（2）隐藏：鉴于证明者对这一数值作出的承诺，验证者不能得出被承诺数值的派生信息。

我们从Mao（2013）的研究中选取一个交互式零知识证明的简单例子进行说明。此协议中，我们把 $f(.)$ 作为一个具有同态属性的单向函数，即 $f(x+y)=f(x)\times f(y)$。证明者和验证者对数值 $X=f(z)$ 达成共识，其中 z 为证明者手中的秘密。其目标是实现证明者在无须向验证者透露 z 的情况下，证明 z 的信息。

（1）承诺：证明者随机选取数值 k，通过计算 $Commitment = f(k)$ 对 k 作

出承诺，接着将承诺发送给验证者。

（2）挑战：验证者随机选择挑战，挑战对象可以是数位0或数位1，接着将挑战数位（*Challenge Bit*）发送给证明者。

（3）反应：如果*Challenge Bit* = 0，证明者就会将*Response* = *k*发送给验证者；否则，会将*Response* = *k* + *z*发送给验证者。

如果*Challenge Bit*=0，验证者会接受*Response*=*Commitment*的条件；如果*Challenge Bit*=1，那么验证者就会接受*Response*=*Commitment*×*X*的条件。

为了让验证者相信证明者真的知晓秘密数值*z*，零知识证明协议必须在承诺阶段以不同*k*值运行足量回合，确保证明者猜到挑战数位的可能性达到最小。

zk-SNARK（简洁的非交互式零知识知识证明）：大零币区块链加密数字货币使用的是一种简洁的非交互式零知识知识证明（Ben-Sasson et al., 2014）。这种证明方式减少了当前零知识证明的"交互"环节。注意在此前阐述的协议中，证明者如果在每轮挑战执行前就得知了挑战数位，实施作弊就会轻而易举。zk-SNARK协议通过在初始设置时发布挑战和使用同态加密方案，允许后续验证来进行加密这两种方式，实现了非交互性。

6.6.5　访问控制

假定系统已经认证识别了一名用户，访问控制方案则会进一步确定该名用户可访问的资源类别。私有链中的用户可以共享资源，但与此同时也必须防止出现安全漏洞，所以访问控制的实施对私有链极为重要。在超级账本织物区块链和Openchain区块链这两种区块链系统中，访问控制列表置于系统之外，用来管控用户权限。访问控制列表（Sandhu et al., 1994）主要应用于UNIX之类的操作系统，限制用户对文件对象的访问。每一对象被存储时，访问权限会指定访问主体（实体）和相关特权（如读、写或删除）。多链区块链系统中的访问控制启用较为特殊，链的创造者会被赋予一项管理员权限，享有特权的用户达成共识后，区块链会记录后续的特权分配。

6.6.6　讨论

在比特币区块链中，用户每次发送一项新交易之前都会使用一把新的公钥，同时交易会从一个随机的钱包地址发出。公钥与用户身份无关，所以可以保证匿名交易。大多数公有链遵循和比特币区块链相同的设计惯例，都会为用户提供匿名服务。但是未支付交易输出依旧可追踪，并且若两项不同的未支付交易都源于同一钱包地址，则两者都可被链接。为解决以上问题，达世币区块链配置了私人发送功能，为实现该功能，主节点将矿池中面值相同的未支付输出混合，然后随机选择一个作为下一次交易的输入。门罗币区块链通过整合一组节点的方式来使用环签名，可用这一组中任一节点的公钥对交易上生成的环签名进行验证，这就隐藏了真正的交易发送者。另一个是大零币区块链，为解决隐私问题，它使用简洁的非交互式零知识证明，完全隐藏了交易的发送者、接收者以及交易的金额。

数据机密性可通过使用AES算法、RSA加密算法等实现。这在大零币区块链、多链区块链、新经币区块链、超级账本织物区块链等区块链系统中都得到了证明。此外还提到，另一种数据机密性能够通过轻微调整共识过程实现，比如科尔达区块链和龙链区块链这两种区块链系统会限制交易双方对交易的验证，同时在交易送予公证前会剥离交易的有效荷载。而公证通区块链为承担社会责任会将自己锚定至比特币区块链，它发布的不是交易数据，而是区块哈希值。

6.7　结束语

区块链利用加密技术和分布式共识算法，在无须第三方信托参与的条件下为用户提供了安全且不可篡改的分布式账本。当区块链系统广播一项新交易时，所有的节点为了验证交易的有效性就会运行共识算法。一旦节点达成共识，这项交易就会添至区块，接着通过加密技术，以不可篡改的方式添至区块链。本章中，我们考察了一些主要的区块链，有的基于代币，有的则无须代币。同时我们也考察了用于这些区块链系统的底层加密算法。

必须注意的是，在设计共识算法时，参与共识过程的节点集应保证具有足够的"多样性"，以确保没有节点能够主导共识过程。点点币（Peercoin）（Vasin，2014）中使用的旧版股权证明共识算法就是一个反例，这种算法根据货币年龄来选择节点，这就导致大多数节点除了在进行共识过程时会上线以外，其余时间都是静止状态，最终产生了节点主导共识过程的情况。此外，要保证同步性就必须及时过滤掉非活跃节点。另一个需要解决的，就是私钥的丢失问题。在目前运行的区块链中，丢失私钥也就意味着用户将丢失对钱包及钱包地址所持数字代币的所有权。但是，在私钥丢失的情况下，应该适当考虑共识算法的安全性，对于使用股权证明算法的公有链尤其如此。具体而言，丢失了私钥的股权持有者会面临极大的风险，攻击者会影响股权证明共识过程的结果。而这种风险在工作量证明和实用拜占庭式容错共识过程中是不存在的，因为前者本质上就是一个公平的彩票系统，而后者一般应用于私有链中，其节点身份已透露给管理员，且受管理员管控。

第七章
普惠金融科技

本章节的初稿与厄尼·特奥及多位研究助理协作完成

7.1 引言

全球大约有38%的人不曾有过正规的银行账户，有40%的人未充分享受过银行服务。2014年，世界银行发布的统计数据显示，至今仍有20亿成年人未开通银行账户，而在2011年这一人数为25亿（Demirguc-Kunt and Klapper, 2012）。为了降低经营成本，一些可持续盈利的企业选择使用金融科技，用以服务那些无银行账户和未充分享受银行服务的群体。移动通信技术降低了金融服务的成本，而低成本的金融服务则促进了金融普惠。金融普惠意味着个人和企业可以获得能满足其需求且其有能力消费的金融产品与服务，包括交易、支付、存储、信贷和保险，且这些金融产品与服务会持续、可靠地向客户提供。

全球约有62%的人未选择正规银行或半正规金融机构进行储蓄或借贷。由于合规和基础设施成本高，银行之类的金融机构其实是没有能力或者说是不愿意服务这一群体的。但是为无银行账户和未充分享受银行服务的群体提供服务有助于世界的发展，能够促进国家之间的平等，实现金融一体化。

目前金融普惠的形成面临三大主要障碍。第一，主流金融机构（如银行）和基金经理受制于国内外的管理条例，不能服务那些处于金字塔底端的人群。第二，金融机构的企业文化是追求效益、只投资未解决的难题，这就使得它们的关注点一直放在金字塔顶端的客户身上。第三，大多数业务部门是各自独立的，把关键绩效指标（Key Performance Indicators）聚焦于具体的单个渠道或单一产品的个体表现。而金融科技实现了信息、技术以及资金的共享，并且能够提供服务于整个"金字塔"的可持续商业模型。

7.1.1 资产配置与投资策略

大多数金融机构，尤其是各大银行的股本回报率（Return on Equity, ROE）正在下跌。基金经理人，特别是资金分配者目前也正面临着寻求另类资产类别的难题，希望在低增长、低收益和过高估值的情况下减少投资组合的下行。中央银行的资产负债率以前所未有的速度增长。日本银行的资产负债率从2005年到2014年已经增长了100%，负债总额达到了300万亿日元；欧洲央行的资产负债率从2005年到2012年已经增长了3倍，负债总额达到了3万亿欧元（到2015年又增长了两次）；美联储委员会的资产负债率从2005年到2014年年底增长已经超过了5倍，负债总额达到4.5万亿美元。国内生产总值占比方面，日本银行所占比例为62%、欧洲央行为20%、美联储委员会为26%。以上提到的这些数据从2008年全球金融危机爆发后至2017年就一直没有增长。金融科技面向的是无银行账户和未充分享受银行服务的群体，而这一群体的边际消费倾向更高，基于这一点，金融科技在另类资产类别中一直很受欢迎。

在量化宽松政策下，越来越多的基金经理人和主权财富基金（SWFs）转向私人股本和房地产投资。据彭博社报道，主权财富基金新加坡政府投资公司（Singapore Sovereign Wealth Fund GIC）等资深投资者除了投资"奖杯财产"（Trophy Estates）外，还在2014年上半年进行了33项直接投资，投资总额达46.5亿美元。新加坡政府投资公司率先发现了电子商务和技术投资领域的利基市场，提出了新型投资框架，以寻求特殊的投资机会。该公司投资了印度最大的网上零售商Flipkart，投资额暂时未知。此外它还将11%～15%的资金用于私人股本投资，另有9%～13%用于房地产投资，这是它实施的一项定向策略。作为新加坡政府投资公司的战略方针，将20%～28%的资金分别用于投资以上两种另类资产类别［实际投资比例为16%（7%和9%）］，这在所有主权财富基金中是首屈一指的。

鉴于资金巨大的流动性，与现有投资组合回报率成反比的资产类别是有理由配置更多资金的。在流动性过大的环境下，资本流动会导致短期的非理性价格波动，与这一波动脱钩对长期投资及其可持续性十分重要。快速资本流动（如在交易所交易的股票和债券）会影响市场价格，但投资组合不能任由市场价格的摆布，这一点至关重要。以房地产和私人股本为例，比起受短期资本流动或通货紧缩影响而失真的估值，通过资产评估报告和财务审计报告作出的第三方估值能更好地反映资产净值。通过稳健估值和对电子商务生态系统的大力投资，新加坡政府投资公司在创新方面遥遥领先于同行。

新加坡主权财富基金淡马锡是另一家资深投资机构，该公司在2010年2月投资了用于原始股融资的二级市场平台"第二市场"（SecondMarket），2014年12月，除了阿里巴巴等公司外，淡马锡还投资了一家多渠道支付公司（Adyen），该公司的支付服务是外包给国际商户的。淡马锡旗下的富登金融控股公司（Fullerton Financial Holdings）操作的投资组合不仅可以增加投资回报率，还具有极大的社会影响，之后会详细介绍该公司情况。目前大多数企业的服务对象是"金字塔"上方38%的群体，且这些企业之间有着高度相关性，在这种全球环境下，对62%无银行账户和未充分享受银行服务的群体进行投资可能是一个可行的金融创新策略，这类投资策略的意义不容小觑，可以减少收入差距、促进经济增长、增加总消费，并使该过程中的商业循环运作顺畅。在量化宽松政策下，虽然资金充裕、流动性强，但银行贷款并未进入中小微企业，这一投资策略可以补充该缺失环节。受合规成本、准备资金要求以及其他限制性法规的影响，尝试投资金融普惠的做法从商业角度来看是不可行的，但随着手机的普及，规模较大的基金机构也开始意识到普惠金融科技的潜力。

随着科技的进步，金融服务即将面临重大变革。我们观察到西方国家在有关加密数字货币的互联网协议上取得了很大进步。这一进步可以降低交易成本和国际转账费用。许多企业也加入了移动支付的行列，比如苹果和谷歌就分别推出了苹果支付（Apple Pay）和谷歌支付（Google Pay）。在中国，互联网行业的巨头，如百度、阿里巴巴、腾讯和京东（简称为BATJ）正在崛起，开始为用户提供银行与保险服务，推出了无网点银行（如微众银行WeBank）、小额金融服务（如蚂蚁金服Ant Financial）、线上保险服务（如众安保险），以及供应链融资服务（如京东金融JD Finance）。金融机构中，平安保险（PingAn Insurance）有财富管理平台陆金所（LuFax），中国工商银行（ICBC）有自己的电子商务平台——融e购。

这些技术不仅促进了金融业的发展，还对传统的银行和金融服务作了补充。这些低利润、轻资产、可扩展、重创新、易合规（LASIC原则）的金融技术可以深入无银行账户群体和未充分享受银行服务的群体。62%的无银行账户和未充分享受银行服务群体如今也可以享受这些机构提供的服务，技术的进步带来了大数据，这些机构如今也意识到市场还存在大量机会有待开发。

在后续的各节里，我们将讨论金融技术是如何带来金融颠覆和金融普惠的。

7.1.2　金融技术与颠覆

金融技术的进步会对金融进行重新定义。由于资本充足性要求日益严格，合规程序日益复杂，主流金融机构的运营成本持续攀升，加之公司间的客户争夺，主流金融机构的收益逐渐缩水。

为了增加利润，金融机构选择降低运营成本，利用金融科技解决运营痛点，达到降低成本的目的。与此同时，大数据技术可分析潜在客户（无银行账户群体和未充分享受银行服务群体），这就给创造新型服务带来了机会。小额保险和小额贷款等利润率较低的业务可以通过降低成本继续运行。消费者被"费用低廉"和"用户体验更佳"的优点吸引，会转向这些新兴金融科技业务。而资产雄厚、固定成本高的机构将无法应对此类低成本竞争对手。那些使用大数据技术和数字技术的机构也意识到，使用非传统的实时数据源放贷，风险会更低。有了借款人提供的客户数据，就可能形成金额更低、风险更小、总量更多的新贷款模式。

7.1.3　金融普惠经济学——无银行账户群体与未充分享受银行服务群体

金融排斥（Financial Exclusion）问题不仅仅出现在不发达国家。美国联邦存款保险公司2013年度全国调查发现，7.7%的美国家庭没有开通银行账户（the unbanked）[①]，20%的美国人未充分享受银行服务（the

---

① "the unbanked"指那些不具备金融机构账户的成年人。

underbanked）^①。其中第二类人会转而使用一些非传统的替代金融服务，例如不记名支票兑现行业、高利贷发放者和典当商提供的服务。举例来讲，美国的非法劳工（他们因为没有个人身份信息而无法自己兑现支票）通过像支票兑现站或便利店之类的中介来兑现不记名支票。不过这些中介会收取高额佣金，之后也会在开证行将这些支票赎回。

很多发展中国家的工人会前往国外寻找工作机会。而他们汇回家的薪酬会由于汇款费用高而大大缩水。东盟国家之间汇款费用（最低）占汇款总额的5%（图7.1）。

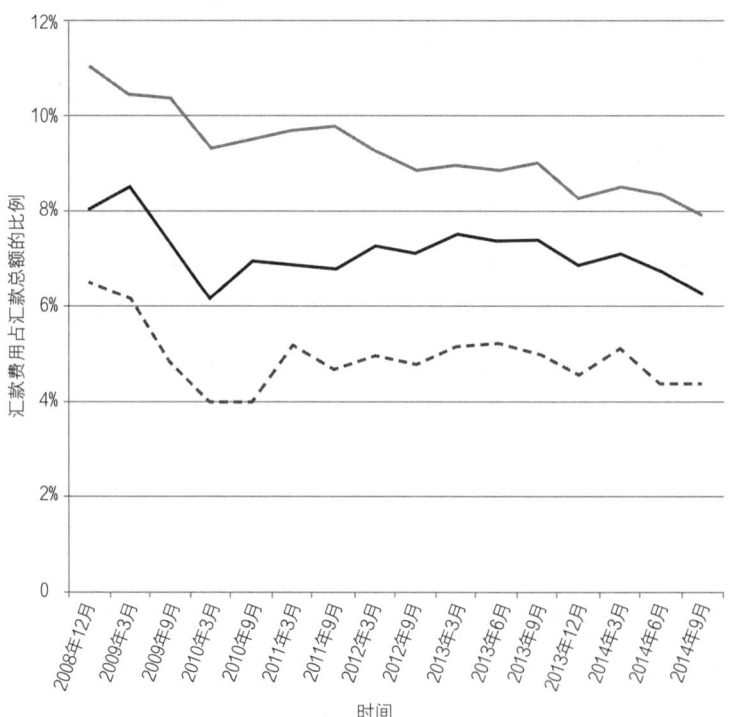

图7.1　汇费对比情况

来源：世界银行。

---

① "the underbanked" 指不能充分享受零售银行提供的主流金融服务的成年人。

　　因此，低价的汇款服务具有很大市场。世界银行表示，2016年，全球有超过5 750亿美元用于支付汇款费用。2017年第一季度，全球汇出200美元的平均成本稳定在7.45%的极高水平。这一数字远远高于联合国基于可持续发展目标SDG设下的3%。到2030年，SDG 10c（缩小国家内部及国家之间的不平等）的目标是将移民汇款的交易成本降低到3%以下，同时取消成本高于5%的汇款通道。非洲撒哈拉以南地区的汇款成本依旧很高，平均成本为9.8%。该地区（包括博茨瓦纳、莱索托和斯威士兰）拥有汇款服务账户的人数比例最多。汇款服务具有很大发展潜力，如今也出现了一些有趣的技术（比如加密数字货币）可以用来解决上述难题。本章接下来也会对此进行探讨。

　　全球移动技术的兴起极大地促进了金融普惠。通过移动设备和其他智能设备，全球许多未充分享受银行服务的群体或地区就可以接触到金融服务。图7.2和图7.3说明全球移动设备的使用量在（2007—2014）年呈指数增长。

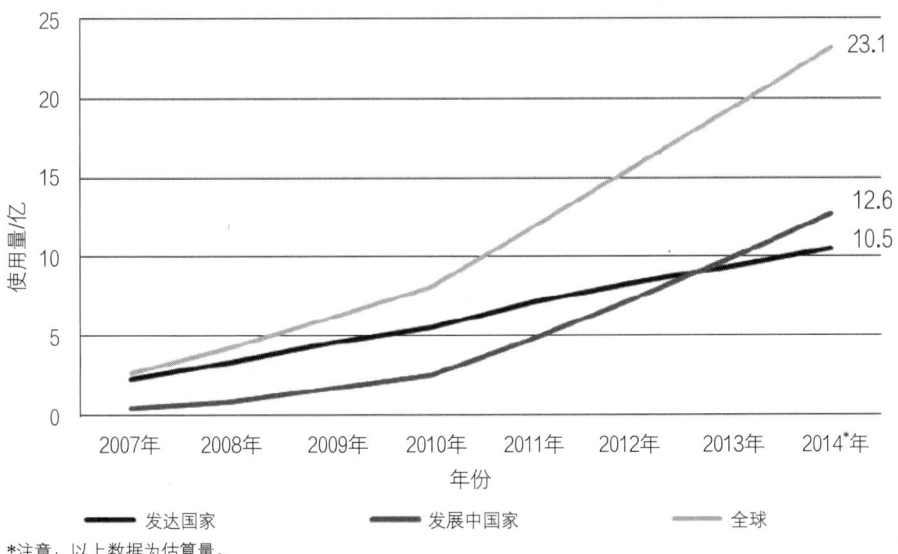

*注意：以上数据为估算量。

图7.2　移动电话活跃使用量
来源：国际电信联盟世界电信展，ICT Indicators数据库。

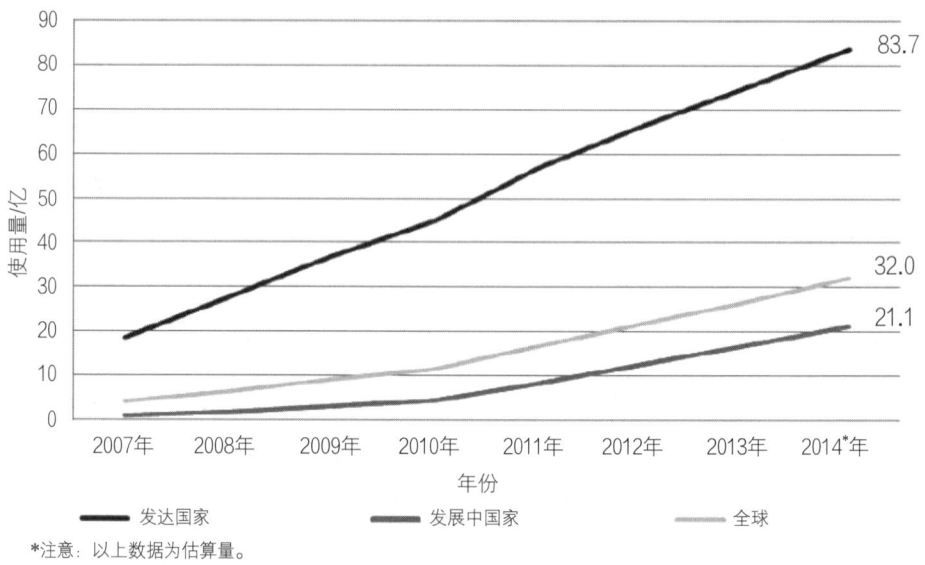

*注意：以上数据为估算量。

图7.3　移动电话活跃使用量（每100位居民）

来源：国际电信联盟世界电信展，ICT Indicators数据库。

创新金融服务不需要智能设备，有时甚至不需要连接互联网。电信公司成功推出了移动货币，可通过发送个人识别密码（PIN）信息进行操作，比如肯尼亚的M-PESA和菲律宾的GCash。这些服务允许用户之间进行转账，也可以用作储蓄账户。在肯尼亚，M-PESA的用户无须提供一些银行所要求的文件。反观其他国家，有许多会要求银行或金融机构实施移动货币计划，结果导致了普及率低的情况。印度就是一个例子，该国只有4%的人口通过手机进行汇款或支付。

金融普惠是调节收入不平等的关键，它可以更快地实现经济普惠。每5名日收入不足2美元的成年人中就有4名没有正规银行账户，发展中国家中拥有正规银行账户的成年人仅占41%，而高收入国家的这一比例达到了89%。随着全球收入不平等的加剧，二十国集团（G20）和其他主要的利益相关机构（如世界银行）开始采取金融普惠行动，主要是以强化金融的中介作用和提高效率的方式促进经济更快、更强地增长。用户能享有支付、储蓄、保险和信贷服务对经济发展十分重要，提高汇款的成本效率与透明度则是关键举措。而加快开发和扩展数字平台与数字支付对实现高速、安全、透明普惠金融和提高成本效率至关重要。使用数字平台就可以将这些服务扩展至全球。

Anson等人（2013）提出，在农村和贫困地区大范围地建设邮局可以在推动金融普惠的任务中发挥领头羊作用。根据60个国家所提供的数据（这些国家可使用邮政储蓄账户），他们发现，比起主流金融机构，邮局更可能为贫困人口、受教育程度低的人口、失业人口等金融弱势群体提供金融账户。此外他们也发现，邮局的网络效应显著，它们可以作为交易性金融服务的现金商户，以此推动金融账户的普及。换言之，如果邮局可以与金融机构或中介机构合作（充当汇款支付代理商），就会让更多的人拥有金融账户。

邮局在推进金融普惠上发挥着重要作用，在保持较低账户维护成本的同时，向金融中介或移动设施加大投入。Allen等人（2012）发现，账户成本应该是决定金融服务提供商渗透率的主要因素。总体而言，他们的研究成果表明，颁布政策减少金融普惠的壁垒可能会增加正规账户的数量，同时也会鼓励已有账户人群多使用自己的账户。最有趣的一点是，减少金融普惠的壁垒会刺激用户储蓄。实际上这是我们在互联网金融（Internet Finance）中所看到的一种趋势。互联网金融给我们提供了一种让汇款、支付与转账都更为低廉的方式，也让所有的金融服务覆盖到62%无银行账户和未充分享受银行服务的群体。

7.1.4　本章的计划

接下来，我们会以LASIC原则为基础进行分析，该原则提出了成功的金融科技企业具备的五大属性。接着，我们会利用LASIC原则检验受金融普惠影响力投资冲击的三大商业投资领域。这些领域可能会展示如何创造一个以提高收入、缩小财富差距为社会目标的可持续性企业。

我们认为，这种可持续性企业面临的社会媒体阻力最小，会得到政府的鼓励，在社会和财政层面都能获得政府和民众的支持，进而提高企业的收益。

首先，我们将研究一个在中国兴起的支付平台——支付宝，该平台是电商平台阿里巴巴旗下的产品。支付宝是一个电子钱包应用，截至2016年底，其用户已超过4.5亿。我们将说明它兴起的背景，以及它为无银行账户群体和未充分享受银行服务群体提供的各种服务。我们会花大量笔墨介绍中国的环境，探究那些致力于服务被忽视群体的企业是如何基于LASIC原则实现盈利的。

其次，我们研究肯尼亚的M-PESA，这是一项基于电信的支付系统。不过电信公司如今面临着资产负债表的"大缩水"，我们会把这一附属支付系统看作一个LASIC实体，讲述资金密集型行业是如何重新服务于无银行账户和未充分享受银行服务这两大群体的。

最后，我们将研究传统金融公司富登金融控股，该公司的服务对象为金字塔中端及底端人群。小额信贷可看作一种金融服务的来源，面向无法获得银行服务或无法获得相关服务的企业家和小型企业，类似于主流银行业中流行的零售金融模式，其使命已从推动金融普惠转为服务相对非贫困人群。这导致贷款利率超出了贫困借款人的能力范围。该公司致力于推动实现金融普惠，也取得了可观的股本回报率。

总之，不论是中心化还是去中心化网络，其颠覆力对重新定义金融都发挥重要作用。传统金融公司受制于资本充足率要求和合规成本，因此经营成本持续上升。同时，由于许多公司的服务对象都是金字塔顶端客户，服务种类也都大同小异，它们的收益增长速度也正在变缓。相反，无银行账户群体和未充分享受银行服务群体给那些通过金融科技降低运营成本的企业带来了可喜的商业机遇。金融科技既能帮助消费者降低支付、汇款、转账和信贷成本，还能帮助企业降低运营成本。如果能快速、实时地审批小型短期贷款，违约率就会降到足够低的水平，足以实现为金字塔底端人群提供贷款服务。同样，若实现创新和扩展，像小额保险这样的低利润业务就会吸引客户。用户体验得到改善，成本也得到降低之后，就能为未享受充分银行服务的群体提供众筹与投资组合管理服务。

7.2 LASIC原则

LASIC原则定义了商业模式的五大重要属性，这类商业模式能成功利用金融技术来实现为金融普惠和影响力投资创建可持续发展的社会企业的目标。五大属性如下：

（1）低利润；（2）轻资产；（3）可扩展；（4）重创新；（5）易合规。

7.2.1 低利润

当前互联网在全球实现大面积覆盖，信息与服务都可免费获得，因此，用户不愿意为服务付费（比如视频和网络游戏）。这种互联网技术呈现出的高度网络效应对建立群聚效应（Critical Mass）初始阶段提出了要求。这一过程需要耗费资金和人力进行营销。一旦建立了群聚效应，就可以通过广告或订阅费等渠道实现盈利。同时要不断努力，通过加强网络外部性和提高交换成本做好用户留存工作。从用户层面来说，利润率将保持在较低水平。这种理念是以低利润、高需求的方式获得大量用户，实现盈利。低利润是一家成功的金融科技企业的关键特征。在技术和互联网领域，大多数用户都希望能免费获得信息。服务提供商目前也在寻找一种可持续的商业模式，可能在起始阶段消耗很大，但紧接着就会进入用户增长期，最终进入盈利期，能从每个用户身上获得不错的收益。这将会造成一段时期消耗率高但收入低，接着会迎来多方收入的指数性增长。利润率在很长一段时间内会保持低水平，之后随着不同收入的增加不断上升，最终将拥有大量为服务付费的固定用户。

7.2.2 轻资产

轻资产业务具有创新性和可扩展性，不会产生巨大的固定资产成本。其边际成本相对较低，这就强化了第一条"低利润"原则。用户可以将其添加至已有系统（比如一部手机），该系统虽然贬值快但是能以低廉的边际成本带来另一种收入来源（比如互联网电话信息服务）。

7.2.3　扩展性

金融科技企业可能一开始规模小，但之后为了充分利用网络外部性带来的效益，需要扩大规模。可扩展的业务会在成本增长幅度低、技术效率不受影响的情况下完成。

7.2.4　重创新

成功的金融科技企业也需要具备创新能力，产品和运营两大方面都要具有创新性。随着移动手机和互联网服务的日益普及，金融科技领域的移动技术（比如非接触式技术）可以进行多方面的创新。此类创新案例会在接下来的小节中进行探讨。

7.2.5　易合规

商业模式必须符合政府的社会宗旨、政治宗旨、经济宗旨。企业可能会协助政府实现目标，也可能会位于政府不急于监管的领域，或有时候也由于去中心化的本质而不易受到监管。

7.3　中国的互联网金融与支付宝

我们在中国观察到的一大趋势是互联网金融的发展。中国的经济政策具有普惠性，强调通过移动设备推动互联网金融走进农村地区。金融普惠化已经被列入政府发展议程，但由于监管尚不完善，给很多企业的经营留出了灰色地带。这就加速了金融普惠的高度渗透，中国由此成为这一领域的全球引领者。我们观察到的中国趋势如下。

（1）第三方支付正在打破传统的支付方式。中国的年轻一代或是数字一代实际上并不会开具支票。据2012年统计（中国人民银行，2012），与上一年比，中国使用支票（−7.88%）和银行汇票（−11.75%）完成的交易数量持续走低。与此同时，使用银行卡完成的交易数量不断攀升（+19.84%）。2012年，互联网支付业务增长了22.76%，电话银行业务下降了18.41%，移动手机业务增长了116.46%。2.45亿用户完成的交易总额为2.31万亿元，同比增长132.39%。支付业务本身可能并不盈利，但它已经成为一种低利润业务，可以通过增加其他盈利服务来实现规模经济。截至2017年，支付宝已经拥有了5.2亿的国内用户以及1.12亿的海外用户，占中国互联网支付业务的51%，足足比Paypal多16倍！

（2）P2P借贷正在冲击第三方借贷服务。商业银行的发展基于交易和借贷，其核心活动有储蓄、发放贷款、推动交易进行。2016年，中国P2P借贷业务的规模约是美国的4倍。如果违约率低的话，这将成为一个巨大的增值盈利业务领域。

（3）云计算、大数据、社会网络等新技术推动互联网金融的发展。传统的金融活动（比如风险管理和个人金融管理）正受益于大数据分析。支付宝曾宣布，2014年其借贷业务的违约率为0.89%，同时指出这一结果受益于电子钱包的智能数据分析。图7.4列出了阿里金融和支付宝的客户群。

（4）电子商务逐渐流行，互联网的使用给小额保险带来商业机遇。2016年，仅在"光棍节"这一天（11月11日），6.57亿张小额保险交单，就带来了19.3亿美元的保费，营业额达到176亿美元，保单共计2.1亿份。这表明，电子钱包能推动交易增长，是提供更多增值盈利业务的常用策略。

（5）众筹可能取代证券买卖业务。支付宝正在使用移动钱包为用户提供额外的服务，比如电影众筹和其他风险投资。鉴于每部电影几乎都是众筹制作的，所以支付宝显而易见地成了一个极佳的融资渠道，同时也是一项盈利业务，可能会取代想要推动数字媒体债务工具交易的证券交易所。这些资产还可以用于抵押借款，还可以通过移动钱包平台进行交叉销售，由此就成了一个新的盈利渠道。

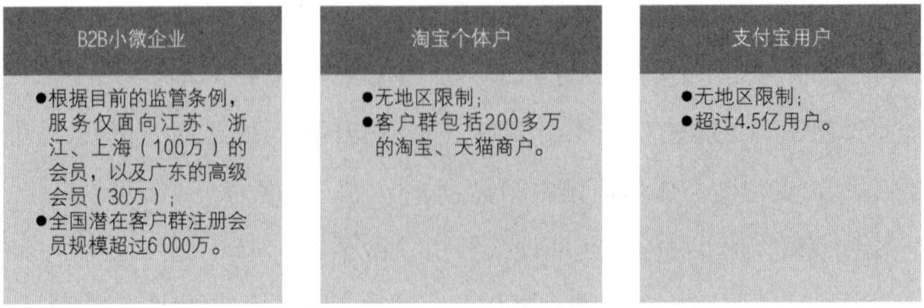

B2B小微企业	淘宝个体户	支付宝用户
●根据目前的监管条例，服务仅面向江苏、浙江、上海（100万）的会员，以及广东的高级会员（30万）； ●全国潜在客户群注册会员规模超过6 000万。	●无地区限制； ●客户群包括200多万的淘宝、天猫商户。	●无地区限制； ●超过4.5亿用户。

图7.4　阿里金融和支付宝的客户群

来源：阿里巴巴。

图7.4展示了阿里金融和支付宝的客户群，图7.5展示了支付宝贷款的风险管理过程。两者都是紧紧依赖互联网、数字设备和大数据技术运作的。此前，从未有一项技术会对金融服务产生如此深远的影响，使非银行机构基于这些技术也能提供银行服务。这类技术已开始冲击第三方支付、互联网P2P贷款、互联网保险、移动支付、融资以及其他模仿影子银行的替代金融（图7.6）。中国互联网络信息中心（CNNIC，2015）表示，截至2014年12月，中国网民已达6.49亿人，互联网普及率达到47.9%，手机网民达5.57亿人，农村地区的互联网普及率达到27.5%，手机上网使用率为85.8%。中国之所以能实现这些变革，是因为在1990年实现了经济自由化，阿里巴巴等互联网公司也纷纷在几年后成立。图7.7展示了2013—2014年中国电子商务与移动电话的用户规模及普及率情况，图7.8展示了2013—2014年中国互联网与移动支付的用户规模及普及率情况。电子商务平台伴随着消费主义不断发展，刺激了互联网金融的发展，互联网支付、企业对企业支付、移动支付等普惠金融产品也应运而生。以下为中国2014年年底其他一些有趣的数据。

（1）网络购物用户增长率为19.7%，规模达到3.61亿人，占网民总数的55.7%。

（2）网络购物用户规模增幅最大的不是20～29岁年龄段的用户（23.7%），而是50岁以上年龄段的用户，增长了33.2%。

（3）手机网络购物用户规模达到2.36亿人，增长率为63.5%，是网络购物用户规模增长率的3.2倍。

（4）互联网用户中的手机网络购物用户比例从28.9%上升到42.4%。

（5）互联网支付用户增长了17%，规模达到了3.04亿人。

（6）移动支付用户增长了73.2%，规模达到2.17亿人。

（7）互联网用户移动支付的使用率从25.1%上升到39%。

（8）支付宝以88.20%的普及率位列行业第一（图7.9）。

（9）互联网金融使用率达到12.10%，用户规模达到7 849万人（图7.10）。

（10）移动电话普及率达到94.5%，已超过其他设备。

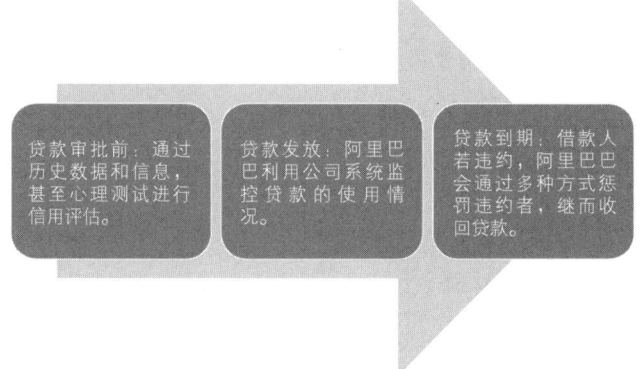

图7.5　支付宝贷款的风险管理过程

来源：阿里巴巴。

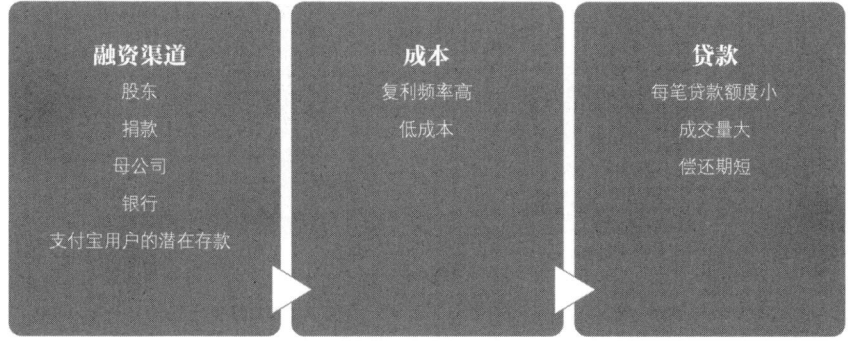

图7.6　融资渠道、成本、贷款

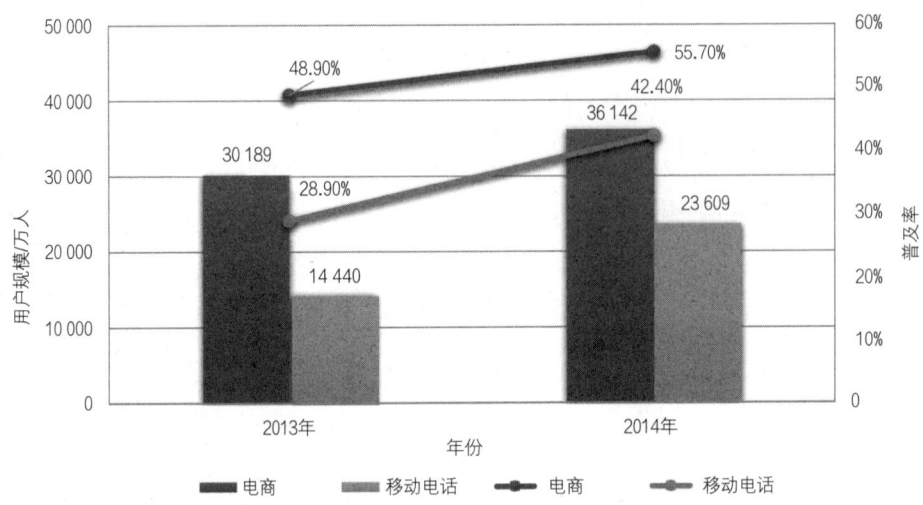

图7.7　2013—2014年中国电子商务与移动电话的用户规模及普及率

来源：中国互联网络信息中心。

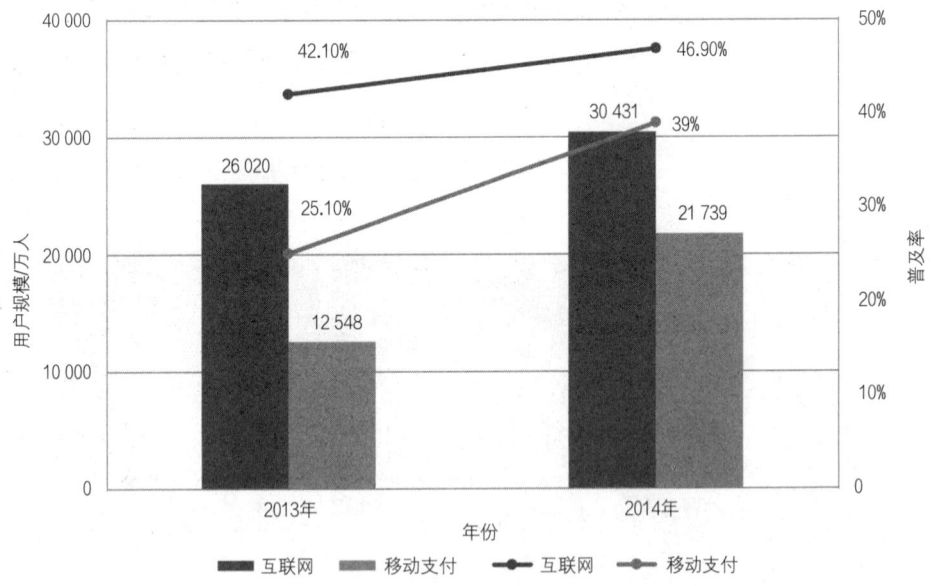

图7.8　2013-2014年中国互联网与移动支付的用户规模及普及率

来源：中国互联网络信息中心。

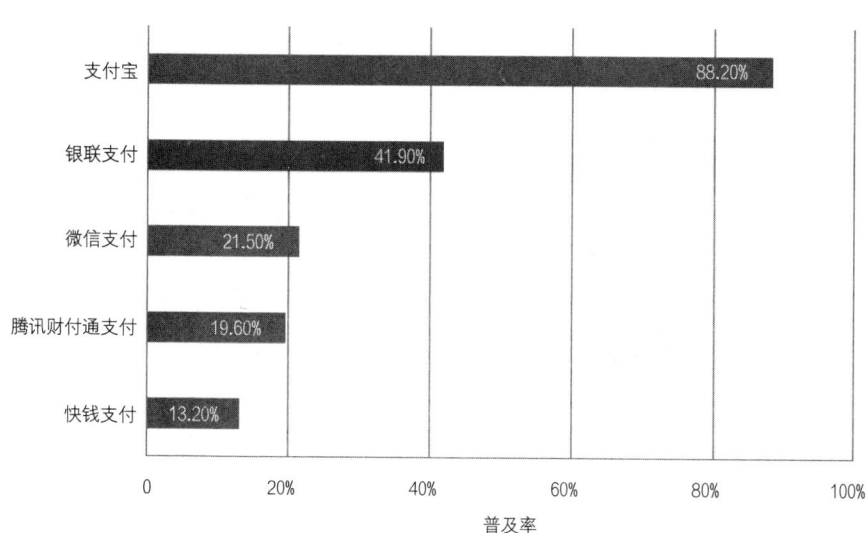

图7.9　中国互联网支付普及率

来源：中国互联网络信息中心。

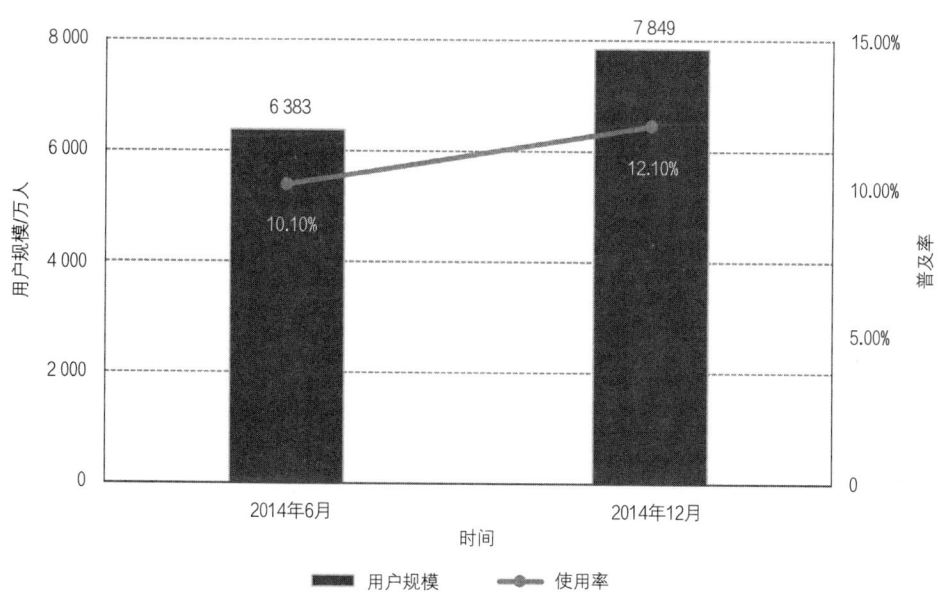

图7.10　2014年中国互联网金融用户规模及使用率

来源：中国互联网络信息中心。

7.3.1 阿里巴巴

2014年9月19日，中国阿里巴巴集团控股有限公司（简称阿里巴巴）首次公开募股，成为史上第一个筹资达到259亿美元的企业。两个月后阿里巴巴通过发行6种债券再次筹资80亿美元，分别为3亿美元的3年期浮动利率债券；10亿美元的3年期固定利率债券，利率为1.625%；22.5亿美元的5年期固定利率债券，利率为2.5%；15亿美元的7年期固定利率债券，利率为3.125%；22.5亿美元的10年期固定利率债券，利率为3.6%；7亿美元的20年期固定利率债券，利率为4.5%。其主要目的是对现有信贷体系再融资。经标准普尔公司和穆迪投资者服务公司（Moody's Investors Services）评定，上述债券分别被授予了"A+"和"A1"级，评级高于eBay、百度、亚马逊等科技巨头，同甲骨文（Oracle）和英特尔等级相当。阿里巴巴上市前已持有原始资金93亿美元，上市后资金头寸接近322亿美元。公司营收最少84.6亿美元，完成了公共筹资，商品交易总额（GMV）达到2 960亿美元（Alibaba，2014）。阿里巴巴凭借手中的资金总量成为收购大军中的强劲一员，各金融机构也面临着来自阿里巴巴的挑战。图7.11为阿里金融结构和阿里巴巴集团业务结构。

阿里巴巴旗下的淘宝和天猫在中国电子商务领域分别排名第一和第二，在中国互联网零售市场的普及率各达到 87%和69.7%。阿里巴巴另一旗下产品——团体折扣商店聚划算在团购市场的普及率为33.4%，仅次于行业排名第一的美团网（普及率高达56.6%）。阿里巴巴投资者不仅买入了一家已在美国上市的中国公司股票，还拥有一个具备零售、批发、大数据和金融业务的完整生态系统，而这些业务还会进军全球市场。除了消费者市场，阿里巴巴还打开了互联网金融市场。2013年，中国13.5亿人口中有6.49亿网民和5亿移动互联网用户。不过，截至2013年底，网上购物仅占中国总消费的8%。阿里巴巴每年的订单数达到145亿，拥有2.79亿活跃买家，一个活跃买家平均每年能产生52个订单。尽管这些数据已极其庞大，但该集团在电子商务和互联网金融领域仍有很大的增长空间。

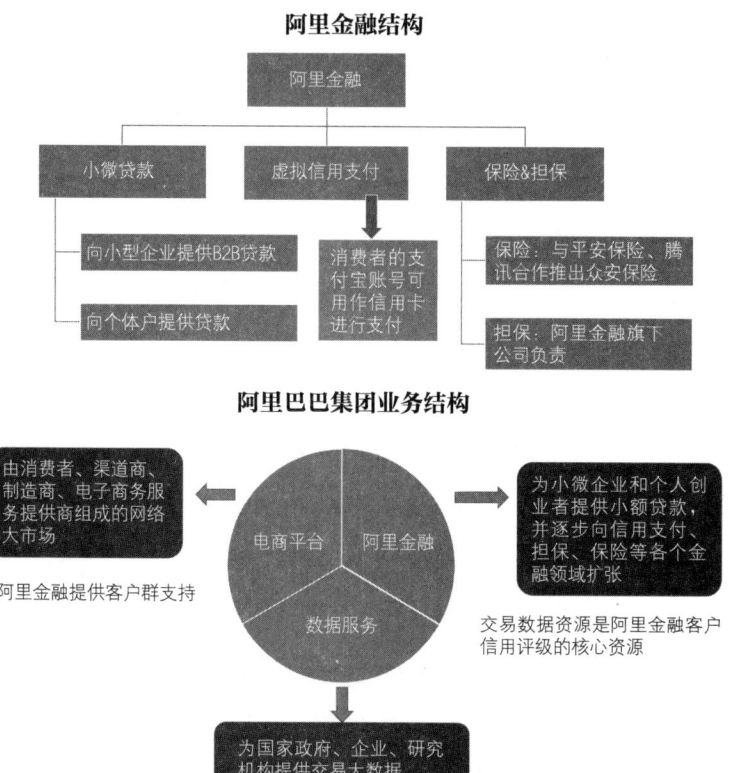

图7.11 阿里金融结构和阿里巴巴集团业务结构
来源：阿里巴巴（截至2014年）。

7.3.2 支付宝

2004年，阿里巴巴推出在线支付系统支付宝，以解决买家与卖家之间的信任问题。除了扮演支付系统这一角色，支付宝还为所有在阿里巴巴电子商务业务中进行交易的人提供代管服务。随着电子商务业务不断发展壮大，这一互联网金融系统或许能够兼顾横纵向、实现全方位发展。阿里巴巴能纵向向下拓展物流和基础设施领域，支付宝也可以搭上扩张的顺风车，横向拓展贷款、保险和其他金融服务领域。支付宝必定会成为阿里巴巴的摇钱树，但不会作为阿里巴巴的子公司存在。考虑到中国支付系统即将限制外资所有权，2011年，支付宝从阿里巴巴集团剥离。虽然浙江蚂蚁小微金融服务集团有限公司（简称

蚂蚁金服，支付宝母公司）不属于阿里巴巴，但根据2014年对2011年原始协议的修订，如果支付宝或其母公司进行首次公开募股，阿里巴巴将有权获得一笔付款。

阿里巴巴首次公开募股招股说明书显示，截至2014年6月，支付宝注册用户规模达到6亿人，移动月活跃用户达1.88亿，移动商品交易总额达到710亿美元，占中国移动零售总额的87.2%。支付宝母公司蚂蚁金服估值达500亿美元，截至2014年底，该公司已拥有近1.9亿用户，日交易量达4 500万笔。蚂蚁金服子公司芝麻信用管理公司专为消费者和小企业主提供评分服务。其数据来源于3亿多名实名注册用户以及3 700万家使用阿里巴巴电子商务平台进行交易的小型企业，服务种类与美国艾可飞（Equifax）、益百利（Experian）和环联（TransUnion）等企业类似。

7.3.3　互联网世界与创效投资支付宝

报告显示，阿里巴巴上市之前，金融界关注的一直是推特、脸书、腾讯、苹果、亚马逊和谷歌等少数公司。在香港证券交易所上市的腾讯曾是互联网股票的宠儿，该公司市值从2009年至2014年年底增长了10倍。上述企业股票都出现了现象级增长，苹果和亚马逊自上市至2014年年底股票增长了4.5倍，谷歌增长了2.7倍，脸书增长了78%，推特增长了14%。当然，从年收入、市值和手头所持现金（1 590亿美元）来看，苹果几乎在所有领域都处于领先地位。该公司2013年通过发行债券筹资170亿美元，是阿里巴巴当年发行规模的2倍。阿里巴巴上市后现金储备为342亿美元，远居第二。上述的几家企业除了腾讯和阿里巴巴为中国公司之外，其他公司都位于美国。美国作为发达国家，毫无疑问在互联网领域处于世界领先地位。但是在互联网金融的大部分领域，都是中国在充当领头羊的角色，其中又以支付宝为领跑者。在转型经济体（如中国社会主义市场经济）中，上述情况与银行是否关注到62%的无银行账户和未充分享受银行服务群体有关。

在中国，支付宝之所以能在金融领域边缘发展，是因为中国正处于社会主义市场经济发展的过程中。中国银行业由国有银行主导，银行改革自上而下困难重重，但民营互联网金融企业的改革卓有成效。中国人口庞大，电子商务的出现为交易和支付活动提供了便利，对那些因为国有银行效率较低而无法充分享受银行服务的人来说，电子商务就成了他们获取银行服务的最佳选择。金融普惠是中国以及中国共产党追求的目标，这与许多发达国家不谋而合。通过金融普惠，以授人以渔的方式帮助穷人，可能会更加适合不发达国家的发展。但是由于全球收入差距过大，不仅欠发达国家需要实现金融普惠，发达国家也要为因为金融机构覆盖面不广的问题而享受不到金融普惠带来的福利的人提供服务。

7.3.4 移动金融互联网：阿里巴巴、支付宝、蚂蚁金服

蚂蚁金服的崛起源于电子商务。商业银行的主要职能是推动交易、吸收存款和发放贷款。支票、信用卡、自动取款机和销售点系统都属于银行生态系统的一部分。从事电子商务的公司需要银行服务以外的交易设施，这就催生了非银行的第三方支付系统，如Paypal。基于上述服务的成本结构以及相对较低的利润率，银行可能会觉得无法从中获取利润，因而不会将其纳入优先考虑范围。

亚马逊资本服务公司（Amazon Capital Services Inc.）于2012年第四季度启动了亚马逊借贷项目。由此电子零售商亚马逊进入借贷市场，向其在线商家提供贷款。这一举动曾令许多人感到震惊。这些商家主要为小型企业，贷款购买商品增加库存能够增加店铺在亚马逊平台上的销售量。亚马逊实施这一策略的目的是要将更多的小商户从竞争对手eBay公司处吸引过来，从而增加其额外的收入来源。其商业模式为：商家申请贷款，平台每月从其账户划走还款款项，直至全部贷款还清。完成贷款批准只需短短4天，利率约为13%（小型企业信用卡的利率为13%～19%）。新卖家和原有大卖家的销售额增加，促使其增加商品种类。平台对商家每笔交易收取99美分的费用，如果商家店铺内的商品少于40件，则只收取每件商品价格的一小部分。一旦商品销售数量

大于或等于40件，商家就要向亚马逊支付每月40美元的报酬和收入分成。由此，亚马逊向平台商家发放贷款，而商家则通过快速贷款来增加店铺的商品数量。另一家互联网贷款公司Kabbage也采用了类似的商业模式，为eBay、亚马逊等网站的在线商家提供贷款。

而早在2009年，阿里巴巴就已经在中国采取了类似策略。当时的阿里巴巴（后剥离为蚂蚁金服）使用大数据分析技术来评估中小型企业信誉，3年内贷款账目增长至160亿美元，同时又向公众提供高于标准15倍的利率，经由天弘基金管理有限公司成功筹资870亿美元，由此一举成为中国最大的基金管理公司，产品推出9个月后就获得了新增人民币存款的20%。

2010年4月，阿里金融已经开始向淘宝和天猫商家发放贷款。随后又成立了两家小额贷款子公司，一家于2010年6月在浙江省成立，另一家于2011年6月在重庆成立。阿里金融会对淘宝商家的信用评级和业务状况进行检查，通过这种方式决定是否向淘宝商家发放贷款。淘宝商家的无担保放款申请与审批都是在线上完成的。对于进行批发市场交易的淘宝商家，阿里金融的工作人员会对其营业地点进行实地访问，以此作为信贷筛选和尽职调查过程中的重要一步。该贷款业务只适用于某些省市。截至2013年6月底，阿里金融已累计向32万多家微型企业和个人发放贷款1 000多亿元。其小额贷款金额从未超过100万元人民币，违约率只有0.87%，贷款期限也通常较短，从几天到几个月不等。

2012年中国银行业监督管理委员会与中国人民银行基于企业的资本充足率对贷款进行了限制，鉴于此，阿里金融的证券化将是提高放贷能力的重要方式。具体来说，小额贷款公司的银行贷款金额不允许超过自身资本的50%。阿里金融的浙江、重庆两家子公司所持资本分别为6亿元和10亿元人民币。中国证券监督管理委员会将在很大程度上依据风险管理能力以及发起人的财务背景来决定是否批准贷款，而阿里巴巴在这两方面都表现良好。京东、苏宁易购等其他电子商务公司也成功推出了小额贷款业务。

阿里金融通过电子商务平台大数据，成功利用互联网金融的优势，为中小微企业提供小型、快速、灵活的贷款服务。因此，阿里金融能获得政府批准在深圳证券交易所推出资产证券化产品也就不足为奇了。

Lending Club公司的借贷情况则与此截然不同。Lending Club是一个推动消费者与企业P2P贷款的线上市场，为投资者提供了一个贷款融资的机会。该公司成立之初拥有628名员工和承包商，截至2014年6月共办理贷款约379 060笔，总计50亿美元。该平台通过环联、益百利、艾可飞等信用机构识别和筛选借款人，以他们所能接受的利率发放无担保贷款。无抵押个人贷款和相应票据的初始期限为3～5年。

7.3.5 支付宝的成长历程

表7.1对比了支付宝与Paypal的用户数量增长情况（整个阿里巴巴的多渠道途径已考虑在内），图7.12为支付宝的交易价值与市场份额。

表7.1 支付宝和Paypal的用户数量增长情况

年份	支付宝注册用户/百万人	Paypal活跃用户/百万人
2008年	120	70
2009年	210	8
2010年	550	94.4
2011年	625	106.3
2012年	700	122.7
2013年	850	142.6
2014年	870	161.5

注：支付宝注册用户的数量（估计值）涵盖了所有活跃及非活跃账号，Paypal活跃用户是在过去一年中进行过一笔以上交易的消费者。
来源：Paypal，麦凯特国际咨询集团，其他来源。

2013年，天弘基金管理有限公司和支付宝联合推出余额宝，为中国最大的在线购物网站——淘宝网和天猫商城提供交易电子支付服务。除了提供自动转账功能，余额宝内资金还可以用于购物、支付水电费、购买彩票和火车票、支付信用卡等。用户可以通过个人电脑和支持支付宝钱包的智能手机在线处理所有交易。

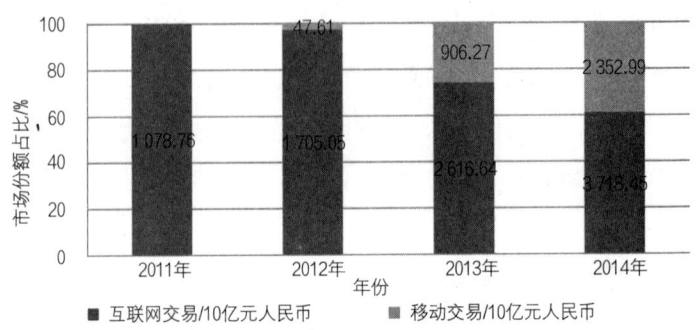

支付宝交易价值

支付宝市场份额

图7.12 支付宝的交易价值与市场份额

此外，余额宝也是一种货币市场基金，支付宝用户可以利用多余的现金投资，门槛仅为1元人民币，也可以在任何时候将该基金赎回。赎回的资金可以支付在阿里巴巴各电商平台线上购买的商品。该基金的管理公司为天弘基金管理有限公司，所投资金会进入增利宝货币市场基金。2013年10月，浙江阿里巴巴电子商务有限公司以11.8亿元人民币从内蒙古君正能源化工集团股份有限公司购入了天弘基金管理有限公司51%的股权，注册资本从1.8亿元人民币增至5.143亿元人民币（8 369万美元）。

上线18天：用户规模250万，净资产值（NAV）66亿元人民币；

净资产值（2013年3月）：19亿元人民币；

净资产值（2014年3月）：5 000亿元人民币（895亿美元）；

净资产值（2014年6月）：5 741亿元人民币（920亿美元）；

净资产值（2014年9月）：5 348.9亿元人民币（874.5亿美元）。

中国金融终端主要经营商永安投资有限公司表示，增利宝在2014年前三个月净收入3 600亿元人民币；据中国人民银行统计数据，2014年1月银行存款减少了9 400亿元人民币；据中国招商证券统计数据，2014年第一季度，货币市场基金的总规模从2013年底的6 960亿元人民币增至1.44万亿元人民币，净收益达到7 000亿元人民币。

2013年1月，华夏基金管理有限公司率先推出了在线理财产品，开始通过微信社交网络销售互惠基金（微信是阿里巴巴主要竞争对手，是腾讯旗下的产品），由此资产增加了38.1%，达到766亿美元。工银瑞信基金管理有限公司以智能手机应用为媒介向用户提供基金产品，最终资产增长了70%，达到373亿美元。这些线上平台提供的利息高于5.5%，还能应用户要求取款，这就促使用户将此前放在银行中的定期存款取出（最高利率只有3.3%），转向这些线上平台进行储蓄。但是余额宝的净资产值也出现了下降，部分是竞争导致的。华夏基金与中信银行联手推出了一种利率为4%的基金，该基金可用于银行卡购物。中国环球资产管理有限公司也推出了洋钱罐货币市场基金，可通过微信支付4.56%的利息，其资产也由此增长了44%。线上基金超市"天天基金"（Fund Eastmoney）为用户提供了一个线上移动平台，可用于订阅基金信息、转换两种不同基金。

中国的利率依旧受到严格监管。虽然针对利率自由化进行过讨论，希望利率的制定能够以市场力量为导向，以此作为中国金融改革的一部分，但利率上限还是由中央设定。2013年7月，中国人民银行取消了中央所设定的利率下限，但利率上限一直到2015年10月才被取消。

7.3.6　P2P贷款

截至2014年年底，中国网贷之家的点对点银行网站超过1 800家，贷款余额达到1 386亿元，交易量达到3 291亿元，利率在3～6个月的时间之内稳定在17%。2014年年初，全国仅有800家点对点银行网站，交易量116亿元，贷款金额320亿元，利率为19.45%。这一比例在5.67个月里达到了22.23%的峰值，借款人数达到33 500人次，放款人数达到145 630人次。需要注意的是，自余额宝大热以来，P2P贷款便成了推动利率自由化的一个关键市场因素。许多P2P贷款机构并不是借贷促进平台，而是通过互联网进行众筹，将所筹资金借给个人与小型企业。这些P2P企业或同小额信贷公司竞争，或与其结成联盟，通过P2P平台筹集资金的同时利用这些合作伙伴的专业知识。

这种绕过银行监管的影子银行业当时没有受到监管。2013年，中国人民银行实施紧缩政策，限制银行向地方政府项目提供贷款，此举导致影子银行业快速发展。P2P贷款机构有时也被看成利用互联网筹集资金的高利贷者，一些运营商或携带第三方的资金逃跑，或因到期未收回贷款而消失。此外还有一些欺诈案件，如P2P犯罪分子在投资者开业的第一天就携款潜逃。

由于不具备筹集资金、接受存款或提供本金担保的许可证，这些P2P企业都在灰色地带运营。这些企业的积极作用是它们能通过众筹为中小企业提供流动资金，缓解银行向中小企业提供资金的压力，能促进市场力量发挥作用。

支付宝的成功源于对大数据的充分使用。在不受监管的环境中，P2P贷款因为合规、成本低而得到不断发展，不受最低资本要求和其他监管约束（如合格投资者计划、针对贷款损失的强制性准备金等），也不用承担其他风险。如果市场准入标准确立，投资者保护措施到位，那么开公司的成本就会高得多。运营成本增加，就会阻碍新的市场进入者，增加企业成本。

此外，贷款行业用于征信和评级的基础设施建设也不到位。征信机构有中国人民银行的征信中心和上海资信有限公司。后者成立于1999年7月，并于2009年4月成为中国人民银行征信中心控股的子公司，2013年6月建立了全国范围的P2P征信系统，称为网络金融征信系统。

7.3.7 支付宝的发展

支付宝已渗入医院、交通系统、商业以及我们生活的方方面面。支付宝已在着手建立一个医疗服务系统，用户通过手机就可享受注册、预估等待时间、支付和查看医疗结果等服务。截至2014年支付宝已与10多家医院开展了合作，涉及北京、上海、广州、杭州等地。交通运输方面，其打车服务与支付系统已在全国得到广泛使用。针对线上和线下的购物，支付宝推出的线上到线下（Online-to-Offline，O2O）和定位服务（Location-Based-Services，LBS）已在浙江等地开展。2013年年底，支付宝与环球航空旅行计划达成合作，支付宝用户可以直接从美国航空公司、全球铁路公司、酒店、旅行社订购出境旅游产品或服务，甚至可以租车。随着中国出境游人数越来越多，支付宝还将继续开发新的业务。

2015年2月2日，由微博和支付宝联合发起的"2015让红包飞"活动正式启动，该活动整合线上和线下营销资源，达到了新的高度。传统的红包形式并未发生变化，但是它已经发展成了一个可以通过多种方式收发红包的全新游戏。

招财宝是一个P2P贷款平台，用户可以进行预约抢购、变现，申请中小企业贷款、个人贷款，以及开展直接融资项目。其产品通过保险公司和银行等金融机构进行评级和担保。而余额宝是平安保险所担保的受托人。仅需1元，投资者就可以通过黄金ETF产品——存金宝存取资金，其中存金宝由基金公司博时基金（Bosera Funds）管理。集分宝采用客户忠诚度计划，用户通过看广告答题等活动进行积分，可按照100积分抵现1元的固定比例进行积分兑换。

7.3.8 银行与竞争机构的回击

2014年，爱立信（Ericsson）在一份关于金融服务未来的信息通信技术报告中表示，互联网银行业务的出现将加剧银行之间的竞争。互联网银行业务

优化了内部驱动的价值链，能够减少银行和客户的业务成本，所以它也增强了客户适应多渠道开展银行业务的能力。支付宝有趣的一点是客户黏性（或消费者的锁定）源于电子商务。

从前文提到的统计数据可以看出，支付宝等互联网金融公司对支付系统的介入给银行带来了真实存在的危机。银行业监管机构曾多次试图减缓危机，但均未成功。在阿里巴巴、百度、腾讯等电子商务企业的支持下，这些第三方支付运营商具备了消费贷款、中小企业贷款和小规模基金管理能力。在过去几年的春节期间，红包和互联网打车服务主导了移动支付市场。不久之后，在银联（UnionPay）的领导下，银行开始大力推广近距离无线通信（Near Field Communication，NFC）支付系统，与其他第三方支付运营商展开竞争。

中国人民银行叫停了支付宝和腾讯的虚拟信用卡服务。作为回应，两家运营商陆续推出了花呗和白条，鼓励小额支付，同时为支付账户投入小额保险，用户若遇到欺诈或移动设备丢失即可获得担保收入，由此消除央行对消费者财产保护的担忧。与此同时，支付宝等第三方支付运营商的跨境服务尝试也结出了累累硕果。其中，支付宝与环球蓝联（Global Blue）率先推出退税服务，渗入了传统银行业务中的国际退税业务。

2016年2月，民间出现了取缔余额宝和类似平台的呼声，希望能对此出台更多的监管措施。究其原因，一是余额宝手握大量资金，议价能力高，可以从银行获得更高的利率，同时也能基于数据分析选择与银行的交易期限。中国的银行主要为国有企业，主要收入来源于贷款和第三方证券投资基金销售。自放开财富管理以来，银行对投资形式变化，尤其是对投资风险和基金管理变化的反应比较缓慢。

余额宝事件之后，一些银行通过限制支付宝转账对互联网银行业务进行了调整。工商银行、农业银行、中国银行和建设银行设置了支付宝的转账额度，单笔累积5 000元人民币，单月累积5万元人民币。曾经的贷款协议条款允许货币市场基金以事先商定的利率提前提取存款，银行也将对此重新进行条款谈判。用户可以通过互联网平台购买类似的国债产品。交通银行、招商银行、工商银行和民生银行都推出了与余额宝类似的竞争产品，允许用户自行投资货币市场基金，自动提款或刷卡。

2013年12月，百度公司与嘉实基金管理公司联合推出了投资产品"百发"。上海天天基金销售有限公司还与易方达基金管理有限公司、鹏华基金管理有限公司、信诚基金管理有限公司合作推出了新的理财产品。腾讯除了与华夏基金管理有限公司合作推出理财产品外，还与汇添富基金管理股份有限公司、广发基金管理有限公司合作推出即时通信应用微信。

7.3.9 总结

互联网平台和移动平台数量如今已超过了银行网点数量，投资者也已经扩大到"千禧一代"（Y generation）[①]，最低投资1马来西亚林吉特，这也是大多数人都能支付得起的金额。线上平台的活期存款能够支付市场利率，这对投资者来说是一大福利。余额宝事件表明，互联网、移动通信和金融的结合推动了以市场为基础的金融创新，而监管机构未能及时做出应对。具体而言，利率自由化、金融服务自由化和产品交叉销售自由化这三者明显冲击了银行业和保险业。

中国的情况与非洲的普惠金融模式有很大不同。在非洲，大型移动网络运营商（MNOs）是推动移动应用发展的主要驱动力，也由此促进了移动金融账户数量的增长。而中国的金融普惠是由社会主义政治制度推动的，在电子商务巨头或社交网络的支持下，创新互联网金融公司得以为不能充分享受银行服务的群体以及贫困群体提供服务，并为他们提供市场、服务和信息，这也是它们希望为农村地区和弱势群体提供服务的初衷。而银行主要服务于金字塔上层群体与国有企业。虽然中国有许多"千禧一代"和具备银行账户的人已经开始使用移动银行业务，但没有银行账户的国民规模依旧庞大。中国有潜力发展

---

① 译者注：Y世代（Y generation）也叫"千禧一代"（Millennials），多指于20世纪80年代至90年代中期出生的群体。

无网点银行和实现金融普惠，此后可能会出现一种新的模式，在这种模式下，银行和金融机构被迫创新，实现金融与创新力量的结合。

7.4 富登金融控股私人有限公司

富登金融控股私人有限公司［原名亚洲金融控股私人有限公司（AFH），简称富登金控］，是淡马锡控股私人有限公司的全资子公司，从事全球金融机构的长期战略投资和运营，当前业务主要涉及银行、信用合作社及其他主要在亚洲提供银行服务的金融机构。该公司成立于2003年，收购了印度尼西亚金融银行（印度尼西亚）和印尼国际银行（印度尼西亚）的主要股份，2003年参股印度工业信贷投资银行（印度，5%）、马来西亚联盟银行（马来西亚）、中国建设银行（中国，上市前5%的股份）、中国银行（中国，上市前5%的股份）、2005年参股NIB银行（巴基斯坦，5%）。同年，该公司与印度富登信贷有限公司（Fullerton India）于印度启动了绿地项目。2007年，该公司基于海峡殖民地首任总督罗伯特·富登（Robert Fullerton）的名字进行更名，暗示该公司的开拓性。富登金控处事低调，直至2014年才发布了2012财年的第一份年报。有趣的一点是，富登金控作为亚洲领先的金融机构，服务对象却是个体户、新兴市场中的中小微企业等，富登金控旗下的金融机构如表7.2所示。

表7.2 富登金控旗下的金融机构

实体	国家	绿地项目/收购	总资产/新加坡元	净资产收益率（ROE）/%	股权/%
印度尼西亚金融银行	印度尼西亚	收购（2003年6月）	191亿	14.3	68
马来西亚联盟银行	马来西亚	收购（2005年3月）	185亿	13.7[#]	14
NIB银行	巴基斯坦	收购（2005年2月）	21.2亿	8.5	88.6

续表

实体	国家	绿地项目/收购	总资产/ 新加坡元	净资产收益率 （ROE）/%	股权/ %
湄公河开发银行	越南	收购 （2010年12月）	386亿	1.6	20
印度富登信贷 有限公司	印度	绿地 （2005年12月）	12.8亿	15.8	100
中银富登 村镇银行	中国	绿地 （2011年2月）	18亿	−2.9	10
富登信贷	中国	绿地 （2008年10月）	4.91亿	5.6	100
Dunia金融公司	阿联酋	绿地 （2008年6月）	3.73亿	29.3	40
柬埔寨邮政银行	柬埔寨	绿地 （2013年9月）	0.992亿	−6.7[#]	45
缅甸富登信贷 有限公司	缅甸	绿地 （2014年5月）	—	—	100

注：数据截至2013年12月31日。[#]所示为2014年马来西亚联盟银行和柬埔寨邮政银行所公布的数据，2013年的净资产收益率低于2014年。

7.4.1 收购与绿地项目

富登金控的发展历程很有趣：2003—2005年，它通过收购的方式进军银行业。之后，它将业务重点放在了绿地项目的开发上，在印度联合印度富登信贷有限公司进行，在中国联合中银富登村镇银行以及富登信贷进行，在阿联酋联合Dunia金融公司进行，在柬埔寨联合柬埔寨邮政银行进行，在缅甸联合缅甸富登信贷有限公司进行。值得注意的是，最初收购的股权来自资产总额超过100亿美元的公司，如印度尼西亚金融银行和马来西亚联盟银行。近年来，绿地项目的投资对象变成了资产规模更小的公司，规模下至4 500万美元如柬埔寨邮政银行，上至14亿美元如中银富登村镇银行。

截至2013年12月31日，富登金控已在9个国家投资了10家金融机构。

7.4.2　印度富登信贷有限公司

印度富登信贷有限公司（以下简称印度富登信贷）的城市业务在20个州设有超过219家分支机构，专为个人和中小微企业服务。核心产品包括个人贷款、财产抵押贷款、商用车融资、人寿保险和一般保险产品。印度富登信贷的主要特点在于，它结合了客户基本信息和征信机构所提供的信息，并使用分析法来选择客户。技术的使用缩短了产品的决策周期和周转时间。最重要的是，该公司在提供服务的同时也在客户领域积累了足够的经验，服务那些未被纳入银行服务对象或未能充分享受银行服务的群体。低收入人群寻求的无抵押贷款最终是用于房屋装修、婚礼、子女教育和紧急情况。而对其他公司而言，寻求无抵押贷款是为了扩大业务范围或满足营运资本的要求。结合客户基本信息和征信机构所提供的信息，使用分析法以准确选择客户仍然是业务增长、实现可持续盈利的驱动力。

在印度富登信贷的发展历程中，相关技术发挥了关键作用。特别是一些转型项目，通过使用移动通信技术和云计算解决方案实现了创新。农村企业已部署基于安卓系统的移动操作系统。这些移动通信技术和云计算解决方案结合了现场数据可用性和现场生物指纹识别等控制手段。印度富登信贷的服务对象是农村客户，其普惠金融使命就是让7个邦的农村客户都能享受到金融服务。农村地区的经济占到印度GDP的50%，所以这项服务对该国十分重要。该公司计划在其提供金融服务的分行机构与客户住宅或办公地点之间的"最后一英里"实现全覆盖。在截至2014年底的6年内，它已从2008年的8家分支机构，发展到为3万个村庄提供服务的200多家分支机构。截至2014年3月31日，农村资产已增长80%，数据收集效率继续保持在99%，利润同比增长81%以上。移动通信技术的使用将进一步提高金融机构的盈利能力。

7.4.3　缅甸富登信贷有限公司

缅甸富登信贷有限公司自2014年11月7日开始营业，向股东人数不超过

5人的企业和贷款金额不超过50万的个人提供短期和小额贷款。贷款期限从最短3个月至最长18个月不等，主要用于生产性资产或微型企业营运资本，如牲畜、缝纫机、商店库存、农业种子、健康或教育需求。这种模式很明显借鉴了印度富登信贷的成功之处，后续可能会利用生物识别技术确保上门服务交易的安全性和及时性。

7.4.4　总结

富登金控从最初实施强大品牌收购战略，到开展绿地项目，使用移动通信技术和分析法为无银行账户、未充分享受银行服务的群体提供服务，已经走过了漫漫长路。虽然学习成本一开始会很高，但要在一些国家获得立足之处、吸引到合适的人才和利用大数据，高成本是不可避免的。如果使用正确的低成本金融技术能够利用更多的数据进行风险回报分析，并将其触角延伸到农村地区，那么通过移动设备和移动钱包用户的活动与支出模式，就可以收集到更多的信息，公司的收益在下一个阶段就会实现指数级增长。LASIC移动金融普惠战略的开展会是一个自然的过程。

7.5　Safaricom移动钱包

Safaricom拥有2 150万的用户基础，34%的话费充值业务是直接通过M-PESA（移动钱包）完成的。M-PESA（"pesa"在斯瓦希里语中意为"钱"）是2007年推出的移动转账服务，广泛覆盖肯尼亚城乡地区，通过提供转账服务、本地支付和国际汇款服务来推动金融普惠。Safaricom致力于深化金融普惠，改变生活。M-PESA拥有81 025家代理商，12.2万商家（活跃商家数量达24 137家），1 930万注册客户（活跃客户达1 220万人），在电信客户中的渗透率已成功达到90%。M-PESA占Safaricom收益的18.36%，其代理商雇佣员工数量超过了14万名。更多M-PESA相关统计数据见表7.3、图7.13、图7.14。

表7.3 M-PESA财务状况

财务年度	M-PESA收益/10亿先令	占Safaricom收益的百分比/%	Safaricom收益/10亿先令	M-PESA用户/百万人	M-PESA渗透率/%	Safaricom用户/百万人
2008年	0.37	0.60	61.37	2.08	20.33	10.23
2009年	2.93	4.16	70.48	6.18	46.26	13.36
2011年	7.56	9.00	83.96	9.48	60.04	15.79
2012年	11.78	12.42	94.83	13.80	80.33	17.18
2013年	16.87	15.77	107.00	14.91	78.19	19.07
2014年	21.84	17.57	124.29	17.11	88.11	19.42
2015年	26.56	18.36	144.70	19.30	89.48	21.57

来源：M-PESA。

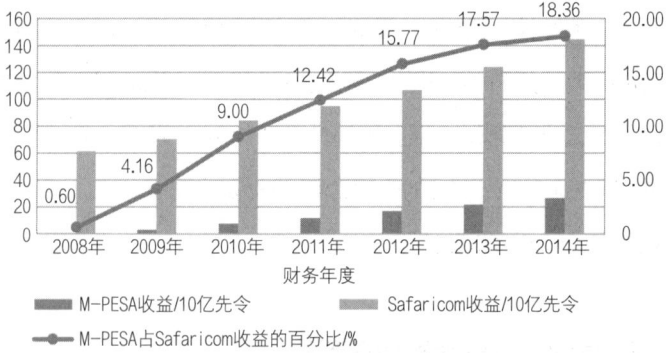

图7.13 M-PESA占Safaricom收益的百分比

来源：Safaricom年度报表。

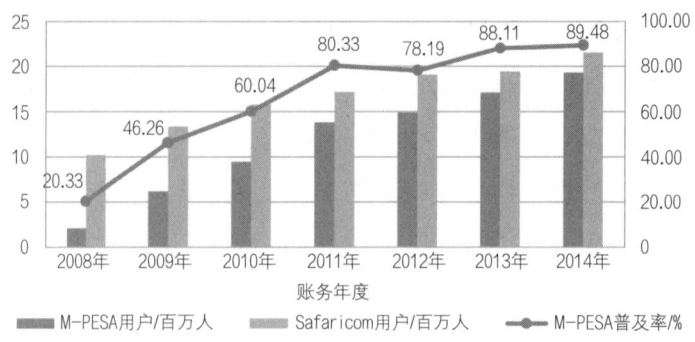

图7.14 M-PESA用户规模与渗透率

来源：Safaricom年度报表。

M-Shwari（M-PESA提供贷款服务的无纸化银行平台）拥有360万活跃客户，存款40亿先令（Kshs），每月发放贷款12亿先令，不良贷款率仅为2.7%。无现金分销商增至158家，分销点1 271个。由于系统升级为智能手机上的应用程序接口后能进行近乎实时的交易处理，用户规模将有可能实现指数级增长（图7.15）。

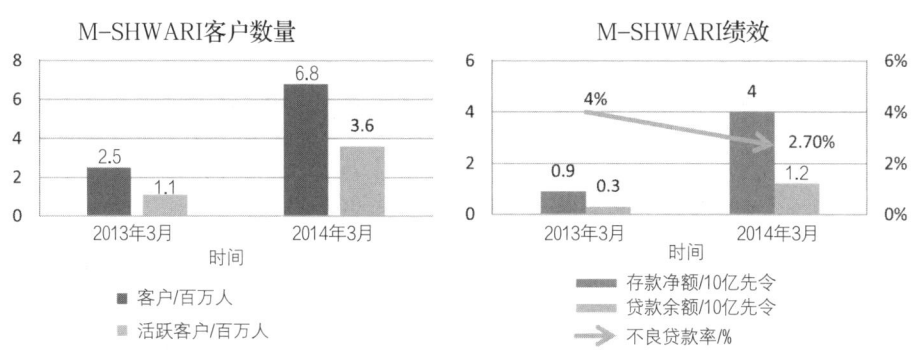

图7.15　M-Shwari客户数量与绩效

来源：M-PESA。

M-PESA的主要服务包括Lipa Na M-PESA、快消无现金分配、M-Shawari、M-PESA国际转账、Lipa Kodi、Linda Jamil和软件运营云服务（表7.4）。

表7.4　M-PESA可提供的服务

服务	简介	推出年度	信息
Lipa Na M-PESA	用于对商品及服务进行现金支付	2013年6月（改版）	有12万家商户加入，用户与中小企业可实现无现金收款，管理无现金支付
快消无现金分配	用于现金分配	2014年	已有1 294台收银机使用，推动每月完成28亿先令的交易量

续表

服务	简介	推出年度	信息
M-Shwari	用于有息存款和小额贷款	2012年11月	存款门槛低至1先令。借款门槛低至100先令，无须去银行办理或填写开户表格。直接通过电话开户和操作。M-PESA账户与M-Shwari账户之间可免费转账
M-PESA国际转账	用于国际转账	2014年（改版）	8家合作机构，100个国家免费汇款
Lipa Kodi	用于向房东支付租金	2013年8月	88家房产中介，60 000多套住房
Linda Jamii	用于健康保险费支付	2014年2月	一款由Safaricom、Britam、Changamka 3家公司开发的微健康在线保险产品。通过M-PESA支付1.2万先令的医疗保险费，即可获得20万先令的患者福利，以及5万先令的门诊、牙科、眼科、妇产保健和丧葬福利5万先令
软件运营云服务	面向中小企业的SaaS服务，软件即服务	2014年	包括会计、工资单、域名和虚拟主机服务，是M-PESA生态系统的一部分

来源：M-PESA。

M-PESA的发展模式类似于支付宝，如今也扩展到了提供小额保险、贷款和支付服务等服务。用户愿意选择M-PESA的原因有以下几点：

（1）安全性：消除客户和商家处理现金时的相关风险；

（2）减少损失：避免收到假币造成相关损失；

（3）加强记录保存：每笔交易均可随时查阅；

（4）结算周期短、灵活：可及时催收；

（5）接受低价交易：最低可达10先令；

（6）低成本：避免使用POS机和汇款带来的高价费用。

7.6 结语

金融服务行业正在迅速变化；消费者需要更加个性化的服务，既要能增加便利性，又要能保证安全。只有在监管允许的范围内才有可能使用互联网和移动通信技术。没有网络的中立性和去中心化，中心机构就可以通过干扰这些互联网公司的服务进行反击。LASIC原则描述了在共享服务的共享经济中，金融技术要获得成功所需的属性。但是共享服务会导致财富和权力的集中，由于现有企业给监管机构带来压力，它们很可能由此成为自身成功的受害者。监管机构的反应取决于它们对零工经济或赏金经济的信念。在中国和英国有迹象表明，金融颠覆现象的清晰化使人们对风险的容忍达到了极致。虽然这些国家已创造出了全新的商业模式和就业机会，但人们还是担心这些动荡将会超出商业范畴，继而改变社会的组织方式。在之后的章节我们将讨论去中心化技术和财富共享经济的可能性，也会介绍5Ds［数字化（Digitalisation）、脱媒化（Disintermediation）、民主化（Democratisation）、去中心化（Decentralisation）和隐身化自治（Disappearance）］等有趣的概念。

许多政府和机构正在探索移动金融和互联网金融。有趣的是，2014年，英国财政部和英国内阁办公厅委托开放数据研究所（Open Data Institute）与芬格尔顿事务所（Fingleton Associates）合作，探讨如何才能在得到客户许可的情况下，通过允许第三方利用外部应用程序接口（API）访问交易数据，来影响竞争和提高消费者的满意度，并联合发布了研究报告。报告的主要结论是，数据的消费者、银行和第三方客户都能受益于这项可应用于整个行业的银行API公开标准，这一结论也在意料之中。具体而言，中小企业贷款市场的定价将更准确地反映贷款决策。金融管理局公布了API公开标准，鼓励金融机构（特别是银行）开放数据。只有通过开放，才能在紧张的全球人才市场中找到人才。由于思维方式可能不一致，传统的吸引年轻开发者的方式可能并不是老牌企业吸引全球人才的最佳方式。

谷歌也进入了支付行业，与威瑞森通信公司（Verizon）、美国电话电报公司（AT&T）及T-Mobile开展了密切合作，在它们所销售的安卓手机上预装了谷歌钱包支付应用程序。与其他支付公司一样，谷歌也于2015年2月23日宣布，将收购以上3家运营商共同创建的Softcard支付公司（前身为Isis移动钱包）的技术与知识产权。若彼此不开展合作，谷歌和电信公司就无法实现自身的发展，双方也都意识到合作带来的好处。苹果为改善用户体验推出了支持近距离无线通信的终端和芯片密码（Chip-and-PIN）支付系统。

数字支付方案加强了个性化与便利性，同时又能保障安全性，所以在各类方案中成为优先考虑的对象。此外金融机构与应用程序公司之间的持续沟通和互动也极其重要。金雅拓（Gemalto）、C-SAM等公司为移动钱包和移动商务提供了联系用户的平台。万事达卡（MasterCard）和C-SAM，大日本印刷公司分别于2012年和2013年在新加坡和日本推出了白标近距离无线通信移动钱包服务。2012年8月，结合了C-SAM的移动交易平台与万事达卡的非接触式技术的移动钱包服务在新加坡推出。此外接入C-SAM移动交易平台的还有星和（Starhub）、星展银行（DBS Bank）和易通（EZ-link）几家机构。使用万事达卡的万事通（MasterPass）的消费者无须输入详细的航运信息与银行卡信息就能在万事通商户网站上完成购物。消费者可以在万事通上存储万事达卡和其他信用卡、借记卡和预付卡信息，也能保存地址簿等信息。它简化了交易完成过程，可与任何设备连接，但是收效甚微，这些创新举措的应用率很低。

更有意思的当属加密数字货币领域的发展历程。去中心化支付方式可能是实现无摩擦国际转账的唯一途径。比特币（每秒7次）和以太币（每秒14次）的每秒低交易量和高内存要求是我们目前面临的难题，这些难题能够通过使用闪电（lightning）、侧链（plasma）、分片（sharding）等新技术解决。

如果微软、谷歌、脸书、苹果和摩斯拉（Mozilla）都配置有加密数字货币浏览器API，用户使用加密数字货币进行在线购物就会容易得多。万维网联盟（W3C）率先开展了上述工作，它希望建立一种与货币无关的支付标准。在谷歌Chrome、微软Edge、苹果Webkit、摩斯拉火狐、三星浏览器及脸书的内置浏览器中激活API后，加密数字货币和其他更传统的在线支付方式的新支付信息就可以直接存储在浏览器中。万维网联盟正着手使用第三方应用，将分布式账本方案和非信用卡支付形式集成到API中。TenX在首次加密代币发售中筹集了8 000多万美元，该公司推出了加密数字货币借记卡，消费者可利用该卡通过信用卡公司的POS系统向商户进行支付，但是商户可以选择自己所接受的付款方式。

我们应该认识到第一个吃螃蟹的人所具备的优势。监管机构要确保此类技术的发展不受阻碍，要确保"发展引领监管"而非"监管阻碍发展"。但是监管问题只是其中一个方面，低边际成本和具有社会文化吸引力才是重要因素。此外初始条件也很重要。一些创新企业（如肯尼亚的M-PESA）之所以能成功，是因为它们一开始就处于垄断地位。这一论断也适用于支付宝，因为它在服务未充分享受银行服务群体方面发挥着主导作用。

当移动支付被当成一种银行服务（非电信/电子商务转账）且受到监管时，消费者的保护和金融服务合规问题就会受到重视。监管对于移动支付长期发展后达到更大规模以及其他更为复杂的金融服务而言至关重要，同时也可能成为金融服务发展的阻力，印度便是一个很好的例子。监管机构规定，印度的电信公司或提供金融服务的创新企业必须与银行开展合作。这就导致只有4%的人通过手机使用汇款或账单服务。"了解你的客户""反恐融资"和其他合规要求，以及由此产生的成本（对消费者和公司而言）可能会降低业务的可行性。

如果身份认证问题无法解决，那么业务扩展性就无法实现。我们建议解决身份认证问题要从SIM卡注册和金融机构的尽职调查之间入手。如果"了解你的客户"要求容易满足，或者小型运营商能享受税收豁免，那么企业就可以

达到一定规模，吸引大量消费者。例如，要将支付宝下载到移动设备上极其容易，但要使用更复杂的功能时就需要进一步合规，用户必然要关联银行账户、信用卡或进行进一步的身份认证等。

众所周知，由移动网络运营商控制的SIM卡允许端到端加密。该解决方案能够保证所有数据的安全性，但是这些技术公司未涉足金融行业，所以缺乏相关经验。电信公司可能需要用SIM卡的控制权换取金融领域的"参与券"。一些国家政府为了杜绝"幽灵工人"等欺诈行为，会通过移动货币来支付工资，这一举措也起到了推动作用。小米等公司推出虚拟SIM卡，这可能会彻底改变电信行业的运作方式。虚拟SIM卡功能是一项付费服务，允许国际漫游的同时接入互联网，用户无须支付昂贵的漫游费用或更换SIM卡。

这款SIM卡由KnowRoaming公司首创，可在任何软件中运行，通过嵌入式集成就可简单匹配，并且可以安装在任何移动设备上，同时可实现全球互联，200多个国家的用户都能使用移动网络，漫游费也要比传统运营商的价格便宜85%。KnowRoaming是一家加拿大移动虚拟网络运营商，旗下一家位于美国内华达州的移动网络运营商已在密苏里州获得了频谱授权。

KnowRoaming与TCL合作开发智能漫游（Smart Roaming），这是一种将软SIM卡平台直接集成到TCL手机中的方案。使用TCL智能手机的终端用户在旅行时可以实现低成本无缝漫游。这对全球旅客而言意味着不再需要追逐Wi-Fi网络、购买昂贵的移动网络运营商套餐或更换SIM卡，在KnowRoaming应用程序中就可透明地管理使用情况，并控制自己的漫游体验。KnowRoaming和TCL会在精选手机上推出智能漫游解决方案，这项服务首先会进入中国市场，接着是美国和其他国家。此次合作得益于阿尔卡特一触化加速器（Alcatel OneTouch Accelerator）项目，该项目在2016年举办的巴塞罗那世界移动通信大会上正式启动。

金融技术成本较低、网络庞大，所以也能实现金融普惠。金融普惠不仅具有价值，还为具有潜力的金融机构打开了一个巨大的潜在需求市场。尽管全球只有38%的人能享受到全面的银行服务，但大多数拥有智能手机。智能手机使用率的指数级增长为该平台的金融服务创造了机会。企业若想进入这一领域，就应该在目前群聚效应较大的网络（如电信服务和电子商务平台）内开展工作。这类公司的成功将增强全球经济的包容性，减少财富不平等现象。

　　P2P金融服务没有边界、存储、合规或访问问题，经证明它可能最终会成为实现全球金融普惠的最廉价方式。身份认证与金融服务之间的平衡十分重要，在全球范围内，每个人都在不受阻碍的情况下与他人交换价值和数字资产，监管机构如何平衡创新与监管之间的关系是个十分值得研究的方向。

注：本章编写于2015年，使用的统计数据发布于2014年以前。上述讨论可能有多处地方不适用于目前的情况。但是我们既没有做很大改动，也没有更新本章内容，以便我们能够感受当时的情绪和观点。

第八章
新加坡金融科技

8.1　引言

新加坡是亚太地区的金融中心之一，在2007—2016年的世界银行营商环境报告中一直位居榜首。此外，该国颁布了大量促进金融科技初创企业生态系统发展的举措，被认为是实施"智慧国家"的重要例子之一。新加坡金融科技版图见图8.1。

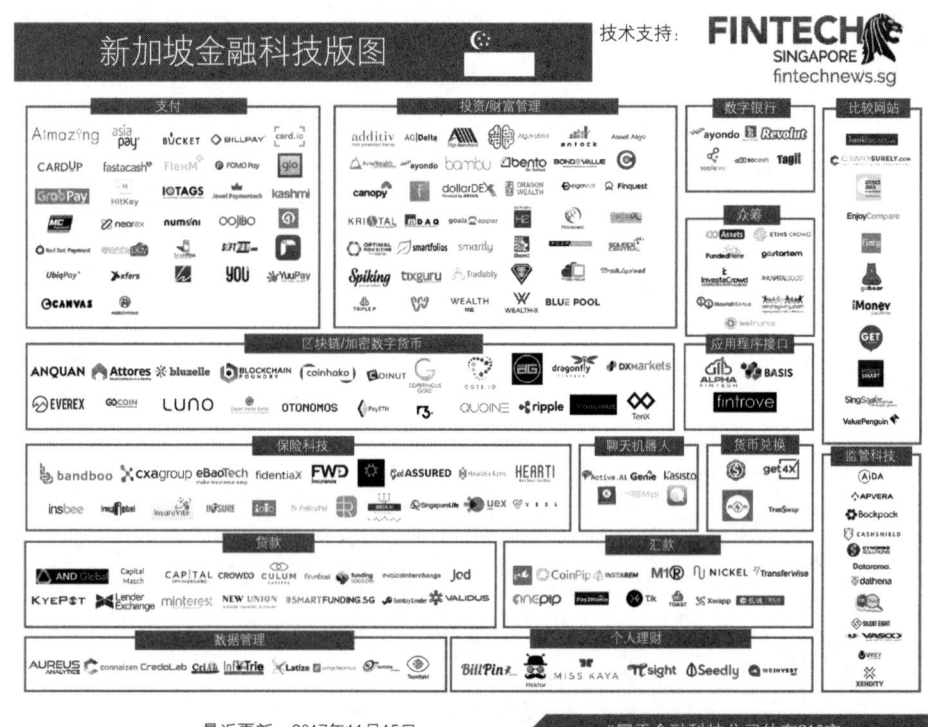

图8.1　新加坡金融科技版图

来源：金融科技联盟[①]。

新加坡有1/3的公民年龄处于25～34岁，移动宽带普及率高达152%，是

---

① 金融科技联盟（FC）是金融科技的孵化器。作为金融科技生态系统的构建者，联盟致力于促进东南亚金融科技生态系统的发展、互动和加速成长，推动市场参与者（政府机构、金融机构、企业、投资者、创新者等）之间协同作用，所有参与者都相信技术可以为金融业增值。

世界上移动宽带用户人均渗透率最高的国家。此外，新加坡的互联网普及率也高达80%，位居东南亚地区之首。这些条件都为新加坡金融科技企业的产生和成长打下了坚实的基础。

新加坡金融科技行业的蓬勃发展在很大程度上要归功于新加坡政府极富远见的政策，它出台的所有政策都是为了努力巩固新加坡东南亚国家联盟的中心定位，不过目前亚太地区也有许多初创企业在金融科技行业发挥着作用。新加坡政府已启动多项计划，同时给予补助金，帮助推动这一具有潜力的行业发展。

8.2 监管

为应对新加坡整个金融科技行业面临的真正风险，该国在2013年和2014年分阶段推出了《个人数据保护法（2012）》（*Personal Data Protection Act 2012*），禁止非法获取和处理数据。

2015年7月，新加坡金融管理局宣布设立一个新的金融科技与创新团队（FTIG），负责"监管政策和发展战略，促进技术使用与创新，推动金融业发展"。

该团队包括以下3个部门：

（1）支付与技术解决方案办公室（Payments & Technology Solutions Office）：制定监管政策和发展策略，为金融服务提供简单、快捷、安全的支付方式和其他技术解决方案。

（2）技术基础建设办公室（Technology Infrastructure Office）：负责制定监管政策和战略，为金融部门开发安全高效的技术支持基础设施，例如云计算、大数据和分布式账本等。

（3）技术创新实验室（Technology Innovation Lab）：探索有可能应用于金融行业的前沿技术，与业界及相关方合作，开展创新解决方案试验。

创业者若想在新加坡成立新公司，只需几天时间就可以完成注册手续。

新加坡完善的法律与可靠的司法制度能够有力地保护知识产权和私有财产。当地金融监管机构会保证金融关系的透明，此外一些税率是全球最低的。

早在2005年，新加坡国内税务局（IRAS）就推出了创企免税计划，以激励创业，帮助当地年轻公司成长和繁荣。根据该计划，初创公司在前3年可享受应课税收入的特别豁免。

此外，新加坡经济发展局（EDB）、新加坡资讯通信发展管理局（IDA）、新加坡标新局（SPRING）[①]等政府机构也采取了一系列措施，为科技初创企业营造有利环境，包括政府补助、税收优惠、共同投资、学术会议等。

为了更为深入地从政策方面给出评价，本章引用了3篇关于新加坡政策的演讲（附录8.1、附录8.2和附录8.3）。

（1）新加坡环境与水资源部部长、新加坡管理大学沈基文金融经济研究院（SKBI）"智慧国家"倡议负责人维文·巴拉克里希南（Vivian Balakrishnan）医生在费尔蒙特酒店发表的演讲（2015年5月6日晚上7时）；

（2）新加坡贸易及工业部部长易华仁先生（S Iswaran）在新加坡管理大学沈基文金融经济研究院金融科学大会上的主旨演讲（2016年8月18日上午9点）；

（3）新加坡金融管理局局长孟文能（Ravi Menon）先生在新加坡金融科技节–金融科技大会上的演讲"新加坡的金融科技之旅——找准位置，展望未来"（2016年11月16日）。

8.3 资本

除了为金融业创造有利的监管环境，新加坡金融管理局还推出金融领域科技和创新计划（FSTI），以提供金融支援。根据金融管理局2015年6月发布

---

① 新加坡标准、生产力与创新局（SPRING）与新加坡国际企业发展局（IES）已在2018年合并为新加坡企业发展局（Enterprise Singapore）。

的公告，在该计划下，金融管理局将在未来5年向具有潜力的金融科技领域投资2.25亿新加坡元。具体而言，FSTI基金将主要用于以下3个项目。

（1）创新中心：吸引和资助金融机构在新加坡设立研发和创新实验室；

（2）机构级项目：支持和推动金融机构推出的创新相关项目；

（3）全行业项目：建设和升级技术基础设施，以满足发展金融科技初创企业和提供新型综合服务的需求。

到目前为止，已有多家金融机构在新加坡设立了创新中心或实验室，其中一些机构正是基于金融领域科技和创新计划开展上述项目，如星展银行、花旗银行（Citibank）、瑞士信贷银行股份有限公司（Credit Suisse）、中美联泰大都会人寿保险有限公司及瑞银集团，还有几家机构仍在筹备中。

金融管理局还公布了一些仍在进行中的机构级项目，同样由该计划资助。

（1）基于区块链技术的去中心化记账系统，防止贸易融资出现重复开票现象；

（2）"了解你的客户"共享平台基础建设；

（3）网络风险试验台；

（4）自然灾害数据分析交换。

政府还计划为金融科技公司设立单独的办事处，以推进新加坡成为金融科技中心的进程，这也是新加坡政府的一项新举措。新加坡中央银行和国立研究基金会（NRF）将牵头实施这一举措，设立一站式虚拟办公室，审查跨政府机构的行业的相关资助计划。

新加坡有多个专门面向金融科技的加速器和孵化器，银行也紧跟这一步伐。比如创企集中训练营（Startupbootcamp）、InspirAsia和FinLab等机构就能为具有潜力的创企提供资金、办公空间和指导，甚至能帮助创企获得进入全球投资者和风险投资家圈子的机会。最新建立的两家孵化器是LongHash和非营利生态系统构建服务商NPower，由Genesis Financials联合创立，地址位于科学园，专为区块链和ICO项目提供服务。

解决支付问题已经成为新加坡金融科技行业的主流。新加坡的支付服务在新技术的创新下日新月异。该领域一些著名创企有Codapay、Fastacash和2C2P。零售银行也推出了自己的移动钱包或移动支付应用：星展银行的"PayLah!"、大华银行的"移动现金"、华侨银行的"Pay Anyone"、渣打银行的"Dash"、马来亚银行的"Mobile Money"。

8.4 基础设施

为了推动新加坡智能金融中心的建设和为明确问题与需求提供创新性解决方案，政府建立了一个与业界合作的平台——纬壹科技城起步谷（JTC LaunchPad @ one-north），其位于亚逸拉惹工业园区，如今已成长为极具活力的金融科技创业集群，为知识共享与合作创造了大量机会。该集群也是一个孵化器，能帮助金融科技创企加速成长，帮助它们在新加坡市场取得成功。

8.5 两次关于新加坡金融科技政策的演讲

由于新加坡资源匮乏，政府在20世纪60年代就开始尝试工业化，进一步丰富服务业种类（尤其是金融服务业），将新加坡打造成一个知识型的宜居城市。新加坡政府意识到金融科技在全球范围内的重要性日益上升，而这一现象在东盟国家新加坡及其邻国，乃至更广泛的亚太地区内尤为明显。

金融科技具有变革性、复兴性和颠覆性。2017年2月，新加坡未来经济委员会发布报告，提出三大现代服务业（包括先进制造业和医疗）之一的金融服务要专注于增强数字能力，依托数字化将新加坡转变为"智慧国家"[1]。将金融服务归为平面领域意味着许多其他行业将受到影响。金融服务也是推动国力

---

[1] 新加坡未来经济委员会报告提到了六大行业，其中现代生活服务业包括专业服务、信息通信技术与媒体、金融服务，详情参见附录8.4。

增长的关键因素，能反映出金融科技具有的发展前景与潜力。2016年，全球金融科技投资同比增长超过70%，达到220亿美元[①]。未来3~5年，全球累计投资预计将超过1 500亿美元[②]。

新加坡作为亚太地区的重要金融中心，绝不会错过这次机遇，在东盟及亚洲融合创新和金融普惠体系，金融科技将成为开展金融交易的新方式，成为P2P贷款的替代性支付方案。新加坡贸易与工业部、金融管理局、中央公积金局以及所有相关政策制定机构（包括大学和高等教育机构）都注意到了这一点。新加坡必须先于其他国家采取行动，成为金融科技监管和发展的思想领袖。

如附录8.2所示，"政府全面参与"是新加坡法定机构的强项之一。新加坡金融科技创企从2015年的140家左右增至2017年的逾290家，数量增长了1倍多。基层的中小型企业需要得到外界支持，除了帮助它们实现现有业务流程的无纸化，还需实现数字化。在各种机构与计划的支持下，公众也能享受投资服务与培训服务。

电子支付、P2P、B2B、B2C及各种电子商务术语已经开始流行。中国推出了支付宝与微信支付，面对旅游业的发展，新加坡也必须将e-NETS打造成首个海外电子商务借记卡支付机制。开拓东盟庞大的无银行账户群体市场也是合乎逻辑的。一个整体、综合、系统的金融科技生态系统正在发展。

产业的发展也带动了人才的需求，培养金融科技人才与金融科技能力不仅仅是各金融机构和合作伙伴所要考虑的问题。在保障安全与隐私的同时我们也必须改变心态。简而言之，新加坡对探索新领域并不陌生，但比起该国过去半个世纪的多数经验，金融科技可能要更具颠覆性。这一挑战需要社会各界人员共同应对。

新加坡金融管理局的政策演讲同样振奋人心，具有前瞻眼光。创新和技

---

① 埃森哲报告。
② 普华永道金融科技报告。

术是金融科技的关键，只是其规模和颠覆性质相对较新。同样要强调的是，几乎人手一部的智能手机带来了极大的流动性，互联网让各种联系成为可能，这在以前是无法想象的。在这种情况下，数字技术比虚拟技术更可取，因为后者可能与洗钱一样具有负面含义。

有意思的一点是，不断增强的计算能力与极富创意的口袋妖怪（Pokémon，一种口袋大小的供成人使用的怪物）形成了鲜明的对比。相比中心化的云计算，去中心化的金融科技设备有一种新的优势特征，它同样适用于区块链或分布式账本。与大数据处理一样，以上这些全都能得到创新设备与监管的保护。

在全球普遍流行创新与金融科技的背景下，2015年，新加坡金融管理局提出了打造智能金融中心的愿景。处在更加协作的大环境下，新加坡金融管理局和政府部门不得不同国内外公民社会的私人非政府组织展开合作。如前所述，企业必须做出改变，特别是要改变实体经营方式。他们需要设定正确的速度与结构，这一过程是令人兴奋的。

金融管理局承诺在5年内投资2.25亿新加坡元（1.6亿美元）支持金融科技生态系统的发展，这一举措具有深远意义。尽管金融管理局联合新加坡国立研究基金会设立了金融科技办公室，但是增强用户的意识、促进服务提供商和监管机构之间的持续沟通也同样重要。

新加坡发布了各种新项目和新计划，比如2017年成立的新加坡首个金融科技创新村LATTICE8（该地点后来更名为80RR）以及另一个新项目"国家KYC共享平台"（National KYC Utility）。随着统一销售点（Unified Point-Of-Sale，UPOS）、中央寻址方案（Central Addressing Scheme，CAS）等电子支付基础设施的建设，新加坡已成为拥有世界一流电子支付基础设施的国家。24小时运作的实时跨行资金转账系统——瞬时支付（Fast And Secure Transfers，FAST）（该系统带有应用程序接口APIs），将成为未来经济创新最重要的基石之一。

8.6　新加坡在区块链及ICO领域处于领先地位

SGInnovate成立于2016年，致力于帮助心怀抱负又具备能力的人依托科学研究开发出"技术密集型"产品。新加坡有资源和能力去解决相关的棘手问题，通过利用本国的金融科技生态系统的全部力量来实现这一目标。我们发现许多与金融科技相关的创企都在卡彭特大街设立了办公室，且经常举行聚会。区块链公司尤其喜欢在二楼设置办公点，以太坊创始人维塔利克·布特林也不例外。

2016年8月，新加坡金融管理局开设了金融科技创新实验室。专用设施Looking Glass @ MAS1就位于金融管理局大楼内。该设施有几个作用：（1）帮助金融管理局与金融机构、创企、技术供应商测试金融科技方案；（2）协助业内专家就法律、监管及业务相关事宜为创业公司提供意见；（3）为金融科技社区提供相关培训课程和社交活动场所。

80RR是位于罗敏申路中段的一个金融科技中心，多家创企以及新加坡金融科技协会都在此入驻。该中心由Marvelstone集团创立，会定期举行会议。新加坡金融科技协会是一个跨行业的非营利组织，其成立目标如下：

（1）成为促进金融科技生态系统中所有市场参与者与利益相关者开展合作的有效平台，帮助成员与多个利益相关者共同寻找问题的解决方案，并以协作、开放和透明的方式促进最佳金融科技实践。

（2）代表金融科技行业，维护成员完整性，支持金融科技社区内各企业机构之间建立联系，与地区和国际金融科技组织合作。

（3）通过建立互联金融科技生态系统、在成员内部及外部传递有效相关信息，实现教育、信息的传递与沟通；促进协会成员及新加坡金融科技生态系统的创新；促进于本国经营或进入本国市场的金融科技公司的发展，加速其后续融入新加坡金融科技生态系统的步伐；通过协调促进其他的单独行动，代表、维护及支持共同利益，实现协会代表金融科技社区的目标。

新加坡的教育环境是极具吸引力的，全国职工总会（NTUC）、资讯通信媒体发展管理局（IMDA）、银行与金融研究所（IBF）、新加坡国立大学（NUS），新加坡管理大学（SMU）、新加坡新跃社科大学（SUSS）、新加坡义安理工学院（Ngee Ann Polytechnic）等组织和高校都处在金融科技教学研究前沿。2014年，新加坡管理大学沈基文金融经济研究院成为全球首个在校园举办加密数字货币会议的机构。2015年，该机构与斯坦福大学联合举办了"智慧国家与普惠"（Smart Nation and Inclusion）会议，重点讨论金融科技，2016年又与国际货币基金组织联合举办了"数字银行与普惠"（Digital Banking and Inclusion）会议。其中，Poly FinTech 100致力于培养一批技术型人才，进一步推动新加坡成为智能金融中心。

义安理工学院的Polytech 100寻求与全球金融科技界合作，为渴望从事金融科技行业的理工学院学生提供实习和指导机会，帮助他们了解市场、技术、技能、生态系统行动者和监管环境。Polytech 100有100多名金融科技导师。

新加坡新跃社科大学有将近100名金融科技和区块链研究员，他们和大学师生有广泛的交流。该校通过定期组织金融科技会议并向全球转播的方式与行业接触。学校的金融本科课程侧重金融科技和区块链，包括编程、网络安全、密码学、大数据和数字资产的资产分配。SUSS任命领域内的专家为研究员。这些研究员提供指导支持，给予建议，并为金融科学教育和研究活动带来资源。研究员包括维塔利克·布特林（Vitalik Buterin）、祖科·威尔科克斯（Zooko Wilcox）、戴旭光（Patrick Dai）、索普南杜·莫汉蒂（Sopnendu Mohanty）、罗伊·特奥（Roy Teo）、赖瑞（Roy Lai）以及SUSS网站上列出的许多其他专家，SUSS区块链和金融科技研究员及课程见图8.2。

此后，SUSS举办了两次全球普惠性区块链会议，第二次举办的双语会议吸引了1 000多名与会者和210 000名观众观看直播。

有关加密数字货币和区块链的出版物经过这类会议不断演变，其中比较著名的有《数字货币概览》（Handbook of Digital Currency）、《区块链概览》（Handbook of Blockchain）、《数字金融及其普惠》（Digital Finance and

Inclusion）等诞生于新加坡的作品，尤其是新加坡管理大学沈基文金融经济研究院及其研究团队的作品。该研究院培养了许多研究员，如今在多个大学和商业机构（如IBM和区块链创企）任职。部分关于首次加密代币发行的文章呼吁要在监管和创新之间保持良好平衡。

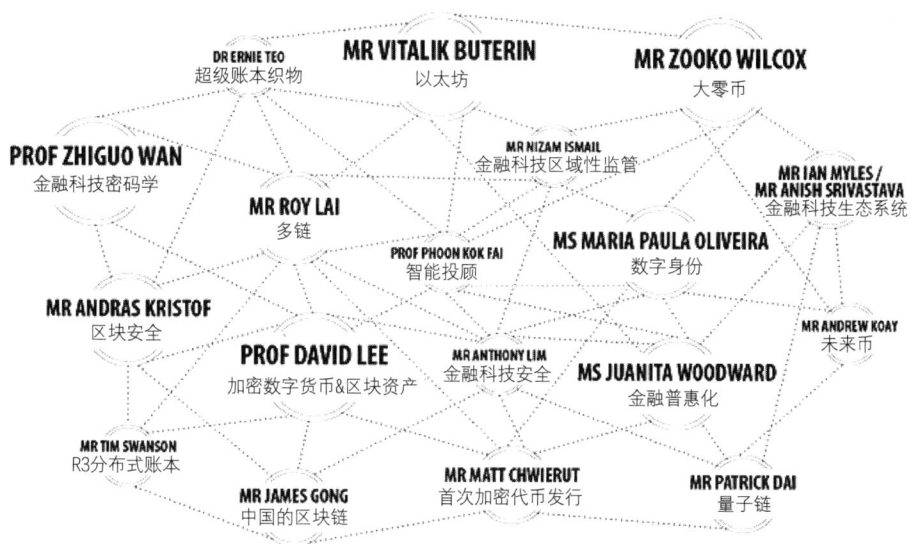

图8.2 SUSS区块链和金融科技研究员及课程[①]
来源：SUSSBlockchain.com。

以下附录可以使读者更明确地理解新加坡金融管理局在加密货币和ICO中的地位。

（1）附录8.5：金融管理局明确了在新加坡数字代币领域的监管地位；

（2）附录8.6：有关数字代币（包括虚拟货币）投资计划的消费者建议；

（3）附录8.7：对加密数字货币在新加坡的普及和对加密数字货币和ICO监管措施的议会问题的答复。

---

① 注：Tim Swanson已经不再是新加坡新跃大学（新加坡管理学院）成员。

下面引用金融管理局局长孟文能的话来做一个总结：

> 提防格雷欣法则（Gresham's Law，劣币驱逐良币）。
>
> 我曾讲过加密代币的优点、缺点及丑陋之处。更确切地说，是因为使用加密代币才产生了这些特性。
>
> 就像金钱一样，加密代币也可催生出好和不好的行为。
>
> 我们不要忘了，金钱不是万恶之源，对金钱的非法追求才是。
>
> 同样的道理也可以用来解释加密代币——对用加密代币赚快钱的痴迷以及人们在非法活动中对加密代币的滥用，是我们担忧的根源。
>
> 我们监管者和加密货币行业必须共同合作，确保劣币不会占据主导。
>
> 新一代的加密代币问世，在减轻当下代币造成的风险的同时，充分发挥区块链技术的潜力为社会做出贡献。
>
> 这是一个值得我们守护的未来，我希望在座的各位精英能让这一目标变成现实。

8.7 新加坡先驱

新加坡在金融科技和区块链方面领先全球。其政策方法具有创新性，少有国家能在监管方面兼顾透明性和一致性。此外，崇尚稳定、鼓励交易和支持创新之间似乎并不冲突。总部位于新加坡的金融机构和生态系统构建者，如新加坡华侨银行（OCBC Bank）（图8.3）、LongHash、NPower和BlockAsset，一直引领着区块链应用的发展。显然，最具创新性和国际性的区块链项目在新加坡出现的原因在于该国对技术和金融创新的偏爱。来自中国、欧洲、美国和东盟其他国家的区块链人才如今纷纷聚集在新加坡的几个热点地区（图8.4）。

区块链/比特币

新加坡华侨银行：东南亚第一家将区块链技术应用于支付服务的银行

图8.3　新加坡华侨银行

来源：金融科技新闻。

行业先驱！

- 政府倡议
  - 新加坡
  - 中国
  - 日本
- 金融机构
  - 华侨银行：NXT
- 新加坡汇聚的行业引领者
  - 中国：Quantum新加坡总部
  - 欧洲：位于欧思礼路的TenX
  - 泰国：SGInnovate的OmiseGo
  - 新加坡：位于植物园的InfoCorp

图8.4　新加坡在金融科技和区块链领域的先驱

8.7.1　Ubin项目

Ubin项目是一个由新加坡金融管理局推出的区块链项目，2016年已完成了第一阶段。金融管理局的报告富有综合性，我们将其重点总结如下。[1]

---

① 新加坡金融管理局报告。

（1）2016年11月16日，新加坡金融管理局宣布正在与R3公司建立伙伴关系（一家受区块链启发的科技公司，同时也是全球最大型金融机构群的财团），开发概念证明（PoC），以开展由分布式账本促成的跨银行支付。该行动被称为Ubin项目，是一个由金融管理局和R3公司合作经营的数字现金账本项目，参与者包括：美银美林集团（Bank of America Merrill Lynch）、瑞士信贷银行股份有限公司、星展银行、汇丰银行、摩根大通集团、三菱日联金融集团（Mitsubishi UFJ Financial Group）、新加坡华侨银行、新加坡证券交易所、大华银行集团（UOB Bank）及作为技术供应商的英国计算机协会信息系统（BCS Information Systems）。

（2）Ubin项目的目标是评估在分布式账本上使用代币化形式的新加坡元的影响及其为新加坡金融生态系统带来的潜在效益。金融管理局是新加坡的中央银行和金融监管机构。金融管理局以安全和效率为中心，扮演着一个结算代理和经营者，以及对新加坡支付、清算和结算系统进行监督的角色。

（3）作为其职责的一部分，金融管理局采用了电子支付和账面记录系统——新版金融管理局电子支付系统（MAS Electronic Payment System，MEPS+）。MEPS+是一个实时全额结算系统（Real-Time Gross Settlement，RTGS），在资金和证券可用的情况下，支持大额本地货币跨行资金转账以及MEPS+参与者之间的无脚本新加坡政府证券（Singapore Government Securities，SGS）的结算。

（4）金融管理局作为受信第三方承担了此任务，并积极与新加坡市场的银行业，以及像新加坡清算所协会（Singapore Clearing House Association，SCHA）和新加坡银行协会（Association of Banks in Singapore，ABS）这样的公共和私营机构合作。

（5）MEPS+是一个能提供实时且不可撤回的资金转账服务和新加坡政府证券结算服务的系统。其关键特征包括：

a. 使用SWIFT（环球银行金融电信协会）信息格式以增强互通操作能力。

b. 参数化的队列管理，给参与银行提供了更好的流动性和结算管理。

c. 自动式抵押化的当日流动设备，使用户（尤其是流动性低的银行）更快地结算更多款项。

d. 自动化的堵塞决策，即检测到并解决多方支付堵塞，以减少支付队列并提高总体支付流的效率。

（6）所有参与银行均受合同约束，在MEPS+运营规则和条例下运行。这一举措为金融管理局提供了一个绝佳的机会，使其得以与银行合作，并且评估区块链可能为这种现存关系带来的价值。

（7）Ubin项目是一个多阶段项目（图8.5、图8.6和图8.7）。第一阶段持续6周，从2016年11月14日到2016年12月23日，评估分布式账本技术的可行性及影响，并找出未来完善技术所需要素的基础。

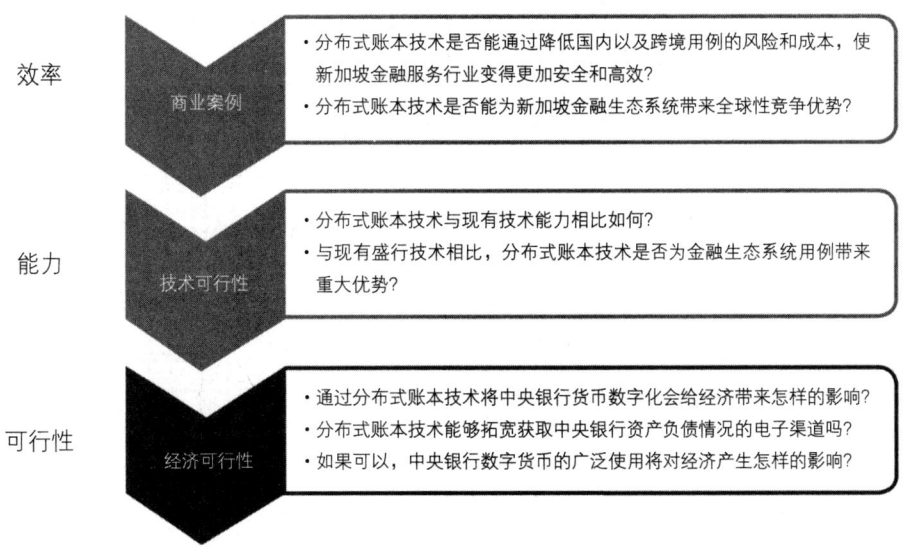

图8.5 Ubin项目的三大变量

来源：新加坡金融管理局。

这就是未来
Ubin项目：基于分布式账本的新加坡元

美银美林集团、英国计算机协会信息系统、瑞士信贷银行股份有限公司、星展银行、汇丰银行、摩根大通集团、三菱日联金融集团、新加坡华侨银行、R3公司、新加坡证券交易所及大华银行集团共同发布了一份报告。

Ubin项目展现了新加坡金融管理局以及金融科技行业共同创造金融技术（比如分布式账本技术）具体用例的决心。我们相信像新加坡金融管理局这样的中央银行除了提供研究经费，还能发挥更大的作用：像Ubin项目这样的协作型项目支持开放性知识产权的创造，促进了行业各方之间的合作，从而为金融机构和金融科技公司创造出一个创新、协作、有活力的生态系统。

图8.6　何为Ubin项目

来源：新加坡金融管理局。

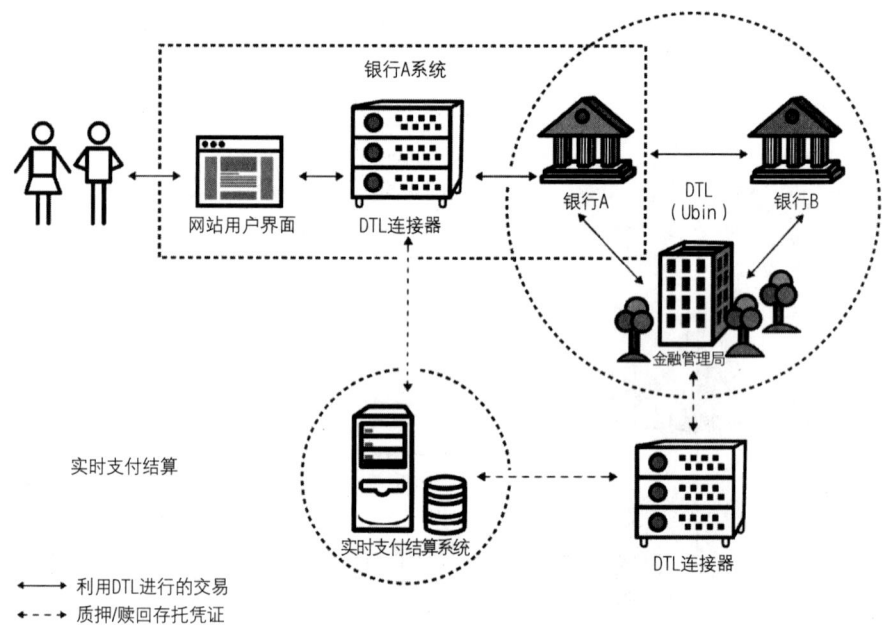

图8.7　Ubin项目分布式账本

来源：新加坡金融管理局。

中央银行强调透明度，而该项目在效率、能力及可行性方面几乎没有任何问题。

通过支付的区块链解决方案进行跨境和本地资金转移。

新加坡金融管理局的核心人物Sopnendu Mohanty是一位在银行各领域具有丰富经验的银行家。他的宏图大略以及对创新的不懈追求，不仅激励了许多创企，同时也促使金融科技创新团队的全组人员将他们的专业能力和对金融行业应对转型挑战的理解推广到全球。

8.7.2　新加坡华侨银行区块链项目

新加坡的许多银行正致力于发展金融科技和区块链。新加坡华侨银行是新加坡银行业中最具创新性的区块链倡导者之一。OCBC Bank的团队展现了他们利用区块链技术进行跨境交易和汇款的能力（图8.8）。

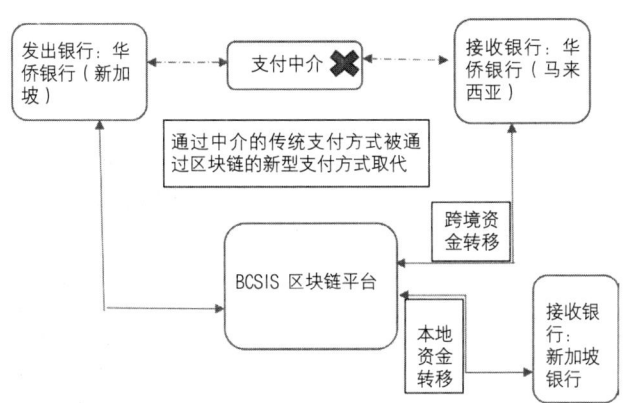

图8.8　新加坡华侨银行区块链项目

来源：新加坡华侨银行。

8.7.3　量子链

由于新加坡在法律、审计、企业文秘服务方面拥有大量人才储备，且易于创立公司和基金，因此其成为金融科技创业者的首选之地。几乎所有成功的ICO都将总部设于新加坡，同时以某个基金或公司作为他们项目和试验的签约方。量子链便是其中之一，承袭了美国左岸派"众包、普惠、全球化"的思想。它是中国的区块链，也是世界上最早的ICO之一。量子链发展初期，普华永道会计师事务所帮助其制定治理结构。这是迄今为止（截至2017年）最为成功的治理结构之一，但是对于此类区块链项目是否具有可持续性尚无定论（图8.9至图8.12，表8.1）。

左岸思维兴起

众包

普惠

全球化

图8.9 量子链与左岸思想

来源：量子链。

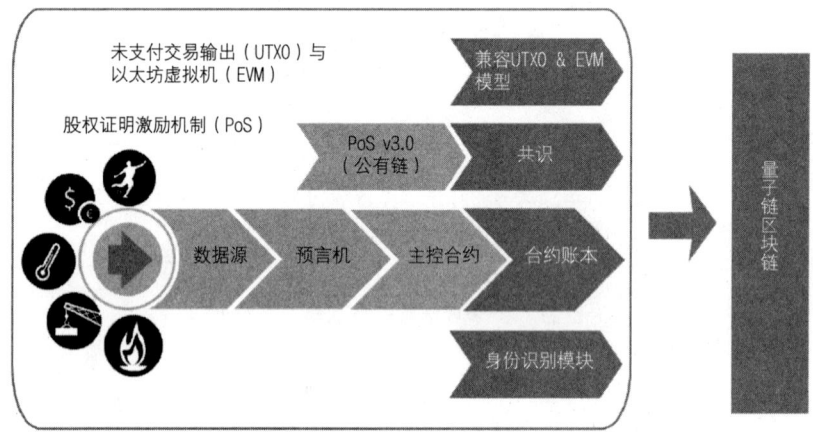

图8.10 驻新加坡量子链基金会

来源：量子链。

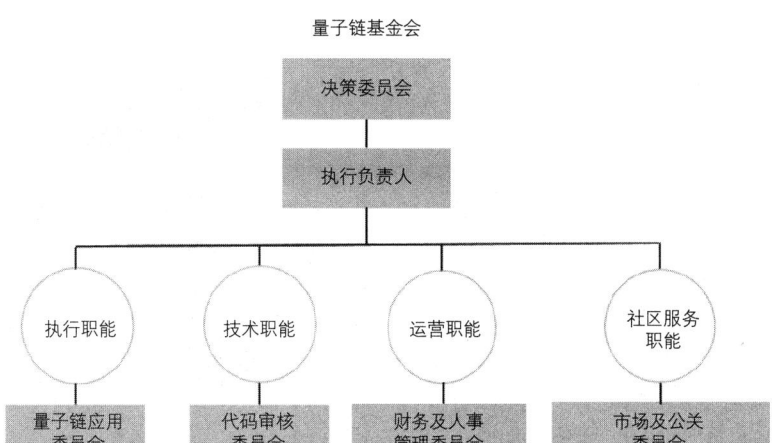

图8.11　普华永道提议的创企治理结构

来源：Quantum。

表8.1　量子链的源代码管理

控制目标	控制活动	控制权所有者
源代码管理	开放源代码的底层结构储存在GitHub上；只有核心开发人员有权修改或批准代码	源代码评审委员会
源代码修改	请求者只有在获得核心开发团队的批准和授权后才能修改源代码	源代码评审委员会
源代码开发和修改	获得源代码评审委员会的批准之后，开发者可开发和修改源代码	源代码评审委员会
源代码测试	源代码需要进行测试，并记录在测试报告中以确保解决所有漏洞	源代码评审委员会
代码评审	代码在部署到社区之前需要先经过软件工具的评审和手动核验	源代码评审委员会
代码部署	代码部署之前，源代码需要经过核心开发者的评审	源代码评审委员会
漏洞修补	发现漏洞后，开发者会修补并测试源代码。源代码评审委员会在部署代码之前需评审代码	源代码评审委员会
模拟测试	源代码评审委员会负责定期针对代码开发和生产环境组织模拟测试	源代码评审委员会
代码修改权限	对于非公开产品代码，修改代码需要获得源代码评审委员会的批准和授权	源代码评审委员会

来源：Quantum。

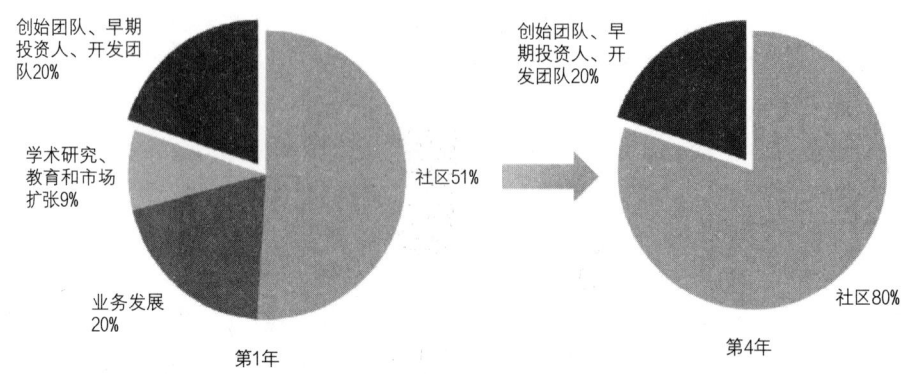

图8.12 四年后社区项目占据80%比例

来源：Quantum。

该项目最有趣的是，它是首个占比分为51%、20%、20%、9%架构的项目。其51%的代币发售面向社区，说明这是一个社区实验。其意向是在四年后使80%的市场（社区）流通代币，这是为了从社区中找出最优秀的人才来运营该项目。其背后的理念是：没有人是必不可少的，也没有人能和中本聪一样重要，项目一旦完成，就应该由社区接管负责。有才干的人应该转而着手负责下一个更为有趣的项目。

8.7.4 TenX

TenX是最有趣的项目之一（图8.13），因为它仅在短短几天之内就创下了融资8 000多万美元的记录。本书之前的章节中提到过该项目，而在TenX背后更大的项目是Comit。Comit及其他区块链公司的价值在于其普惠性。对智能合约的设计标准及巧妙应用决定了一个区块链是否能够充分利用网络效应。

图8.14至图8.16、表8.2至表8.4展示了Comit和TenX是如何通过智能合约及流动性供应者的角色来运作并以此构建网络效应的。

Tenx钱包是改变游戏规则的主要角色，它允许用户在3 600多万个线上与线下零售点通过智能手机或借记卡使用自己的区块链资产。Tenx应用程序可以在iOS和Android系统上免费下载(iOS系统用户自2017年7月开始可下载该应用程序)。

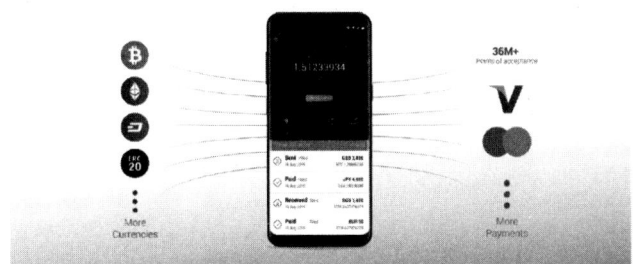

图8.13　TenX：一家新加坡公司

来源：TenX白皮书。

表8.2　TenX与万事达卡开展合作

类别	Tenx	WireX & Xapo	TokenCard
实物卡发行费用（包括发运和追踪）	15美元	大于20美元	不提供此产品
虚拟卡发行费用	1.5美元	3美元	不提供此产品
实物卡年费	免费（如果一年花销少于1 000美元则需支付10美元）	12美元	不提供此产品
虚拟卡年费	免费（如果一年花销少于1 000美元则需支付10美元）	—	12美元
国内转换费率	0%	0%	1.50%
国外转换费率	0%	3%	4.50%

来源：TenX。

表8.3 TenX与其他加密卡的比较

类别	TenX	WireX & Xapo	Monaco	TokenCard
区块链支持	比特币区块链、以太坊区块链、达世币区块链等	比特币区块链	比特币区块链、以太坊区块链	以太坊区块链
资金安全	托管钱包和智能合约（计划2018年第二季度实现同COMIT网络的集成）	托管钱包	托管钱包	智能合约
双重支付风险	安全	安全	安全	有风险
发行机构	Mastercard & Visa	Visa	Visa	Visa
状态	活跃	活跃	不适用	不适用
用户资金安全控制	完全控制	不受控制	不受控制	部分控制
开源平台	是	不是	不是	不是
持卡人激励	每次支付获得0.1%的奖励	没有	没有	没有
持卡人交易手续费	免费	国内免费	1%	1.50%

来源：TenX。

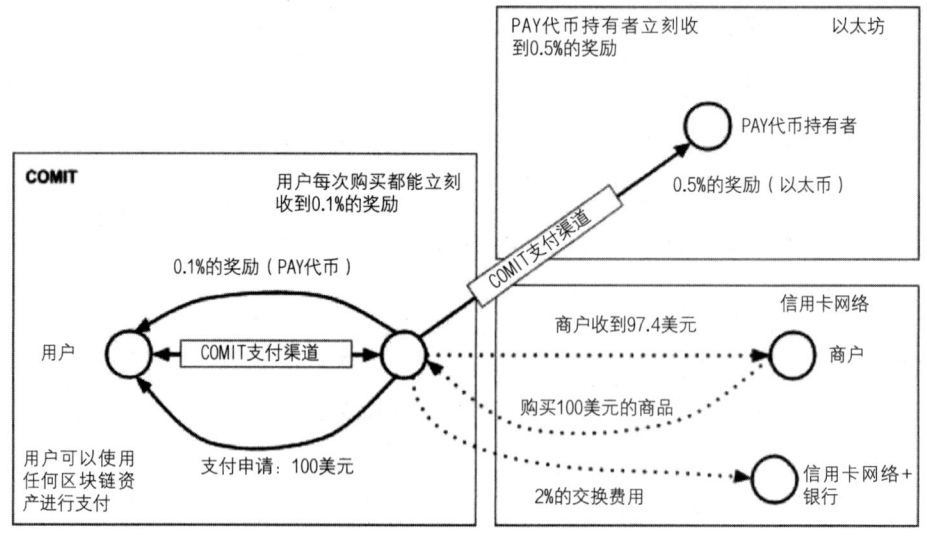

图8.14 TenX：支付流程

来源：TenX。

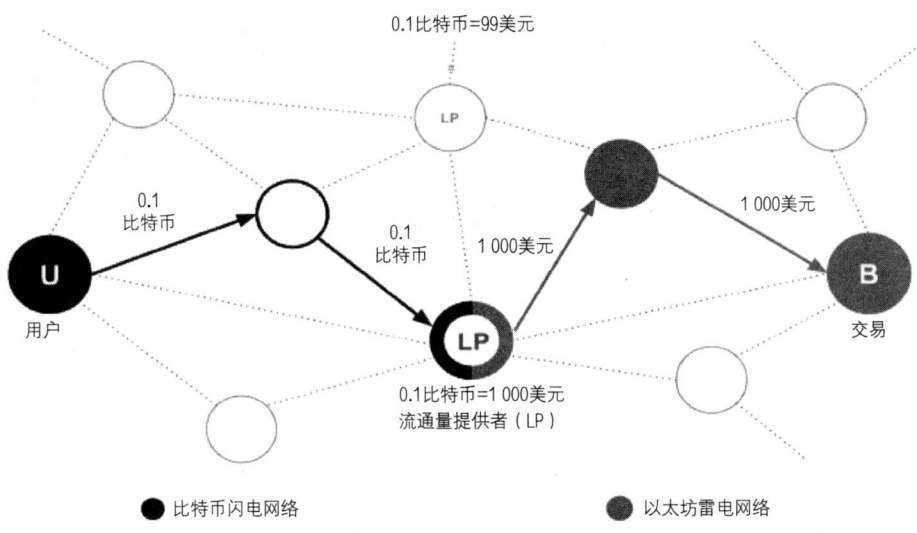

图8.15　Comit网络路径

来源：TenX。

表8.4　Comit网络与其他交易解决方案的特点对比

类别	传统银行	网上银行	区块链	Comit
费用	高	中	低	接近0
速度	低	快	快	瞬时
安全性	基于信任	基于信任	加密	加密
控制	中心化	中心化	去中心化	去中心化
可访问性	低	低	中	高
互通操作能力	低	低	中	高
灵活性	低	低	中	高
商业价值	低	低	中	高
刺激增长	低	低	中	高
可扩展性	低	中	低	高

来源：TenX。

新加坡创企在加密数字货币销售中筹资8 000万美元，另一家紧随其后

就在2016年前，托比（Toby）发现契机并在沈基文金融经济研究所做了展示。

一年后他筹集到了8 000万美元！

> 大约4 000人直接参与了这次代币发售活动，活动持续时间不到7分钟。

图8.16　TenX：从0到8 000万美元

来源：TenX。

8.7.5　OmiseGo

OmiseGo是另一个有趣的项目，专注于普惠金融服务中的支付领域（图8.17和8.18）。OmiseGo由来自以太坊基金的维塔利克·布特林和托马斯·克雷格担任技术顾问和团队成员，该项目是一个受投资者欢迎的ICO。

SGInnovate的魔力

与维塔利克·布特林和托马斯·克雷格在SGInnovate会面

OmiseGo 的ICO在代币发行开始前就已经完成！

当我们还在思考如何实现30秒内完成ICO时，OmiseGo已经在代币发行开始前就完成ICO。

OmiseGo 的ICO由服务亚洲的支付平台、号称是第一个支持以太坊开发者资助项目Devgrants的Omise启动，通过瑞士比特币（Bitcoin Suisse）发起了代币预售，Bitcoin Suisse集结了需要运行AML（反洗钱）或 KYC（了解你的客户）协议的代币投资者。

图8.17　OmiseGo ICO

来源：OmiseGo。

omisego ◯

> OmiseGo是一项公开的基于以太坊的金融技术，以供主流数字货币钱包使用，为所有管辖区和组织孤岛、所有法定货币和去中心化货币提供实时、点对点的价值转移和支付服务。由于其目标是实现金融普惠，颠覆现有金融结构，因此规定每个人都能通过OmiseGo网络和数字货币钱包架构享受OmiseGo的服务，这一举措自2017年第四季度开始实施。

很明显，此次发售最高发售额为1 900万美元，而在预售中450位投资者总计投资了6 000万美元，因此Omise表示，"第二轮融资中我们将无法接受任何参与者的投资。"

OmiseGo于2017年6月7日开始预售，很多人不满预售结束得太快。尽管计划于6月27日开始ICO，但由于已经达到最高发售额，故取消了ICO。

图8.18　OmiseGo：通过以太坊使原有银行用户脱离银行而转向电子货币
来源：OmiseGo。

8.7.6　InfoCorp

InfoCorp是另一个有趣的例子，它是由新加坡人创立的专注于普惠金融的公司（图8.19至图8.28、表8.5）。它的目标是利用技术服务于那些未获得充分银行服务的群体以及一些创新理念，包括针对移民的电子钱包、牲畜身份认证代币或奶牛代币。

金融普惠的区块链解决方案平台

· 全球有2亿成年人没有银行账户，只依靠现金生活。

· 东南亚73% 的人口"没有银行账户"。

· 银行卡支付的使用率低。

· 移动通信普及率高。

· 获得金融服务的渠道较少。

发达国家的支付解决方案无法满足发展中国家无银行账户群体的使用。

图8.19　InfoCorp提出的金融普惠区块链解决方案
来源：InfoCorp，Sentinel链白皮书。

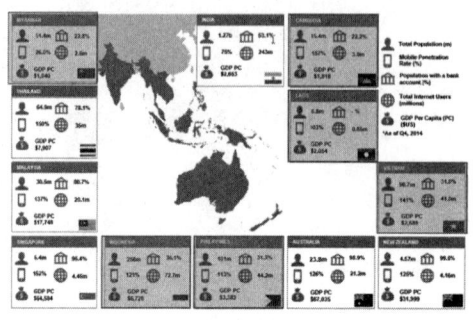

· 有发展潜力的6个国家：缅甸、柬埔寨、老挝、越南、印度尼西亚、菲律宾。

· 有银行账户的人口比例仅为22.2%~36.1%。

· 移动通信普及率超过100%。

· 2017年，缅甸称其移动通信普及率达到80%。

图8.20　东盟中尚未普及银行的发展中国家

来源：InfoCorp。

表8.5　东盟各国的网络用户及金融基础数据

国家	总人口	移动通信普及率/%	有银行账户群体占比/%	互联网用户总数	人均GDP/美元
缅甸	5 140万	26.0	22.8	2 600万	1 040
柬埔寨	1 540万	157	22.2	380万	1 818
老挝	680万	103	—	85万	2 054
越南	9 070万	141	31.0	4 100万	2 589
菲律宾	1.01亿	113	31.3	4 420万	3 383
印度尼西亚	2.56亿	121	36.1	7 270万	6 728
新加坡	540万	152	96.4	445万	64 584
马来西亚	3 050万	137	80.7	2 010万	17 748
泰国	6 490万	150	78.1	3 500万	7 907

用本地货币实现金融普惠

巴厘支付（BaliPay）社区

- 用本地货币实现金融普惠的成功案例
- 在一个由500多名用户组成的巴厘社区内进行预试验
- 促进农民和旅馆之间的直接交易
- 银行转账的费用为65美分
- 用SMS支付的费用为0.065美分
- 问题：无法扩张

图8.21　巴厘支付（BaliPay）

来源：InfoCorp。

普惠金融潜力仍有待开发

- 只有不到0.1%的借款由东南亚的P2P贷方做出（在中国这一比例为10%，英国和美国为2%~3%）。

- 无银行账户市场的潜力
  - 每年有400万~500万人口步入"消费阶层"。
  - 东盟人口最密集的国家中有60%~70%为工龄人口。

- 亚洲传统P2P借贷的问题
  - 移动通信未覆盖群体表明有巨大市场潜力有待开发。
  - 受到国家对法定货币监管的限制。
  - 无法扩张。

图8.22　InfoCorp的市场

来源：InfoCorp。

运行机制

Sentinel代币（SCTs）是本地货币代币（LCTs）在不同本地区块链之间交易的转换代币。
Sentinel代币有固定供应量，但可以通过公开的加密交易进行交易。

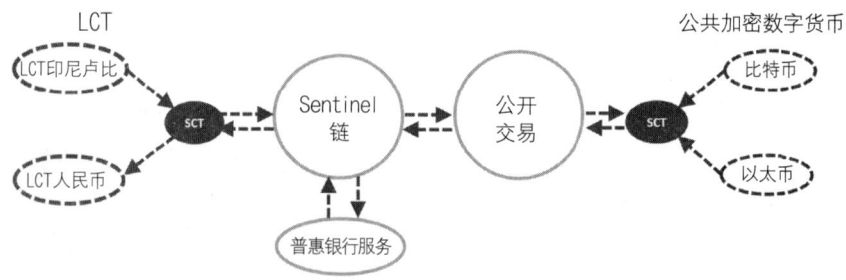

图8.23　Sentinel和货币代币

来源：InfoCorp。

什么是价值？

SCT的价值从社区和普惠金融需求中产生，
受加密经济流动性推动。

图8.24　SCT的价值主张

来源：InfoCorp。

本地区块链

- 本地货币代币（ICTs）
  - 本地法定虚拟货币
  - 类似一个钱包账户
  - 不固定，可发行也可销毁
- 无银行账户群体的例子
  - 马来西亚的一个榴莲种植园（种植园园主）
  - 印度尼西亚的一个村庄（村长）
  - 新加坡的一个员工宿舍（宿舍管理员）
  - 无银行账户的生态系统
  - 社区所有者、本地代理人等
- 用例
  - 工资
  - 小额借贷
  - 小额支付或汇款

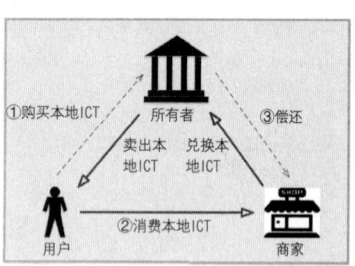

本地区块链描述了一个供本地
加密数字货币和资产使用的私
有区块链。

图8.25　InfoCorp 本地区块链

来源：InfoCorp。

CrossPay 移动应用程序

- 真正为无银行账户群体设计——无须注册或登录即可进行P2P支付。

- 零交易费用——免费的P2P支付。

- 款项暂由第三方保管+定位——代替现金支付。

- 不仅仅是钱包！——向无银行账户群体提供普惠银行服务。

图8.26　InfoCorp的CrossPay 移动应用程序

来源：InfoCorp。

奶牛代币——应用用例

- 奶牛对很多没有银行账户的村民来说是一笔宝贵的资产。
- 奶牛的代币化将其从价值存储变为一种交易媒介。
- 本地社区不仅能够发行加密数字货币，还能发行本地资产。
- 奶牛代币是一种以资产为支持的代币，由社区所有者（比如村长）发行，在Sentinel区块链上售卖。奶牛的所有者用筹得资金支持开展农活。
- 当奶牛卖出后，代币持有者以奶牛的农产品和补偿金的形式获得红利。

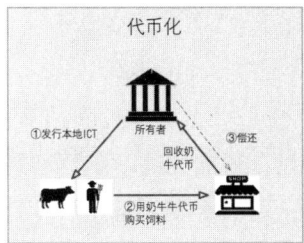
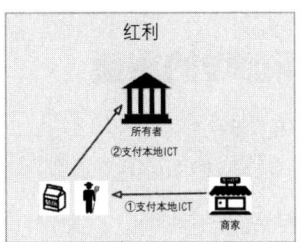
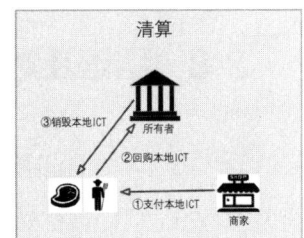

图8.27　奶牛代币

来源：InfoCorp。

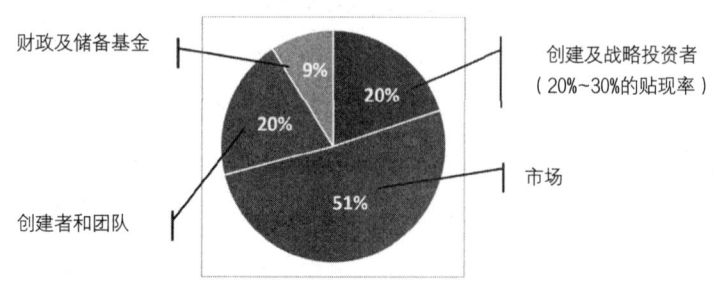

图8.28　ICO 51∶20∶20∶9的结构与InforCorp

来源：InfoCorp。

上述图表展示了Sentinel币（哨兵币）的设计逻辑及结构，奶牛代币的使用案例，以及与量子币和TenX相同的ICO结构。

InfoCorp同马来亚银行（Maybank）和一些小额保险公司、小额贷款公司签署了一份合作备忘录，以开展金融普惠计划。这一项目已被更名为Sentinel链，其ICO筹集到了价值1 400万美元的加密货币。Sentinel链也是众多通过使用私有区块链、区块链联盟以及开源区块链来实现金融普惠及运用普惠技术的项目中的一员。

8.8　结语及对新加坡的展望

除了硬件和软件设施，以及颇有远见的政策和监管，新加坡处于东盟地区金融中心的地位使它容易受到洗钱的影响。这就如同制定的政策吸引高净值人群一样，是不可避免的。银行的任务就是以所有形式的监控和探测来强化警觉。新加坡已建立了一个金融行动特别工作组（Financial Action Task Force，FATF）以支持其进行更复杂的跨国交易。恐怖主义融资的趋势令人担忧，但总体来说它毕竟属于全球化（尤其是金融全球化）中难以避免的一部分，而金融全球化也是导致金融危机发生的原因。新加坡是金融行动特别工作组的一员，该组织是一个国际团体，通过制定全球准则来打击洗钱和恐怖主义融资。

在财富管理和其他金融及金融科技活动中，难免会有许多西方大型银行参与其中，包括瑞士信贷集团、花旗集团、德意志银行股份公司和摩根大通集团。新加坡被智库Z/Yen集团评为全球第三大最具竞争力的金融中心，2014年其资产管理规模（Assets Under Management，AUM）增加了30%，接近1.8万亿美元。2008年金融行动特别工作组将新加坡纳入审核程序，对其反洗钱措施的实施状况表示担忧，特别是对海外交易。其2011年的跟进报告则给予了一个较正面的评价。新加坡在很大程度上解决了2008年暴露出的不足之处。

据金融行动特别工作组对东盟国家的观察，新加坡作为透明度高、值得信赖的金融中心，与其他东盟邻国相比，更需要保持住它的好名声。由于利害攸关，新加坡投入了大量时间、财力及人力。从东盟乃至全球的角度来说，金融科技给新兴行业和旧行业提供了同样多的洗钱机会。新加坡所要做的就是在所有方面始终全力以赴及保持警觉。

另一个具有建设性的建议是，新加坡年轻的"千禧一代"可以从与其他东盟国家的同龄人合作开始，然后与同样多、同样好且更加成熟和年长的新加坡人共事，这些人具有与其他东盟国家的同龄人一样的价值观和思维方式。根据2017年2月发布的新加坡未来经济委员会报告，新加坡经济未来将朝着数字化方向发展，新加坡不能忽略其他东盟国家信息通信技术及电子设施的多元性，在开发区域性商机和全球性商机之间做出平衡，还要使新加坡老龄人口与其"千禧一代"之间保持平衡及和谐状态。

总而言之，金融科技的未来也许取决于普惠技术本身（比如区块链），以此服务于那些未获得充分银行服务的人群（比如东盟国家该类人群）。尤其是监管规则的明确对新加坡来说肯定是一个正面的发展。新加坡的未来是光明的，因为我们已经目睹了这个小国在吸引合适的人才、商业和技术方面是如何超越许多国家的。

附录8.1
新加坡环境及水资源部部长、"智慧国家"倡议负责人维文医生在新加坡管理大学沈基文金融经济研究院年度大会晚宴上的讲话

2015年5月6日，周三，晚上7点，费尔蒙特酒店

沈基文金融经济研究院咨询委员会主席林子安（Lim Chee Onn）先生，沈基文（Sim Kee Boon）先生的家人——Jeanette夫人、Peter先生，许朝福（Winston Koh）教授的家人，我们的主持人阿诺德·迪·梅尔（Arnoud De Meyer）教授，朋友们，女士们，先生们：

对于一名眼外科医生来说，能在此向对金融行业及金融体系的了解远比我多的各位发表演说实属一种挑战。

Stephen Aguilar-Milan先生是世界未来学会（World Futures Society）的一名未来主义者，他提出了一个假说，称每50年左右会出现一波科技浪潮。我的观点是，每当一个主要科技浪潮出现时，会先后经历一段强烈干扰时期、一段机会增加时期、一段不平等扩大化时期，以及一段巨头独大时期，并且中产阶级需要一段时间接受新技术，然后广泛应用新技术从而促进社会繁荣。我今晚演讲的主题就是，我们如今正处在一个新兴科技浪潮之中。

让我们从Stephen的假说开始。第一次科技浪潮出现于1770年的英国，那是一个属于磨坊和运河的时期（至今还能在伦敦看到那些运河），那是英国家庭手工业的开始，也是其早期工业化的起始。工业化始于英国，因此英国在工业革命中占得先机。

将时间向后推40～50年，就到了19世纪早期，这是第二次科技浪潮出现的时期。当时最重要的发明是蒸汽机，随后诞生了铁路，随着铁路在英国、欧洲和美国陆续普及，大量的财富也随之而至。

再往后推50年，到第三次科技浪潮出现的1870年左右——钢铁、电力和

重工业的时代。在这个时代，人们开始建造大型远洋轮船、发动战争、使用冷藏技术，并开启了工业规模的贸易。

第四次科技浪潮始于1910年左右。其实就是关于石油的应用，石油使得汽车的出现成为可能，尤其在美国，当时时代的主旋律是：汽车时代、州际公路、美国人对汽车的长期痴迷，以及这种感情在大众文化中的一切映射。

我们不去探究浪潮本身，而是回想一些与这些浪潮相关的名字。如果我们回溯到1910年，想到石油，我们脑海中会浮现出谁的名字？比如，洛克菲勒（Rockefeller），石油就是他巨额财富产生的来源。如果我们再往前回溯到钢铁时代，美国人的脑海中会浮现出卡耐基（Carnegie）的名字，以及与之相关的梅隆银行。如果我们回到蒸汽机和铁路时代，会出现由行业巨头、技术人员和早期使用者构成的名流，他们赚取巨额财富，因为所有事物的突然转变，出现了一段具有颠覆性的时期——传统行业崩塌，新兴行业初具雏形，走在时代前端的人赚取了巨额财富。

现在让我们往后推到第五次科技浪潮。我们可以粗略地将这个浪潮定位于20世纪40年代后期，在"二战"之后，尤其是在旧式真空管被晶体管取代之后。与此同时，斯坦福大学试图寻找并抓住机会将其对学术的追求商业化，将实验室里的成果及教授们做的工作同人们的日常生活联系起来。晶体管的出现引发了电子业的爆炸式增长，在之后的科技浪潮中，电子业又带来了计算机和我们今天所知的大部分现代电子产品。所以说，基于1947年晶体管的出现，我们才能一路走到今天。

如果我们相信50年一次科技浪潮的理论，很明显现在距离上次浪潮又过去了50年。这也是我愿意大胆提出"第六次科技浪潮出现"的原因。科技浪潮的不同之处在于它们不是单单出现然后消失。每一次浪潮都建立在之前浪潮的基础上，而第六次科技浪潮的核心在于联结性——也就是说，晶体管带来了中央处理器（central processing unit，CPU），CPU带来了计算机，而现在处在浪潮中的是互联网、万维网、大数据分析、物联网和电信技术。我们渐渐地超越了硬件的范畴，开始关注数据和理念。而如今我们确实正生活在一个紧密联结的世界，其联结的紧密程度可谓前所未有。

当今围绕不平等这一话题充斥着许多政治争论。我个人偏向的观点是，不平等不是源自具有隐蔽性的右翼阴谋，而是由另一个社会事实造成：一次重大、结构性的科技浪潮正在席卷社会，能够意识到浪潮来临、理解并能抢占先机将其资本化的小部分人就能够赚取巨额财富，比如历史上出现过的洛克菲勒家族、卡耐基家族和其他代表性人物。所以说，今天我们听到的这些名字并非偶然，无论是比尔·盖茨（Bill Gates）、马克·扎克伯格（Mark Zuckerberg）、墨西哥的卡洛斯·斯利姆（Carlos Slim）还是中国的马云（Jack Ma），他们都是走在新一轮科技浪潮前端的人。因此我想说的是，现在仅仅是个开始。这些新兴工具和技术还需要时间实现大众化、商业化，走进寻常百姓家，中产阶级还需要时间重新获得谋生能力、生产力并为国家创造出其应该创造的财富。这就是我针对当今社会和经济领域中的现象提出的假说。

下面引用几个例子。其中很多已被大家熟知，但它们有助于大家理解我的观点。

在移动银行领域，很多人应该听说过Safaricom的M-PESA。自从肯尼亚的M-PESA将手机银行带到非洲，它已经从一个新奇事物变成实际的支付网络。波士顿咨询公司（Boston Consulting Group）的一项报告显示，截至2019年，即便是以几美元为基础的单笔交易，非洲撒哈拉以南地区的移动支付也能为移动货币供应商创造15亿美元左右的交易额。此外，据称非洲撒哈拉以南地区的移动支付用户比脸书用户还要多。移动手机的传播速度明显比银行建立分行要快，尤其是在像印度、孟加拉国、非洲和部分亚洲地区这一类的新兴市场。这也难怪有许多银行和电信公司（如Safaricom），甚至科技巨头（如谷歌和苹果）现在都专注于通过移动渠道开发创新型金融服务。

如果我们将视线移到零售业，必然听说过这些名字：eBay、亚马逊和阿里巴巴。阿里巴巴已经占据了中国互联网零售业的龙头位置，其实坦白说，能够在中国某行业占据主导的企业必定有着巨大的规模。为了让大家对其规模有更清晰的认识，这里有一些数据。阿里巴巴创立初期的业务仅仅是将商家彼此联结起来，而后来的发展远远超出了这一范围。现在它支持商家直接面向消费者销售，消费者彼此之间也可以互相交易。我们都听说过淘宝和天猫。2012年淘宝和天猫的交易额达到1.1万亿元人民币（大约1 700亿美元），2014年9月，阿里巴巴市值估值为2 310亿美元。我可以确定现在这一数字已经改变，但不变的是数字后面依然有很多个零。

在众筹领域，大家听说过Kickstarter和Indiegogo。如今艺术家、企业家、社区，甚至和政府有纠纷的人都可以通过众筹网站——"4F银行"集资。大家知道"4Fs"是什么吗？是粉丝（fans）、家人（family）、朋友（friends）和傻瓜（fools）。这听起来很好笑。但重点是众筹平台让任何人都可以筹资，而且不仅限于"4Fs"，因为当今世界到处都充满流动性和维持低利率，人们都在寻找一些可以押注的想法和服务。Massolution发布的众筹行业报告（crowdfunding industry report）显示，2012年，通过众筹在网上筹得总金额达到27亿美元，并且这一数字将继续升高。

在虚拟货币领域，Rajendra提到了比特币，我想大家之前也参加过相关的会议或研讨会。坦白讲，我对加密数字货币的未来并不确定，但如果大家联想到政府对纸币的管理方式，那么对加密数字货币的发展也不会有太大信心。但实际上更吸引我的是比特币背后的金融科技。我不知道大家有多少人对区块链技术有所了解。区块链技术是能够对账目的诚实完整性做分布式核实的一种算法。无论该账目是关于一笔转账、加密数字货币、合同还是服务，它其实是一个通用的平台技术，但该技术在我看来还没有发现最为合适的使用案例。但无论如何，如果该领域继续取得突破，将开启一个新的世界，大大改变金融服务方式。

在座从事银行业和金融业的都知道，银行的主要竞争优势：①有资金；②声誉好；③政府监管提供某种保护；④由于向客户提供贷款所以了解客户的业务状况。换句话说，就是有信息渠道。但是大家如果停下来想一想，此次科技浪潮所造成的是潜在地瓦解了银行和传统金融机构本应享有的这些竞争优势。想要资金，可以去众筹网站。要掌握商业状况信息，不一定局限于银行和像埃森哲这样的咨询公司，能精准掌控信息流动、数据和交易信息的技术人员同样对商业状况信息有所了解。我想李国权教授刚刚是想告诉我，阿里巴巴雇佣数百名博士生来做数据挖掘。那么，阿里巴巴是一个单纯的零售商，还是也属于信息行业？电信公司是在单纯销售通话功能还是在为移动银行业务做铺垫？亚马逊或者任何一家物流公司，它们是只配送比萨饼和电子产品，还是实际上属于服务型配送行业？所以我想说的是，如果你能在金钱、信息、履约和信用之间找到重点，也就找到了机遇。

所以希望我今天的讲话能给大家提供足够的思想食粮。我想呼吁大家共同完成三件事。

第一，为了新加坡和新加坡各机构的发展，请发掘新的方式向我们的人民及其他国家人民提供金融服务。如果我们的银行、金融机构和企业明年还做着和去年一样的事情，我们将会陷入困境，因为变革的脚步不会慢下来，所以请找到新方式提供新的服务。

第二，请关注数据科学和数据分析领域。无论是身处银行、金融机构、咨询公司还是高校，大家如今都生活在大数据时代。我曾常跟我的医生同事开玩笑说：如今你们几乎不需要做临床试验了，因为已经可以通过大数据估量一切了。如果能实时估量一切，为什么还要费心确定样本再用花哨的统计学流程证明你的结论呢？所以请关注数据分析和数据科学。

第三，我们需要在网络安全、隐私保护，尤其是对身份信息保护等问题上展开得更理性、细致和从技术角度出发的讨论。因为如果不能很好地保证网络环境安全、防止身份信息泄露、保护用户隐私和机密，那么我们就不能实现对金融创新、信息革命甚至电子病历的充分利用。换句话说，网络技术是把双刃剑，在带来效用的同时，也产生安全问题。如果能在这一点上处理好，那么我们便已抢占先机。

我最后想说的是，为什么要建立"智慧国家"。答案是：我们这样做是因为我们别无选择。就像过去50年中我们曾经在新加坡做过的很多事，一直追溯到当年沈基文先生还是一个为李光耀（Lee Kuan Yew）先生工作的先进高级公务员的时代，我们当时不得不开拓新的领域，敢于冒险，敢于创新，因为我们别无选择。20世纪70年代早期，随着英军撤出苏伊士运河东部所有港口，新加坡就业机会随之消失，因此我们不得不走上工业化道路。我现在描述的可能是另一个类似的场景，之前稳定、吃香的中产阶级白领工作中有20%～30%工作机会岌岌可危，因为对于机械重复的白领工作，你无法竞争过一个机器人、一台机器或是一台计算机。

所以我们需要做这些，而且我们相信我们有一定的优势，因为新加坡地域面积小，且政府执政高效。2016年，新加坡的内阁部长有一半是工程师，总理是数学家，并且依旧在编程。不相信的话大家可以查看他的脸书账号，有人经过5天的观察，发现他编的算法中尽管有几处边界误差，但仍然是一个很好的程序。

所以关键点在于，我们要能意识到科技浪潮的到来，并且理解新科技，就不会对科技有所畏惧。但我们不仅仅需要总理编程，更需要整个社会都能理解并抓住这次浪潮带给我们的机会。最后我祝愿大家一切顺利，同时希望新加坡管理大学，尤其是沈基文金融经济研究院能够不断开发新技术，不仅仅是因为乐趣，更因为新技术对新加坡的长期繁荣和发展至关重要。非常感谢在座的各位。

附录8.2
新加坡贸易及工业部部长易华仁先生在新加坡管理大学沈基文金融经济研究院金融科技大会上的主旨演讲

2016年8月18日，星期四，上午9点

新加坡管理大学校长阿诺德·迪·梅尔教授，新加坡管理大学沈基文金融经济研究院咨询委员会主席高博德（Piyush Gupta）先生，国际货币基金组织亚太部主任李昌镛（Changyong Rhee）先生，尊敬的各位来宾，女士们，先生们：

早上好。我非常高兴今天早上能够和大家一起参加这次新加坡管理大学沈基文金融经济研究院金融科技大会。首先祝贺新加坡管理大学成功举办第六届沈基文金融经济研究院大会，将各位行业专家、投资者、金融创新者、监管者，以及学者汇聚一堂，以更好了解金融科技带来的机遇。

金融科技在全球和新加坡的重要性与日俱增

金融科技是全球金融服务行业中一股变革性和振兴性的力量。从未来经济委员会的观点来看，我们将金融科技看作一个重要的横向发展。从纵向的角度来看，金融科技将对金融服务行业产生深远的影响。但由于金融服务横向地影响着许多其他行业，那么对于我们所谓的"能力提升"来说，它就成了一个关键的助力。今年，全球在金融科技上的投资达到220亿美元，比2015年同期上涨了超过70%[1]。在未来3～5年，全球累计金融科技投资预计将超过1 500亿美元[2]。就金融科技的发展前景和潜能来看，这一数字并不让人意外。金融科技开启了新的金融交易方式，并从根本上改变了我们储蓄、借贷、投资和花费的方式。从另类支付方案到P2P借贷，金融科技已构建了一个更具创新性和普惠性的金融体系。而且我认为金融科技对亚洲市场尤其具有影响力，且意义非凡。随着金融科技涉及面逐渐扩大，以及它使得人们更容易获得金融服务，我想我们能够实实在在地体会到金融科技的潜能所在。

金融科技还是让新加坡保持其东盟首要金融中心地位的重要法宝。近年来，我们的金融和保险业为经济增长做出重要贡献，并且该行业未来的发展一定程度上是由金融科技的发展来推动。因此，我们希望让新加坡成为全球领先的金融科技中心。为了实现这一目标，新加坡金融管理局一直致力于寻找能让新加坡占据行业领先地位的方式。

---

① 埃森哲报告。
② 普华永道金融科技报告。

新加坡努力成为金融科技监管和发展的思想领袖

适当的监管环境是确保金融科技创新蓬勃发展的核心。一方面,需要确保金融体系的稳定和安全;另一方面,需要营造有利于金融科技创新的环境,我们要在这两者之间找到一个平衡点。这种平衡的两端本身存在着一种互斥力,我们必须驾驭好这种互斥力,确保金融科技创新的优势不断积累,遍及整个金融体系。因此我们需要在确保金融体系的安全、稳定和营造一个有利于金融科技创新的环境之间寻求一个最优的监管平衡。新加坡的金融科技企业数量增加了1倍多(从2015年的近140个增长到如今的290多个),这种最优平衡也就成了新加坡金融科技生机勃勃的主要原因之一。

新加坡努力在金融科技监管思维方面走在前列,甚至是在"监管思维"这个词出现之前就已经如此。以移动支付为例。随着近来引入三星支付和苹果支付,移动支付已经成为消费者日常生活中的一部分。然而,早在2002年,新加坡金融管理局就发表过一项文件来对移动银行和移动支付做安全指引。在此后连续几年中,很多类似指引和规章不断涌现,以确保移动支付带来的广泛便利不会被风险(如恐怖主义融资和洗钱)盖过。

监管力度必须根据金融体系面临风险的大小做出校准。根据这一方式,新加坡金融管理局最近推出了一个"监管沙盒",为金融科技企业提供了一个安全的测试台,可以对创新型金融科技解决方案进行试验。这个例子体现了我们追求的那种平衡,也表明了新加坡可以成为金融创新的现实实验室。这一机制使得公司能在确定的空间和时间范围内向客户提供真实的产品和服务。虽然这样的"监管沙盒"并不能杜绝失败,但它会控制其结果给客户带来的影响,同时让企业学习、试验和给出解决方案。这样一来,"监管沙盒"将减少监管摩擦,让金融科技创新有更多机会在新加坡和更多地方生根。

除了营造良好的监管环境,政府还需支持新加坡的公司使用金融科技,尤其是电子支付。电子支付通过将业务流程数字化及其更高的效率使得中小型企业(无论是数字化商业模式还是传统商业模式)获得可观的生产收益。事实上,数字经济从其广义的角度来说将成为新加坡经济演变的一个重要特征,并且不止如此，它还是进行区域一体化的重要特征。我们想促进企业适应数字经济，因为这意味着它们能够迅速扩大规模，打开广阔的市场。换句话说，事实上企业是可以天生国际化的，这也就意味着如果我们有支持的配送服务（履约服务）和支付系统，企业就可以更快实现全球化转型。

我们正在帮助中小型企业实现现有业务流程数字化（如纸质发票对账），让他们充分受益于电子支付。这样的数字化需要投资，而这种投资在一定程度上可能不会立即产生收益。因此，我们帮助中小型企业的一个方式就是利用新加坡标新局的能力发展津贴（capability development grant，CDG）。该津贴可以支持中小型企业开展大规模的升级项目，其中包括将其业务流程数字化。此外，跨部门的电子支付委员会还建立了一个特别工作组同中小型企业密切合作，以便更好地了解企业在实现业务流程数字化和电子支付一体化过程中遇到的阻碍。

采用电子支付还能让企业更积极地参与电子商务，因为电子商务如今已经普遍存在于B2B和B2C交易中。新加坡政府还希望能够带头制订地区电子支付策略，以便公司通过电子商务更好地利用该地区不断壮大的中产阶级群体和庞大的消费者基础。整个地区的相关人士或中小型企业也将因此更好地服务于东盟国家和其他地区的广大人口。

电子支付策略包含以下几点。第一，我们将帮助新加坡企业同大型移动支付商建立战略合作关系，从而将市场扩展到更多东盟国家。比如，新加坡企业发展局（IE Singapore）一直在帮助NETS同支付宝展开合作，使e-NETS成为电子商务巨头阿里巴巴的第一个海外借方支付平台。第二，我们将给东盟国家无银行账户群体的支付问题提供更多解决方案。这是一个很宏大的目标。由于无银行账户群体庞大，且支付服务需求很高，该举措必将带来不小的经济和社会影响。通过利用东盟国家互联网和移动通信普及率高的优势，我们致力于使无银行账户者也能接触电子商务。这些策略将打开东盟地区的电子支付市场，通过促进电子商务的发展创造更多的商业机会。

除了以上这些策略，最近我们还成立了金融科技办公室（FinTech

Office），作为一站式虚拟实体为各类金融科技相关事务提供服务，同时帮助将新加坡打造成一个金融科技中心。金融科技办公室不仅要协调政府各部门促进金融科技相关的筹资活动，还要提出政策建议以推进行业基础设施建设，优化人才培养和人才储备以满足金融科技行业不断增加的人才需求。除此之外，还可帮助新加坡保持其作为金融科技中心对投资者和企业家的吸引力。

这些举措为企业（如本地创企FundedHere，一个众筹平台）发展提供支持。我们必须不断创新，适应监管环境和行业生态系统，从而确保新加坡作为金融中心的声誉和吸引力。政府始终关注着未来，因此我也期待明天的会议上，新加坡金融管理局分享其对新加坡支付行业下一阶段发展计划的更多细节。

新加坡的金融经济生态系统

政府确保监管环境和行业生态系统对金融科技创新有利固然重要，从业人员彼此之间的协作也对构建行业生态系统至关重要。金融科技是一个新兴行业，气象万千，有挑战，但也充满机遇，能跨越维度协作共赢是成功的关键。共同孕育技术理论、协同操作和测试、调动行业各方力量（包括技术开发者、金融专家、创企、投资方、研究人员等）确保技术顺利投放市场，所有这些都会增强金融科技行业的生命力。

行业各方互相协作的一个重要方式就是彼此分享最新的研究、发现和想法。事实上，我们在未来经济委员会工作的过程中逐渐明晰，我们正生活在一个创新可以驱动社会各个领域发展的时代。但是，就创新模式而言，开放创新才开始占据主要地位。因为创新本身有风险，创新的本质是复杂的，但是一旦成功就能获得大量利润。考虑到这种情况，采用协作的方式（甚至是竞争者之间的协作）会提高成功的可能性。如今，开放创新和协作（甚至是竞争者之间）已经成为很多领域的关键特征。不止如此，在一个涉及范围之广、覆盖领域之多像金融科技一样（涉及科技、银行、保险和许多其他领域）的行业，汇集新观点可以促进跨领域协作，改善行业生态系统。

正是谨记这一点，新加坡金融管理局计划于2016年11月14日至18日举办第一届新加坡金融科技节。科技节会安排一系列"背靠背"的活动，以促进企业间共享知识、建立联系、推销宣传和分享想法。这种多方合作和对环境的营造，协同那些甚至是非传统的合作伙伴来寻求非传统的解决方案，正是我们在金融领域和其他垂直领域发展的关键所在。

因此我鼓励在座的金融科技公司和金融服务公司继续加深和扩大合作。这不仅适用于知识共享，还适用于其他优化行业的举措，例如设置通用标准和实现无缝数据共享。我们需要各公司不仅考虑自身业务的价值，还要牢记行业合作可能带来的更广泛的系统性收益。通过这种方式，我们将提升整个行业的价值。

开发金融科技人才，提高金融科技能力

我们工作的另一个重点是培养金融科技人才，提高金融科技能力。我们必须培养大量此类人才，以满足金融科技行业不断变化的新需求，尤其需要培养拥有跨学科知识、能够推动金融科技创新的人才。

因此，我们正在考虑制订计划，通过学校课程、实习项目和职业中期培训机会促进相关人才跨学科技能的培养。为此，我们必须促进行业与高校之间的紧密合作，帮助并确保毕业生获得金融科技相关的知识和技能。就这方面来说，新加坡金融管理局一直积极与新加坡的高校合作，打磨他们的学术课程，并使课程与行业需求更好地接轨。例如，2013年，新加坡国立大学和IBM成立了国立大学商业分析中心（NUS Centre for Business Analytics），提供为期一年的理学硕士学位课程，该课程结合了商业策略和数据分析的内容。

为了提高我们金融从业人员的金融科技水平，新加坡金融管理局和资讯通信发展管理局（Infocomm Development Authority of Singapore, IDA）、银行与金融研究院（Institute of Banking and Finance, IBF）、金融IT学院（Financial IT Academy, FITA）合作，培养金融人才的数字技能。例如，金融IT学院提供的数字化转型系列课程涉及人工智能等主题。此外，金融管理局正在与资讯通信发展管理局合作，通过技术技能加速器（technology skills accelerator, TeSA）项目金融委员会，为金融领域的IT

人才带来良好的就业机会。

我们还为金融从业人员提供对口的信息通信技能培训，帮助他们充分施展才能，尤其在重要的网络安全领域。网络安全已经成为金融科技领域的关键问题，预计到2019年，网络犯罪带来的损失将超过2万亿美元。因此网络安全能力对金融科技从业人员至关重要。新加坡电信（Singtel）与资讯通信发展管理局和网络安全局（Cyber Security Agency of Singapore, CSA）协作，参与"网络安全技术及伙伴计划"（Cyber Security Associates and Technologists, CSAT），为维护网络安全培养信息通信人才。根据该计划，新加坡电信将培训新的信息通信技术人才，并培养他们基本的网络安全技能。它还将为有经验的网络安全专业人士提供与业内领先的网络安全专家一起培训的机会，以此提升其技能。该计划也是为了满足行业人才需求，目前来说全球在这方面都面临人才短缺的问题，新加坡也不例外。以上这些举措都是为了确保新加坡的金融科技生态系统能够给相关人才提供充分的空间施展才华。

结束语

最后我来做一个总结。我们在新加坡做出的努力体现在以下几个方面，当然，是指在构建生态系统、促进协作领域：在监管环境和其他倡议方面，为金融科技创新创造出有利的环境；在人才开发方面，确保拥有具备所需技能的人才。政府可以发挥其作用，但要在金融科技领域取得长久成功，我们也需要私营企业和金融从业人员的积极参与。我们必须通过加强政府机构与私营企业之间的协作，以及加强国际伙伴的参与来进一步巩固我们已经开展的密切合作。我认为金融科技领域前景大好，但仍有大量工作要做。正如我们听到的那样，我们的确无法确定哪项技术或哪种方式能够成功，但我们知道的是，金融科技有一些方面需要我们关注，包括普惠性、接触更广泛的有服务需求的客户群体、增强金融服务系统的竞争力。

我希望大家在举办本论坛期间能够全力以赴，开展新的合作，帮助我们在金融科技领域走得更远。政府将会成为你们强有力的伙伴，同时我也希望大家可以充分利用在新加坡观察到的一切，就政府如何加强与私营企业的协作提出你的想法。最后祝会议取得圆满成功，再次对新加坡管理大学成功举办这次会议表示祝贺。谢谢大家。

附录8.3
新加坡的金融科技之旅——找准位置，展望未来
新加坡金融管理局局长孟文能（Ravi Menon）先生在新加坡金融科技节上的讲话

金融科技大会，2016年11月16日，周三

女士们，先生们，大家上午好！欢迎参加首届新加坡金融科技节！

这次共有来自50多个国家的11 000多人参加了为期5天的金融科技节，出席了其中一项或多项活动。

技术改变金融

金融科技以一种前所未有的方式改变了金融服务方式。

我们享有空前的流动性。智能手机正成为我们的银行。人们可以在旅途中享受金融服务。我们享有空前紧密的联结性。互联网压缩了时间和空间。交互是实时的，不受物理边界的限制。我们拥有前所未有的计算能力。我们手中或手腕上的设备（手机和腕表）实际上就是神奇宝贝——口袋大小的怪物，它们拥有比几十年前的超级计算机更大的数据库和更强的数据处理能力。

在近场通信、身份认证、数字ID和生物识别技术的发展推动下，移动支付越来越普及。

区块链或分布式账本被用于各种财务运作，以使其更快速、更有力、更高效。如银行同业拆借，核对贸易金融发票，履行与实施合同并核实履行情况，保持审计追踪并阻止洗钱。

发展潜能最大的领域或许是大数据。我们开始汇总和分析大型数据集，从而对客户行为和需求有更丰富的认识，监测金融交易中的欺诈和异常行为，

加强对市场趋势和新兴市场风险的监测。

一些技术的进步也推动了大数据的发展：传感器网络和自然语言处理可以从广泛的来源中收集信息，云技术实现了低成本按需储存和检索大量信息，学习机和智能算法可以在每次迭代中不断调节和改进决策过程。

建设智能金融中心的愿景

无论是国家、企业还是个人，能够对技术趋势保持敏锐、了解其影响力并挖掘其潜力的都将获得竞争优势。确切地说，很多新技术都对现有职业和商业模式产生冲击。但如果我们不主动适应新技术，就会有外力迫使我们去适应，并且是以一种我们不喜欢的方式。2015年，金管局[①]提议将新加坡打造成智慧金融中心，实现创新的普遍化和金融科技的广泛使用。从那之后，金管局一直与金融界、金融科技创企、高校和其他利益相关者紧密合作，以实现这一共同愿景。为支持该倡议的实施，金管局在两个层面做出了努力：一是制定有利于创新的监管政策，同时加强安全建设；二是促进创新生态系统的基础设施建设，推动新技术应用。

监管要利于创新

我们先介绍一些金融科技监管的基本原则。

第一，我们认为监管不能抢在创新之前。过早引入监管政策可能会导致创新夭折，并使得新技术的应用出现问题。但监管必须和创新同时进行。紧跟创新趋势，评估潜在风险，不断评估是否有必要实施监管（还是任由事态自由发展）。

第二，我们进行重要性和比例性测试。也就是说，只有在新技术带来实质性风险或者风险超过某一界限时才会实施监管。而且监管力度必须和风险成正比。

第三，我们专注于平衡新技术或解决方案带来的风险。很多技术虽然减轻了现有风险，但可能同时带来新的风险。监管方式必须在帮助减轻风险的同

① 后文若无特殊说明，则"金管局"均指新加坡金融管理局。

时抑制新风险的产生。

下面我会通过介绍具体的监管举措向大家展示我们实施金融科技监管的方式：

（1）对特定支付类型实施针对性监管。

（2）制定特定准则来推广安全云计算。

（3）提供数字化理财建议和金融保险。

（4）推出"监管沙盒"方便测试创新想法。

（5）加强网络安全。

（6）加强基础设施建设，构建创新生态系统。

对特定支付类型实施针对性监管

一些最为人所知的金融科技创新出现在支付领域。

这些创新让支付成本变得更低，支付更快速、更方便，在服务消费者的同时也使银行能够追求更高利润。但许多电子钱包解决方案目前受到新加坡两个独立监管标准的约束。

金管局将选择一个单一的、基于活动的模块框架，在这一模块下精简支付服务商的许可流程。这意味着：凭借单个许可即可开展各种支付服务；只需满足特定支付服务相关的监管标准即可，无须符合所有监管标准；仍然遵守消费者权益保护和网络安全的一般化标准。

制定特定准则来推广安全云计算

有些领域一直流传着一种说法："金管局不喜欢云技术。"为了彻底打消大家的疑虑，我在这里重申：金管局不反对金融机构使用云技术。

云计算带来规模经济，提高经济运行效率，并且潜在地节约了成本。事实上，一个安全的云计算设备可以助力各种金融科技创新，包括BaaS（banking-as-a-service，银行即服务）平台。为了把钱花在刀刃上，金管局在今年早些时候制定了金融机构使用云服务的具体指南。金融机构可以自由采用私有云、公有云，或将它们融合成混合云。但是云技术的一些显著特征（例如多租户、数据混合，以及在多个位置进行处理）可能会给数据保密性和可恢复性造成影响。因此我们希望金融机构进行必要的尽职调查，并通过合理的治理和风险管理办法来解决潜在漏洞。

提供数字化理财建议和金融保险

数字化的理财建议和金融保险越来越普遍，以满足越来越多懂技术、自我导向的消费者的需求。

金管局对理财建议的监管框架是"技术不可知论"。但我们应该调整这种监管框架，让消费者更容易受益于数字化理财建议和金融保险可能带来的更低成本及更多选择。但同时确保为消费者提供足够的保障。

由智能投顾（Robo-Adviser）提供金融或投资服务方面的数字化建议（算法自动产生）的做法已经在美国出现，很快就会传到新加坡。

金管局不久将就智能投顾算法的治理、监督和管理提出建议，确保数字化理财建议的完整性和可靠性。在最终确定监管准则之前，我们将咨询业界相关人士。

保险方面，金管局已经允许保险公司在线上进行销售，不再有人推销简单的定期寿险，直接购买的保险同样具有广泛的标准化功能。

金管局将允许保险公司在网上出售全套人寿保险产品，且无须提供建议。金管局将发布指南，指导如何对网上分销人寿保险产品提供保障。

推出"监管沙盒"方便测试创新想法

2016年6月，金管局推出"监管沙盒"机制，方便金融机构和金融科技从业者进行创新实验。"沙盒"有两大目的：

第一，允许进行试验，即使一开始无法预测全部风险或无法满足所有监管要求。

第二，提供一个安全环境，可以保证即使试验失败，也是在可控的范围内，相对安全，付出的代价也较小，不会产生大范围的负面影响。

"沙盒"如何运行？

金管局和申请加入"沙盒"的机构将共同决定试验的范围。之后金管局会确定"沙盒"内的法律和监管要求，在试验期间，规定的范围内，这些要求会相对放宽。

2016年我们已经收到一些金融机构和金融科技公司的加入申请。

这些机构的创新方案利用了一系列技术，包括分布式账本、机器的自我学习和大数据分析。金管局正在评估这些申请，期待其中一些能顺利加入"沙盒"。

同时，今天我们将发布最终的"沙盒"监管准则，其中综合了来自行业的反馈，并针对已收到的加入申请进行了实地测试。

加强网络安全

智慧金融中心必须是安全的。

由于越来越多的金融服务可通过互联网实现，网络威胁带来的安全和隐私问题也让人愈发担忧。用户们对于网络安全的信任决定其对新技术和创新服务的信任。

因此加强网络安全是新加坡金融科技领域的一大重要任务。金管局与其他政府机关及整个金融科技行业密切合作，确保有强大的网络安全防护。

不同金融活动和体系之间是相互联系的，因此有效的网络安全防护策略需要机构间紧密合作，共享网络情报。美国银行业有一个很好的合作模式——金融服务信息分享和分析中心（Financial Services-Information Sharing and Analysis Centre，FS-ISAC）。它是全球金融业进行网络威胁情报分享和分析的首选资源。

我很高兴地宣布，FS-ISAC将在新加坡设立亚太地区唯一的网络情报中心。该中心将有助于新加坡金融业更好地监控网络威胁，提供更好的情报支持，同时也会增强新加坡网络安全社区的功能。

加强基础设施建设，构建创新生态系统

新加坡金融科技行业的第二大任务是促进创新生态系统所需的基础设施建设和新技术的应用。

我们需要一个可以互相联结、互相协作、分享观点、激发灵感的生态系统。我们需要通用的标准和可共同操作的系统，以便迅速扩大创新规模，充分

发挥系统潜在优势。我们既想让创新产品百花齐放，又想让它们交相辉映，共同形成一幅美丽的画卷。

为了构建这样的生态系统，金管局开始从自身做起：2015年，金管局内部成立了一个新的金融科技创新团队，由一名首席金融科技官带领（金管局是世界上第一个采取该方式的监管机构）。该团队的任务是同金融业从业者和金融科技公司合作，帮助构建一个有利于创新的生态系统。过去5年中，金管局共投入2.25亿新加坡元（合1.6亿美元）支持金融科技生态系统的蓬勃发展。2016年早些时候，金管局和国家研究基金会成立了金融科技办公室，为各类金融科技事务提供一站式联络点。如果您是一家金融科技公司，想要了解新加坡有哪些拨款或援助计划，或者想联系相关政府机构以加快审批速度，您应该来这里。

建设创新生态系统所需的基础设施是大家共同的责任，需要大家的共同努力。金管局只起到促进作用，具体工作由共同协作、投身建设的金融业和金融科技社区完成。

下面为大家重点介绍一些正在实施的令人兴奋的基础设施计划：用来开展合作、进行试验的活动空间，电子支付基础设施，全国性的"了解你的客户"规定，支持跨境银行间支付的区块链基础设施，开源式API架构。

用来开展合作、进行试验的活动空间

打造金融科技基础设施的一个基本组成部分就是建立活动空间，方便企业间开展合作。就在上周，我们还见证了新加坡首个金融科技创新基地LATTICE80的建成。

LATTICE80在新加坡金融区中心提供专门空间，供金融科技创企与业界其他公司和风险投资商合作、建立联系、共同创新。

全球有20多家金融机构在这里设立了创新中心。如果你参加了本周早些时候的"走访创新实验室（Innovation Lab Crawl）"活动，会看见他们正在做一些激动人心的实验，如可穿戴设备提供数字化健康建议，汽车保险远程信息处理，区块链简化支付过程，大数据提供定制服务。

金管局也成立了自己的创新实验室——"窥视镜（Looking Glass）"。它旨在促进金管局、金融机构、创企和技术人员之间的协作。方便创企向业内专家咨询法律、监管和经营相关事项。

电子支付基础设施：统一销售点，中央寻址方案

我们拥有世界一流的电子支付基础设施。

它是一个每天24小时，每周7天不间断工作的实时银行间资金转移系统。我们称其为FAST，即"快速安全转账（fast and secure transfers）"的英文缩写。但是FAST使用率并不高，新加坡人依然严重依赖于现金和支票支付。

新加坡银行业协会正在研究两项重点计划，以使所有人可以无缝对接电子支付，且操作方便。

第一，中央寻址方案让你可以通过对方的手机号码、身份证号、电子邮件地址或任何其他社交媒体账号向任何人付款，而无须知道收款方的银行或银行账户。

第二，通过统一销售点终端，商家可以接受所有大型银行的支付方式，无论是非接触式支付还是智能手机内置的支付方式。

全国性的"了解你的客户"规定

了解你的客户，也叫KYC，是金融业最大的痛点之一。此过程耗费大量财力、人力，而且很多工作是重复性的。这种痛苦无处不在，因为许多金融服务都涉及KYC和身份认证，开设银行账户、付款、提出保险索赔等均是如此。我们需要通过改善基础设施解决这个问题。

新加坡目前正在建造全国性的KYC系统。很明显，现在需要根据不同的交易目的、涉及信息程度和所需严格程度建立不同层次的身份验证系统。最基础的层次是 MyInfo服务，由新加坡财政部和负责数字及数据战略的主要机构GovTech共同开发。MyInfo是个人数据平台，其中包含经过政府验证的个人详细信息，如身份证号、居住地址等。民众可以在MyInfo上将个人数据一次性提交给政府，并检索个人详细信息，以便日后与政府进行各种在线交易。

金管局正与财政部和GovTech合作，通过使用政府收集的可信个人数据将MyInfo服务扩展到金融业，从而实现更高效的KYC。

这种服务能除去烦琐的表格填写和提供纸质文件过程（以供金融机构进行人工身份验证），避免数据输入错误。金融机构能够提高生产率，为客户提供更多便利。政府将在2017年第一季度在两家银行开展MyInfo试点，然后逐步将其扩展到其他金融机构。除了MyInfo，我们还必须想出更高级的KYC形式以满足更复杂情况的需要。

支持跨境银行间支付的区块链基础设施

金融业另一大痛点就是跨境银行间支付。如今，银行必须通过代理银行充当中间方进行支付。这既消耗时间，还增加成本。金管局、新加坡证券交易所和8家银行已着手开始一个概念验证项目：将区块链技术应用于银行间支付，包括外币跨境交易。此方法得到R3公司区块链研究实验室和英国计算机协会信息系统的支持。

在试点系统下，银行将存放在金管局的现金作为抵押，以换取金管局发行的数字货币。银行之后可以用数字货币兑换现金。

参与银行可以直接使用此数字货币互相付款，而不必先通过金管局发送付款指令。这是对当前大额支付集中操作系统的改进，增强了弹性，降低了成本。银行还可以选择使用英国计算机协会信息系统提供的现有通用支付门户在区块链上进行交易。银行无须重写其后端系统。这项实用功能是基于华侨银行在其最近宣布的银行间支付试点中取得的进展。

该项目标志着金管局探索利用中央银行发行的数字货币潜力的第一步。该项目的下一阶段将涉及外币交易，可能需要其他国家中央银行的支持。

开源式API架构

最后要提的也是最重要的一点，即创建API经济。

API，即应用程序接口（application programming interfaces）很可能是未来经济创新中最重要的组成部分之一。从根本上说，API是一组协议，通常从信息交换的角度定义一个系统或应用程序如何与另一个系统或应用程序进行交互。它们允许系统彼此交互，而无须人工干预。通过发布这些API，金融机构可以与外部用户协作，从而将不同来源的多个数据集无缝整合，合并到一个集成大数据集中；更快、更便宜地提供更多功能性和定制化的解决方案。

金管局旨在将新加坡建成金融服务领域一个卓越的API中心。我们正在积极推动金融机构开发和采用API，并向广大社区提供尽可能多的API。API是必不可少的"管道"，帮助机构间实现连接和协作，进而促进创新。金融业已经联合起来，与金管局和新加坡银行业协会合作，共同制定API使用指南。我很高兴地宣布，今天我们将发布"'金融即服务'API手册"。该手册可指导金融机构使用常见的API。比如：

今天，我们中的许多人都在努力追逐和使用各家银行所发行信用卡中的奖励积分，直到它们过期。想象一下，如果银行推出自己的API"积分"套件，我们就可以开发一个聚合应用程序，用户就可以直接从商家和服务提供商处查询和兑换积分。

该手册还提供了API标准化的指南。金融业已经制定了信息安全、数据交换和治理机制的标准。使用通用标准将有助于促进数据共享，提高互通操作能力。API手册是新加坡金融科技发展史上的重要里程碑。本周，我们的一些金融机构宣布了它们的API计划。因此，请大家多多关注这一块。

金管局也不甘落后，上周针对其最常用的数据集发布了12种API。我们将逐步扩展API的种类。

结语

最后，我想谈一谈我们在金融科技领域做出这些努力的背后，是出于对大局怎样的考虑。

我们一直在谈论技术，但这一切实际上是为了培养一种创新文化。对于一个面临较低速的经济增长和较严重的监管负担的行业，创新必须担起为商业模式重新注入活力的重任。创新并不总是指高科技。它意味着寻求一种全新的、更优的做事方式，意味着进取精神。它关乎未来的希望。这正是金融业需要的。

我们也不要忘记创新的目的：要将新加坡打造成智慧金融中心。

　　因为我们想提高效率，以更低的成本，更好、更快速的方式做事；因为我们想更好地管理风险，保证我们的系统安全可靠；因为我们想创造新的机会，促进经济增长，带来好工作；最重要的是，因为我们想改善人们的生活，为他们提供更好的服务，帮助他们实现目标。

　　金融创新必须有其目的。

　　谢谢各位，祝各位万事如意。

附录8.4
未来经济委员会（Committee of Future Economy）集群和产业清单（2017年2月17日）

集群名称	产业名称
制造业	能源化工和流程建设与维护
	精密工程
	经济发展局海事及离岸部
	经济发展局航天部
	经济发展局信息产业部
建成环境	建设部（包括建筑及工程服务）
	房地产
	环境服务
	安全
贸易及互联	物流
	空运
	海运
	陆运（包括公共交通）
	批发贸易

续表

集群名称	产业名称
基础家庭服务	医保
	教育（幼教、成人教育和培训）
现代生活服务	专业服务
	信息通信技术与媒体
	金融服务
生活方式	食品服务
	零售
	旅馆
	食品制造

相关机构：新加坡经济发展局（Economic Development Board，EDB），新加坡国家发展部建设局（Building ard Construction Authority，BCA），新加坡房地产代理理事会（Council for Estate Agencies，CEA），新加坡国家环境局（National Environment Agency of Singapore，NEA），新加坡内政部（Minister of Home Affairs，MHA），新加坡民航局（Civil Aviation Authority of Singapore，CAAS），新加坡海事及港务管理局（Maritime and Port Authority of Singapore，MPA），新加坡陆路交通管理局（Land Transport Authority，LTA），新加坡国际企业发展局（International Enterprise Singapore，IE Singapore），新加坡卫生部（Ministry of Health，MOH），新加坡教育部（Ministry of Education，MOE），新加坡通讯及新闻部（Ministry of Communications and Information，MCI），新加坡金融管理局（Monetary Authority of Singapore，MAS），新加坡标新局（SPRING Singapore）和新加坡旅游局（Singapore Tourism Board，STB）。

附录8.5
金管局明确了在新加坡数字代币领域的监管地位

2017年8月1日，新加坡金管局宣称，如果数字代币符合《证券和期货法》（*Securities and Futures Act*）（第289章）监管产品的特征，该数字代币的发行将受金管局监管。2016年以来，在新加坡，通过ICO筹集资金的案例增多，金管局紧随这一趋势，明确了自身的监管地位。

数字代币是其持有者获得收益的权利或执行特定功能的权利的加密表示。虚拟货币是数字代币的一种特定类型，通常用作交易媒介、记账单位或价值存储手段。

由于交易匿名，且在短时间内可以轻松筹集大量资金，ICO容易面临洗钱和恐怖分子融资的风险。而且，金管局在2014年3月13日发布的消息表明，虽然虚拟货币本身未受到监管，但将针对虚拟货币面临的洗钱和恐怖分子融资的风险对虚拟货币的中介机构进行监管。对于不仅仅能充当虚拟货币的数字代币，金管局当前也正在评估如何监管其交易活动产生的此类风险。

金管局不管制虚拟货币的做法与大多数地区类似。但是，金管局已经发现，数字代币的功能已经不再仅限于虚拟货币。例如，数字代币可能代表代币持有者资产或财产的所有权或担保权益。根据《证券和期货法》，此类代币可视为持有集体投资计划①中的股份或单位。数字代币也可能代表发行人所欠债务，根据《证券和期货法》可视为债券。

如果数字代币属于《证券和期货法》规定的证券的范畴，则除非获得豁免，否则此类代币的发行人必须在发行之前向金管局提交招股章程并进行注册并且此类代币的发行人或中介机构还应遵守《证券和期货法》和《金融顾问法》（*Financial Advisers Act*）（第110章）的注册要求，以及反洗钱和反恐怖

---

① 2014年7月发布的《有关加强对资本市场投资者监管的建议咨询文件》第三部分列出了符合集体投资计划新定义的投资计划的例子。

主义融资相关要求。此外，根据《证券和期货法》，促成此类代币二次交易的平台也必须获得金管局批准和认可，方可成立交易所或在市场上运营。

新加坡及其他地区的数字代币种类繁多。有些数字代币的发行可能会受到《证券和期货法》的约束，有些可能不会。因此，所有数字代币的发行者、促成或指导数字代币发行的中介机构，以及促成数字代币交易的平台均应各自寻求法律咨询，以确保遵循所有适用法律，并在适当时向金管局咨询。

附录8.6
有关数字代币（包括虚拟货币）投资计划的消费者建议

新加坡商务局（Commercial Affairs Department, CAD）和金管局提醒消费者注意数字代币及虚拟货币相关投资计划的潜在风险。

2017年8月10日，新加坡商务局和金管局注意到，在新加坡出现了ICO及其他有关数字代币的投资计划。建议公众进行尽职调查，以了解ICO和有关数字代币的投资计划的相关风险。

什么是数字代币？

数字代币是一种加密货币，持有者有获得收益或执行特定功能的权利。虚拟货币是数字代币的一种特殊类型。虚拟货币通常用来购买商品或服务，具体例子包括比特币和以太币。但是，数字代币的功能已经不再仅限于虚拟货币。例如，它们可能代表代币持有者的资产或财产的所有权或担保权益，或持有者所欠债务。这类数字代币经过市场作用，具有较大的投资潜力。

ICO及有关数字代币的投资计划如何运行？

数字代币可以通过ICO或相关投资计划发行。通过ICO发行的数字代币通常是卖方（持有者）特有的，消费者通常购买此类代币以换取可广泛使用的虚拟货币（例如比特币或以太币）或现金。这类卖家通常在网上发布所谓"白皮书"，给出他们的代币使用建议。

ICO或相关投资计划可能会根据不同目的以不同方式展开。例如，有人可能想要开发新的数字平台；有人可能是给买方提供机会，投资房地产、企业和资产，或者投资有望获得一定收益或金钱回报的产品。

消费者应该注意哪些风险？

消费者应该重视了解产品。如果代币卖方未强调风险，消费者应努力寻找相关项目、业务或资产的更多信息。下面列出的风险希望大家考虑，但并不详尽。

投资新加坡境外和在线运营商的风险

当投资新加坡境外和在线运营商时，消费者面临更高的欺诈风险。因为这些运营商在新加坡没有分支机构，很难验证其真实性。如果计划失败，也很难追踪其运营商。要收回投资款也可能受外国法律或法规的约束，而这些法律或法规可能与新加坡的不同。

卖方没有可靠记录的风险

代币卖方可能没有可靠的过往记录，因此很难在消费者面前树立信誉。与所有创企一样，这类投资失败率往往很高。

二级市场流动性不足的风险

即使数字代币可以在二级市场上交易，也可能没有足够多的活跃买家和卖家，或者买卖价差太大。消费者可能无法轻易退出代币投资。最坏的情况是可能没有二级市场，导致消费者根本无法清算持有的代币。此外，数字代币二次交易的交易所或平台可能不受金管局监管。

高投机性投资的风险

数字代币的估值通常不透明，而且投机性强。如果数字代币不持有卖方任何资产的所有权，则不会得到有形资产的支持。此类代币仅仅是投机性投资，其交易价格会在短时间内大幅波动。消费者很可能会损失其全部投资。最坏的情况是数字代币可能变得一文不值。

承诺高回报的投资的风险

消费者应警惕承诺高回报的数字代币投资计划。承诺的回报越高，风险越高；承诺高回报可能会先收取高额推荐佣金，也就是告诉消费者推荐更多人

参与更有利于投资。实际上，此类佣金会增加运营成本，并且会降低获得回报的机会。

洗钱和恐怖主义融资的风险

由于交易匿名，并且很容易在短时间内筹集大量资金，投资数字代币的资金容易被滥用于非法活动。如果执法机构调查的非法活动与任何代币投资计划有关，消费者将受到不利影响。

查证个人或实体是否受金管局监管

金管局要求实体向消费者披露投资产品相关信息。受金管局监管的实体要遵守行为准则，以确保它们与消费者进行公平交易。如果消费者与不受金管局监管的实体打交道，也就意味着放弃了金管局对消费者提供的保护。

如果想确定某个实体是否受金管局监管，消费者可以在金管局网站上查看金管局金融机构目录，还可以在金管局的"投资者警示列表（investor alert list）"中查找之前可能被误认为受金管局监管的实体（并不详尽）。Money SENSE网站上的"消费者警报（consumer alerts）"还列出了避免欺诈的提示。

消费者如怀疑某项代币投资计划具有欺诈嫌疑，应向警方报告。

简而言之，在做出投资决定之前，消费者应该注意以下几点。

（1）投资之前，请确认自己充分了解该产品或服务的利益和风险。

（2）评估所提供的产品或服务是否满足自身需求。

（3）投资之前，消费者应先询问、求证并确认。

a. 积极询问卖方，直到自己充分了解此次投资机会。

b. 求证卖方提供的有关其自身或投资计划的信息是否属实。

c. 投资之前，借助资源确认卖方或卖方代表的凭证真实。比如以下资源。

Ⅰ. 金管局的金融机构目录；

Ⅱ. 金管局的代表名册；

Ⅲ. 投资者警示列表。

附录8.7
对加密货币在新加坡的普及和对加密货币和ICO监管措施的议会问题的答复

第658号问题

2017年第874号公告

书面答复

日期：2017年10月3日，国会会议

国会议员的姓名和选区：

淡滨尼GRC议员程立慧女士

询问总理问题：（a）政府是否密切关注比特币等加密货币在新加坡的使用或投资；（b）加密货币会如何影响金融业；（c）是否正在进行研究以评估使用或投资加密货币的问题和风险；（d）未来是否需要监管体系。

新加坡副总理兼金管局局长尚达曼（Tharman Shanmugaratnam）先生的回答：

我们都熟悉货币（纸币和硬币），它是一种交换媒介，是用于达成交易的媒介工具。比方说我制造电视，卖掉，然后用卖掉的钱买一双鞋。货币成为交换的媒介，因为我们所有人都对货币表示信任。中央银行发行纸币和硬币，让它们成为法定货币，也就是说货币是受法律认可的履行金融义务的媒介。

随着技术的进步，出现了新的虚拟支付方式。比如加密货币，它是一种受加密技术保护的数字代币，不是法定货币。但是有人信任它，并用它来付款。因此，比特币和以太币已被某些社区的人们用来相互支付或购买商品和服务。

金管局一直在密切关注虚拟货币的使用。它们在新加坡的使用并不普遍，目前大约有20家新加坡零售商（比如餐馆和网店）接受比特币[①]。这一点

---

① 基于新加坡报道比特币相关业务的coin republic的目录。

与像日本这样虚拟货币极普遍的地方不同。同样，在新加坡金融业中，使用虚拟货币支付也没有成为主流。虚拟货币交易通常是出于投机性目的，与美国、日本等国家相比，成交量较小[①]。

　　与大多地区相似，金管局也不对虚拟货币本身进行监管。但是，如果这些虚拟货币相关活动属于金融监管的一般范围，我们将对这类活动进行监管。下面我来举两个例子。

　　第一个例子，由于交易匿名，虚拟货币可被用于洗钱和恐怖主义融资。金管局正在制定新的支付服务监管框架，以降低这类风险。

　　第二个例子是筹资。虚拟货币不仅可以作为一种支付手段，还可以演变成代表诸如资产所有权（例如股权或债券证明）之类收益的"第二代"代币。出售这种"第二代"代币进行筹资通常被称为首次加密代币发行或ICO。近几个月来，新加坡以外的地区已经进行了多次ICO。

　　这类活动属于金管局的监管范围。金管局于2017年8月1日宣称，如果以证券形式交易代币，ICO必须遵守现行证券法（旨在保护投资者利益）。因此，进行此类活动的公司或机构必须事前提交招股章程、获得中介或交易所运营许可。这些中介机构还必须遵守反洗钱和反恐怖主义融资的现行规定。

　　金管局尚未针对ICO制定新法规。我们将继续追踪此类企业的发展，并在必要时考虑进行更具针对性的立法。

　　近期虚拟货币和数字代币价值的指数级增长可能吸引了一些消费者投资。但是，作为金融监管机构，我们的重点是资产的证券化权益，例如公司的股份。金管局不会也不能够监管所有人们因为认为会升值而投资的产品。但是，金管局和商务部已经意识到投资虚拟货币风险巨大，并为此发布了公告，提醒消费者注意这些风险，并努力提升公众对潜在欺诈的警惕。

---

① 基于虚拟货币交易数据得出。

附录8.8
Ubin项目：中央银行数字货币使用分布式账本技术

Ubin项目通过与业界合作，探索了分布式账本技术在支付和证券清算结算中的使用。分布式账本技术显示出能够使金融交易和流程更透明、更具弹性、成本更低的潜力。该项目旨在通过实际的试验帮助金管局和整个行业更好地了解该技术及其可能带来的潜在效益。最终目标是开发出更易使用、更高效的系统，替代如今以中央银行发行的数字代币为基础的系统。

第一阶段：使用中央银行发行的数字货币（新加坡元的代币化版本）进行国内银行间支付。

2016年11月16日，金管局宣布将与R3公司（一家分布式账本技术公司）及一个金融机构财团合作开展一项概念验证项目，在项目中使用区块链技术进行银行间支付。该财团成员包括美银美林集团、瑞士信贷银行股份有限公司、星展银行、汇丰银行、摩根大通集团、三菱日联金融集团、新加坡华侨银行、R3公司、新加坡证券交易所、大华银行有限公司，以及英国计算机协会信息系统（作为该项目的技术供应商）。

第一阶段于2017年3月9日圆满告终。德勤会计师事务所受委托出具了一份报告，该报告涵盖了分布式账本技术最适用于结算系统各个方面，并详细说明了此项目原型的设计原则。这份名为"Ubin项目：基于分布式账本的新加坡元"的报告将介绍分布式账本技术，并帮助人们理解开发出的原型。

第二阶段及之后：金管局及其合作伙伴将进行"僵局解决"机制的研发。

金管局计划将所开发原型投入应用，并给学生和在职的专业人士提供使用分布式账本技术来开发实际应用程序的机会，帮助他们积累实践经验。此举可以通过与高校合作组织黑客马拉松（Hackathons）活动实现。

另外，还有两个自营项目将吸取第一阶段国内银行间支付项目的经验教训。第一个项目由新加坡证券交易所推动，其重点是通过分布式账本技术提高固定收益证券的交易的效率和缩短结算周期。第二个项目侧重于使用中央银行数字货币进行跨境支付的新方法。

第九章

东盟其他各国的
金融科技

9.1 引言

在上一章中，我们探讨了新加坡的金融科技现状。本章将对东盟中的印度尼西亚（以下简称印尼）、马来西亚、泰国、越南、菲律宾、缅甸、柬埔寨、老挝和文莱九个国家进行讨论。

从历史上看，最初的东盟成员在1967年8月8日签署了《东南亚国家联盟成立宣言》也叫《曼谷宣言》（*Bangkok Declaration*）后，成立了东盟五国（由泰国牵头，包括印尼、马来西亚、菲律宾和新加坡）。1984年1月7日，文莱摆脱英国统治获得独立后加入其中。

越南于1995年7月加入东盟，是剩余新兴国家中第一个加入东盟的国家。老挝和缅甸于1997年7月加入东盟，柬埔寨于1999年4月加入东盟，至此东盟十国形成。老成员东盟五国与东盟其余成员国在经济发展上存在较大差距，因此它们在金融科技上的差异也是显而易见的。如文莱，该国经济发展高度依赖石油，且文莱并不重视其工业化和金融发展。在柬老缅越（CLMV）四国中[①]，就宏观经济的表现而言，越南更接近印尼和菲律宾，缅甸的开放速度要比柬埔寨和老挝快一些。表9.1至表9.3提供了东盟的一些经济数据。

表9.1 东盟的基本数据

国家	国土总面积/平方公里	总人口/千人	国内生产总值（按当期价格统计）/百万美元	人均国内生产总值（按当期价格统计）	
				按汇率计算/美元	按购买力平价计算/美元
印尼	1 860 360	248 818.1	860 849.5	3 459.8	9 467.1
泰国	513 120	68 251.0	387 573.8	5 678.7	14 131.6
马来西亚	330 290	29 948.0	312 071.6	10 420.5	23 089.0

---

① CLMV指的是东盟四国，区别于老成员东盟六国。它们共同组成东盟十国。

续表

国家	国土总面积/平方公里	总人口/千人	国内生产总值（按当期价格统计）/百万美元	人均国内生产总值（按当期价格统计）	
				按汇率计算/美元	按购买力平价计算/美元
新加坡	716	5 399.2	297 941.3	55 182.5	78 761.9
菲律宾	300 000	99 384.5	269 024.0	2 706.9	6 403.8
越南	330 951	89 708.9	171 219.3	1 908.6	5 314.7
缅甸	676 577	61 568.0	54 661.2	887.8	3 464.4
文莱	5 769	406.2	16 117.5	39 678.7	73 755.0
柬埔寨	181 035	14 962.6	15 511.1	1 036.7	3 081.8
老挝	236 800	6 644.0	10 283.2	1 547.7	4 531.6
东盟	4 435 618	625 090.5	2 395 252.5	3 831.8	9 389.8

2013年东盟中排在前五的国家GDP总量占东盟GDP总量的89%（达到2.13万亿美元），经济较发达国家愿意帮助正在发展中的邻国！

来源：国民经济核算。

表9.2 东盟五国GDP

类别	时间	新加坡	马来西亚	印尼	泰国	菲律宾
储蓄（有效）/10亿美元	2012年末	364	134	104	195	87
	2013年末	340	125	83	182	84
	2014年	309	116	97	173	79
国内生产总值/10亿美元	2012全年	287	305	877	366	250
	2013全年	298	313	870	387	272
	2014全年（已计入）	309	330	850	377	286

东盟五国GDP达2.15万亿美元，作为一个集体，东盟五国能够比其他债务国发展得更好！

来源：星展银行2014年调查报告。

表9.3　东盟五国官方储蓄数据

类别	时间	新加坡	马来西亚	印尼	泰国	菲律宾
储蓄（有效）/ 10亿美元	2012年末	364	134	104	195	87
	2013年末	340	125	83	182	84
	2014年末	309	116	97	173	79
储蓄（有效，占GDP比率）/%	2012年末	127	44	12	53	35
	2013年末	114	40	10	47	31
	2014年末	100	35	11	46	28
储蓄（有效，占外债总额比率）/%	2012年末	—	68	41	147	144
	2013年末	—	59	31	130	143
	2014年末	—	50	33	120	137
储蓄（有效，占短期外债比率）/%	2012年末	—	145	236	322	1 023
	2013年末	—	120	191	304	746
	2014年末	—	103	199	294	828
储蓄（有效，占私营部门债务比率）/%	2012年末	—	108	83	182	576
	2013年末	—	90	58	159	464
	2014年末	—	75	61	147	465

东盟五国储蓄额达6 740亿美元，相对富裕

来源：新加坡星展银行2014年调查报告。

短期债务额低！
储蓄额比债务额高！

9.1.1　东盟的整体发展

　　自东盟资本市场论坛（ASEAN Capital Markets Forum，ACMF）成立以来，东盟的整体发展前景广阔。东盟资本市场论坛成立于2004年，由来自东盟十国的资本市场监管机构组成，由东盟各国财政部部长主持。该论坛最初专注于东盟各国有关资本市场法规的协调，后来转而关注更具战略意义的问题，以期更好地实现东盟资本市场一体化。此目标也被列入了《2015年东盟经济共同体蓝图》。

　　东盟资本市场论坛每年召开两次会议，其目标是将东盟各国证券交易

所一体化，以此与国际证券交易所竞争。为了使东盟各国标准保持一致、互不冲突，该论坛还特别制定了互相认可披露标准（mutual recognition of disclosure standards）。互相认可共同投资计划（collective of investment scheme，CIS）旨在协调东盟各国的各项法规，以促进东盟零售基金的跨境交易。基于共同投资计划，成员国辖区的管理机构可以通过精简的流程向其他成员国辖区的散户投资者提供本地筹集和授权的资金。共同投资计划框架谅解备忘录的最初签署国包括新加坡、马来西亚和泰国。

在1997年的亚洲金融危机中，泰国首当其冲，马来西亚和印尼紧随其后受到影响，这是东盟中受影响最严重的三个国家。在2000年，东盟与中日韩财长共同签署了"清迈倡议"（Chiang Mai Initiative），即东盟与中日韩的货币互换协议。2011年5月，在新加坡，东盟与中日韩（ASEAN+3，"3"分别指中国、日本和韩国）宏观经济研究办公室（Macroeconomic and Research Office，AMRO）开始运行。2009年12月，东盟各国与中国、日本和韩国的财长和央行行长将清迈倡议多边化（Chiang Mai Initiative multilateralisation，CMIM）的共同储备资金（用于货币互换）规模扩大到1 200亿美元，发挥了区域金融监管的重要职能。2012年5月3日，东盟和中日韩财长同意将共同储备资金增加一倍，达到2 400亿美元。

东盟货币互换协议（ASEAN swap arrangement，ASA）已经覆盖东盟十国，其互换额度提高到10亿美元（储备资金1万亿美元）。它有两个组成部分，即扩大的东盟货币互换额度和东盟国家与中日韩之间的双边货币互换网络。

9.1.2 东盟2020：东盟银行一体化

东盟经济共同体于2015年成立，其目标是：建立单一市场和生产基地；打造一个具备高度竞争力、经济均衡发展、完全融入全球经济体系的经济区域。东盟经济共同体的合作包括人力资源发展和能力建设，专业资格认证，宏观金融政策的密切协商，贸易金融措施，稳固的基础设施和通信连接，通过电子东盟（e-ASEAN）发展电子商务，通过地区产业融合促进资源配置的当地

化，提高私营部门在东盟经济共同体中的参与度。2015年东盟经济共同体会议结束时，东盟十国国内生产总值总计2.5万亿美元。2007—2014年间，人均国内生产总值增长了约80％，达到4 000美元。

2020东盟银行一体化框架（ASEAN Banking Integration Framework，ABIF）正在完善之中，在东盟经济共同体的帮助下，各国之间商品、服务、投资、资本和成熟劳动力的流动在2015年实现了自由化。东盟的银行机构需要适应此变化，并将其服务扩展到更大的东盟市场。

9.1.3　东盟2025：东盟货币支付系统

在发布《2015年东盟经济共同体蓝图》后，东盟又出台了《东盟2025：携手前行》文件，致力于实现愿景，建立身份认同，培养共同体意识。通过建立东盟政治安全共同体、东盟经济共同体，以及推进《东盟互联互通总体规划》，东盟对于建成一个一体化的、和平的、稳定的、共同繁荣的共同体的愿景将得以实现。在东盟十国，金融发展机会充足，尤其是开展金融科技活动的机会。正如金融科技所展现的那样，非银行机构提供金融服务将是未来的发展趋势。

总之，金融和货币一体化包括资本市场发展、资本账户自由化、金融服务自由化和东盟货币合作。具体来说，资本市场的发展需要提高金融机构的能力，包括构建法律体系和监管框架，并促进区域内各资本市场之间更多的跨境合作、联系和协调。通过适当的保障措施预防波动和系统性风险，促进资本账户有序地实现自由化。东盟货币合作将涉及探索可行的货币方案，包括用于本地商品贸易的东盟货币支付系统，以减少对美元的需求并帮助提高区域货币的稳定性，例如用区域货币进行东盟内部贸易。

截至2015年3月，东盟电子商务普及率还不到1％，因此金融科技市场还存在很大的开发空间。2016年11月，东盟国家（柬埔寨、印尼、马来西亚、菲律宾、新加坡、泰国和越南）的7个天使投资网络组成了东盟天使投资人联盟（ASEAN Angel Alliance），以助力跨境联合组织的运转，加强对共同投资的支持，同时促进东盟内部对创企的投资，尤其是技术类公司和高增长业务。

9.1.4　东盟的金融普惠

2015年举行的第十八届东盟财长会议达成了一项完善金融普惠体系的协议，该协议旨在推动金融服务惠及全体东盟人民。政府将在提高电子支付的普及度和推广使用方面发挥重要作用，其中，与私营部门合作是最快、最有效的途径。全球范围内汇款成本保持在7.32%以上，东亚和太平洋地区却达到8.12%以上，因此东盟必须要注意降低汇款成本。根据世界银行给出的定义，汇款指的是个人间进行的小额跨境付款。公共政策的目标是使安全高效的汇款成为可能，且保持支付市场的可竞争性、透明性、可达性、健全性。2007年1月，国际支付结算体系委员会（Committee on Payment and Settlement Systems，CPSS）和世界银行共同发布了一份名为《国际汇款服务的一般原则》的报告。该报告包含五项细则，涵盖以下五个方面：透明度和消费者保护、支付系统基础设施、法律和监管框架、市场结构和竞争、治理和风险管理。

对于东盟各国众多的外来务工人员而言，汇款的成本有时很高。降低汇款成本可以让更多的钱到达收款者手中，这些人通常是外来务工人员及其家人。因此，汇款成本是衡量国际汇款服务和市场安全性和有效性的指标。电子货币账户、借记卡和低成本常规银行账户之类的工具显而易见地拓宽了如今尚被排除在金融体系之外的群体获得金融服务的渠道。东盟内两性拥有银行账户的比例的差异低于8%的世界平均水平。除了在菲律宾，正规金融机构中女性拥有银行账户的比例比男性高（34%，19%），其他东盟国家［除马来西亚（63%，69%）、越南（19%，24%）和缅甸（2%，4%）外］男女拥有银行账户的比例基本持平。

但是，显而易见的是，电子支付将降低支付成本，并以远低于基于银行分行开展业务传统支付的成本将业务范围扩展到偏远地区。此外，电子支付可以通过营运资金数字化、支付数字化、商业数字化和全球结算数字化来提高供应链的效率。改善后的应收账款管理将减少高达5%的融资和处理成本，为中小型企业带来可观的收益。不同支付系统间的互通操作能力对普惠金融降低成本、减少用户的不便来说非常重要。现有的东盟标准为全球所认可，实践情况也最佳，因此可通过此标准培养不同支付系统间的互通操作能力。开放和竞争性的支付系统是鼓励投资、创新，从而实现急需的金融一体化的关键。

在东盟各国，消费者主要依赖于对其金融素养要求较低、用户较少、非正规的金融服务。随着产品数量增加和复杂性提升，错误的决定和行为可能会给缺乏金融素养的消费者带来财产上的损失。金融科技，尤其是区块链技术可以为消费者提供另一条途径，通过高透明度和由中央银行收集并公布的大数据来保护消费者。通过"一带一路"倡议，东盟在普惠金融科技方面展现出巨大潜力，可推动金融服务惠及更多人。普惠金融科技已成为经济发展的推动力，并将促进普惠金融愿景的实现，它也确实取得了许多成就（图9.1至图9.3所示）。然而，统计数据显示，在东盟，银行服务和电子商务仍尚未完善。

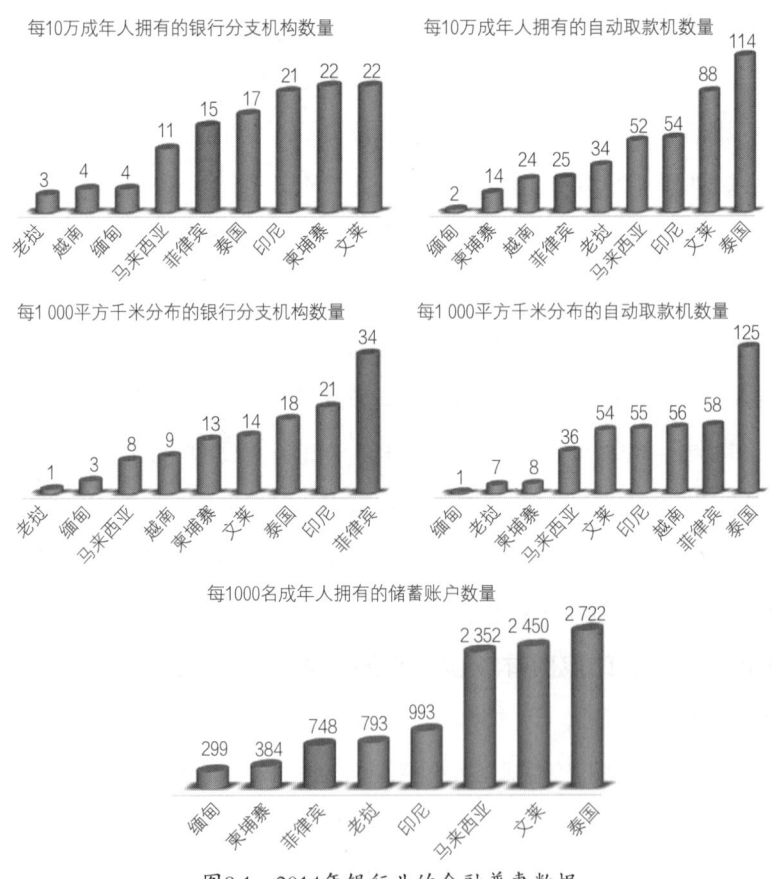

图9.1　2014年银行业的金融普惠数据

来源：世界银行金融普惠数据/全球指数。

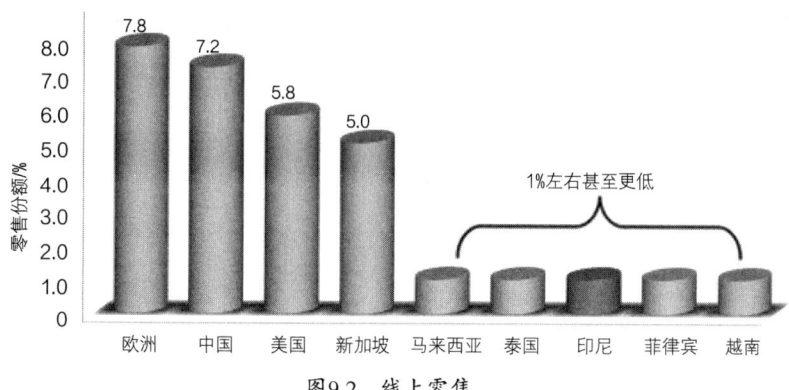

图9.2　线上零售

来源：Frost & Sullivan公司，A.T. Kearney公司，麦考瑞调查（Macquarie Research）。

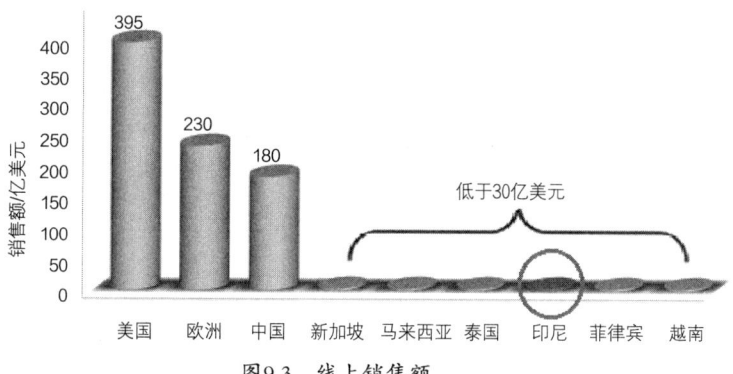

图9.3　线上销售额

来源：Frost & Sullivan公司，A.T. Kearney公司，麦考瑞调查。

9.2　印尼

　　总体而言，印尼是东盟最大的经济体，也是东盟领土面积最大的国家。作为一个群岛国家，印尼拥有17 000多个岛屿，人口总量位居世界第四。自1997年亚洲金融危机和2008—2009年的全球金融危机之后，印尼取得了令人瞩目的发展。但是，尽管贫困率有所下降，印尼的不平等现象却达到了近半个世纪以来的巅峰。印尼政府明白，不平等和贫困现象越严重，就越不可能实现高速且持续的经济增长。根据印尼官方统计，印尼超过11%的人口（2 800万人）生活水平在贫困线以下2014年印尼人口分布见图9.4。印尼对普惠金融的愿景是建立一个社会所有阶层都能够参与其中的金融体系，以此推动经济增长，减少贫困人口，并促进收入平等。印尼有一个结构完备的普惠金融框架，专门针对极贫者、低收入者和近贫者。该框架通过两个渠道开展工作：金融产品和服务（储蓄、信贷、保险、汇款、养老基金、共同基金等），以及公共财政〔补贴、财政激励措施、社会福利、现金转移医疗保险即"社会保障制度（Jamkesmas）"等〕。《国家普惠金融战略》提出，到2019年，要将印尼普惠金融指数从2014年的36%提高到75%。

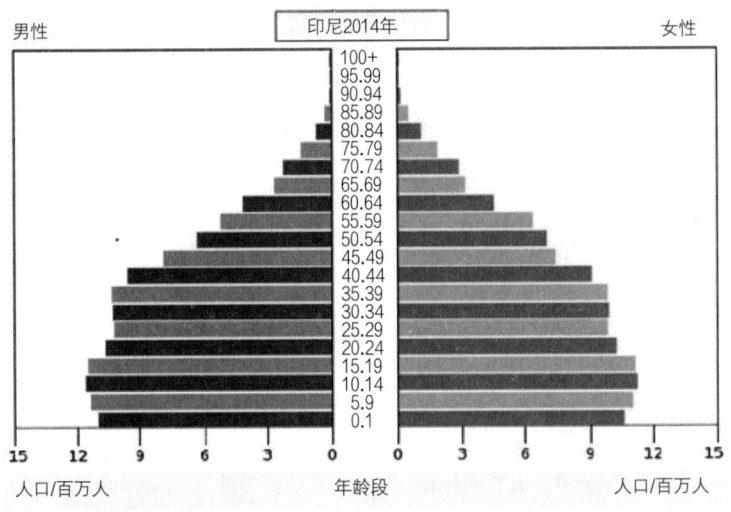

图9.14　印尼人口分布

来源：美国中情局世界概况（CIA World Factbook），麦考瑞调查。

　　佐科·维多多总统（Joko Widodo）推出了第14项经济改革方案，包括一项有关电子商务发展的总统令。与其他东盟国家类似的是，为创企提供资金也是印尼的一大痛点。印尼政府提出的六个解决方案是：众筹、小额信贷、企业孵化器拨款、面向数字化中小型企业的普遍服务义务（universal service obligation, USO）基金、天使投资、风险投资的种子资本。普遍服务义务基金始于2005年，止于2015年，最初为农村地区提供电信基础设施建设投资，所收费用为电信公司总收入的1.25%（初期为0.75%）。

印尼每年的筹资额达到1.5亿美元，其中只有41％的资金被用于基站收发台建设（Base Transceiver Station，BTS）。有人建议使用这些资金来支持新兴产业。在这方面，印尼的角色和地位直观地体现在后续图表中。在图9.5和图9.6中，我们可以看到，印尼互联网用户和线上购物消费者的数量随时间推移不断增加，表明印尼的电子商务和金融科技潜力巨大。

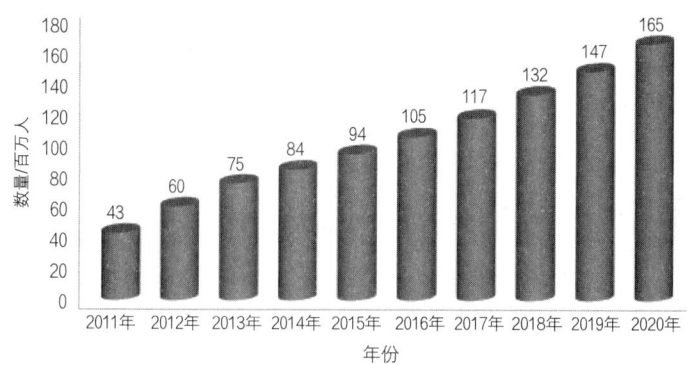

图9.5 印尼互联网用户数量

来源：eMarketer，Statista，麦考瑞调查。

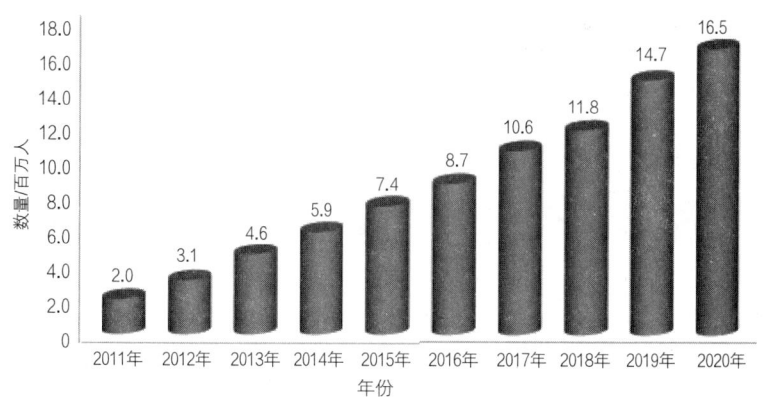

图9.6 印尼线上购物消费者数量

来源：eMarketer，Statista，麦考瑞调查。

根据CB Insights的数据，2017年印尼金融科技交易量大幅增加，达到53笔，相比之下其在2016年有21笔，2015年有11笔，2014年仅有3笔。P2P

借贷平台已吸收了80%的无银行账户群体。印尼的情况展现出普惠金融科技最有趣的景象：根据巴厘岛国际咨询集团（Bali International Consulting Group）的统计，印尼的中小企业占企业总数的99%，包括4 100万家小型经济个体，60 000家中型企业，而大型企业只有2 000多家。根据安永会计师事务所2014年发布的数据，印尼的贷款占其GDP比重为37%，是亚太地区最低的，这主要是由于其银行位于爪哇岛。

根据印尼金融科技协会（Asosiasi Fintech Indonesia）的数据，到2016年年底，共有140多家金融科技公司成立。其中大多数公司致力于支付（43%）、借贷（17%）和综合业务（13%）领域。致力于个人理财与投资和众筹领域的企业约占创企的8%。印尼的金融科技市场蓬勃发展，从2015年到2016年，金融科技企业数量增长了78%，有20家外国风险投资公司购买了当地金融科技公司的股份。截至2017年6月，已经有8家金融科技创企正式在印尼金融服务监管局（Financial Services Authority，印尼语为Otoritas Jasa Keuangan，缩写为OJK）注册。图9.7至图9.10总结了印尼金融科技创企的概况。

图9.7　印尼的金融科技创企

来源：Fintech Indonesia。

FINTECH
INDONESIA

图9.7　印尼的金融科技创企

来源：Fintech Indonesia。

图9.8　印尼的金融科技公司：支付公司

来源：印尼金融科技协会，Crunchbase，DailySocial，Tech in Asia。

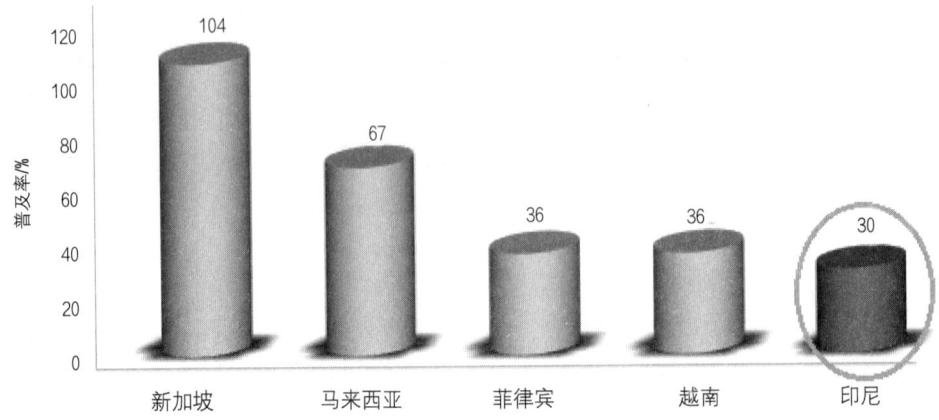

图9.9 印尼的互联网普及率与东盟其他国家相比情况

来源：Tech in Asia，麦考瑞调查。

图9.10 印尼金融科技公司：个人理财与投资和金融支持

来源：印尼金融科技协会，Crunchbase，DailySocial，Tech in Asia。

随着印尼从传统经济转向新兴经济，同时东盟数字经济逐渐起步且具有良好前景，印尼的电信金融业开始崭露头角。该领域的三大公司是Blanja（Telkom Metra拥有其60％的股权，eBay拥有其40％的股权）、Elevenia（XL Axiata拥有其50％的股权，SK Planet拥有其50％的股权）及Cipika（Indosat Ooredoo全资拥有）。这些公司对于印尼未来电信金融业的普惠金融具有重大影响。

2016年10月6日，印尼金融服务管理局发布了以下公告。

为了支持金融科技发展，金融服务管理局将立即实施多项计划，包括：

（1）成立金融科技创新中心（FinTech Innovation Hub），作为印尼金融科技行业的发展和一站式联络中心，可以与支持数字金融生态系统的机构和组织进行交流合作。

（2）金融科技公司与通信与信息技术部达成协议。对于此计划，金融服务管理局已为金融服务公司设立了一个证书管理机构（Certificate Authority，CA）作为证明金融服务公司数字签名有效性的证书颁发方。证书管理机构可以保证有数字签名的电子交易是安全的，且符合印尼适用的法律规定。

（3）为金融科技行业提供"沙盒监管"。"沙盒"的相关条例明确规定了金融机构和金融科技公司需要满足的最低要求，这对于吸引投资和保护消费者利益从而实现金融科技行业有效和可持续的发展至关重要。

（4）审查有关金融科技行业管理的数据和信息安全标准的实施情况，评估为金融服务行业设立信息安全事件报告中心的需求水平。

（5）审查金融服务行业的集中式漏洞评估（centralized vulnerability assessment，CVA）系统，确保该系统始终保持处理信息安全问题的状态和能力，以最大限度地降低信息安全的风险和威胁。

印尼要实现标准化仍然很困难。该国原计划于2017年引入使用数字签名的身份验证，但除银行外，其国内几乎没有一家金融科技公司准备采用。非银行金融机构目前无法使用债务信息系统（debt information system，DIS），且创企的数据收集能力也未达到中国同类公司的水平。若印尼金融服务管理局若要推广金融信息服务系统（financial information service system，FISS）来代替债务信息系统，其中烦琐的程序也可能给创企带来障碍。或许印尼可以学习中国在P2P网络借贷初始阶段实现轻松合规的经验，从中获益一二。随着客户身份信息和信用数据的收集，金融科技公司也将随之发展。

印度尼西亚金融科技协会已注册为合法非营利行业协会，致力于推动印尼的金融服务向以技术为中心的方向发展。它的作用是：

（1）作为政府相关的机构，研究政策，帮助印尼的金融服务行业朝着公平、以技术为中心的方向发展；

（2）通过教育、分享和增强公众金融意识，使公众积极地参与到印尼的金融服务和技术社区中去，推动和促进金融科技议程；

（3）与其他国际金融科技机构建立联系，将印尼金融科技社区与全球金融科技社区联系起来，确保实现最佳实践、理念交融和技能共享。

加密数字货币和区块链领域中的其他金融科技创企也开始发展起来。印尼至少有11个加密数字货币交易所可以购买加密数字货币。印度尼西亚区块链协会（Asosiasi Blockchain Indonesia，或称idBitcoin）似乎成了面向印尼所有比特币用户的一个特殊形式的协会，其愿景是使加密数字货币的使用合法化，并确保加密数字货币在印尼得到积极使用。

9.3　马来西亚

《马来西亚中央银行法（2009）》（*Central Bank of Malaysia Act 2009*）将普惠金融列为马来西亚中央银行的一项主要职能。根据2005年的数据，马来西亚超过99％（50万家）的商业实体是中小型企业，而数据显示以金融机构为主要融资来源的企业不到13％。2006年，由于引入了全面、可持续的小额信贷机构框架，小额信贷行业得以发展。经过马来西亚信贷资料局（Credit Bureau Malaysia）的补充，中央信贷资讯系统（central credit reference information system）成为企业可以高效、可靠地收集和传播信贷资讯的关键工具。马来西亚《2011—2020年金融领域大蓝图》的愿景是发展普惠金融。具体来说，是努力构建"一个为所有社会成员（包括未能充分享受银行服务的群体）提供最优质的服务，使其能够获得和使用高质量、可负担的基本服务，以满足他们对共同繁荣的需求的金融体系"。

在制定出打造创新渠道、开发创新产品和服务、提高金融机构与基础设施效率、使未充分享受银行服务的群体了解金融服务信息且可负担这四大战略后，理想的结果是最终构建的金融体系提供的产品和服务达到便捷可用、使用率高、可负担、满意度高的效果。马来西亚标出了金融服务水平低下的和无法享受金融服务的区域，代理银行业务也将基本的金融服务范围扩大到农村地区。根据马来西亚中央银行（Bank Negara Malaysia）的报告，自2011年年底开始，在3年内，几乎马来西亚全部地区都能至少享受一个实体金融服务点的服务。

在中等收入国家中，马来西亚在创新方面表现最佳。马来西亚在发展金融科技方面有很强的动因。高水平的数字化和互联网普及率也使其成为潜在的金融科技市场，马来西亚排名前10的金融科技创企见图9.11。世界经济论坛（World Economic Forum，WEF）的数据显示，马来西亚在全球金融市场发展状况排行中排名第四。马来西亚凭借其因为邻近国际金融机构和终端用户而拥有庞大的潜在客户群这一优势，已将自身定位为未来的主要金融中心。例如，价值约2万亿美元的全球伊斯兰地区金融市场与马来西亚紧密相连。此外，马来西亚发展金融科技的野心也反映出其对于减少经济对能源依赖的需求与日俱增。因此，马来西亚会在2015年成为亚太国家中第一个进行股权众筹监管的国家就不足为奇了。

图9.11　马来西亚排名前10的金融科技创企
来源：新加坡金融科技新闻社。

在监管方面，马来西亚证券委员会（Securities Commission Malaysia，SC）于2015年9月成立了"金融科技社群联盟"（"Alliance of FinTech

Community"，或称"aFINity @ SC"），以推动金融科技利益相关者网络的形成，加快该领域的发展和创新。联盟成立初期，证券委员会召集金融科技利益相关者，如企业家、投资者、创新者和相关机构，共同讨论和制订金融科技议程。此外，金融科技创企可以获得建议和支持，以适应当前的监管环境。企业和有关当局之间的有效讨论将保证监管和风险方面的问题得以解决。

2003年马来西亚政府在首都吉隆坡创立了摇篮基金（Cradle Fund），以期为创企提供资金支持。3年后，为实现同一目标，马来西亚政府又创立了马来西亚预种子基金（Pre-Seed Fund）。到2014年，这两项资助计划已经为马来西亚的800多家创企提供了资金支持。在此阶段，金融科技创企的产生和发展获得了资助计划的不断支持。表9.4为马来西亚三大银行及其合作伙伴提出的各种金融科技倡议。

表9.4 马来西亚三大银行及其合作伙伴提出的金融科技倡议

银行	合作伙伴	项目/措施	目标	关注点
马来亚银行（马来西亚最大的银行）	L337 Ventures	马来亚银行金融科技：通过向创新人员提供直接同金融行业建立联系的渠道，鼓励他们表达想法，助力和支持创新人员	利用该地区创企的生态系统，获取最佳的金融科技创新想法	移动银行 支付 借贷 区块链 资产 人性化金融服务 证券 物联网 伊斯兰金融 大数据
联昌国际银行（马来西亚第二大银行）	多媒体发展有限公司，创企孵化器（位于新加坡）	创新挑战：引导金融科技创企给出新的金融科技解决方案	构思和打造新的金融科技解决方案	忠实度和奖励 身份信息和安全性 区块链 汇款 移动支付 P2P 数字钱包

续表

银行	合作伙伴	项目/措施	目标	关注点
拉昔胡申银行（马来西亚第四大银行）	创企孵化器（位于马来西亚）	评估、出资赞助、指导、组织吉隆坡的黑客马拉松活动 将当年资本支出的20%用于执行新的数字战略	将数字创新引入马来西亚银行业	—

马来亚银行与马来西亚全球创新与创意中心（Malaysian Global Innovation and Creativity Centre，MaGIC）合作，促进了马来西亚乃至东盟的金融科技创企的发展。MaGIC通过自己的平台为创企提供了以下服务：法律咨询、知识产权咨询、公司秘书服务和签证申请。此外，马来亚银行还是MaGIC加速器项目和学院（MaGIC's Accelerator Programmes and Academy）的咨询合伙人，旨在帮助创企构建可行的主张。这种合作不仅可以提高社会企业的积极性，也可以促进马来西亚乃至整个东盟地区金融科技创企的发展。

马来西亚金融科技协会成立于2016年，旨在成为金融科技创新和投资的主要推动者和国家交流平台。该协会的作用在于创建行业国家交流平台，建设行业生态系统。马来西亚爱可信（ACCESS Malaysia），隶属于新加坡爱可信（ACCESS Singapore），成立于2017年，旨在与马来西亚区块链社区建立联系。它推广区块链技术，促进合作，举行会谈，为政府机构提供咨询服务，并有意建立一个区块链中心。显而易见的是，马来西亚在普惠金融领域已经十分成功，但其在P2P借贷和众筹领域仍有待进一步的发展。此外，马来西亚的加密数字货币和区块链市场也开始形成。

9.4 泰国

2014年，泰国的贫困率为10.5%，有将近45%的成年人没有正式的银行账户。专门金融机构（Special Financial Institutions，SFI）在泰国发挥着特殊作用，它们为大约20％的成年人服务。根据2011年的数据，泰国专门金融机构提供了56.2％的小额信贷，合作社和乡村基金提供了31.4％的小额信贷。泰国有8个专门金融机构主要为中等收入群体服务，有13 000个合作社和27 000个乡村基金为低收入和贫困人群服务。专门金融机构和非银行机构的监管方是泰国财政部和泰国银行（Bank of Thailand），其监管水平低于国际标准；合作社和乡村基金的监管方是泰国农业与合作社部（Ministry of Agriculture and Cooperatives of Thailand，MOAC）及国家乡村和城市社区基金办公室（National Village and Urban Community Funds Office，NVFO），其监管并不审慎。尽管泰国民众获得金融服务的正规途径有很多，但大量需求仍未被满足，例如正规信贷产品、保险和移动汇款的购买和使用。

与其他东盟国家一样，泰国金融普惠面临的挑战包括：

（1）客户信用信息不足；

（2）监管渠道不全面；

（3）金融素养问题；

（4）距离障碍；

（5）政府部门为主要提供者；

（6）缺乏私营部门的参与；

（7）存在非正规部门；

（8）监管碎片化；

（9）储蓄保险不足或欠缺；

（10）需要在严格监管和增加融资渠道间做出更好的平衡。

尽管泰国银行于2011年发布了《商业银行小额信贷指南》，但商业银行向低收入或农村家庭扩张的范围有限。38家商业银行仍不愿发挥更积极的作用，只是让专门金融机构为中等收入群体提供服务。泰国国内对小额信贷的需求仍然旺盛，但优质的小额信贷服务不足。高利贷问题和金融素养问题仍然摆在首要位置。泰国希望能够建立新的监管机构，带头为修改相关法律做出努力，以催生优质的小额信贷服务并推动其实施。

但是，所有这些挑战也为金融科技公司（例如蚂蚁金服、Omise和许多其他为未充分享受金融服务的群体提供服务的公司）带来了巨大机遇。由于泰国的移动电话使用率和互联网普及率分别为99％和26％，99％的人使用移动电话，其中有50％使用移动宽带电话（智能电话），而通过银行系统汇款的直接和间接成本都很高，尤其是小金额汇款。这些客观条件可能会催生出提供金融服务的新商业模型，但这需要金融科技公司与政府主导或控制的机构（即专门金融机构）共同努力。此外，正规的信贷和保险产品还具有一些不适合低收入家庭的特点和要求，而这些也都是金融科技公司的机遇。

根据联合国开发计划署（United Nations Development Programme, UNDP），泰国及其消费者存在以下特点：

（1）非市区客户希望能在方便的时间享受金融服务。

（2）泰国消费者对正规信贷产品价格敏感，大量使用非正规信贷服务。

（3）泰国消费者难以达到正规金融机构对于收入证明、居住证明等的相关要求。

（4）泰国消费者缺乏金融素养和金融管理能力，尤其是在债务方面。

（5）泰国国内和国际汇款都缺乏实惠、有效的汇款服务。

（6）泰国贷款申请程序过于复杂，许多家庭无法轻易提供要求的文件。

（7）泰国缺乏针对来自柬埔寨、老挝和缅甸的约250万非法移民的任何法律文件。

在人才方面，泰国拥有潜在的原始人才，可以组建高绩效的金融科技创企。他们还在某些加速器项目中获得了创新奖。例如，曼谷企业家有限公司（Bangkok Entrepreneurs Co. Ltd）是一家总部位于曼谷的活动管理创企，它致力于帮助中小型企业和创企开展业务、联系同行专业人士并促进业务合作。

这类人才所代表的大学就是那些在计算机科学、数字科学和工程领域原本就具有实力的大学（如泰国国王科技大学、斯巴顿大学）。还有些大学正在通过建立内部创新中心（如朱拉隆功大学创新中心）及与外国大学建立创新创业伙伴关系［如泰国商会大学与麻省理工学院（MIT）的伙伴关系］来培养更多的金融科技人才。

大量数据表明，泰国创业人才短缺，这促使了Getlinks的正式启动。Getlinks是一个专门针对技术行业的精选招聘市场（主要面向开发商、设计师和数字营销人员）。这进一步证明了泰国的创业生态系统已经成熟。

在资本发展方面，泰国政府在努力构建一个能够为企业提供培育支持和资金来源的生态系统，包括孵化器、风险投资和众筹。泰国财政部设立了国家启动中心（National Start Centre），将所有创企、风险资本和孵化器汇集在一起。泰国政府还制定了税收激励政策，以鼓励投资者。

泰国的银行还努力在内部创建新的分支，专注于为各自的银行开发金融科技创新方案。在外部，这些银行通过各自的企业风险投资（corporate venture capital，CVC）公司对泰国当地的金融科技创企进行投资。

2015年，泰国成立了两个本地众筹平台，一个是Dreamaker和Dreamaker Equity，另一个是SinWattana。Dreamaker是总部位于泰国的众筹平台，其允许个人或创企为各自的项目筹集资金，并以产品或服务作为回报。SinWattana是立志在东盟地区大展宏图的本地平台，由"亚洲众筹"（Crowdfunding Asia）团队发起。

总部位于泰国的5家风险投资公司分别为500 Start-ups、ARDENT Capital、InVent、Galaxy Ventures和Inspire Ventures。在泰国投资的6家外国风险投资公司分别为Digital Media Partners、Golden Gate Ventures、East Ventures、Red Dot Ventures、CyberAgent Ventures和Jungle Ventures。5家总部位于泰国的孵化器和加速器分别为dtac Accelerate、TrueIncube、AIS Start-up、Expara和Tech Grind。

在过去的10年中，金融科技领域吸引了大量外国投资，截至2014年底，外资银行占贷款总额的22.2%，而2009年这一比例仅为12.5%。商业银行业中，公司贷款占贷款总额的68.4%，消费贷款占31.6%。截至2015年12月，有19家商业银行、12家外资银行的完全分支机构、2家金融公司和3家信贷公司在泰国注册。

在监管方面，泰国总体监管环境良好。2015年经历政治风暴后，泰国在世界银行"营商环境指数"（doing business index）的排名攀升了两位，位居第26。这意味着在泰国较容易成立和运行公司。此外，在2013年和2014年，泰国政府分别通过降低利润税和社会保障缴款率，降低了社会公司的纳税金额。

2014年年底，泰国信息与通信技术部部长宣布该部将更名为数字经济和社会部（Digital Economy and Society Ministry）。在部门重组过程中还额外招募了700名新员工。

泰国金融监管机构，包括证券交易委员会和泰国银行，正通过支持金融科技倡议和股权众筹等方式向前迈进。泰国银行、证券交易委员会和保险委员会办公室都希望能够修改监管规则，为金融行业各个领域新市场的新成员提供渠道。同时，政府成立了中小企业私募股权信托基金，以帮助中小企业获得资金。该基金短期内就吸引了20亿泰铢的投资。

2016年，泰国国家立法议会（Thailand's National Legislative Assembly）审议了新的金融交易法，新法案允许泰国银行监督商业银行、非银行机构和金融科技公司的所有商业交易，不必再由其他几个部门进行监督。

为了赶上其他国家金融科技发展的新趋势，泰国证券交易委员会根据四项修正案，修改资本市场营业执照相关规定。其中包括营业执照的结构、最低资金要求、申请人资格，以及其他监管规定。

2015年，根据子公司创建许可制度，外资银行最多可以开设20家分行和20个线下自动柜员机，但外资银行必须满足比对本地银行更严格的资金要求。如果外资银行来自"与泰国有重要商业关系"的国家或与泰国签署了自由贸易协定的国家，则有资格设立分行。提供互惠渠道允许泰国的银行进入本国市场的国家的银行也同样有资格在泰国设立分行。

泰国的外资银行市场地位已大幅提升，其中著名的交易包括2013年三菱日联金融集团以53.1亿美元的价格购入泰国第五大商业银行——大城银行

（Bank of Ayudhya）72%的股份，完成了收购。根据第二期金融业发展总体规划（financial sector master plan2，FSMP2）制定的新许可制度，澳大利亚的澳新银行（澳大利亚和新西兰银行集团有限公司，ANZ）和三井住友信托银行分别于2014年7月和2015年6月获得在泰国开设分行的批准。2015年4月，惠誉评级（Fitch Ratings）宣布，希望外资银行（大部分是位于亚太地区的银行）继续扩展其在泰国商业银行领域的业务。

泰国商务部于2016年2月颁布了《商务部关于无须外商营业执照服务业务的条例（第2号）B. E. 2559（2016）》（*Ministerial Regulation Prescribing Service Business Not Requiring Foreign Businesses License*），规定从事某些银行和保险服务的外资公司不再需要从政府处获得"外商营业执照"。根据该规定，开展以下业务的外资公司无须外商营业执照：

（1）商业银行业务；

（2）银行办事处提供的服务业务；

（3）人寿保险业务；

（4）非寿险业务。

然而，泰国法规并未免除开展商业银行业务和保险服务业务的外资公司需遵守相关具体法规的要求。因此，在泰国经营专营服务业务之前，外资公司仍需遵守这些具体法规。

泰国政府在金融科技方面仍在继续努力。2016年1月，泰国银行家协会（Thai Bankers Association，TBA）宣布正在制定一项新的五年战略，着重强调五个主题：数字化与下一代支付基础设施、普惠金融、社会贡献、区域一体化、法律和监管赋能。比如在数字化主题方面，银行家协会希望促进下一代支付基础设施的整体化发展，其目标是到2020年，使无现金交易比例达到50%~60%，比2016年1月的25%有所提高；电子支付比例达到60%~70%，2017年这一比例是30%。银行家协会已经采取了三项举措来帮助实现这些目标：制订支付系统发展计划、发布通用标准及建立可共享的支付基础设施。

2016年2月，包括证券交易委员会和泰国银行在内的泰国金融监管机构继续前进，开始支持金融科技计划，特别是股权众筹。据泰国一家初创新闻网站TechSauce报道，泰国监管机构计划发展金融科技，其中泰国银行、证券交易委员会和保险委员会办公室准备修改现有法规，并为金融服务行业新市场的加入者提供渠道。

最初泰国金融科技创企基础设施供不应求，如今已得到很大改善。在硬性基础设施方面，泰国政府启动了国家光纤宽带网络，2017年已基本实现光纤网络覆盖全国。政府不仅在全国范围内扩大了无线网络覆盖范围，还为公共和私营部门数据中心及云基础设施的发展做出了贡献。在软性基础设施方面，政府已经制定了电子支付和电子交易标准，以及数据隐私保护和网络安全的相关法律。

在需求方面，根据泰国国家广播和电信委员会的数据，2013年泰国有2 600万互联网用户，互联网普及率为38.8％（人口为6 700万人）；2014年有9 700万移动用户，移动通信普及率为144.8％。而且消费者对网上购物和付款的需求很大。研究建议，银行应通过引入移动钱包扩大数字化业务，使小额交易成为可能，然后让银行有机会可以引入更复杂的产品。

图9.12为泰国金融科技的发展趋势。

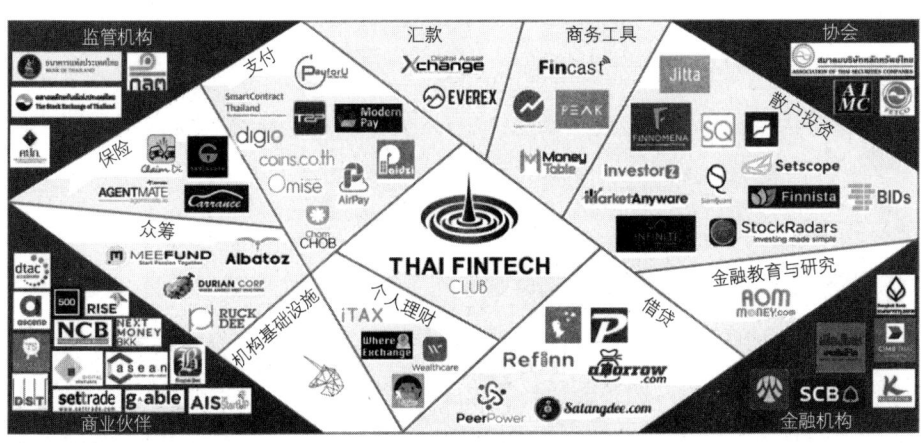

图9.12　泰国金融科技发展趋势

来源：泰国金融科技俱乐部。

尽管泰国的金融科技仍处于起步阶段，但一些公司已经支持或发起了相关倡议，以期加强与金融科技创企生态系统的互动。银行正在仔细研究如何促进与金融科技创企的协作、加快推动创新机会的发展及提供更多的数字化银行服务。金融科技的出现还说明监管机构需要与时俱进，跟上不断变化的银行业形势。为了应对金融科技的变化，泰国的监管机构，如泰国银行、证券交易委员会和保险委员会办公室，都有着同样的关注点。泰国的金融格局正在转变，而金融科技有可能改变市场规则。

2016年泰国金融科技市场交易额达64.647亿美元，因此人们对泰国金融科技创企抱有很高的期望。交易额预计将以19.99％的年增长率不断攀升［按2016—2020年的年复合增长率（compound annual growth rate，CAGR）计算］，到2020年，交易额将达到134.018亿美元。市场中占比最大的是"数字支付"细分市场，2016年其交易额达到64.409亿美元。

在创新驱动方面，政府非常重视引进外资银行和发展金融科技。银行业还积极扩大业务范围，发展数字化服务。金融科技创企也争相利用这一趋势寻求发展。

像TrueMoney这样已获得泰国银行许可的公司，可以发行电子货币，它提供的服务让客户能够支付账单、进行国内收付款，以及购买TrueMove卡通话时间。TrueMoney为消费者提供了数字"智能钱包"，可以存储价值、在电子商务平台购物和购买数字产品。TrueMoney的目标还包括使用数字技术为该地区没有银行账户的居民提供各项金融服务渠道，帮助他们进行支付之类的交易。

其他公司还有从事于移动支付业务的MergePay和追踪现金流、收据和其他记账数据点的MergePay Pulse。还有一家名为Omise的公司允许电子商务企业通过其移动设备和网页界面及一套应用程序接口接受信用卡付款。2015年，Omise公司A轮融资260万美元，其中筹得的30万美元为种子资金；2015年10月的B轮融资和2015年11月的C轮融资未公开金额。MergePay的优势在于它是泰国唯一的PCI-E 3.0兼容产品，能够将银行卡代币化，从而实现一键支付和一键续订，还能使商家能够开展线上业务，扩大贸易和业务范围。实际上泰国市场这类需求非常大。

Omise于2017年推出的加密数字代币OmiseGO在泰国表现出色。Omise成立于2013年，是一家由风险资本支持的支付公司，分公司遍及泰国、日本、新加坡和印尼，并计划迅速扩大到亚太地区周边国家。2016年11月，Omise被《福布斯》杂志评为"金融科技明星"。另外，OmiseGO是一种基于以太坊的公共金融技术，可用于主流数字钱包，可跨司法管辖区，打破组织孤岛，在法定货币和去中心化货币之间提供实时、点对点的价值交换和支付服务。OmiseGO设计的初衷就是实现金融普惠，打破现有的体系，从2017年第四季度开始，人人都能够通过OmiseGO网络和数字钱包框架使用OmiseGO。

泰国金融科技协会的目标是降低泰国金融交易的成本，增加泰国人民使用金融产品和服务的机会，支持泰国金融科技创企互相竞争并进军国际市场。协会打算建立一个国家金融科技"监管沙盒"，并打造一个有利于全球化的生态系统。

9.5 越南

自2016年以来，越南中央银行（越南国家银行）与世界银行集团合作，实施了一项国家金融普惠战略。该战略的重点是数字金融，并将政府支付数字化，以及向农村地区、农业社区和少数民族人口提供金融服务作为重点。金融素养和消费者保护是普惠金融的关键。根据全球普惠金融指数（global findex）数据库，全球只有约1/3的人口有机会使用正规的银行业务。根据世界银行说法，越南政府和越南国家银行作为越南实施金融普惠战略的牵头机构，其当务之急有以下几点：

（1）财政部要促进政府改变整体支付方式，并且使越南社会政策银行（Vietnam Bank for social policies，VBSP）的改革朝着更尊重市场作用的方向发展。

（2）信息和通信部（Ministry of Znformation and Communications，MIC）要加快移动支付方案的开发和监管。

（3）劳动伤兵社会部（Ministry of Labor，Invalids and Social Affairs，MOLISA）要代替政府向人民付款。

（4）农业与农村发展部（Ministry of Agriculture and Rural Development，MARD）要将金融服务扩展到农村地区和农业社区。

（5）越南妇女联合会（Vietnam Women's Union，VWU）要利用其强大的妇女团体网络和小额贷款计划。

（6）教育与培训部（Ministry of Education and Training，MOET）要在学校课程中增加金融教育，以培养更精通金融、更自信的新一代消费者。

（7）私营部门的代表，包括金融科技公司和农业综合企业积极参与，做好引领示范。

在东盟的四个新成员国（柬老缅越四国）中，越南自实行经济革新政策以来，发展速度几乎追赶东盟六国。由于其强大的创业基础和良好的创业环境，越南的金融科技创企属于同阶段最具活力的企业。比特币、众筹、移动电话和金融科技的所有其他特色都体现在相对年轻的"千禧一代"使用的应用中相关数据见图9.13。随着创新型金融服务的不断发展，越南也变得更强大和多样化。

越南是一个潜力无限的国家，有许多移动支付创企（图9.14至图9.16，表9.5至表9.6）。越南金融科技创企的特点是：

（1）服务于9 000多万年轻人，其中大部分居住在农村和偏远地区。由于越南民众很少接触或根本接触不到银行或金融服务，有关部门必须首先给设备配备信息和通信技术所需的基础设施。

（2）由于银行和金融服务的普及率较低，因此必须开展大量关于正确使用金融科技服务的教育和宣传活动。

（3）要使人们有机会使用且负担得起移动电话，并能够使用电信和网络服务，硬件和软件方面都需要大量投资。移动电话要想高度普及，除了要有公道的价格以外，相对优质和可靠的上网渠道同样重要。

越南拥有大量的加密数字货币和区块链公司（图9.17和图9.18）。对开发商来说，越南的基础很好，很多开发商都在这里进行开发。考虑到越南人口众多，且拥有合格的技术人员，普惠金融发展还有很大空间，因此越南的金融科技潜力实际上是被低估了。

★ **数字越南——2017年1月**

人口	9 493万
互联网用户	5 005万
社交媒体用户	4 600万
移动通信用户	1 247万
移动社交用户	4 100万

图9.13 越南有大量互联网用户和社交媒体用户

来源：We Are Social, Hootsuite。

图9.14 2017年越南金融科技信息

图9.15 越南金融科技生态系统

表9.5 越南金融科技重大事件时间表

时间	事件
2015年7月	越南金融科技会谈组成立
2015年10月	越南金融科技俱乐部成立
2015年11月	发布第一份越南金融科技创企报告
2016年1月	越南第一家纯数字化银行（Timo）投入运营
2016年3月	MoMo获得2 800万美元B轮融资
2016年10月	越南举办首次金融科技/区块链会议
2016年11月	UTC Investment并购VNPT Epay

表9.6 越南金融科技创企筹资情况

时间	筹资情况
2016年3月	MoMo获得2 800万美元B轮融资
2016年6月	Payoo被NTT数据收购
2016年9月	Bankgo获种子轮融资，投资方未透露姓名
2016年11月	韩国UTC Investment并购VNPT Epay
2016年12月	中国信贷科技控股越南Amigo
2016年12月	OnOnPay获80万美元Pre-A轮融资
2016年12月	Tima获种子轮融资，投资方未透露姓名
2017年3月	Timo被加拿大永明金融收购25％的股份

图9.16　越南的金融科技创企

来源：Fintech Singapore, http://fintechnews.sg/。

9.6　菲律宾

菲律宾总统于2016年6月2日签署了第208号行政命令，将金融普惠指导委员会（Financial Inclusion Steering Committee，FISC）体制化，使其为国家金融普惠战略提供战略方向、指导和监督。菲律宾中央银行（Bangko Sentral ng Pilipinas）与其他14个政府机构合作，共同推进国家金融普惠战略的实施。该战略旨在统筹规划各种金融普惠政策和计划，确保有效监督各项倡议的进展，与公共和私营部门的利益相关者就其重点领域的议程进行合作。菲律宾的金融普惠非常系统化，制定了战略，协调确认各方之间的互补处和协同处、协助评估计划进展和结果、加强对伙伴关系和利益相关者的支持。菲律宾对金融普惠的看法可归纳如下：

（1）金融普惠是一种状态，即所有人都拥有获得广泛的金融产品和服务的有效渠道。

（2）有效渠道不仅意味着有可获得的金融产品和服务，而且这些产品和服务必须设计得当、质量上乘且与实际使用相关，进而可使选择该产品或服务的用户受益。

（3）广泛的金融产品和服务是指针对不同细分市场的全套产品和服务（储蓄、信贷、保险、支付、汇款、投资），尤其是针对那些过去没有服务和服务不充分的领域。

电子支付和清算系统使银行间账户对账户的资金转移成为可能，除此之外，新的互通操作系统还可以让消费者通过电子渠道向任何有银行账户或电子货币账户的人付款。菲律宾的金融政策制定机构将I-SIP（金融普惠、金融稳定性、金融体系健全性和消费者保护）的研究方法用于选定的金融普惠相关政策，以确定正向联系是否最大化，以及负向联系或交易是否受到监督。此外，有关虚拟货币、众筹、大数据分析和数字化客户身份识别的新研究也已启动。

在菲律宾，微型银行办公室（Micro-Banking Offices，MBO）在为农村地区提供金融服务方面非常重要。2015年，菲律宾有338个地方政府部门运行着540个微型银行办公室，其中66个城市仅依靠微型银行办公室提供服务。在菲律宾的652家银行中，有39家银行正在使用尚不成熟的微型银行办公室。自2011年以来，微型银行办公室数量以22％的年增长率不断增加。

如图9.17所示，2013年菲律宾的汇款总额位居东盟第一。

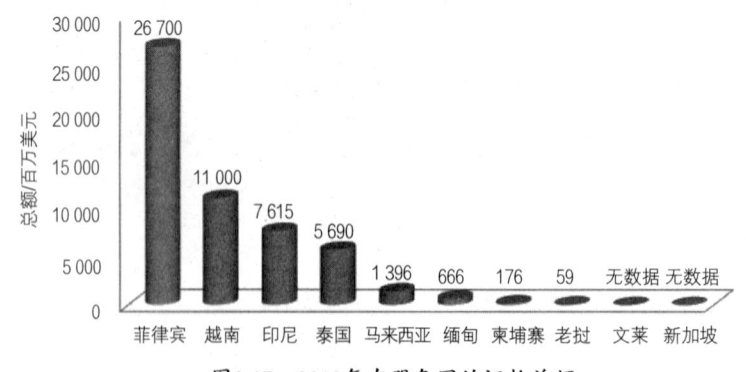

图9.17　2013年东盟各国的汇款总额

来源：世界银行集团。

凭借西班牙和美国殖民时期积累的经验，菲律宾政府可以通过加快改革进度和创造就业机会激发其经济增长和金融科技发展的潜力。菲律宾归国人员带回的不只是财富，还有他们在海外（从中东到东盟其他国家，以及中国香港）工作的经验，还包括他们的生意和社会关系。金融科技无疑是推动菲律宾实施金融普惠战略的重要动力。

图9.18显示了菲律宾金融科技创业生态系统的深度，并列出了菲律宾许多知名金融科技创企。因为菲律宾有大量外来工，所以支付是该国最先发展的领域。加密数字货币和区块链创企在2013年开始蓬勃发展，迎合了支付和其他金融普惠领域的需求。

图9.18　2017年菲律宾的金融科技创企
来源：新加坡金融科技新闻社，http://fintechnews.sg/。

9.7 缅甸

图9.19至图9.21展示了缅甸金融业现状，支付、储蓄、信贷和保险类金融科技活动在缅甸有许多的发展机会。但是，缅甸的问题众所周知：资本受限制约了零售部门，产品受限制约了低质量金融产品部门。在缅甸，获得金融服务的机会很少，只有30％的人可以获得正规的金融服务。缅甸中央银行的愿景是："截至2020年，将缅甸的金融普惠率从30％提高到40％，其中将能获得一种以上金融产品的民众比例从6％提高到15％，通过联合所有利益相关者，使其共同合作来提供实惠、优质、有效和负责任的全方位金融服务。"

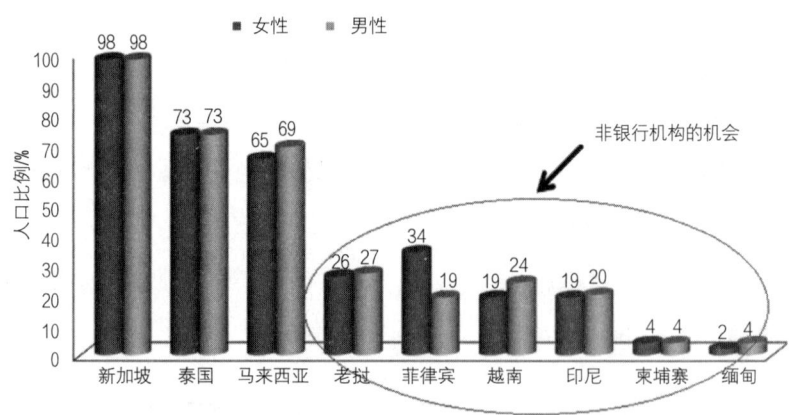

图9.19　2014年东盟各国拥有正式金融机构账户的人口比例（年龄15岁以上）
来源：缅甸中央银行。

缅甸面临着许多挑战，如监管环境薄弱、经济体系仍以现金流通为主、储蓄文化薄弱、对正规系统的信任度低、产品不适当和不充分、资本受限、渠道有限、机构能力薄弱、基础设施缺位和硬性基础设施不足。但是，可以将这些挑战视为机遇，因为缅甸几乎没有遗留体系和历史筒仓结构（historical silo structure），而这些则是困扰着其他发达金融中心的问题。缅甸有一半以上的债务来源是非正式的，这正是数字金融实现高透明度的机会。根据联合国开发计划署2015年的报告，缅甸的500万农民中有42％通过信贷来应对与农

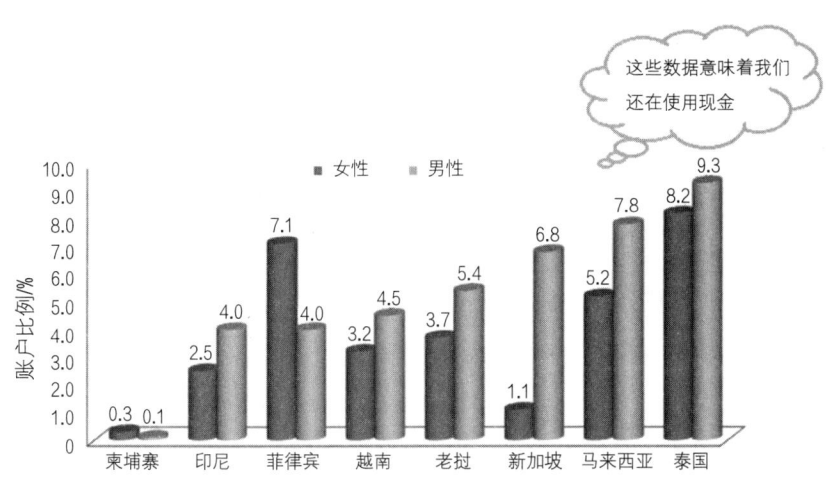

图9.20　2014年东盟各国用于商业目的的账户比例（年龄15岁以上）

来源：缅甸中央银行。

业相关的风险。

　　农业是缅甸的经济支柱，农业人口占其总人口一半，中小微企业对于其经济发展至关重要，减贫对于低收入家庭至关重要。这些领域都为金融科技发展高效支付、小额储蓄、可靠的信贷和小额保险提供了绝佳机会。在缅甸，大多数人通过非正规的方式进行储蓄（如黄金）、借贷（如向朋友和放债人借款）和转移资金（如传统代理人）。

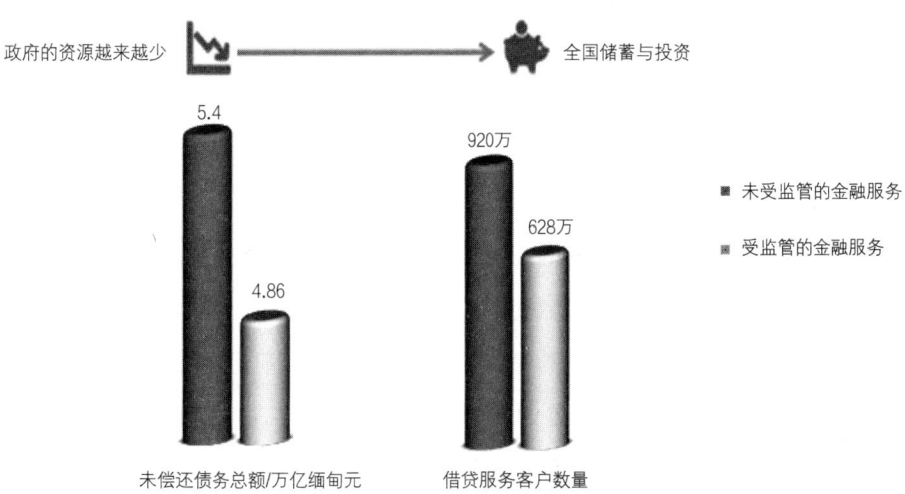

图9.21　缅甸金融服务发展情况

缅甸金融科技的发展趋势和总体格局可能会随其历史悠久的银行体系复苏而变化，但仍然面临壁垒。由于经济制裁，缅甸许多大型银行被列入国际黑名单。此外，97％的缅甸人没有银行账户。缅甸金融科技业存在巨大机遇，但仍处于起步阶段。

随着针对移动货币运营商规则的发布，对支付生态系统的监管方面有了很大改进。但是，首先，到目前为止还没有针对整个支付生态系统的监管政策。缅甸存在很多灰色地带，为类似hundi（非官方汇款系统）等不受监管的汇款系统留下了使用空间。其次，是人才问题。缅甸国内的专业人才有限，且很难吸引国外人才。再次，资金也受到限制。虽然有缅甸风投俱乐部（Myanmar VC Club），但资金仍来自缅甸国外风投机构。最后，金融系统本身仍在发展中，例如，对于电信公司和货币提供商，"了解你的客户"仍然不是强制性的。自2016年年初以来，缅甸拥有了自己的清算系统、证券交易所市场和支付系统。但是，这些基础设施需要时间来完成建设。

对于缅甸金融科技创企的期望，其金融服务行业随着移动通信和互联网普及率的爆炸式增长，已开始重大转型。移动运营商与银行合作，最有可能利用现有的有效分布网络将缅甸的金融服务范围扩大到如今无银行服务的地区。

由于缅甸仍处在经济转型阶段，有两点至关重要：一是金融普惠仍然是发展重点；二是要开展行业内合作，以期开发可持续的、有益于被金融体系排除在外的群体的商业模式。在确保建立正确的监管模式、允许移动运营商和子公司提供此类服务方面，政府发挥着重要作用。

代理银行业务已被认为是一种有效的工具，能够有效推动真正的金融普惠，这是由快速增长的移动通信普及率驱动的。拥有了创新型金融技术以后，电信公司预计在2020年前覆盖90％的人口，相比之下，2013年的覆盖率仅为10％。缅甸正处于积极的经济转型之中，缅甸市场被普遍认为是真正充满机会的最后一个阵地。

缅甸面临不少挑战，这些挑战都还有待采取正确的措施加以应对。缅甸总体缺乏基本的基础设施（尤其是金融科技基础设施）。在缅甸这样一个每天至少断电5次且互联网普及率较低的国家启动金融科技革命是十分困难的。客户缺乏对技术的认知和信任，因此加强相关教育是关键。而且，金融科技应该是简单的，至少在初始阶段应当如此，就像孩子在会跑之前最好先学会走一样。

新兴的金融体系是西方金融科技在现有的旧体系之上建立起来的。缅甸金融科技必须从头开始。除了基础设施，缅甸同样缺乏人才储备。目前为止，金融科技人才在缅甸仍是一种稀缺资源。但是，某些"技术中心"，例如位于仰光的缅甸信息通信技术园（以及位于曼德勒的规模较小的信息通信技术园），未来很可能成为吸引金融科技人才的中心。

在资金方面，美国的风投基金兴起，以解决资本有限的问题；家族理财办公室正向印度的金融科技领域投资。然而，缅甸的资金仍然有限。与本地企业合作或通过吸引国外投资建立合资企业可能是解决此问题的好方法。

因此，缅甸必须摆脱坚实的监管壁垒。缅甸中央银行正在设法监管电子货币提供商。但是，其关于数字货币、众筹乃至国际汇款的法规仍有待商榷。对外商投资的严格监管也可能限制国外成功的企业进入缅甸。

满足金融普惠实际需求的有效支付方案缺乏创新驱动力。移动通信的迅速普及对电信公司、全球银行和投资者来说是一种机会，这一点也需要被考虑到。

在企业方面，缅甸Telenor与祐玛银行（Yoma Bank）合作提供移动银行业务，旨在为人们提供基本的金融服务。尽管该行业被国有企业缅甸邮电公司（Myanma Posts and Telecommunications，MPT）垄断，但两家国际移动运营商——挪威的Telenor和卡塔尔的Ooredoo也有经营许可。他们将与两家缅甸国有移动运营商——缅甸邮电公司和Yatanarpon Teleport 有限责任公司（YTP）竞争。移动网络使客户能够通过移动钱包获得基本银行服务。Wave Money（为没有银行账户的人提供金融服务）的推出受到了人们的欢迎，因为它从转账服务起步（这是重要的起步特征），可以推动新兴国家对该产品的积极使用。采用其他创新支付模式的这类产品包括缅甸移动货币和myKat，以及本地应用程序MyCHAT，其中MyCHAT计划在其社交聊天中启用移动支付。

自2013年以来，超过177家小额信贷机构（Microfinance Institution，MFI）已获得缅甸小额信贷监督机构的经营许可，并且这一数量还在继续增加。对于利用区块链及其他物联网和设备的金融科技公司来说，这些小额信贷机构可能是其合作伙伴。它们中的大多数规模不大，客户不到1 000人，如果可以使用金融科技公司所使用的技术，机构规模就有机会得到显著扩张。最大的运营商PACT Global MFIs的服务客户有50多万家，自1997年以来一直在缅甸经营。爱喜利达银行（ACLEDA Bank）还获得了开展小额信贷业务的许可，预计其他全球领先企业如BASIX和ASA Microfinance也将纷纷效仿。

2013年7月，《缅甸中央银行法》通过后，缅甸中央银行获得自治权，不再受财政部管辖。中央银行的主要职责是监督支付和移动银行业务。重点关注领域可能是电子支付、低成本储蓄产品、农业投入信贷、无抵押信贷、健康和丧葬保险产品，以及信贷保险产品（尤其是农业领域）。

根据扶贫协商小组（Consultative Group to Assist the Poor，CGAP）的报告，联合国开发计划署于20世纪90年代中期开始为小额信贷项目提供资金，随后其他几个机构通过缅甸生计和粮食安全信托基金（Livelihoods and Food Security Trust Fund，LIFT）为此类项目提供资金。英国国际发展部（Department for International Development，DFID）和美国国际开发署（United States Agency for International Development，USAID）等双边机构也支持着金融普惠。世界银行集团［国际金融公司（International Finance Corporation，IFC）和世界银行］正支持建立行业监管框架，推行成功的实践。自2012年以来，联合国资本开发基金会（United Nations Capital Development Fund，UNCDF）进入缅甸市场，开展了MicroLead Expansion、CleanStart和Shaping Inclusive Finance Transformation（打造普惠金融转型）几个项目，主要关注绿色能源、金融普惠和女性客户。在第八章中，我们提到了Sentinel 链和InfoCorp，该公司在缅甸开展业务，将牲畜代币化。由于大多数农民拥有数字设备和牲畜，因此区块链技术在该领域是一项颇有前景的金融普惠技术。这可能是实现缅甸金融业跨越式发展的可行代币项目。通过区块链技术使不受监管的金融活动透明化，进而促进该行业迅猛发展。这些措施都是普惠金融科技发展的催化剂。

9.8 柬埔寨、老挝和文莱

9.8.1 柬埔寨

2016年，柬埔寨只有13％的成年人拥有银行账户，不到4％的人有存款，这种情况与作为新兴市场的缅甸非常相似。但是，柬埔寨实现了移动手机4G网络全覆盖，其中70％的柬埔寨人为注册用户。截至2016年，柬埔寨还没有一家移动货币服务提供商可以提供储蓄产品，也没有一家小额信贷机构能够开发出大范围代理商网络来促进小额存款。Wing、Metfone、BanhJi、Bongloy、Smart Axiata和Asia Wei Luy是柬埔寨一些著名的金融科技公司，柬埔寨金融科技创企概览见图9.22。

图9.22 柬埔寨金融科技创企概览

来源：新加坡金融科技新闻社，http://fintechnews.sg/。

Wing（柬埔寨）专业银行提供移动银行服务，如本地转账、电话充值、公车支付、账单支付和汇款。它有5 000多个Wing现金速递点。在澳大利亚政府150万澳元企业挑战基金（Enterprise Challenge Fund）的支持下，澳新银行于2009年推出了商业化的Wing。2011年11月，澳新银行将Wing卖给Refresh Mobile的母公司Logistics。有了7 000个通话时间代金券的销售代理以后，这些销售代理机构便成了销售点。Wing Mobile是柬埔寨领先的移动支付提供商，与澳新银行和Refresh Mobile的联系使Wing得以发展。有了零售商以后，建立客户信任和品牌变得更容易。Wing每月可达成60万笔交易，拥有60万个注册账户。霍夫曼（Hoffman）（2013）在为企业挑战基金所做的报告中，很好地分析了Wing的成功因素和经验教训。

Metfone是电信运营商，占有柬埔寨50％的市场份额，其电子货币可用于转账、支付、电话充值和工资服务。Metfone和MB Bank合作经营电子货币。

BanhJi Accounting是一个免费的开放平台，允许使用第三方本地化会计应用程序。它可以帮助客户遵守当地针对中小企业的会计、税收和其他相关法规。BanhJi为合作伙伴提供应用程序接口，以开发针对行业特定需求、完全融入核心会计模块的垂直解决方案。该平台向中小企业免费提供9个核心会计模块（客户、供应商、库存、员工、现金、总账、服务、管理报告和税务模块）来执行所有相关的会计交易，并根据特定国家的会计标准为客户准备财务报告。软件使用标准的HTML5、Javascript和CSS，并通过亚马逊网络服务（Amazon Web Service，AWS）为其应用程序提供可扩展性。该软件通过Amazon RDS MySQL和PHP访问AWS RDS中的数据并进行储存。它能够让数据以JSON的形式通过AJAX传回前端应用程序。前端通过使用Javascript、CSS和HTML5技术显示数据。

Bongloy是以灵活的应用程序接口为基础的支付解决方案，适用于商家且可与大多数Stripe的开源插件配合使用。它允许本地和国际支付，并且可以灵活地用于构建市场、移动应用、在线店铺或订阅服务。

Smart Axiata是一家移动服务提供商，拥有800万用户，通过智能支付（smart pay）、智能医院（smart hospital）、智能保险（smart insurance）、智能音乐（smart music）等移动服务提供支付、医疗保险、音乐等服务。亚通集团（Axiata Group Berhad）是亚洲最大的电信集团之一，在10个国家或地区拥有超过3亿客户，Smart Axiata是其一部分。自2016年9月以来，其4G +或LTE-A（LTE-Advanced）覆盖了柬埔寨25个主要省会城市的98％以上的人口。

Asia Wei Luy是一家移动支付服务提供商，它允许个人和企业进行转账、结算账单、充值电话信用额，以及申请贷款。TrueMoney是柬埔寨一家移动支付提供商。没有银行账户的客户也可以通过手机和/或TrueMoney代理网络（终端POS）获得金融服务。图9.24是柬埔寨的金融科技创企概览图。

9.8.2　老挝

老挝只有700万人口，不仅数量少而且人口年龄结构年轻化，但其GDP增速超过7％。其一半人口年龄在25岁以下，其中1/3居住在城市地区。根据We Are Social的统计数据，老挝的互联网普及率为20％，无银行账户群体占比接近60％。手机普及率为85％。老挝外贸银行（Banque Pour Le Commerce Exterieur Lao, BCEL）提供了唯一的金融科技解决方案：为其商家客户提供安全的在线支付系统。它开发了一款移动应用程序BCEL One，以方便持卡人通过移动设备或互联网进行付款和交易查询。老挝外贸银行和移动网络运营商Unitel正在着手开展移动货币业务，人们可以将钱存入Unitel的代理商网络，通过该网络将存款转换为电子货币。

务农仍然是老挝人民主要的收入来源，他们的所有金融活动都是通过非正式的亲朋好友关系网进行的。金融素养、保险责任范围、储蓄、交易和汇款是实现金融普惠的关键。在金融科技方面，人口少是老挝的主要劣势。

9.8.3　文莱

2017年2月，文莱金融监管局（Autoriti Monetari Brunei Darussalam, AMBD）采取了几项举措以鼓励金融科技公司发展，并推出了AMBD金融科技"监管沙盒",即创办了一个促进金融科技发展的虚拟办事处。在此期间还引入了《金融科技监管沙盒指南》,帮助金融科技公司获得AMBD的监管支持,从而安全有效地测试其金融产品或解决方案。

9.9 金融稳定性与金融普惠

许多文章声称金融稳定性与金融普惠之间是此消彼长的关系。但若能保证数据的透明性,并成功应用新的信用评级方法,这两者间的此消彼长可能会变成互相促进。

拉瓜(Lagua)(2017)指出:

例如,《巴塞尔协议Ⅲ》(*Basel Ⅲ*)将以更严格的标准制定监管法规,规定银行应维持的资本水平。法规将通过限定法定资本比率提高银行资本的数量和质量。它还将重新定义构成银行核心(或一级)资本的内容,以及银行负债和风险管理标准。该协议还对资金比率和流动性覆盖率进行了调整,以增加资本,改善流动性。这都是之前金融危机中遇到过的问题。

金融稳定性得到提高的同时,小型企业筹集资金的成本可能会受到影响。资本比率和合规成本越高,资本成本越高,小银行所受影响越大。小银行更倾向于为小型企业提供服务和贷款。这一点可以从银行界遵守着保护中小企业的强制性贷款条款中得到证明。据报道,在中小企业领域,储蓄银行和农村银行的合规程度最高。要求银行将较高风险权重分配给小型企业的法规将不利于行业发展。由于银行开展业务的成本较高,因此针对小型企业独特需求的个性化贷款也会受到影响。总体而言,《巴塞尔协议Ⅲ》对小型企业贷款的影响通常被认为是负面的。

此处的观点是,需要权衡金融稳定性与金融普惠之间的关系,因为忽略道德风险问题而放任金融普惠发展将最终导致危机。Cihak,Mare和Malecky(2016)补充称,金融稳定和金融普惠呈负相关,因此两者之间更多的是取舍,而非协同。他们还认为,一些此前非正规的公司如今发展为正规部门，就必须对其快速增长的信贷业务进行监督，以防对金融稳定性造成潜在威胁。此观点主要是出于对借款人信誉度及人们对快速授予信贷持放松态度的考量。但是，这些观点没有考虑到中国在该领域取得的成就，即许多以技术为基础的公司都在中国落户。蚂蚁金服采用人工智能、云计算和大数据技术实现了低于1%的违约率。大数据、面部识别和人工智能已经改变了借贷方式。违约率因性别（女性或男性）、身份（消费者或企业）及许多其他因素而异。一些新的数字化概念，例如InfoCorp使用芯片和区块链将奶牛数字化，可能是一种将牲畜证券化的低成本方式，并且可以从全球获得资本。由于以前的小额信贷机构在抵押牲畜以获得低风险贷款方面存在困难，这种方式将降低借款利率。与小额信贷机构合作对于确保借款人的数字身份更有保障，从而减少道德风险问题。无论如何，这些都是普惠金融科技的新领域，可以改变贷款操作模式，或许还可以解决困扰小额信贷行业的道德风险问题。然而从个人借款人希望优化操作模式和降低借款利率的角度来看，信贷提供者不仅是单一金融服务的提供者，因为他（或她）或许可以超越单一产品的局限，从范围经济中获利。

正如InfoCorp网站上所写的那样，金融科技创企可能会以完全不同的方式看待金融普惠的数字化。

解决金融普惠问题有五大要素。第一，必须有一种方法创建安全的价值存储库，即账户。第二，必须有一种安全可靠的方式实现账户之间的资金转移。大多数移动支付钱包应用程序的设计可以满足这两个要求。接下来的两个要素是无信用记录也可借款的能力，以及通过储蓄和投资增加财富的能力。最后一个要素是通过保险保护个人资产的能力。实现这些目标的关键是促进能够满足这五项要素的技术的使用，且InfoCorp的目标是创建一种金融服务提供机制，为无银行账户群体打开金融服务的大门。

规模经济和范围经济提高了盈利能力和利润率。数字化和代币化降低了借贷双方的风险。脱媒化、民主化和去中心化增加了全球普及率和流动性。值得思考的是，技术的进步是否能够解决传统金融普惠方式无法解决的痛点，对此我们尚无定论，但这值得我们跳出固有的思维模式去思考，因为金融技术已经在普惠金融应用中付诸实践了。

即使是那些生活在贫民窟的人也可能拥有任何人都意想不到的资本，但是这些资本并不是以类似将其变成可替代资产的方式体现出来的。因此，这种"死资本"不能为贫困人群创造价值。例如，农村人口主要由农业微型企业家（microentrepreneur）和农民组成，他们的唯一资产可能是农场中的一头奶牛。但是通过所有权、股份和物权法，人们不仅能了解到资产本身是什么（仅将牲畜看成一种非流动性资产）还有它们能用于什么，如开展或扩展业务所需的信贷担保①。

区块链技术为我们提供了一套着手制订解决方案的工具，因为该技术最强大的功能之一就是使我们能够重新利用"死资本"，如农民的奶牛。

区块链技术有能力实现资产代币化，这意味着可以将非流动性资产所有权进行分割和部分交易以换取流动性，并且使无银行账户群体有能力管理牲畜资产，因为这种资产本质上是去中心化的。此外，区块链技术提供了一个最佳框架来改善此类资产的产权注册系统。实现对牲畜资产的完美管理的关键是必须先解决所有权的出处和证明问题。所谓牲畜的"出处"，是指有能力提供牲畜所有权历史的真实记录；"证明"是指有能力提供证据证明所有权成立，如证明某牲畜确实属于某特定个体。解决此问题的最佳途径是为交易过程建立适当的激励模型和提供追踪方法。

9.10 结语和发展现状

东盟十国是一个多元化的集团，由相对较发达和成熟的东盟六国和后来加入的新兴和转型经济体组成。东盟十国的人口众多，且组成复杂，非常适合

---

① 这是埃尔南多·德索托对不易购买、出售、估值或用于投资的资产的称呼（德索托，2000）。

开展金融科技活动。从《2015年东盟经济共同体蓝图》到《东盟2025：携手前行》，东盟制订的各种计划中都明确列出了东盟发展的长期愿景。

东盟五国（泰国、印尼、马来西亚、菲律宾、新加坡）的短期促进计划也很明确。此区域实行宽松的货币政策，廉价货币相对丰富。甚至在以石油为经济支柱的印尼，疲软的油价使印尼不惜降低利率促使人们投身金融科技活动。政策开始向金融普惠倾斜，包括财富分配和社会保障，这一趋势在许多将要提供给消费者的主要金融产品上表现十分明显。政策要转向社会普惠性需要基础设施的配合。随着政策向金融普惠倾斜，各国需要谨慎对待影子银行。东盟新成员国可以为本国和东盟其他成员国中70％未获得充分金融服务的群体提供服务，从而实现经济的发展。图9.23为一些分析师对东盟市场主要驱动力的看法，表明普惠金融发展可能从最基础的领域开始。

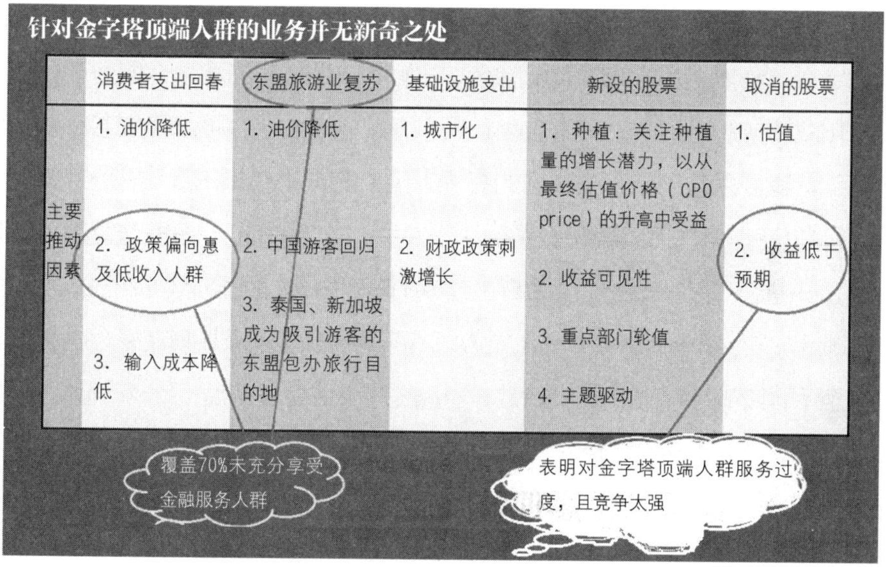

图9.23　分析师对东盟市场主要驱动力的看法
来源：星展银行研究中心。

从长远来看，东盟五国将加强与其他国家的关系，将业务扩展至亚洲其他地区，如中国、印度和韩国。东盟十国还有很多方面处在起步阶段，东盟新成员（柬老缅越四国）还有待发展。顺便提一下，越南希望与菲律宾和印尼属同一发展阵营（简称为VIP），而并非与柬埔寨、老挝和缅甸属同一阵营，因为菲律宾和印尼发展更快，它们在1995年就已加入东盟，且比柬老缅三国（CLM）更具活力。

从《2015年东盟经济共同体蓝图》到《东盟2025：携手前行》本身就是一项成就。2015年，东盟经济共同体提出实现区域经济一体化的目标，其特点是拥有单一的市场和生产基地；使东盟地区成为竞争激烈、经济均衡发展、完全融入全球经济的地区。合作领域包括人力资源发展和能力建设、专业资格认证、金融政策的密切协商、贸易金融措施、稳固的基础设施和通信连接，通过电子东盟发展电子商务，通过地区产业融合促进资源配置的本地化，提高私营部门在东盟经济共同体中的参与度。

需要指出的是，在朝着《东盟2025：携手前行》迈进的过程中，2020东盟银行一体化框架协议（ASEAN banking integration framework，ABIF）尚未完成。随着2015年实行东盟经济一体化，各国之间货物、服务、投资、资本和成熟劳动力的流动逐渐自由化，东盟银行机构仍需要调整和扩展其服务范围，以适应东盟内部跨国市场的需求。因此，非银行机构提供银行服务将和金融科技公司一样，成为新兴趋势。

"一带一路"倡议（OBOR）①和亚洲基础设施投资银行（Asian Infrastructure Investment Bank，AIIB）明确表达出了中国的宏图大略，此后东盟十国不仅将在金融科技领域与中国开展更多业务，"一带一路"倡议和亚洲基础设施投资银行还可以与《东盟连通性总体规划》（*Master Plan on ASEAN Connectivity*，*MPAC*）联合实施。

在东盟十国，政府和私营部门正在与中国的金融科技公司（如腾讯和蚂蚁金服）一起制定"互联网+政策"（internet plus policy），以及使用区块链应对电子人民币的出现，同时利用区块链与新兴的电子人民币合作。平安保险的马明哲（Peter Ma）、腾讯的马化腾（Pony Ma）和阿里巴巴的马云在

---

① 此处我们会交替使用OBOR和BRI两个名称。OBOR现已更名为BRI（"一带一路"倡议）。

2013年成立了众安在线财产保险股份有限公司（以下简称众安）。他们不仅成功颠覆了银行、保险公司、信用评级机构和供应链融资，也开始在东盟及其他地区占有一席之地。马云还接受了印尼的邀请，担任该国的电子商务顾问。中国人擅长扩展服务范围，为偏远地区的人们服务，也擅于在东盟扩展业务。

对大多数人而言，技术意味着对实体经济的颠覆；意味着取代现有工作岗位；意味着与决策者的对抗；意味着摆脱集中控制。但是，对中国而言，技术意味着"互联网+政策"。因此，东盟领导人必须考虑三个关键问题。

第一，随着腾讯、众安、蚂蚁金服等可扩张技术公司的发展，我们如何改变人们的思维方式，让大家都能够接受数字化的开放性、普惠性、去中心化、相对宽松的监管，以及中国的"互联网+政策"经营方式。

第二，东盟如何利用中国的"一带一路"倡议和亚洲基础设施投资银行政策，包括与之相关的技术影响，既发展东盟整体经济，也分别发展东盟各国经济。在我们探索技术领域时，这些问题都值得深思。

第三，政治敏锐性可能会引发很多思考，但由于东盟蕴藏大量机会，这一问题产生了巨大影响，即经济发展和金融科技发展的步伐问题。步伐的不同也体现在东盟十国格局的形成过程中：最初只有泰国、印尼、马来西亚、菲律宾、新加坡和文莱，后来越南、老挝、缅甸和柬埔寨（东盟四国）陆续加入。在东盟四国中，越南的发展明显领先。

这意味着，虽然金融科技和各种形式的现代信息通信技术是21世纪数字化的发展方向，但在涉及金钱问题时，信任是必不可少的。更多农村地区的金融交易可能仍然基于信任和面对面进行的，我们必须谨慎而认真地将面对面交易引入现代五花八门的数字设备和无纸化交易中。东盟仍有大片农村地区市场有待开发，要开发必须依靠在城市中广泛使用的金融科技。时间将证明，使用最新普惠金融技术的大胆试验（如InfoCorp的Sentinel链等）能否为东盟的发展中经济体带来跨越式发展。

有趣的是诺贝尔奖得主、缅甸国务资政昂山素季的言论。她在2016年11月的演讲中说道："缅甸将在20年的时间内超越新加坡。"（图9.24）只有当缅甸能够避开所有硬性基础设施问题和政治问题并取得经济跨越式发展（图9.25）时，这种说法才有可能成立。

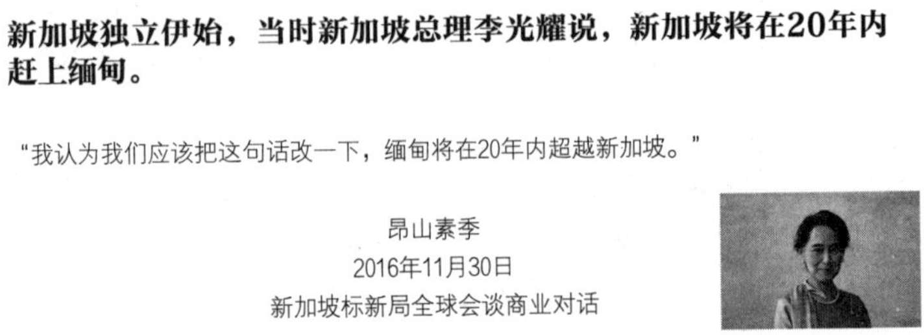

新加坡独立伊始，当时新加坡总理李光耀说，新加坡将在20年内赶上缅甸。

"我认为我们应该把这句话改一下，缅甸将在20年内超越新加坡。"

昂山素季
2016年11月30日
新加坡标新局全球会谈商业对话

图9.24 诺贝尔奖获得者的大胆言论

来源：亚洲新闻频道（Channel NewsAsia）。

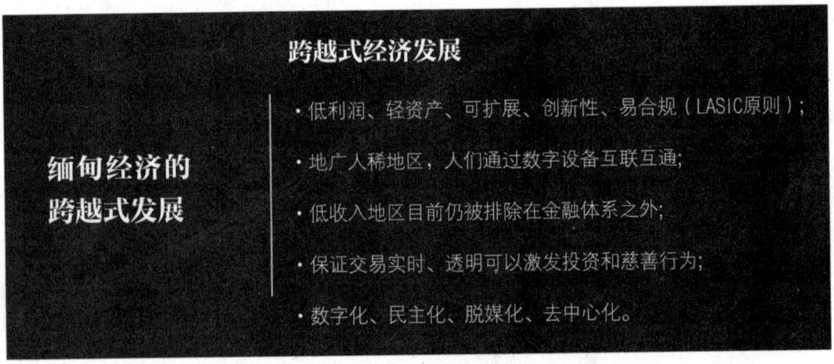

**缅甸经济的
跨越式发展**

跨越式经济发展

· 低利润、轻资产、可扩展、创新性、易合规（LASIC原则）；

· 地广人稀地区，人们通过数字设备互联互通；

· 低收入地区目前仍被排除在金融体系之外；

· 保证交易实时、透明可以激发投资和慈善行为；

· 数字化、民主化、脱媒化、去中心化。

图9.25 经济跨越式发展

来源：谷歌，https://www.youtube.com/watch?v=700IRrOjxtA。

因此，"东盟跨越式经济"（leapfrog economy for ASEAN）一词在中国的"一带一路"倡议中具有特殊的含义。2018年新加坡担任东盟轮值主席国，金融普惠和跨越式经济可能正是将东盟十国团结起来的关键。

第十章

地区发展趋势和
金融科技之未来

10.1　引言

总体而言，在全球范围内金融科技创新最大的参与者是美国和中国，可能还有印度，印度庞大的人口基数和加速的数字化发展已经超过了日本。正如新加坡贸易和工业部部长易华仁和新加坡金融管理局局长孟文能在演讲中及在预算公告中提及的，新加坡虽然不大，但将其建设成一个开放的金融科技中心还是很有必要的，并且新加坡未来经济委员会报告也将新加坡的经济确定为一个增长点。

日本创新型银行面临的问题不在于金融科技创新的迭代，而在于监管和基于货到付款的消费文化。与此形成鲜明对比的是，中国通过支付宝和微信支付在金融科技领域如鱼得水。中国消费者是会像美国人一样支出大笔开支，还是像日本人保持传统的心理和文化一样小心存钱，这在很大程度上随其人口情况的变化而变化——不要忘了，中国和日本的人口都在逐渐老龄化。

10.2　监管及货币政策

我们可以从两个截然相反的角度看待政府的立法和监管。一方面，各个国家已经表明，并不是因为对金融科技这种创新感到惧怕而导致接受或发展得缓慢，更多与思维方式、现有法律法规有关。另一方面，我们意识到金融科技下的去中心化支付与现有使用银行所发信用卡的中心化支付体系是完全相反的，考虑到金融科技的本质与特点，我们是否需要制定专门针对金融科技的相关法规呢？比特币和其他加密数字货币在市场中流通，它们的使用将如何影响各国央行的货币政策？通过现金和金融科技加密数字货币洗钱等其他问题也给交易合法性和安全性带来挑战。

自从2008年全球金融危机爆发以来，日本的利率一直为零甚至为负，货币政策作为稳定宏观经济的工具，其作用也变得微不足道了。实际上，由于世界经济在等待复苏，积极实现经济增长并让利率恢复正值，货币政策本身的规定性也使其作为一种政策工具得以回归。

随着金融科技的发展，监管方面还面临哪些挑战？商业模型、银行和金融模型的变化是同步发生的。为无银行账户群体提供更多的普惠金融服务仍然是必要的，这既是从经济效益出发所作的考虑，也是因为这本身就是一项崇高的使命。但是，这样做是否会进一步导致金融全球化和金融危机发生呢？

10.3 再论数字化颠覆

金融科技风险投资项目能告诉我们关于日新月异的金融科技行业及日新月异的支付方式和生活方式的哪些信息呢？被普遍认同的一点是，2016年中国金融科技飞速发展，西方国家也在继续前进。中国巨龙腾飞的同时，西方金融科技大国是否式微？这种情形又预示着什么呢？

花旗银行全球视角及解决方案部门（Citi Global Perspectives & Solutions, Citi GPS）于2016年3月发布了第一份关于数字化颠覆的报告，其中有关中国金融科技的描述占据重要篇幅，那么中国金融界的剧烈变化是否值得关注和思考？由于中国金融科技企业在国内迅速腾飞，且向海外扩张，花旗银行在2017年1月的一份后续报告中[1]，追踪了风险投资和企业投资的轨迹，以重新审视中国金融科技。报告得出的主要结论是，中国金融科技企业的崛起反映了2007—2016十年形成的一种独特组合：快到令人难以置信的数字化、中国大批崛起的中产阶级及现有并未准备好应对这种变化的金融机构（以及法规）。所有这些都是企业电子商务和社交媒体生态系统面临的挑战。因此，2016年前三季度，中国占全球金融科技总投资的50％以上，就不足为奇了。中国是2016年全球金融科技投资增加的唯一国家（实际上，2016年前三季度，中国的金融科技投资比2015年同期翻了一番）。

---

① 2017年1月，花旗银行全球视角及解决方案部门发布的研究报告。

中国金融科技并不仅仅是"初来乍到"，中国金融科技巨头迅速腾飞的方式和西方金融科技的发展方式大不相同。从本质上讲，2016年美国健康保险领域进行了两次最大的金融科技风险资金融资，标志着美国转向保险科技（InsurTech）发展。大数据、物联网、可穿戴设备及其他新兴技术的出现，将帮助保险公司利用金融科技提高创新性，提供更多定制化服务。与一般"B2C"的金融科技应用一样，保险科技的重点仍然是提高分配效率，改善用户体验。由于借贷仍然存在，包括P2P借贷就是一个巨大的商机，金融活动和非银行金融活动之间的界限变得更加模糊，或者简而言之，金融活动变得更加具有普惠性。

在中国和新兴市场中，金融普惠仍然是主要驱动力，公司国际化且跨越多个相互联系的行业、界限模糊化的趋势尤其迅猛。中国与东盟、拉丁美洲和非洲的一些地区的金融科技创企需要服务于未获得充分金融服务的客户，这与美国的情况形成鲜明对比：美国通过信用卡债务重整计划以次级抵押贷款或准优级信用等级提供服务。2016年除美国以外的金融科技风险投资为900万美元，其中贷款约占80%，但如果排除亚洲（主要是中国），则贷款比例降至30%以下。此外，发达国家中，欧洲各国仍然在创企/风险投资中处于落后地位，2015—2016年间，欧洲各国在全球金融科技风险投资中约占10%。

中国再次成为B2C领域的领跑者。从2017年开始，我们已经看到许多中国金融科技公司向海外市场扩展。无论是出于战略考虑还是像中国经济型酒店一样，跟随同胞来到海外，以提供更好的服务，迎合中国人的品位，这对于支付宝和微信支付来说都是一片有待开发的"蓝海"，就像中国10年前作为"世界工厂"生产产品一样。

但是随着中国金融科技企业的飞速崛起，以及人民币逐渐在全球流通，就像产生于美国的次级贷款最终演变成为全球金融危机一样，中国金融科技企业是否会身陷金融颠覆和危机，乃至成为金融颠覆和危机的源头？这种危机可能会在默认的情况下发生，因为在中国提出"一带一路"倡议和建立亚洲基础设施投资银行（与世界银行和亚洲开发银行支持基础设施建设相似）以后，会有更多的人民币进入全球流通市场。作者并非对此持悲观看法。

"一带一路"覆盖了从中国到欧洲的整个大陆，横跨中亚和中东，还包括北非的最北端。它还包括东盟，即通过海上丝绸之路连接道路和港口。中国明确指出，"一带一路"倡议和亚洲基础设施投资银行是两个独立的项目，但在实践中这两者可以绝妙地合为一体。尽管亚洲基础设施投资银行在"一带一路"倡议融资中只是辅助其他中国国有银行发挥更大的主导作用，但它在"一带一路"中的潜力巨大。

如何评价马云在全球范围内建立一个庞大的腹网（Hinternet）的想法？拥有一个由黏性客户组成的Hinternet是所有金融科技公司的终极目标。这个Hinternet收集所有数据并可以访问"驻留"在上面的客户的所有信息。

随着中国经济增长放缓及对中国互联网金融公司的监管日趋完善，这些公司可能只有通过"一带一路"倡议才能更加有闯劲地发展，而且观察金融科技将如何改变人民的生活水平和社会结构，也是个有趣的过程。

10.4　东盟的银行准备好面临数字化颠覆了吗[①]

尽管20世纪60年代自动柜员机的出现对金融界造成了不小的影响，但直到70年代末它才被引入亚洲，于1979年进入新加坡和印尼，80年代早期进入马来西亚，1981年进入菲律宾，1983年进入泰国。紧接着90年代就出现了互联网银行。

借助金融科技，移动银行的下一发展阶段是与智能手机的结合。在信息通信技术的支持和推动下，借助近场通信，移动银行的发展速度和便捷程度将得到进一步提高。在东盟，新加坡和马来西亚的银行发展一直处于领先地位，而印尼、泰国和菲律宾的银行发展较为缓慢，也更加传统。

更重要的是，随着金融科技开始涉足包括保险在内的非银行金融服务，

① 　2015年4月14日，星展银行研究部发布的《股本区域行业聚焦：东盟银行》。

金融科技成为一种典型的颠覆性技术，也是一种支付方式和生活方式。整个金融科技集群正以金融普惠为通用目标发生着改变，并随着各种形式的P2P、B2B、B2C，以及其他去中心化模式和商业模式发生变革的地区而变化。

10.5 未来的技术和教育

本书尝试梳理东盟各国和东盟整体的金融科技发展情况，但还有许多正在发展的未知领域需要进一步的研究。就金融科技而言，未来的技术和教育是需要进行进一步研究的领域。

自进入21世纪，"千禧一代"被定义为拥有前所未有的技术、流动性和渗透力的新一代，"千禧一代金融科技"（Millennials Fintech）已经以创企、中小型企业和其他各种各样的普惠金融企业的形式筹集了约22亿美元资金。

本书对位于美国硅谷的金融科技创企进行了讨论（第五章）。如今，大量中国学生在美国大学学习各个层次和领域的专业知识，他们势必会感受到硅谷对金融科技的偏爱。中国已经在金融科技领域处于领先地位，并且是仅次于美国的第二大经济体，虽然这不是两个超大经济体之间的直接博弈或竞争，但人们还是好奇，中国和美国各自将走向何方？

图10.1为中国境外留学生的增长趋势图（不含港澳台数据）。如果年龄在18～23岁之间的中国人有1亿，那么该年龄组中有5000万～7000万的人口需要接受教育。2015年，约有523 700名中国学生出国留学[①]。在这50多万名留学生中，25 900名由政府资助，16 000名由录取学校出资，481 800名自费（父母负担费用）。学习企业与管理（20.2%）和工程学（20.2%）的学生比例相同，学习农业的学生比例最低（1.3%）。

---

① 2016年3月17日，新华社报道。

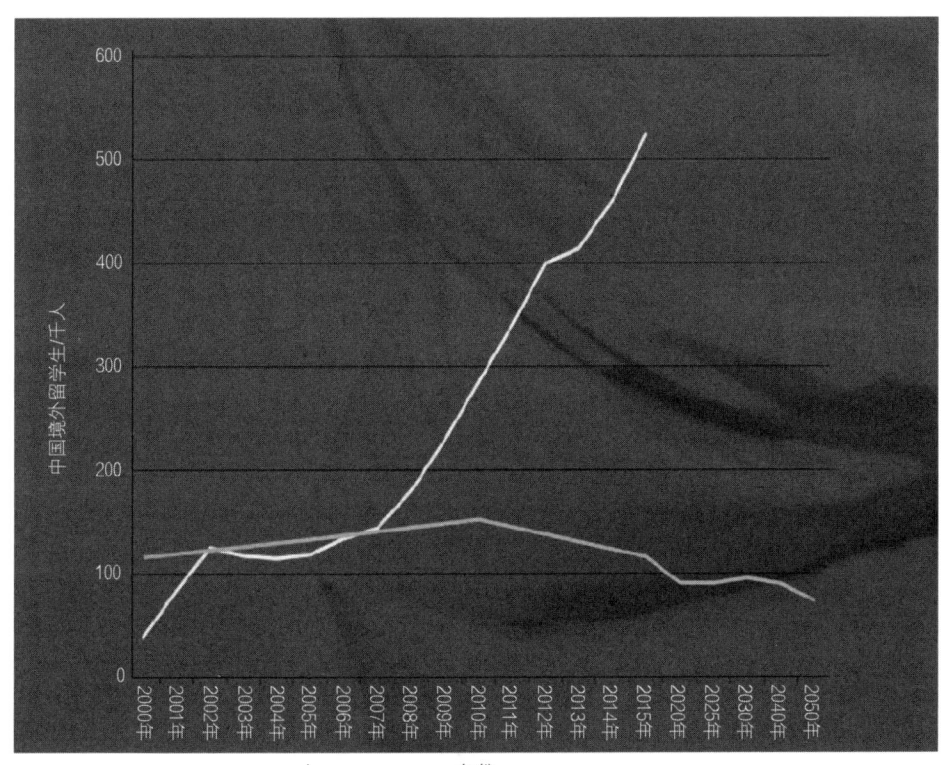

图10.1　中国境外留学生的增长趋势
来源：中国国家统计局，英国文化教育协会，联合国

　　中国学生在美国和英国中都是最大的海外学生群体，澳大利亚的中国学生聚集度更高。不久的将来，中国归国学生将超过境外学习学生，而前者将需要在国内外寻求职位。

　　相比之下，美国的大学和学院由于预算削减而在缩减规模。美联储制定的有关学生贷款的规则中并未涵盖金融科技公司。随着金融科技公司利用技术使金融服务更加高效，从而形成一个经济行业以后，这些公司以低于平均水平的利率提供众筹贷款，甚至亚马逊也与富国银行（Wells Fargo Bank）合作开展学生贷款业务。其他金融科技公司包括Student Loan Hero、Gradible、Achieve Lending、LendKey和Credible。

　　另外，与中国父母有能力负担子女的海外学习费用的情况不同的是，子女的学生贷款可能是美国年长父母面临的下一个危机。但是，主要来自中国的留学生人数可能即将接近高峰，这会影响美国大学的入学率和财务状况——这是另一种形式的颠覆。

10.6 对抗、合作还是竞争

传统的行业和公司，包括硅谷的高科技公司，与同行的金融科技公司之间正在形成一种新型关系。就像硅谷的高科技公司曾经冲击甚至颠覆了美国的一些传统行业一样，一批金融科技创企及其他相关的技术企业家如今也是"新生力量"。他们对大型银行的部分业务造成威胁，这可以被视为某种形式的自相残杀。例如，随着技术的进步，机器人和数字化技术取代人工，导致许多传统行业工作岗位消失。

这些威胁，包括来自金融科技创企的挑战，在全球不同地区的表现情况也不尽相同。如前所述，中国在金融科技领域处于领先地位，自2014年蚂蚁金服从电子商务巨头阿里巴巴中独立出来，其用户数量已增长至4.5亿。蚂蚁金服主导着中国绝大多数线上交易的处理，因为它是一个以手机为基础的电子钱包，面向中国消费者提供其他金融企业的服务，为中国数亿消费者提供网络贷款、保险和投资建议。

2017年，CB Insights指出，全球最有价值的金融科技创企中，中国占有4/5。蚂蚁金服以600亿美元的市场份额拔得头筹。2016年，中国对金融技术的投资增长了64％，相比之下，美国减少了29％（CB Insights，2017）。

甚至非洲的金融行业也由于以手机为基础的新型移动支付系统的兴起而受到冲击，例如肯尼亚的M–PESA（第一章）。M–PESA由肯尼亚本地移动电话运营商推出，而非银行。它已经成了非洲主要的支付形式，也就是说，与中国或东盟相比，它又向前迈进了好几级台阶。但是，随着时间推移，大多数美国人都能够使用许多金融产品，而非洲和中国的金融科技创企并没有达到和美国同样的发展水平。

这类创企是否会发展成为银行是另一回事。目前，能够创造货币、保管储蓄、支付贷款的银行（再结合货币乘数效应），是实施货币政策的重要工具。银行能够增加或减少货币的供应，这一重要职能让中央银行能够相应地实施扩张性和紧缩性货币政策。除非另有变动或有监管要求，否则支付公司不会在货币政策中扮演印刷或销毁货币的角色。这是金融科技公司和银行最大的区别。加密数字货币本质上并不属于货币供应的范围，不受货币政策约束。

金融行业如何改变、何时改变，以及为什么会改变，不能仅仅只靠猜测。重要的是政府要在影响宏观经济稳定，以及某些企业和行业层面的微观经济中负责把关。

随着金融科技的性质不断变化，网上银行和支付公司可以发挥辅助作用，或者建立合作伙伴关系。它们可以在不同地区（农村或城市）、在各国的不同发展阶段，服务于不同的细分市场和客户。一切都与运营成本、规模经济、范围经济，以及政府的最终目标密不可分。亚洲金融危机和全球金融危机已经证明，在如此高度经济全球化的环境中处理金融危机是十分艰巨和困难的。

以下列出了一些可能的政策方向：

（1）金融科技支付公司目前离不开银行，因为银行从人们那里收集存款并提供贷款进行投资，而这些是货币创造和货币政策的一部分。中央银行的政策（例如中国允许将支付公司纳入银行系统的政策）将打破银行在账户开设方面的垄断局面（因为中央银行有更多金融科技客户的信息）。

（2）各国政府不会放弃对金融科技公司的监管，无论在对抗传统中心化银行的过程中，去中心化能带来多少好处。但是，中央银行必须细化监管范围。去中心化系统虽然可以通过关闭电源或减慢访问速度来控制，但它本质上难以监督，更不用说控制和监管了。在P2P与智能合约脱媒的情况下，监管机构在控制互联网或空白区域时面临挑战。甚至可能在监管者还没有意识到的情况下，就已失去了控制权。网络中立性对各国政府来说仍是一个有争议的问题。建立大型防火墙阻止访问与使用VPN（virtual private network，虚拟专用网络）进行访问之间的冲突将更加激烈，中心化的管理当局（在治理、技术和服务方面）与去中心化网络（在存储、交易、隐私和合法性方面）之间的冲突也将升级。

（3）中国和非洲能够通过智能手机取得金融科技的发展，是因为它们没有相关实体机构，如在美国和其他地区不断演变的传统银行。

（4）意外总有可能发生，甚至可能发生在金融部门之中，以及中央银行进行金融危机管理之时。无论是中心化的还是去中心化的金融系统都是必需的，因为金融全球化正随着金融科技快速发展。

（5）最重要的是，随着中国金融科技的迅猛发展，中国应对任何金融危机的工具可能会受到严峻考验，其余波将遍布全球，就像全球金融危机一样。这一点令人警醒。

最后，如图10.2和图10.3所示，金融科技的"5Ds"特征使得区块链公司和项目与众不同。前面的3个D，即数字化（digitalisation）、脱媒化（disintermediation）和民主化（democratization）已经被许多中国金融科技公司采用。但是，如果没有第4个D（去中心化，decentralisation），它们将很难经营跨境业务。当然，如果没有第5个D（隐身化，disappearance），它们在留住优秀人才方面会面临很大问题。通过弱化自身，由社区接管，不断扩张，金融科技公司和项目的规模才会不断扩大。因此，区块链的普惠性很强，加上有着互不置信的伙伴共同合作，区块链将有可能成为第四次工业革命的驱动力。

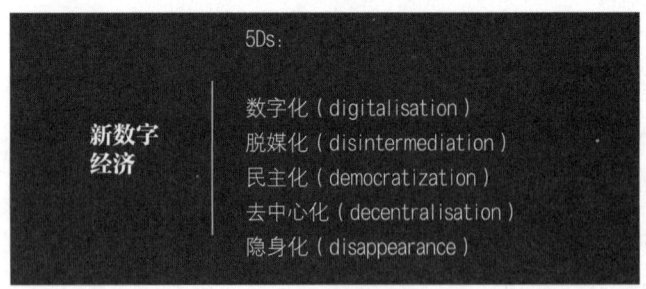

图10.2　5Ds

只有每个成员都弱化自身重要性，一个各项完备的社区才能发展成为一个惠及所有人的整体，包括最初推动社区创立的人！

图10.3　弱化自身重要性：第5个D

附录

访谈、广播及视频资料

附录1　另类投资与缅甸奶牛

随着对冲基金等另类投资失去了差异化或保持出色业绩的能力，新兴市场将转向数字资产，即新兴市场将会出现新的数字资产类别。

2017年2月7日

从缅甸农村地区的一头奶牛身上似乎很难联想到另类投资的未来。

附图1.1

这头奶牛的主人是一位对其土地没有正式所有权的农民。他之所以没有银行账户，是因为附近没有分行，银行也不会给他贷款。他通过体力劳动勉强度日，他的孩子似乎注定要成为农民，或者到城市里从事体力劳动勉强过活。

如果他们是男孩，可能会在当地的修道院接受宗教教育。

他所拥有的只有那头奶牛……现在，还有一部手机。这足以将这头奶牛变成可数字化、证券化并在另类投资经理（一种新出现的职业）手中进行交易的资产。

李国权，前空头套利对冲基金经理，现为新加坡管理大学教授。他说数字技术将把目前处在金融体系之外的人和物纳入另类投资者未来的投资组合中。

"我们应该寻找投资组合中还没有的资产类别。"

"缅甸奶牛"目前还没到发展这一步。要吸引全球对冲基金经理的注意，还需要做很多工作。但它象征着一种新兴资产类别。这种资产建立在加密数字货币、可扩展技术、新兴市场中财富的增长，以及高速数据网络向偏远地区扩展（李国权称其为"hinternet"的开发）的基础上。

这些发展将吸引寻求新资产类别的投资者。李国权在特许另类投资分析师（chartered alternative investment analyst，CAIA）协会于中国香港举办的一次演讲中说道："我们应该寻找投资组合中还没有，且与其他资产类别不相关的资产类别。"

避开拥挤交易

许多另类资产类别的性质日趋相同，将促使人们避开拥挤交易。从多头股票和债券到对冲基金、私募股权和大宗商品，传统资产和另类资产之间的相关性正在提高。

尽管个人投资者和公司仍然可以脱颖而出，但作为一种资产类别，另类投资不再能提供巨额的风险调整后收益。其中一部分原因是，资金很多但机会很少，这本身反映了投资者基础的制度化。

李国权表示，真正的新另类投资是数字资产。例如，如今投资比特币（或以比特币计价的资产）就像20世纪90年代投资对冲基金一样。当时投资对冲基金被认为是危险且不稳定的，并且遭到大多数政府和资金管理机构的反对。但那一阶段反而是投资的全盛时期，投资者收获了巨额回报。

他还表示，像中国的蚂蚁金服这样的金融技术领跑者不仅颠覆了现有机构，而且通过进军以前未能获得充分金融服务的市场创造出了新的业务。

数字化业务在低利润、大批量业务中蓬勃发展，这些业务具有轻资产、可扩展、重创新和少监管或无监管的特点。在新兴市场中这类业务的机会最多，中产阶级群体增加，而传统金融机构提供的服务却很少。

李国权说："技术使以前不可投资的东西变成了新的可投资数字资产类别。"这将使能够迅速以低成本在庞大的人群中构建联系的公司大大受益。

缅甸等前沿市场可能没有足够的道路、桥梁或光纤电缆，但是它们可以相对低的成本部署"hinternet"技术。此外，一部分国家渴望这样做，因为它们希望从事地下现金经济的人能暴露在阳光下，并对他们征税。

李国权说："hinternet很重要。这意味着可以吸引很多黏性客户。"

一位缅甸农民可以买一个非常便宜的微芯片来标记这头奶牛，从而证明自己对这头奶牛的所有权。一旦他所在村庄的所有农民都按这种方式创建了这些数字资产，他们就可以使用智能手机通过区块链技术对这些奶牛进行注册。这样一来，村庄就可以共同拥有或交易这些牲畜。这些数据使农民可以追踪奶牛并监测其健康状况。因此，他们可以将奶牛作为抵押物来扩大业务。通过区块链他们能够与世界上任何人交易奶牛，或将奶牛的产出物证券化。

李国权说："新的另类投资类别涉及偏远地区，并实现偏远地区所有农业和畜牧业的货币化。"

从新加坡或纽约的投资者的角度来看，这些新领域的交易将通过比特币等加密数字货币进行。

但是，李国权提及，数字金融向全球曾被忽视的群体扩张，正是这种扩张将导致新资产类别的产生——新的债务、股票和结构性产品。这些资产类别与当前基于法定货币的形式无关。

附录2　互联网如何使全球金融民主化

李国权和克里斯托弗·杜拉（Christopher Dula）

已刊发

新加坡时间：2016年2月13日，上午5点

现代银行体系正面临质疑。

自2007年以来，尽管新加坡投入了11万亿美元（合15.4万亿新加坡元）用于量化宽松政策，但经济增长一直不景气。这些资金并没有被用在该使用的地方。合规成本的增加和利润率的下降将促使银行进行更大程度的整合。银行越少意味着竞争越少，但也可能意味着银行体系更脆弱及出现银行更依赖政府承保其贷款业务的情况，这进一步扭曲了金融体系。普遍存在的不确定性更有利于对冲活动而非实际投资，这使金融体系整体情况更糟。

同时，在金融科技前沿开展的另类银行和金融服务正在逐渐削减银行的传统收入来源。如果银行要生存，它们就必须重新考虑其收益、交易，以及与客户打交道的方式。

发展新客户是银行开发新业务和刺激全球经济的关键。世界上有超过20亿人口没有银行账户或未获得充分金融服务。这意味着这部分人丧失了机会。由于无法获得银行和金融服务，这些经济拮据的人很难发展业务及从事新业务。

由于潜在的客户存在未知的风险，他们收入较低、财富有限并且所处地域分散，所以银行一直不愿开发这一部分市场。因为为这类客户提供服务的代价太大。

信息技术、大数据和移动通信的普及已改变了一切。为"金字塔底层"群体提供服务所需的覆盖范围和可扩展性如今不仅在经济上可行，而且可以实现盈利。这一市场的潜力巨大，不仅限于新兴市场，发达经济体也有巨大的潜在需求。

普惠性是银行和金融业的下一个增长领域。但是，由于金融系统未能面

面俱到，银行给金融科技公司留下了让金融普惠发展为可行、可持续的商业模式的空间。金融科技公司创造出更有效的另类系统，即向无银行账户群体提供规模化的银行和金融服务。最开始是支付，然后是金融服务，如储蓄、贷款、小额保险和投资。蚂蚁金服、Lending Club和M-PESA只是该领域中几个著名的公司。

过去几年中，全球对金融科技的投资如雨后春笋般涌现。银行已注意到这一点，如今正大力收购金融科技创企以参与其中。但是这种方法可能不适合银行。由于没有按照传统的银行模式运作，另类银行业务和金融服务的合规义务要少得多，运营成本也更低。金融科技公司通过支付小额疏通费即可运转，但这些费用并不足以抵消银行的业务成本。

大规模的遗留系统使得银行难以将新技术纳入其基础架构中，银行因此受到很大困扰。即使一家银行为获取技术收购了一家金融科技公司，它也可能缺少将这种技术快速、成功地嵌入其自身系统中的工具。尽管几家大型银行已经在数字化方面投资了数十亿美元，但它们仍然缺乏像蚂蚁金服等技术公司大获成功的文化、速度和可扩展性。

社交媒体、电子商务和物流领域的互联网公司已准备好将金融科技纳入其数字化基础设施中。而且，这些公司已经拥有数百万活跃用户，并且在与用户打交道方面具有优势。鉴于其数据的深度，可以说互联网公司完全专注于消费者的生活方式，并且可以更好地了解客户背景。它们在支付、P2P借贷及融入新媒体和共享经济方面也处于有利位置。迄今仍然存在着未知的商业模式，它们可能会以人们无法想象的方式掠夺传统银行的金融业务。

在以加密数字货币（如比特币）和其他区块链技术为基础的金融科技平台中，我们发现了最令人兴奋的应用程序。区块链是一种存储和记录交易的新方式。它和传统的数据库相似，但是区块之间以密码方式链接，以确保数据不被篡改。

区块链技术在分布式对等网络上运行。这些开源平台具有极大潜力，可以在提高安全性和透明度的同时实现银行服务自动化。

　　加密数字货币可以通过编程来代表任何有价值的东西，如公司股份、税收抵免、代金券、现金、选票等，也可以通过编程嵌入式指令执行任何交易，决定交易发生的方式、时间和地点。这对于简化银行体系和降低合规成本具有非凡的意义。

　　然而，由于各种负面的报道及与非法资金转移的关联，银行一直不愿采用比特币等加密货币的基础技术。但是这种观点正在发生变化，分布式账本技术和P2P借贷与银行"中间人"的思维方式和其中心化的本质格格不入。

　　分布式账本技术可以帮助人们生成公开、不可篡改的交易记录。其背后的理念是摆脱"中间人"。

　　更多受到华尔街青睐的金融科技公司试图促使银行和其他金融机构使用"许可链"技术，这种技术将在银行间建立一个封闭的分布式账本专用网络。这些尝试虽然有趣，但没有抓住重点。

　　这种合作联盟可能会导致非竞争行为，从而引起更大范围的市场整合。

　　区块链的采用可能起源于去中心化、无信任的环境，通过在指数级扩展之前共享最初的低价值资产，而非通过以高价值"智能合约"进行交易的中心化金融市场，如衍生市场的金融市场。

　　金融市场存在很多不确定性，而且区块链拥护者可能会过度推销、宣传，如果人们相信了这些宣传，并且对金融科技的大量投资获得了回报，那么全球金融体系可能与互联网本身无法区分开：一个以通信协议为基础的计算机系统的开源分布式网络，没有中心化的所有权或治理。

　　这种程度的民主化可能使货币供应脱离监管机构的监管，其命运完全由市场力量决定。

　　李国权是新加坡管理大学李光前商学院量化金融学的实践教授，克里斯托弗·杜拉是新加坡管理大学管理实践中心的高级案例作家，也是《亚洲管理洞见》（*Asian Management Insights*）的特约作家。

　　本文曾刊登在2016年2月13日的《海峡时报》（*The Straits Times*）印刷版上，标题为"互联网如何促进全球金融民主化"。

附录3　与李国权教授的交谈

李国权教授是一位十分杰出的人才。他不仅精通中英双语，精通技术，而且对应用研究很感兴趣，这种偏好显然是源于他在管理大型企业和金融公司方面积累的丰富经验，以及服务于未获得充分金融服务群体的强烈愿望。正如他杰出的职业生涯展现出的那样，他有"发现下一个热门趋势"的技巧。

李国权教授1990年毕业于伦敦政治经济学院（London School of Economics and Political Science），获得数理经济学和计量经济学博士学位。他最初在新加坡国立大学担任计量经济学和公共政策讲师。之后随着新加坡发展成为东盟的金融中心，他离开学术界转行做了股票经纪人，后来成为弗雷泽资产管理（Fraser Asset Management）的总经理。由于对新加坡对冲基金策略越来越感兴趣，他于1999年创立了自己的对冲基金公司Ferrell Asset Management，并加入了房地产投资信托基金（Real Estate Investment Trusts，REITs），参与了并购和房地产开发。

随着他的兴趣不断拓宽，他被任命为Auric Pacific Group的集团总经理，后来又担任华联企业有限公司（Overseas Union Enterprise Limited）的集团总经理兼首席执行官。2010年，他被任命为一家上市公司的非执行主席，该公司专门从事磁盘驱动器组件生产、Passport外部磁盘驱动器的企业管理服务（enterprise management services，EMS）和塑料医疗用品的供应。出于对应用研究的热爱，以及在瞬息万变的金融环境中分享知识和经验的渴望，他又重返学术界，担任新加坡管理大学量化金融学教授和教务长顾问。2014年，除了负责华盛顿大学全球金融硕士的授课之外，他还担任了沈基文金融经济研究所所长一职。

2015—2016年被斯坦福大学任命为富布赖特访问学者（visiting fulbright fellowship）之后，如今（2017年）他在新加坡新跃社科大学任教。他的一部名为《电子货币手册：比特币、创新、金融工具和大数据》（*Handbook of Digital Currency: Bitcoin, Innovation, Financial Instruments and*

Big Data）的著作被参考与用户服务协会（Reference and User Services Association，RUSA）提名为年度最佳商业参考书籍之一。*Economics & Society*（新加坡经济学会刊物）采访了李国权教授，试图探寻他的兴趣所在，以及他对于技术在社会中的价值的看法。

记者：李教授您好，您认为我们目前在经济学研究中面临的最大问题是什么？

李教授：我最担心经济学无法解决财富和收入不平等问题，因为到目前为止还没有人提出能够解决这一问题的理论。我在2012年重新开始学术研究，就是希望能找到许多困扰我的问题的答案，例如有关财富和收入差距不断扩大，以及大量"金字塔底层"人群仍然无法获得充分的金融服务等问题。我想找出下一个发展方向，看看从哪些方面可以最大限度地帮助建立一个更好、更公平的世界。目前（2017年），我正在从事金融科技领域（基于技术的金融产品或服务），探索能够实现普惠性的可扩展技术。我相信数字金融可以通过区块链技术实现数字资产共享，从而改变经济格局。通过可扩展技术和去中心化可以降低业务成本，因此我们能够不断扩大服务范围，覆盖到更多未获得充分金融服务的群体。大量未获得充分金融服务的群体身处偏远地区，以从事农业为主。如今借助区块链技术，他们就能够拥有数字身份。他们可以通过数字方式注册自己的所有权权益，而不必专门成立公司负责注册工作。后者的成本是非常高的。一部手机、一个区块链，就足以注册和拥有任何资产，包括数英里外数字化的牲畜。牲畜身上携带的芯片能够通过智能手机定位、识别和验证用来交易的牛、山羊或马。穷人之所以是穷人，是因为他们拥有资产的成本很高，并且没有数字身份就很难进行借贷。去中心化数字革命将是通过资产共享经济减少不平等现象最有力的手段之一。

记者：在这种情况下，新经济中最重要的资产是什么？

李教授：随着第四次工业革命的来临，我们已经从蒸汽机时代迈入了大数据和计算能力的时代。有了智能数据，对有计算能力的人来说，整个供应链都是透明的。例如，公司可以在客户意识到有问题之前就检测出问题。我们习惯于通过法人实体和保管机构等渠道持有现金、债券、股票和其他复杂的工具，但是，所有这些公司和机构的操作和持有成本是很高的。如果我们将数据和计算能力视为不需要中间人的可投资资产类别，没有了中间人，拥有此类数字资产的成本将大大降低，透明度也将更高从而实现去中心化和脱媒化，使最贫穷的人也能够进行点对点交易。数字资产的最低面值将低于1美分，并且如果有需要，可以将其分为16个小数位。这种低成本的资产所有权区块链技术将能够为大量人口提供金融服务，并且不受地域限制。有了数据和计算能力，此项技术还能为个人提供拥有价值极低的资产的自主权，这在以前是不可行的。

展望未来，我们的生产要素将包括数据和计算能力，土地、劳动力和资本将变得不再那么重要。劳动力将被机器代替。土地不会短缺，因为我们可以在具有可扩展技术和可再生能源的偏远地区24小时不间断开展业务。当几乎所有事物都可以实现数字化和去中心化时，数字资产将在改变社会整体组织方式中发挥重要作用。数据和计算能力将成为最重要的资产类别和宝贵资源之一。

记者：有哪些挑战是我们应该意识到的吗？

李教授：我们必须谨记不能最终只打造几个中心化数字帝国，使其控制整个世界。如果只有几个公司拥有全部数据和计算能力，会导致数字资产所有权的集中，从而导致权力和财富的集中。财富分配越不均，不平等现象就越严重。

而且，还要警惕人工智能发展出自我意识的危险，即机器能够自行判断对错。我向读者强烈推荐《西部世界》（*West World*）这部电影。在这部电影中，我们可以意识到机器人故障的危险。因此，我们不能只打造几个中心化数字帝国。数字世界应通过按需加密实现去中心化，如果数字世界是去中心化和加密的，人类就可以在机器接管时仍然享有控制权。因此，加密区块链技术十分重要。当我们谈论大零币（ZCash）试验时，由于它允许匿名交易，许多人对其持否定态度。但是随着人工智能成为数字世界的重要组成部分，大零币技术就像第一个区块链技术——比特币一样具有巨大意义。

记者：这些新技术将会如何改变人们的生活？

李教授：可扩展技术包括无人机，它可以让半径数千英里范围内的人们连接上Wi-Fi。无人机可以在人烟稀少的地区提供数据和实物商品。增强现实和虚拟现实（AR/VR）技术可以传输3D图像，使我们的虚拟存在形式可在全球范围内同时呈现。随着城市变得拥挤，人们现在希望在不影响职业追求的条件下离开拥挤的地方，享受清新的空气。他们可以在增强现实和虚拟现实场景中开会和走动。他们现在拥有更多自主权，可以在更健康的环境中以更低的成本享受住宿和可再生能源。城市可能因就业岗位减少和生活水平降低而面临空心化。但是，由于存在遗留问题，并非所有国家都能完成这种转型。

当然，我们也应该期待传统金融机构投入战斗，抵抗这种变化。因此，此次新工业革命偏向于发生在人口稀少、没有金融科技公司的国家。缅甸就是一个例子。我们可以预测缅甸将从这类技术进步中受益最多。缅甸将有可能在5~10年内超越许多其他经济体，因为与腹地（hinterland）相反，服务不充分地区将成为腹网（hinternet）未来的发展动力。如果缅甸能够成功建立hinternet，并将起初未获得充分金融服务的群体发展为黏性客户，那么其经济增长将会加速，因为更多金融服务将会以较低成本提供给hinternet上相同的客户。像缅甸这样飞速发展的经济体凭借大片人口稀少地区的规模经济，可以取代诸如中国香港和新加坡等金融中心，可能还会出现新的数字经济服务，其中一些是我们目前无法想象的。

记者：新加坡应该如何为您刚刚提到的新工业革命做好准备？

李教授：思维方式比技能更重要。新加坡一直过于注重技能。在当今瞬息万变的世界中，技能的淘汰速度大大加快。我们需要更加关注思维方式：接受失败的思维方式、做好事的思维方式、创建生态系统和社区进行协作的思维方式、引发同情和宽容的思维方式。

年轻人常常不了解第四次工业革命的冲击。它带来了新的社会秩序和经济秩序，具有共享服务和资产、按需经济蓬勃发展、给予供应商丰厚奖励而非薪水。更重要的是，能终身从事的工作将几乎不再存在。即使年轻人意识到了挑战，但由于父母不赞成，他们也可能无法加入高风险的创企。在开始谈论获得相关技能之前，我们需要建立一个能给予支持和帮助的环境。

教育工作者才开始认识到，知识和内容不如经验有价值。因此，学习要体验真实情境，而不仅仅是获得技能本身。政策制定者需要明白，知道如何发挥创造力只是一个方面，创新的速度才是重要的。我们需要学习在全球经济中，如何在最短的时间内使我们的创新实现爆炸式增长。借助互联网和数字化，我们可以在很短时间内接触到数十亿用户。最终，用户需要决定他们想用新技术做什么。技术是把双刃剑。没有使命感地提供服务的经济体最终将创造出一个可怕的数字世界，在这个世界中，机器将统治人类并剥夺人类的尊严。拥有大量储蓄和人才的新加坡是否希望实施与金融服务不充分地区共享资产（通过技术实现）的战略。如果是，那么精通人工智能、智能数据、区块链、无人机、增强现实或虚拟现实和全息通信等可扩展技术和建设基础设施将是抵抗颠覆的最佳方式！

附录4　对李国权教授的访谈

采访地点：新加坡管理大学

新加坡管理大学李光前商学院量化金融学（实践）教授与财经事务与库务媒体（FST Media）谈论2020年数字货币将如何打造支付领域。

FST Media：您如何看待诸如比特币等加密数字货币的未来？它们会在未来5年内改变金融服务业吗？

李教授：我的研究包括了解东盟及其他地区面临的关键问题。我觉得新加坡这么多年一直在发展，普惠金融一直是备受重视的关键政策。比特币和加密数字货币的发展中带来的一个重要进展实际上是将其视为一种新技术的使用，新加坡金融管理局对此非常感兴趣。人们对该领域的进一步研究感兴趣，并且似乎形成了一种共识，如比特币之类的新技术可以帮助金融机构进一步扩展业务，特别是在降低业务成本方面。于是就有可能为以前一直没有得到金融服务的新客户提供服务。

此处的关键是，技术才是重点，而非货币本身。但是，我认为从代币化的角度来看，比特币和加密数字货币总体上会变得更加透明，因为无论是国家、组织还是企业，都很有可能会拥有自己的加密数字货币。我们仍处于起步阶段，但该技术本身已经被证明是具有开创性且很有趣的发明。

FST Media：比特币意味着对银行的威胁还是金融服务创新的机会？

李教授：比特币是迄今为止我们看到的金融领域最大规模的试验之一。我们还有其他创新，如eCash，但公众反馈效果不好。许多创新因面临合规问题而中断，但比特币在某种程度上是去中心化的，并且没有法人实体来承担责任因此监管机构很难对其进行密切监视。只能通过金融中介机构进行监管，而且许多国家已经为中介机构和技术主管部门制定了相关法规，并据此判定比特币属于货币还是交易资产。

银行方面，我观察发现银行要遵守很多合规程序。在监管中介机构时，它们必须确保所有中介机构遵循相同的合规标准，以便向当局报告。在有些情况下，中介机构的合规成本比它们从企业赚得的利润高得多，因此，某些银行不热衷于和这些比特币公司合作也不足为奇。当然，还有许多其他银行想要与比特币公司合作，只不过需要为中介机构争取合适的合规标准。我认为这不是一个无法解决的问题，只是任何企业都必须经历的一个过程，特别是如果你被视为金融中介，则需要更多时间说服银行和金融机构经营你真正的业务。

FST Media：无接触支付的下一个重大创新是什么？

李教授：下一个重大创新将与网络安全相关。我认为比特币是随着区块链技术这一开创性发明的出现而诞生的，这种技术提供了一种去中心化的账本，可以为金融服务机构及许多其他行业节省大量的运营成本。比特币的真正贡献在于共识账本，我认为这将改变我们看待会计、存储数据，以及达成共识的方式。如果该技术可以成功地渗透到市场中，并且业界达成共识往这个方向发展，那么使用该技术不仅可以节省成本，还可以在网络安全方面提供帮助，减少黑客入侵。从网络安全的角度来看，共识账本将是一项非常有趣的创新，许多金融机构和其他行业的机构将为了成本效益接受这一创新。

我并不是在破坏比特币去中心化系统的代币化。但是，如果相关法规逐渐完善，比特币将成为市场的主要力量。虽然现在将比特币视为世界货币还为时过早，因为目前还没到这一步，但我们也不应破坏数字货币的代币化。

FST Media：2020年数字货币将如何影响支付行业？

李教授：你会注意到的第一件事就是现金并不便宜，而且效率不高。最终，大多数中央银行都会达成共识——数字货币是未来的发展方向。原因有多种，例如数字货币征税更加透明，你可以通过可用数据分析并掌握更多资金流动的情况，还可以真正控制资金供应。我认为，数字货币有很大潜力，可以为我们提供除货币本身外更多的信息。大多数政府都会从中获益，并将其用于征税，因为能够追踪资金流向，效率将大大提高。拥有数字货币完全合乎情理，而且我认为这是一个自然的发展过程。我们终将发展到这一步，只是时间早晚的问题。

FST Media：在您的著作《数字货币手册：比特币、创新、金融工具和大数据》中，您讨论了加密数字货币是如何被习惯性地认为具有"可以将金融规则强加于政府"的货币特征。政府在监管比特币等加密数字货币时面临的主要挑战是什么？

李教授：中本聪的想法之一是，通过保持货币恒定增长率，就可以制订更多的规则。从数字货币的角度看，这也很有意义——因为它是债务问题。由于现代债务系统的性质，通过保持恒定增长率来保持债务清偿能力变得更具挑战性。只要人们对某种货币有足够信心，政府在印刷这种货币时就会不受任何限制。我认为这样将导致一个问题——债务量巨大，长期的预算赤字将向全世界其他地区发出该政府无法偿还债务的信号。

在这种情况下，人们对货币的信心将动摇，这是我们面临的主要问题。但是，这并不意味着新的金融体系无法成为一种创新形式。中国用自己的方式，通过双边协定将人民币国际化，这是我们可以着手学习的地方。亚洲基础设施投资银行的成立也是引人关注的一大成就，其意义在于，现在举债所需的大量资金更多不再被用于消费，而是投入基础设施的建设中。如今我们有了这样一个全球性的组织，该组织重点关注国家内部的基础设施建设，以满足借款需求和消费用途。我们将看到整个金融体系随着时间的推移发生变化，同时会有一些担忧，关于背负巨额债务的国家是否会增加对外国投资者的税收，以及它们是否有能力偿还债务等问题，这将在整个货币体系中产生连锁反应。政府对借贷数量的规定十分重要，因为它会影响人们对该货币的兴趣和信心，并可能对世界其他地区产生影响。

我们发现这种可能对加密数字货币造成的影响非常有趣，尤其是当我们观察未来几年的情况会如何发展时。我个人认为加密数字货币比数字货币具有优势，因为它没有中央存储，具有更高的透明度，并且还为用户提供了控制这种货币发展的机会。使用加密数字货币可能无法创造出我们所希望拥有的债务量。

FST Media：在您的著作中，您讨论了如何使用数字签名和公钥加密技术来确定比特币交易的真实性。在您看来，比特币交易带来的网络犯罪问题有多么严重？需要解决的关键安全问题有哪些？

李教授：我认为我们的问题是认知不够。比特币已经被发现用于与洗钱、毒品和网络赌博等有关的交易。我们的研究表明，人们对比特币的未来有很多猜测，许多人认为它不会成为世界货币，因为人们通常担心它被用于不正当目的。此外，它的设计方式让监管难以进行，因为没有任何法人实体来承担责任。只能通过中介机构来监管，如遍布全球的企业。与现金相比，比特币因为能够被追踪而具有更高的透明度，而现金却不会留下任何公开记录。考虑到我们的技术能够追踪资金位置和流向，用比特币进行网络犯罪是不明智的。

FST Media：您对Google的Android Pay和阿里巴巴的支付宝等支付平台有何看法？银行如何借鉴其经验？

李教授：我认为对银行的颠覆是一个非常有趣的现象，尤其是当我们思考银行如何使用其中一些技术（例如共识账本）来降低成本并增强其运营能力的时候。银行面临的主要挑战不是来自比特币或加密数字货币，而是来自中心化的非金融机构和像阿里巴巴这样的电子商务公司。我们不要一边想着拥有电子钱包，一边又寄希望于公众都使用货币。但是，银行引入某些业务活动确实可以帮助留住客户。

对于买卖商品的商家，阿里巴巴等电子商务公司通过支付宝在买卖双方之间建立信任，以此来维系客户。后来阿里巴巴成了一个借贷平台，服务于希望购买更多商品进行网络销售的商家，这样就形成了该平台的忠实客户群。虽然支付应用程序是免费使用的，但是实际上企业可以通过提供资金管理服务、小额保险业务、众筹电影制作和许多其他类似业务来提高利润。这就是阿里巴巴成为一个由电子商务平台支持的商业组织的原因，该电子商务平台已将其服务扩展到贷款、大数据信用分析和其他领域，因为数据本身实际上已经货币化了。金融机构面临的最大挑战就是如何维系客户。

我们看到银行面临的挑战不仅来自像阿里巴巴这样的电子商务平台或像M-PESA这样的电信平台，还有许多其他能够提高客户留存率的另类平台。像Uber和Airbnb这样的颠覆性公司将来都可能成为金融机构的挑战者。

从这个意义上讲，挑战并不是围绕着比特币或加密数字货币，而是来自关注客户留存率的中心化企业。展望未来，我认为加密数字货币将在金融服务中发挥重要作用，因为人们需要将服务代币化，并且如果法规允许，它可以通过这些代币发展大量的忠诚客户。一旦像阿里巴巴这样的公司有了用户的数据，它们就可以用这些数据记录用户的行为，然后创造货币化的解决方案。最终，法定货币将不断地受到破坏。

FST Media：金融服务中尚未使用的"必杀技"是什么？

李教授：金融服务的下一个趋势是关于"互联互通的普惠"（connectivity inclusion）。它不仅仅指金融普惠，还涉及通过智能手机、可穿戴设备，以及所有无线信号实现相互连接。它不仅使人们加入经济活动中，而且是社会普惠和金融普惠的融合，我将其统称为"互联互通的普惠"。以前，由于合规成本和运营成本高，银行为金融系统外的人提供金融服务的代价很高。现在有了最新技术，此举已经变得可行，并且为加密数字货币的出现创造了契机。我认为共识账本是解决此问题最便宜、最安全的方法之一。为了实现"互联互通的普惠"，银行需要研究这些新技术及加密数字货币，以此降低成本。普惠是关键词，如果希望经济增长，企业继续发展，那么普惠就是实现可持续增长的机会。基于此，我提出"LASIC原则"（企业的准入门槛低、轻资产、社会性、创新性，以及易合规）。所有新的颠覆性模型都将符合这些LASIC原则。

世界上数字银行和金融普惠最先进的国家是中国。我们已经看到肯尼亚、美国和欧洲正在建立数字银行，但是可持续的增长模式更看好中国，因为数字银行在中国已被列入社会发展议程。

FST Media：每位行业领导者都会对行业做出贡献，他们希望以此被铭记，那么您的贡献是什么？

李教授：我不认为我是领导者。我学习经济学是因为我的志向是做研究，以提高人民的福利。我有兴趣去丰富人们的知识，但那不是我的使命。我从事该行业已经很长时间了，我在金融行业和学术领域已经打拼了近30年。我想做一些能够改善人民福利的研究，希望我所做的事能有助于解决金融行业中某些我认为不合理的问题。我还想进一步找到能够让企业和监管机构，以及受惠大众互利共赢的解决方案。归根结底，我们要确保无论做什么研究，我们都是在改善全世界人民的福利。我们目前的经济体系不平衡，而且全球范围内还有很多人被排除在金融、经济和社会体系之外，这是不合理的。

我想看看如何研究和建立生态系统，以便解决"互联排斥"（connectivity exclusion）问题。我希望我们所有人能够共同创建一个生态系统，使世界变得更美好。

附录5　李国权：为未获得充分服务的群体服务

2017年4月，李国权教授是《数字货币手册：比特币、创新、金融工具和大数据》的作者，他分享了对于新加坡加密数字货币发展现状的看法。

由April Zara Chua记录

加密数字货币自2009年推出以来，一直在缓慢发展，当时看到其潜力的投资者如今正在收获回报。根据CoinDesk的比特币价格指数（Bitcoin Price Index），2011年初1比特币的价值不到1美元，而现在已经飙升至2 000～3 000美元。加密数字货币在新加坡成为主流只是时间问题。

但到底什么是加密数字货币呢？简而言之，它是纯数字形式的货币。为了确保其安全性，通过一个去中心化的网络对交易进行加密和交叉审核。具体的例子包括比特币、莱特币、以太币、大零币、达世币和瑞波币。

IMpact采访了李国权教授，想要了解他对新加坡加密货币现状的看法。李国权教授是企业家、新加坡社会科学大学教授，也是《数字货币手册：比特币、创新、金融工具和大数据》的作者。

IMpact：加密数字货币如何影响新加坡的贸易经济？

李教授：加密数字货币目前对新加坡贸易经济的影响程度有限。但是，加密数字货币社区创造了大量的创企，并使新加坡成为加密数字货币和区块链创业的最佳目的地之一。

IMpact：加密数字货币对银行和其他金融机构来说是一种威胁吗？

李教授：成功的加密数字货币公司不会与金融机构争夺相同的业务领域或客户，它们正在努力完善当前不完善的金融生态系统。未获得充分金融服务的群体这一细分市场，如农民工和中小型企业，受益于某些加密数字货币公司提供的服务。

IMpact：您认为比特币渗透到消费者中需要多长时间？

李教授：尽管比特币自2009年就已经存在，但尚未在新加坡成为主流。但是自2017年4月1日起，它已成为日本的合法支付方式。许多人预计，将有大约26万商家会使用该方式，这将让日本成为除中国和韩国以外加密数字货币交易量最高的网络。

尽管在其他地区，人们可以用比特币在线购买飞机票、预订酒店和购买商品，但在新加坡有些地方，人们可以在使用比特币作为支持方式的自助售货机上进行交易。这些比特币自动售货机可以在唐人街、中峇鲁（Tiong Bahru）和乌节路（Orchard Road）中找到。

IMpact：企业如何建立更具普惠性的数字货币生态系统？

李教授：企业应该有为未获得充分金融服务的群体服务的观念模式。建立一个区块链系统来服务区域内的贫困人口可以是可持续和可盈利的。区块链能够成功是因为它的出现是为了使用户受益，而不是从他们身上榨取财富。区块链正是通过服务于未获得充分金融服务的群体和提供免费服务才创造出价值的。

要实现转型，企业应考虑以下问题：如何完成任务而非彼此竞争、如何开源而非追求知识产权、如何使消费者受益而非压榨消费者、如何具有普惠性而非排他性、如何培养全球思维而非只考虑自身、如何开发新业务模式而非固守现有业务。

企业还需要观察并进入中国市场，因为中国已经掌握了实现业务扩张和普惠金融、改善用户体验的方法。凭借其产业规模和研发投入，中国将在区块链行业占主导地位。

IMpact：企业可以从当前成功的互通操作计划中学到什么？新加坡有这类例子吗？

李教授：区块链最强大的功能是资产所有权共享。即使再多的资本和技

术也无法完成区块链所做的事，即增强协作，使各方在去中心化和创新的环境中更有效地合作。

在新加坡，一家名为COMIT的创企经营加密保护的多资产即时交易网络。他们的产品TenX卡（TenX Card）采用实体卡或移动借记电子钱包卡的形式。它可以通过比特币、以太币或其他类型的区块链资产进行充值。

TenX的付款工具可在新加坡和大约200个国家使用。用户之间能够以去中心化的方式无缝交易区块链资产，避免了通常与当前中心化的解决方案相关的任何风险。

IMpact：您认为新加坡的数字支付经济将往何处发展？

李教授：新加坡是一个小国，想要发展唯一的途径就是尽可能开放、包容和全球化。跨境支付是一个增长点，但支付本身只是一项服务，不会产生可观的收益。这就是新加坡实施数字支付战略必须提供诸如财富管理、保险和投资等服务的原因。

发展最快的线上市场将是东南亚地区，因为它进入支付领域的时间相对较晚，而且人口年轻化。Grab、阿里巴巴、腾讯和其他全球支付公司都在关注东南亚地区。该地区有6.6亿人拥有智能手机，而其中大部分没有银行账户。如果新加坡可以利用其作为资本供应者的地位，为未获得充分金融服务和无银行账户的群体提供资金，并向有需要的人提供担保和财富管理服务，它就能够成为东南亚的服务中心。

附录6　对新加坡新跃社科大学金融科技与区块链教授李国权的采访

2017年，我们与新加坡新跃社科大学金融科技与区块链教授李国权进行了交谈。作为行业领导者和学科专家，李教授就我们的加密数字货币解决方案的设计、技术和普惠性提供了战略指导和建议。因此，我们询问了他对行业及我们的产品的想法，以及为什么加密数字货币会在促进未来金融平衡中发挥作用。

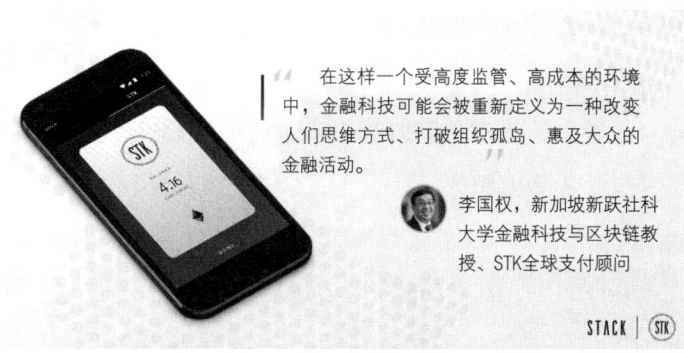

在这样一个受高度监管、高成本的环境中，金融科技可能会被重新定义为一种改变人们思维方式、打破组织孤岛、惠及大众的金融活动。

李国权，新加坡新跃社科大学金融科技与区块链教授、STK全球支付顾问

STACK | STK

STK：李教授您好，感谢您接受这次采访。您最近出版了两本有关区块链、数字金融和普惠性的书。您是最早开始研究比特币的学者之一，并于2015年出版了一部有关数字货币的著作，荣获美国图书馆协会奖项。您还是大零币、量子币、Netki、Bloq、TenX、InfoCorp等许多公司的早期投资人。那么，可以先告诉我们您最近最关注关于普惠性的哪些问题吗？

李教授：最近我关注的事情很多，我的目标始终是就这些话题进行公开和建设性的讨论。金融行业正在迅速变化，这在很大程度上是由金融科技推动的——一个直到几年前才为人所知的行业。成功的金融机构从不缺资金或新技术。在这样一个受高度监管、高成本的环境中，金融科技可能会被重新定义为一项改变人们思维方式、打破组织孤岛、惠及大众的金融活动。因此，我们很难想象，最佳、最有价值的金融科技形式其实是专注于银行服务的最初目的，即为需要银行服务的群体服务。

我对金融科技创新很感兴趣，尤其是普惠性、可达性、社区导向、创造力和协作方面。

金融普惠

金融科技增强了金融科技公司自由创新、协作和服务低利润客户的能力。我对那些致力于为所有客户群体提供服务并完善金融生态系统的公司特别感兴趣。如今要做到这些意味着要拥有数字金融基础设施。更有趣的是，我观察到成功的金融科技公司都与服务未获得充分金融服务的群体密切相关，而且开展支付业务几乎总是它们的第一步。这些公司正在为许多所谓的"不重要"的客户或企业提供服务。我最近主要在协助一些普惠支付公司进入该细分市场，这是第一步；然后是有关数字资产的部分所有权。OmiseGo、InfoCorp、TenX和HelloGold都是该领域的公司，但是它们通过服务不同的细分市场提供不同类型的技术和服务，以完善生态系统。具体来说，InfoCorp通过支付、认证和所有权为移民和农民提供服务。为实现金融普惠，HelloGold允许用户持有部分所有权。我观察到，在一些东盟国家中，超过80％的人没有银行账户，并且有空间开展许多数字金融服务项目。

去中心化与区块链

我感兴趣的另一个领域是去中心化。很多人问我为什么去中心化是一个很重要的研究和投资领域。开放和普惠的区块链除了审计安全和责任透明外，还具有许多社会效益。通过实现跨境经济合作和一体化，它可以恢复人们对金融体系的信心，增强其弹性。安全的跨境P2P支付钱包是实现这一目标的第一步，对帮助经济体实现跨越式发展，并绕过发达经济体曾面临的所有痛点至关重要。去中心化在其中发挥重要作用，因为它使无摩擦的跨境P2P活动成为可能。大多数成功的去中心化项目都是开源试验，鼓励大众参与，拥有能体现所有人利益的慈善经济激励结构，并且其本质上可以在全球范围内获取市场、人才和资源。去中心化还可以防止权力高度集中和财富不平等。事实证明这两者会阻碍经济增长，也是造成社会不稳定的原因。去中心化可以使财富分配更加均匀，从而使经济富有弹性。对于公正、繁荣和资产共享的全球经济而言，去中心化及弱化自身角色、促进网络整体利益的精神至关重要。我有兴趣对

Least Authority、Cybex、Scry和其他几个公司进行投资，因为去中心化加密、去中心化隐私、去中心化价值交换、去中心化存储和去中心化使用渠道是在人工智能领域中确保人的尊严的关键。这些项目和试验有望通过隐私保护减少跨境网络中的痛点，并确保大众使用的安全。

STK：最近，关于区块链和去中心化金融体系的讨论越来越多。国际货币基金组织总裁克里斯蒂娜·拉加德（Christine Lagarde）近期表示，加密数字货币可能是货币的未来。尽管如此，就主流使用而言，加密数字货币仍处于起步阶段。您为什么认为将会有更多人不会使用加密数字货币和去中心化金融体系？

李教授：比特币这样的加密数字货币面临4个显著挑战，分别是技术限制、注册和使用/购买比特币等加密数字货币困难、商家接受度不高，以及验证交易延迟。

1. 技术限制

比特币已经存在8年了，许多人都惊讶于它在技术、金融和使用度方面的弹性。但是，它仍处于起步阶段，并且所有迹象都显示它具有巨大潜力。它的影响不仅仅是转变了一代人的观念。但是，与大多数人的看法相反，不稳定并不是其未被广泛使用的重要原因。其中还有许多技术原因，例如每秒交易量、区块大小、区块链存储、隐私，以及使用"智能合约"和预言机的合法性。比特币每秒仅进行7笔交易，无法与每秒可以处理超过10万笔交易的私有链和支付宝等平台竞争。但是这些问题正在研究中，而且我认为技术不会停滞不前。去中心化的安全跨境支付系统成为主流只是时间问题。因为有"智能合约"和更加开放的区块链，我乐观地认为，这不是会不会被大规模采用的问题，而是何时会被大规模采用的问题。日本声称在加密数字货币使用方面处于领先地位，这一信号足以让商家和用户感到安心。比特币、以太币、大零币等加密数字货币显然是市场锚点和市场领导者，但在1 200种加密数字货币中还有许多其他非常好的货币。我相信我们会听到更多关于它们的信息。

2. 注册和使用/购买比特币等加密数字货币困难

对于那些早期就开始参与其中的发行加密数字货币的公司，我们可以注意到，它们在一开始的时候几乎没有花任何精力去改进用户界面、提高用户体验或深入了解客户。创建开源区块链是为了规避监管，而且研究表明，加密数字货币并不是洗钱、逃税或恐怖主义融资的最佳手段。刑事技术可以根据使用模式识别用户，成功率超过80％。现在谈论互通操作能力并在协议标准中体现普惠性还为时过早。但是自2016年以来，业内一直专注于身份注册和用户体验问题。2017年，业界开始以普惠区块链的名义研究如何完善一体化和互通操作的标准。一旦业界认识到区块链的价值在于其普惠程度，那么用户界面和用户体验问题都将成为重点。这需要时间，而在过去的6个月里我已经看到了很大的进步。此外，对于普惠金融，重要的不是标准的"了解你的客户"或"反恐怖主义融资"程序，而是面部识别、GPS定位和其他现代技术。我相信用户友好型钱包将成为制胜法宝，更重要的因素是能够方便地获取加密数字货币，以便在金融中心以外地区得到广泛接受。

3. 商家接受度不高

在日本宣布比特币为合法支付方式之前，业内一直在努力构建技术基础。业内缺少应用程序开发人员，而且从2017年4月才开始关注商家的接受度问题。因为无须了解应用程序或加密数字货币的后端，所以大规模使用只是时间问题。早期进入该领域的企业一直面临人们对比特币并无好感的挑战。但是人们对比特币的态度已经从误解变为害怕错过。随着技术的进步，最终难题将得以解决，许多政府和企业将热衷于推广加密数字货币支付。这是跨境支付最有效的方式，我相信世界银行和国际货币基金组织将推广这种方式以降低汇款费用。

4. 验证交易延迟

验证交易延迟是比特币存在的问题，但是最近比特币改进建议（bitcoin improvement proposals，BIP）正试图使用闪电网络、侧链和其他方法来解决其中一些问题。我认为这个问题将在1年内得到改善。

　　STK：如您所知，我们设计的代币就是为了解决这些问题。我们希望通过STK代币提高广大商家的接受度，解决区块链交易延迟的问题，以便将其用于销售点实时交易。我们希望通过创造一种解决方案，让大家可以在几乎任何接受主要借记卡和信用卡的销售点上使用加密数字货币，以此克服当今其他加密数字货币面临的一些障碍。那么为什么这种类型的项目能够吸引您？

　　李教授：在传统金融和支付系统与金融科技和区块链的新趋势之间搭建桥梁的想法很新颖，也很有必要。加密数字货币技术仍处于起步阶段，需要时间获得发展。但是，在过去几年中，比特币和其他加密数字货币取得了惊人的成就。我的兴趣点主要落在分布式技术的发展，以此确保人工智能机器接管世界时不会损害人的尊严。同时，由于社会组织方式，金融排斥是主要问题。区块链将成为第四次工业革命的催化剂，因为它能让互不信任的各方实现协作，尤其是在各方无法获得资本以改善其基础设施的情况下了解并采取行动。该项目或许能通过智能手机将销售点分配给偏远地区被排除在金融系统之外的人。同时，它还具有普惠性，能够提供P2P交易渠道，以此完善加密数字货币系统。

　　我也在推动这一使命的完成——为人们提供"他们的货币"（their money）的获取渠道，无论是法定货币还是加密货币。

　　最终有两种类型的数字货币将获得大规模支持。一种是由贸易和储备金所支持的，另一种是受到加密保护的。该项目不仅在完善加密数字货币系统中发挥作用，而且具有包容性和前瞻性，使每个人都可以随时随地获取自己的货币。

　　更重要的是，该团队拥有强大的技术背景和可靠的执行资历。团体成员有丰富的业务经验，因此能够找到更多的协作伙伴。在无边界的区块链领域中，协作是获得成功的必备条件，因为区块链市场已覆盖全球超过一半的15岁以上人口，但很少有传统企业准备进入这些领域。

　　STK：此项目还有什么让您感兴趣的地方吗？

　　李教授：我最感兴趣的金融服务和金融技术领域之一是金融普惠。世界各地的人们在获取渠道、支出/存储货币方面临许多障碍。我很高兴能参与创造一种惠及大众的解决方案，可以不论国籍和币种为人们提供先进的金融服务。

一个项目的成功与否不取决于它在多大程度上统治市场或在生态系统中的竞争力的强弱，而取决于它将如何为未获得充分金融服务的群体提供服务，以及在完善法定货币和加密数字货币生态系统中如何给自己定位。该团队十分优秀，在技术上也完全能够胜任。他们的使命感促使我与他们分享我对世界发展趋势的看法和建议。我相信该项目专注于普惠性和完整性的理念也与加密社区完全一致。

STK：李教授，再次感谢您接受我们的采访。

参 考 文 献

ACCENTURE, 2015. The Future of FinTech and Banking: Digitally disrupted or reimagined?[R].[S.l.: s.n.].

ALIBABA, 2014. Alibaba Group Holding Limited IPO Prospectus, Form F-1 Registration Statement Under the Securities Act of 1933, Securities and Exchange Commission[EB/OL].[2017-08-25]. http://www.sec.gov/Archives/edgar/data/1577552/000119312514184994/d709111df1.htm.

ALL IN BITS INC., 2017. Tendermint: Blockchain consensus [R].[S.l.: s.n.].

ALLEN F, DEMIRGUC-KUNT A, KLAPPER L, et al., 2012. The Foundations of Financial Inclusion: Understanding Ownership and Use of Formal Accounts[EB/OL].[2017-08-25]. http://www.hofinet.org/upload_docs/Allen%20et%20al%20Financial%20Inclusion%2012-2012.pdf.

ALLISON I, 2016. Ethereum reinvents companies with launch of The DAO[EB/OL]. [2017-08-25]. http://www.ibtimes.co.uk/Ethereum-reinvents-companieslaunch-dao-1557576.

ALT R, PUSCHMANN T, 2012. The rise of customer-oriented banking-electronic markets are paving the way for change in the financial industry[J].Electronic Markets, 22(4), 203-215.

ANDERSON W, 2017. Zrcoin: Crypto-Tokens Backed by a Zirconium Oxide Factory[R].[S.l.: s.n.].

ANDRESEN G,2015. BIP101: Increase maximum block size [R].[S.l.: s.n.].

ANDROULAKI E, KARAME G O, ROESCHLIN M, et al., 2013a. [EB/OL].[2017−08−25].https://link.springer.com/chapter/10.1007/978−3−642−39884−1_4.

ANDROULAKI E, KARAME G O, ROESCHLIN M, et al.,2013b. Evaluating user privacy in bitcoin [C] // International Conference on Financial Cryptography and Data Security. Financial Cryptography and Data Security. Berlin, Heidelberg:Springer, 34−51.

ANSON J, BERTHAUD A, KLAPPAR L, et al.,2013. Financial Inclusion and the Role of the Post Office[EB/OL].[2017−08−25]. https://documents1.worldbank.org/curated/zh/680321468163464611/pdf/WPS6630.pdf.

ATZEI N, BARTOLETTI M, CIMOLI T,2017. A survey of attacks on Ethereum Smart Contracts (SoK) [EB/OL].[2017−08−25].https://link.springer.com/chapter/10.1007%2F978−3−662−54455−6_8.

BACK A,1997. A partial hash collision based postage scheme[EB/OL].[2015−01−25].http://www.hashcash.org/papers/announce.txt.

BACK A,2002. Hashcash: A denial of service counter−measure[EB/OL].[2015−01−25]. http://www.hashcash.org/papers/hashcash.pdf.

BELLARE M, CANETTI R, KRAWCZYK H,1996. Keying hash functions for message authentication[EB/OL].[2017−08−25].https://link.springer.com/chapter/10.1007%2F3−540−68697−5_1.

BENET J,2014. IPFS — Content addressed, versioned, P2P file system [EB/OL].[2017−08−25].https://arxiv.org/pdf/1407.3561.pdf.

BEN−SASSON E, CHIESA A, TROMER E, et al.,2014. Succinct noninteractive zero knowledge for a von Neumann architecture[EB/

OL].[2017-08-25].https://www.usenix.org/system/files/conference/usenixsecurity14/sec14-paper-ben-sasson.pdf.

BERNSTEIN D J, DUIF N, LANGE T, et al.,2011. High-Speed High-Security Signatures[C]// Cryptographic Hardware and Embedded Systems-CHES. Berlin, Heidelberg: Springer, 124-142.

BITCOIN PROJECT,2014. Frequently asked questions [EB/OL]. [2017-01-25]. https://bitcoin.org/en/faq.

BITCOIN.ORG,2014. Choose your bitcoin wallet [EB/OL].[2017-01-25]. https://bitcoin.org/en/choose- your-wallet.

BITCOINCASH,2017. Bitcoin Cash: Peer-to-peer electronic cash. [EB/OL].[2017-01-25]. https://www.bitcoincash.org/.

BLOCKGEEKS, 2017. What is Segwit? A Beginners Crash Course! [EB/OL].[2017-01-25]. https://blockgeeks.com/guides/what-is-segwit/.

BREBER D, 2016. On tokens and crowdsales: How startups are using blockchain to raise capital[R].[S.l.: s.n.].

BRITO J,2013. The top 3 things I learned at the bitcoin conference [EB/OL].[2017-01-25]. http://mercatus.org/expert_commentary/top-3-things-i-learned-bitcoin-conference.

BRITO K, CASTILLO A,2013. Bitcoin: A primer for policymakers [R].[S.l.: s.n.].

BROWN R G, CARLYLE J, GRIGG I, et al.,2016. Corda: An Introduction[R].[S.l.: s.n.].

BULDAS A, KROONMAA A, LAANOJA R,2013. Keyless Singatures' Infrastructure:How to build global distributed has-tress[EB/OL].[2017-08-25].https://eprint.iacr.org/2013/834.pdf.

BUTERIN V,2017. On sharding blockchains [R].[S.l.: s.n.].

CAFFYN G,2015. What is the Bitcoin block size debate and why does it matter? [R].[S.l.: s.n.].

CALLAS J, DONNERHACKE L, FINNEY M, et al.,2007. OpenPGP Message Format[R].[S.l.: s.n.].

CASTILLO M D,2017. Bitcoin in the browser: Google, Apple and more adopting crypto—ready API. Coindesk[R].[S.l.: s.n.].

CB INSIGHTS, 2017. The Global FinTech Report 2016 in Review[R]. [S.l.: s.n.].

CHAIN INC, 2016. Chain Protocol Whitepaper[R].[S.l.: s.n.].

CHAIN INC,2017. Chain I Enterprise blockchain infrastructure[R]. [S.l.: s.n.].

CHAUM D, FIAT A, NAOR M, 1990. Untraceable electronic cash[EB/OL].[2017—08—25]. https://link.springer.com/content/pdf/10.1007%2F0—387—34799—2_25.pdf.

CHAUM D,1983. Blind signatures for untraceable payments [EB/OL].[2017—08—25]. http://link.springer.com/chapter/10.1007%2F978—1—4757—0602—4_18.

CHEN C,2014. Zeusminer delivers Lightning, Thunder and Cyclone Scrypt ASICs for Litecoin and Dogecoin mining [R].[S.l.: s.n.].

CHEN A,2011. The undergroundwebsite where you can buy any drug imaginable[EB/OL].[2017—08—25]. https://www.mendeley.com/catalogue/06ebfbac—2fd5—3dbf—8d1b—b0e659adbbf5/.

CHINA INTERNET WATCH,2015. Weibo and Alipay's Hongbao Campaign Ggone viral[EB/OL].[2017—08—25]. http://www.chinainternetwatch.com/12182/weiboalipay—hongbao—2015/.

CHWIERUT M,2016a. A History of Bitcoin[R].[S.l.: s.n.].

CHWIERUT M, 2016b. DECENT "Software Sale" [R].[S.l.: s.n.].

CHWIERUT M, 2016c. First Blood Token Sale[R].[S.l.: s.n.].

CHWIERUT M, 2017a. Token Rights: Key Considerations in Designinga Token Economy[R]. [S.l.: s.n.].

CHWIERUT M, 2017b. Token Sales Market Performance [R].[s.l.: s.n.].

CHWIERUT M, 2017c. Token Rights: Key Considerations in Cryptoeconomic Design [EB/OL].[2017−08−25]. http://www. smithandcrown. com/token−Tights/.

CIHAK M, MARE D, MELECKY M, 2016. The Nexus of Financial Inclusion and Financial Stability: A Study of Trade−offs and Synergies[EB/OL].[2017−08−25]. http://documents.worldbank.org/ curated/en/138991467994676130/pdf/WPS7722.pdf.

CNNIC, 2015. China Internet Development Statistics[R].[S.l.: s.n.].

COIN SCIENCES LTD, 2017. Open source private blockchain platform[R].[S.l.: s.n.].

COINDESK, 2014. How to store your bitcoins. CoinDesk[R].[s.l.: s.n.].

COINDESK. Bitcoin venture capital [R].[S.l.: s.n.].

COINPRISM, 2015. Openchain: Blockchain technology for the enterprise[R].[S.l.: s.n.].

DAI W, 1998. b−money[M].[S.l.: s.n].

DAI P, MAHI N, EARLS J, NORTA A, 2017. Smart−contract value−transfer protocols on a distributed mobile application platform[EB/OL].[2017−08−25]. https://www.researchgate.net/ profile/Alex−Norta/publication/314190216_Smart−Contract_Value− Transfer_Protocols_on_a_Distributed_Mobile_Application_Platform/ links/58b9673ba6fdcc2d14d9b4b2/Smart−Contract−Value−Transfer− Protocols−on−a−Distributed−Mobile−Application−Platform.pdf.

DAXCLASSIX, 2016. Ethereum Classic [R].[S.l.: s.n.].

DE SOTO H, 2000. The mystery of capital: why capitalism triumphs in the west and fails everywhere else[M]. New York: Basic Books.

DECKER C, WATTENHOFER R, 2014. Bitcoin transaction malleability and MtGox[EB/OL].[2017−08−25]. https://link.springer.com/content/pdf/10.1007%2F978−3−319−11212−1_18.pdf.

DELL I, BEDDOWS O, MEUNIER L, et al., 2017. The Lisk Protocol [R].[S.l.: s.n.].

DEMIRGUC−KUNT A, KLAPPER L, 2012. Measuring Financial Inclusion: The Global Findex Database[EB/OL].[2017−08−25]. http://www.hofinet.org/upload_docs/MeasuringFinancialInclusion.pdf.

DISNEY, 2017. Dragonchain[R].[S.l.: s.n.].

DOHERTY S, 2011. All your bitcoins are ours [EB/OL].[2017−08−25]. https://community.broadcom.com/symantecenterprise/communities/community−home/librarydocuments/viewdocument?DocumentKey=96c4b62a−0c6c−45f6−a5b6−446ff3bb6041&CommunityKey=1ecf5f55−9545−44d6−b0f4−4e4a7f5f5e68&tab=librarydocuments.

DOUCEUR J R, 2002. The Sybil attack [EB/OL].[2017−08−25]. https://link.springer.com/chapter/10.1007%2F3−540−45748−8_24.

DUFFIELD E, DIAZ D, 2017. Dash: A Privacy−Centric Crypto−Currency [R].[S.l.: s.n.].

DWORKIN M J, 2015. SHA−3 Standard: Permutation−Based Hash and Extendable−Output Functions [EB/OL].[2017−08−25].https://www.semanticscholar.org/paper/SHA−3−Standard%3A−Permutation−Based−Hash−and−Dworkin/bec26fe40bde8b5199c799fc0b602c950313201d#paper−header.

ELGAMAL T, 1985. A public key cryptosystem and a signature

scheme based on discrete logarithms[J]. IEEE transactions on information theory, 31(4):469 – 472.

EL-ISA M,2017. The difference between protocol tokens and traditional asset tokens[R].[S.l.: s.n.].

ERICSSON,2014. ICT & The Future of Financial Services[R].[S.l.: s.n.].

ETHEREUM FOUNDATION,2017. Ethereum Project [R].[S.l.: s.n.].

EY,2016a. Defining FinTech[R].[S.l.: s.n.].

EY,2016b. UK FinTech: On the cutting edge[R].[S.l.: s.n.].

FACTOM,2017. Factom: Making the world's systems honest [R]. [S.l.: s.n.].

FEDERAL DEPOSIT INSURANCE CORPORATION, 2014. FDIC releases National Survey of Unbanked and Underbanked[EB/OL].[2017–08–25]. https://www.fdic.gov/news/news/press/2014/pr14091.html.

FEDERAL DEPOSIT INSURANCE CORPORATION,2014. 2013 FDIC National Survey of Unbanked and Underbanked Households[R].[S.l.: s.n.].

FERGUSON N, LUCKS S, SCHNEIER B, et al.,2010. The Skein Hash Function Family[R].[S.l.: s.n.].

FINGLETON ASSOCIATES,2014. Data Sharing and Open Data for Banks[R].[S.l.: s.n.].

FINK B,2017. Antshares rebrands, introduces NEO and the new smart economy[R].[S.l.: s.n.].

FINNEY H,2004. RPOW: Reusable Proofs of Work[EB/OL].[2017–08–25].http://cryptome.org/rpow.htm.

FINTECHNEWS SINGAPORE, 2016. First bank in Southeast Asia to use blockchain technology for payment services[EB/OL].[2017–08–25]. http://fintechnews.sg/6726/blockchain/first–bank–southeastasia–use–

blockchain-technology-payment-services/.

FISHER M J, LYNCH N A, PATERSON M S,et al.,1985. Impossibility of distributed consensus with one faulty process[J]. Journal of the association for computing machinery, 32(2):374-382.

GAURAVARAM P, KNUDSEN L R, MATUSIEWICZ K, et al.,2008. Grøstl: A SHA-3 candidate [EB/OL].[2017-08-25]. http://www.groestl. info.

GENTRY C,2009. A Fully Homomorphic Encryption Scheme[R].[S.l.: s.n.].

GLASER F, BEZZENBERGER L,2015. Beyond Cryptocurrencies: A Taxonomy of Decentralized Consensus Systems[EB/OL].[2017-08-25]. https://ssrn.com/abstract=2605803.

GOLDREICH O, MICALI S, WIGDERSON A,1991. Proofs that yield nothing but their validity or all languages in NP have zero-knowledge proof systems[J]. Journal of the ACM (JACM), 38(3): 690‐728.

GOODMAN L M,2014. Tezos: A self-amending crypto-ledger. White paper[EB/OL].[2017-08-25]. https://tezos.com/whitepaper.pdf.

GREENSPAN G,2015. MultiChain private blockchain: White paper[EB/OL].[2017-08-25]. https://www.multichain.com/download/ MultiChain-White-Paper.pdf.

GURA N, PATEL A, WANDER A, et al.,2004. Comparing Elliptic Curve Cryptography and RSA on 8-bit CPUs[EB/OL]. [2017-08-25]. https://link.springer.com/content/pdf/10.1007%25 2F978-3-540-28632-5_9.pdf.

HAJDARBEGOVIC N,2013. Mastercoin Foundation lets virtual currencies use Bitcoin protocol[R].[S.l.: s.n.].

HANDLER J,2015. Addressimo: Making BIP 0032 & BIP 0070 easy

for developers[R].[S.l.: s.n.].

HANKERSON D, MENEZES A J, VANSTONE S,2004. Guide to elliptic curve cryptography[M]. New York: Springer Science & Business Media.

HERRING M,2017. China's digital—payments giant keeps bank chiefs up at night: Ants in your pants [R].[S.l.: s.n.].

HERTIG A, Rizzo P,2016. Ethereum's two Ethereums explained[R]. [S.l.: s.n.].

HIGGINS S,2017. Grayscale opens Ethereum Classic vehicle to accredited investors [R].[S.l.: s.n.].

HILEMAN G,2014. From bitcoin to the Brixton pound: History and prospects for alternative currencies: poster abstract [C]// Financial Cryptography and Data Security. Berlin: Springer 163–165.

HOPWOOD D, BOWE S, HORNBY T, et al.,2017. Zcash Protocol Specification [R].[S.l.: s.n.].

HUGHES, E, 1997. A Cypherpunk's Manifesto[M]. New York: John Wiley & Sons, Inc.

HULL C, CHWIERUT M, LIO B, et al.,2017. Cryptocurrency, Digital Innovation, and the Digital Entrepreneur: How Blockchain Technology and ICOs: Initial Coin Offerings Facilitate Digital Entrepreneurship and Innovation[M].[S.l.: s.n.].

INTEL,2015. Hyperledger Sawtooth documentation [R].[S.l.: s.n.].

IRRERA A,2017. BofA, HSBC, Intel, others invest $107 mln in blockchain startup R3[R].[S.l.: s.n.].

JINGU T,2014. Risks and Opportunities in China's Growing P2P Lending Market [R].[S.l.: s.n.].

JOHNSON D, MENEZES A, VANSTONE S,2001. The Elliptic

Curve Digital Signature Algorithm: ECDSA [J]. International journal of information security, 1(1): 36–63.

JOSEFSSON S, LIUSVAARA I, 2017. Edwards-Curve Digital Signature Algorithm(EdDSA) [R].[S.l.: s.n.].

KALLA S, 2016. What Is an ICO? [R].[S.l.: s.n.].

KAMINSKY D, 2013. I tried hacking bitcoin and I failed[R].[S.l.: s.n.].

KAPLANOV N M, 2012. Nerdy money: Bitcoin, the private digital currency, and the case against its regulation[EB/OL]. [2017–08–25]. https://papers.ssrn.com/sol3/papers.cfm?abstract_id=2115203.

KASTELEIN R, 2017. What Initial Coin Offerings are, and why VC firms care[EB/OL].[2017–08–25]. https://hbr.org/2017/03/what-initial-coin-offerings-are-and-why-vc-firms-care.

KASTELEIN R, 2017. What Initial Coin Offerings are, and why VC firms care[R].[S.l.: s.n.].

KEANE J, 2017. The state of ICO regulation? New report outlines legal status in 6 nations[R].[S.l.: s.n.].

KIRALY B, 2017a. InstantSend[R].[S.l.: s.n.].

KIRALY B, 2017b. PrivateSend[R].[S.l.: s.n.].

KUMAR A, Fischer C, Tople S, et al., 2017. A Traceability Analysis of Monero's Blockchain[EB/OL].[2017–08–25]. https://eprint.iacr.org/2017/338.pdf.

LADHA A, PANDIT S, RALHAN S, 2016. The Ethereum scratch off puzzle[EB/OL].[2017–08–25]. https://arxiv.org/pdf/1612.04518.pdf.

LAGUA T B D, 2017. Financial inclusion and financial stability[R]. [S.l.: s.n.].

LAI R, LEE D K C, 2017, From public to private[M]// Lee D K C, Deng R. Handbook of Blockchain, Digital Finance and Inclusion.

Singapore: Elsevier.

LARIMER D, SCOTT N, ZAVGORODNEV V, et al.,2016. Steem: An incentivised blockchain-based social media platform[EB/OL].[2017-08-25]. https://steem.io/SteemWhitePaper.pdf.

LAU J,WUILLE P,2016. BIP143: Transaction Signature Verification for Verstion 0 Witness Program[R].[S.l.: s.n.].

LAURENT L,2017. Want to be a VC just flip a Bitcoin [R].[S.l.: s.n.].

LEA T,2016. An introduction to Initial Coin Offerings: ICO's: The venture capital disrupters[R].[S.l.: s.n.].

LEE D K C,2015a. Handbook of digital currency: bitcoin, innovation, financial instruments, and big data[M]. Singapore: Elsevier.

LEE D K C,2015b. On the edge of disruption[J]. Asian management insights,2(2):78-83.

LEE D K C, TEO E G S,2015c. Emergence of FinTech and the LASIC Principles [J].Journal of financial perspectives, 3(3):24-36.

LEE D K C,2016a. Blockchain as an enabler [R].[S.l.: s.n.].

LEE D K C,2016b. The future of FinTech and blockchain[R].[S.l.: s.n.].

LEE D K C,2017a.The Deep Skill of Business Blockchain [R].[S.l.: s.n.].

LEE D K C,2017b. Decentralisation and Distributed Innovation[R]. Palo Alto: Stanford Asia-Pacific Innovation Conference.

LEE D K C, GUO L, WANG Y,2017a. Cryptocurrency: A New Investment Opportunity? [EB/OL].[2017-08-25]. https://ssrn.com/abstract=2994097.

LEE D K C, TEO E G S ,2017b. The Game of Dian Fu: The Rise of Chinese Finance// Handbook of Blockchain, Digital Finance and

区块链金融

Inclusion[EB/OL].[2017-08-18]. https://www.sciencedirect.com/science/article/pii/B9780128122822000012?via%3Dihub.

LENDINGCLUB, 2014. LendingClub Corporation IPO Prospectus. Form S-1 Registration Statement Under the Securities Act 1933, Securities and Exchange Commission[EB/OL].[2017-08-25]. http://www.sec.gov/Archives/edgar/data/1409970/000119312514428454/d766811ds1a.htm.

LEVY S, 1993. Crypto Rebels[EB/OL].[2017-08-25]. https://www.wired.com/1993/02/crypto-rebels/.

LEWIS A, 2017. A gentle introduction to Initial Coin Offerings: ICOs [R].[S.l.: s.n.].

LEX S, 2017. Token mania. Autonomous NEXT [R].[S.l.: s.n.].

LI R, 2017. Blockchain software security report by China CERT, Ripple the worst [R].[S.l.: s.n.].

LIO B, 2016. Introduction to Decentralized Autonomous Corporations: DACs [R].[S.l.: s.n.].

LITECOIN PROJECT, 2011. Litecoin: Open source P2P digital currency [R].[S.l.: s.n.].

LOCALBITCOINS, 2014. Buy and sell bitcoins near you[EB/OL].[2017-08-25].https://localbitcoins.com/.

LOMBROZO E, LAU J, WUILLE P, 2015. Segregated Witness: Consensus Layer [EB/OL].[2017-08-25].https://github.com/bitcoin/bips/blob/master/bip-0141.mediawiki.

LOMBROZO E, WUILLE P, 2016. Segregated Witness: Peer Services [EB/OL].[2017-08-25]. https://github.com/bitcoin/bips/blob/master/bip-0144.mediawiki

MADEIRA A, 2017. What is the block size limit[R].[S.l.: s.n.].

MAO W,2013. Modern Cryptography: Theory and Practice[EB/OL]. [2017-08-25]. http://www.gbv.de/dms/weimar/toc/676418678_toc.pdf.

MARIANO T,2016. How Bitcoin is disrupting Southeast Asia's remittance industry[R].[S.l.: s.n.].

MATONIS J,2013. Bitcoin gaining market-based legitimacy as XBT[R].[S.l.: s.n.].

MAXWELL G,2013. CoinJoin: Bitcoin privacy for the real world [R]. [S.l.: s.n.].

MAY T,1992. The Crypto Anarchist Manifesto[EB/OL].[2017-08-25]. http://www.activism.net/cypherpunk/crypto- anarchy.html.

MAZIERES D,2016. The Stellar Consensus Protocol: A federated model for Internet-level consensus[EB/OL].[2017-08-25]. http://www.scs.stanford.edu/17au-cs244b/sched/readings/stellar-consensus-protocol.pdf.

MEDIUM,2016. Blockchain applications beyond the financial services industry[R].[S.l.: s.n.].

MERKLE R C,1988. A digital signature based on a conventional encryption function[M]// Pomerance C: Ed.: Advances in Cryptology: CRYPTO'87,Lecture Notes in Computer Science 293. Berlin, Heidelberg:Springer, 369-378.

MERLE R,2017. Once considered the titans of Wall Street, hedge fund anagers are in trouble[R].[S.l.: s.n.].

METZ C,2017. The Initial Coin Offering, the Bitcoin-y stock that's not stock —But definitely a big deal[EB/OL].[2017-08-25].https://www.wired.com/2017/03/initial-coin-offering-stock-thats-not-stock/.

MOH-ROKIB,2016. Zcash: All coins are created equally[EB/OL]

[2017-08-25]. http:// Steemit. com/zcash/@mohrokib/zcash-all-coins-are-created-equal.

MORABITO V, 2017. In Business Innovation through Blockchain[M]. Cham: Springer International Publishing.

MORIARTY K Ed, KALISKI B, JONSSON J, et al., 2016. PKCS #1: RSA Cryptography Specifications Version 2.2[EB/OL].[2017-08-25]. http://pike.lysator.liu.se/docs/ietf/rfc/80/rfc8017.xml.

M'RAIHI D, BELLARE M, HOORNAERT F, et al., 2005.HOTP: An HMAC-Based One-Time Password Algorithm[EB/OL].[2017-08-25]. http://ftp.jaist.ac.jp/pub/RFC/pdfrfc/rfc4226.txt.pdf.

NAKAMOTO S, 2008. Bitcoin: A peer-to-peer electronic cash system[EB/OL].[2017-08-25]. https://bitcoin.org/bitcoin.pdf.

NEWTON A, 2017. Hype cycle for digital banking transformation[R]. [S.l.: s.n.].

NIST, 2001. Federal Information Processing Standards Publication 197: Announcing the Advanced Encryption Standard: AES [EB/OL]. [2017-08-25].http://nvlpubs.nist.gov/nistpubs/FIPS/NIST.FIPS.197.pdf.

NIST, 2015. Federal Information Processing Standards Publication 180-4 Secure Hash Standard: SHS [EB/OL].[2017-08-25].http:// nvlpubs.nist.gov/nistpubs/FIPS/NIST.FIPS.180-4.pdf.

OBER M, Katzenbeisser S, Hamacher K, 2013. Structure and anonymity of the bitcoin transaction graph[J/OL]. Future INTERNET, 5(2):237 - 250. http://www.mdpi.com/1999-5903/5/2/237.

PACIA C, 2013. Bitcoin mining explained like you're five: part 2-mechanics.Escape Velocity[R].[S.l.: s.n.].

PASS R, SEEMAN L, SHELAT A, 2017. Analysis of the blockchain protocol in asynchronous networks[C]// Coron J S, Nielsen J (Eds.),

Advances in Cryptology — EUROCRYPT 2017, Lecture Notes in Computer Science 10211. Cham: Springer International Publishing, 643–673.

PEOPLE'S BANK OF CHINA,2012. China Payment System Development Report[M].China Financial Publishing House.

PERCIVAL C, JOSEFSSON S,2016. The Scrypt Password–Based Key Derivation Function [EB/OL].[2017–08–25]. http://rsync5.jp.gentoo. org/pub/IETF/RFC/pdfrfc/rfc7914.txt.pdf.

PIKETTY T, 2014. Capital in the Twenty–First Century [M]. MA: Harvard University Press.

POON J, BUTERIN V,2017. Plasma: Scalable autonomous smart contracts[EB/OL].[2017–08–25]. https://plasma.io/plasma.pdf.

POON J, DRYJA T,2016. The Bitcoin Lightning Network: Scalable offchain instant payments[R].[S.l.: s.n.].

PWC,2017. PwC's digital asset services: Powering the future of financial services [R].[S.l.: s.n.].

R3 LIMITED,2016. Corda: Frictionless commerce[EB/OL].[2017–08–25].https://www.corda.net/.

REDDIT,2016. What is Ethereum block size? [R].[S.l.: s.n.].

REID F, HARRIGAN M, 2013. An analysis of anonymity in the bitcoin system[EB/OL].[2017–08–25]. http://arxiv.org/pdf/1107.4524v2.pdf.

RESCORLA E,2001. SSL and TLS: Designing and Building Secure Systems[M].Boston: Addison–Wesley Longman Publishing Co., Inc.

REUBEN B,2017. The perfect token sale structure[R].[S.l.: s.n.].

RIALTO. AI,2017. Understanding RIALTO.AI Crowdsale[R].[S.l.: s.n.].

RIPPLE,2013. Ripple: One frictionless experience to send money globally Ripple[EB/OL].[2017−08−25].https://ripple.com/.

RIVEST R L, SHAMIR A, TAUMAN Y,2001. How to leak a secret[C]// Advances in Cryptology — ASIACRYPT 2001, Lecture Notes in Computer Science 2248. Berlin, Heidelberg: Springer, 552−565.

ROMANO D, SCHMID G,2017. Beyond bitcoin: a critical look at blockchain−based systems[J]. Cryptography, 1(15):1−31.

RON D, SHAMIR A,2013. Quantitative analysis of the full Bitcoin transaction graph[C]// Financial Cryptography and Data Security,Lecture Notes in Computer Science 7859. Berlin, Heidelberg:Springer, 6−24.

ROSENFELD M,2014. Analysis of hashrate−based double spending[EB/OL].[2017−08−25]. https://arxiv.org/pdf/1402.2009.pdf.

SAARINEN M J, AUMASSON J P,2015. The BLAKE2 Cryptographic Hash and Message Authentication Code: MAC [EB/OL].[2017−08−25]. http://mirrors.viettelidc.com.vn/rfc/in−notes/pdfrfc/rfc7693.txt.pdf.

SAFARICOM LIMITED, 2014. Annual Report[R].[S.l.: s.n.].

SAMMAN G,2017. Sammantics[EB/OL].[2017−08−25].http://sammantics.com/.

SANDHU R S, SAMARATI P,1994. Access control: principle and practice[J].IEEE communication magazine, 32(9):40−48.

SCARDOVI C,2016. Restructuring and Innovation in Banking[EB/OL].[2017−08−25]. https://link.springer.com/content/pdf/bfm%3A978−3−319−40204−8%2F1.pdf.

SCHODER D, FISCHBACH K, SCHMITT C,2005. Core concepts in peer−to−peer networking[J]. Computer science,1−27.

SCHWARTZ D, YOUNGS N, BRITTO A, 2014. The Ripple Protocol Consensus Algorithm [R].[s.l.: s.n.].

SHIRKY C, 2000. The case against micropayments[C]// Financial Cryptography. Berlim: Sprimger, 77–83.

SHIRRIFF K, 2014. Bitcoin transaction malleability: Looking at the bytes[EB/OL].[2017–08–25]. http://www.righto.com/2014/02/bitcoin-transaction-malleability.html.

SHOUP V, 2000. Practical threshold signatures[M]// Preneel B (Ed.). Advances in Cryptology: EUROCRYPT 2000, Lecture Notes in Computer Science 1807. Berlin, Heidelberg: Springer.

SKINNER C, 2017. The crazy world of crypto currencies and ICOs[EB/OL].[2017–08–25]. https://thefinanser.com/2017/06/crazy-world-crypto-currencies-icos.html/.

SMITH + CROWN, 2016. Daos Securities Regulation [R].[S.l.: s.n.].

SMITH + CROWN, 2017a. Bitcoin[EB/OL].[2017–08–25].https://www.smithandcrown.com/currency/bitcoin/.

SMITH + CROWN, 2017b. Ethereum [EB/OL].[2017–08–25]. https://www.smithandcrown.com/currency/ethereum/.

SONG J, 2017. Understanding Segwit block size[R].[S.l.: s.n.].

STELLAR DEVELOPMENT FOUNDATION, 2014. Stellar — Develop the world's new financial system [R].[S.l.: s.n.].

SZABO N, 1997. The God Protocols[EB/OL].[2017–08–25]. https://nakamotoinstitute.org/the-god-protocols/.

SZABO N, 2002. Shelling Out — The origins of money[R].[S.l.: s.n.].

SZABO N, 2008. Bit gold[R].[S.l.: s.n.].

TENX, 2017.TenX: Whitepaper[EB/OL].[2017–08–25]. https://www.tenx.tech/whitepaper/tenx_whitepaper_draft_v04.pdf.

THE DASH NETWORK,2017. Dash official website | Dash crypto currency: Dash[R].[S.l.: s.n.].

THE ECONOMIST,2016. Known unknown: Another cryto-currency is born[R].[S.l.: s.n.].

THE ECONOMIST,2017. The market in the Initial Coin Offerings risk becoming a bubble[R].[S.l.: s.n.].

THE LINUX FOUNDATION,2017. Hyperledger Fabric: Hyperledger[EB/OL].[2017-08-25]. https://www.hyperledger.org/projects/fabric.

THE MONERO PROJECT,2014. Monero: Secure, private, untraceable[EB/OL].[2017-08-25]. http://getmonero.org/.

TINDELL K,2013. Geeks love the bitcoin phenomenon like they loved the internet in 1995[R].[S.l.: s.n.].

TOMAINO N,2017. On token value[R].[S.l.: s.n.].

UK GOVERNMENT,2016. Distributed Ledger Technology: Beyond blockchain.UK Government, Office for Science[R].[S.l.: s.n.].

VAN SABERHAGEN N,2013. CryptoNote v2.0[R].[S.l.: s.n.].

VAN WIRDUM A,2015a. Chinese exchanges reject Gavin Andresen's 20MB block size increase[R].[S.l.: s.n.].

VAN WIRDUM A,2015b. Segregated Witness, Part 1: How a clever hack could significantly increase Bitcoin's potential [EB/OL].[2017-08-25]. https://bitcoinmag azine.com/articles/segregated-witness-part-how-a-clever-hack- could-significa ntly-increase-bitcoin-s-potential-1450553618/.

VASIN P,2014. BlackCoin's Proof-of-Stake Protocol v2[R].[S.l.: s.n.].

VINCENT J,2017. China bans all ICOs and digital currency launches as "illegal public financing" [EB/OL].[2017-08-25].https://

www.theverge.com/2017/9/4/16251624/china-bans-ico-initial-coin-offering-regulation.

VOSHMGIR S,KALINOV V,2017. What is an ICO? Initial Coin Offering: Blockchain tokens[R].[S.l.: s.n.].

WALLACE B,2011. The rise and fall of Bitcoin[R].[S.l.: s.n.].

WEILER A,2017. Matchpool Token Sale (ICO): Curated Dating Communities with the Security of a Blockchain [R].[S.l.: s.n.].

WOOD G,2017. Ethereum: A Secure Decentralised Generalised Transaction ledger[R].[S.l.: s.n.].

WORLD BANK, 2017. The Global Findex Database of 2017[EB/OL]. [2017-08-09].http://www.worldbank.org/en/programs/globalfindex.

XIE L,2017. A beginner's guide to Tezos[R].[S.l.: s.n.].

YUEN T H, LIU J K, AU M H, et al.,2013. Efficient linkable and/or threshold ring signature without random oracles[J]. The computer journal, 56(4):407-421.

ZECC,2017. Zcash: All coins are created equal[R].[S.l.: s.n.].

ZEN S,2016. TechFin: Jack Ma coins term to set Alipay's goal to give emerging markets access to capital. South China Morning Post [R]. [S.l.: s.n.].

ZIMMERMANN P R,1995. The official PGP user's guide[M].MA: MIT Press.

ZYSMAN L, 2016. DAOs and securities regulation[R].[S.l.: s.n.].